Hemfelt / Minirth / Meier

Mut zur Liebe

So gelingt ein Leben frei von Zwängen

Über die Autoren

Dr. Robert Hemfelt ist Psychologe und hat sich auf die Behandlung von Krankheitsbildern wie Medikamentenabhängigkeit und Essstörungen spezialisiert.

Dr. Frank Minirth und *Dr. Paul Meier* sind die Gründer einer der größten psychiatrischen Kliniken der USA mit Hauptsitz in Dallas und mehr als 20 Niederlassungen. Beide Autoren haben mehrere Ratgeber zu Lebensfragen veröffentlicht.

Hemfelt • Minirth • Meier

Mut zur Liebe

So gelingt ein Leben frei von Zwängen

Die amerikanische Originalausgabe erschien im Verlag
Thomas Nelson Publishers, Inc., Nashville, Tennessee,
unter dem Titel „Love is a Choice".

© 1989 by Robert Hemfelt/Frank Minirth/Paul Meier
© der deutschen Ausgabe 1993 Verlag Klaus Gerth, Asslar
© 2005 Gerth Medien GmbH, Asslar
Aus dem Amerikanischen übersetzt von Christian Rendel

Bestell-Nr. 815 210
ISBN 978-3-89437-210-1
10. Auflage 2007
Umschlaggestaltung: Hanni Plato
Umschlagfoto: zefa/Mika
Satz: Typostudio Rücker
Druck und Verarbeitung: Ebner & Spiegel, Ulm
Printed in Germany

Inhalt

FÜNFTER TEIL:
DIE ZEHN SCHRITTE DER GENESUNG

ANHANG

Erster Teil:
Was ist Kodependenz?

Der rote Faden

Gladys Jordan saß auf der äußersten Kante ihres Sessels, die Füße sprungbereit auf dem Boden, als wollte sie jeden Augenblick die Flucht ergreifen. Ihre knochigen Finger waren unentwegt damit beschäftigt, sich ineinander zu verschränken und wieder zu entfalten. Gelegentlich hielt sie inne, um eine Strähne ihres ergrauenden Haares aus der Stirn zu streichen, dann nahm sie ihre nervöse Bewegung wieder auf. Laut Karteikarte war sie dreiundfünfzig. Ihrem Aussehen nach hätte sie auch fünfundsechzig sein können.

Im Sessel neben ihr lehnte sich ihr Mann John mit verschränkten Armen und finsterem Gesicht zurück. Er war ein untersetzter, kräftiger Mann, keineswegs dick, aber sicher auch kein Kostverächter. Vierundfünfzig Jahre in der Sonne hatten bei ihm unzählige Fältchen um die Augen und eine tief gebräunte Haut hinterlassen. Als Bauunternehmer genoß er einen tadellosen Ruf, weil er stets das Budget unterschritt und Termine einhielt.

„Ich bin hergekommen, weil Gladys es wollte", verkündete er. „Aber ich glaube nicht, daß ein Psychologe uns helfen kann. Es ist zu spät."

John Jordan gab sich keine Mühe, seine Vorbehalte gegen uns zu verbergen.

Hier in der Minirth-Meier-Klinik kennen wir aufgrund langjähriger Erfahrung die unausgesprochenen Bedenken, die seiner ablehnenden Haltung zugrunde liegen, also gestanden wir ihm das zu. „Sie haben vielleicht den Eindruck, es sei falsch, daß Sie heute hier sind", sagten wir. „Wenn man die Hilfe eines Psychologen oder Psychiaters in Anspruch nimmt, sieht es so aus, als sei man zu schwach, um seine Probleme selbst zu lösen; als fehle einem der gesunde Menschenverstand, denn mehr steckt hinter der Psychologie auch nicht. Gesunde Menschen sind schließlich jederzeit

Herr ihrer Einstellungen und Gefühle. Ist das so ungefähr, was Sie denken?"

„So ziemlich."

„John, wie ich höre, haben Sie Ihre Baufirma aus dem Nichts aufgebaut."

„Ich habe gleich nach der Schule damit angefangen, mit einem gebrauchten Kleinlaster."

„Wie viele Fahrzeuge haben Sie jetzt?"

„Sieben Kleinlaster, zwei Kipper, ein paar Lieferwagen, einen Tieflader und eine Raupe." Ein Anflug von Stolz lag in Johns Stimme – berechtigter, gesunder Stolz.

„Aha. Ein Jammer, daß Sie nicht stärker sind! Wenn Sie stark genug wären, bräuchten Sie all diese teuren Hilfsmittel gar nicht. Sie könnten die Lasten alle selber tragen und die Baustellen mit einer Schaufel planieren ..."

Johns Gesicht bot einen köstlichen Anblick. Sein verdutzter Ausdruck wich dem Aufleuchten plötzlicher Erkenntnis und hinterließ ein schlaues Funkeln in seinen Augen. Dieses Funkeln war das erste schwache Zeichen, daß sich seine feindselige Haltung vielleicht ein wenig abschwächen würde, aber es verschwand schnell wieder. „Ich verstehe, was Sie meinen. Lebensberatung ist auch nur ein Werkzeug; trotzdem läuft es auf dasselbe hinaus. Wenn ich mich einfach hinsetzen und mir selbst Vernunft beibringen könnte, oder wenn mein Glaube stärker wäre – dann wären wir nicht hier."

„Das stimmt nicht. Sie versuchen ja auch nicht, Berge mit einem Wort einzuebnen, sondern benutzen eine Planierraupe dafür; nicht, weil Sie zuwenig Glauben haben, sondern weil das hier unten auf der Erde so gemacht wird. Wir möchten Ihnen und Ihrer Frau helfen, einen Berg einzuebnen.

Gladys, Sie sind einunddreißig Jahre verheiratet und haben drei Kinder – zwei Jungen und ein Mädchen. Wahrscheinlich stehen sie mittlerweile auf eigenen Füßen. Was machen sie?" fragten wir.

Ihre Stimme klang heiser und wirkte ebenso gequält und nervös wie ihre Bewegungen. „John junior hat Betriebswirtschaft studiert und eine Reinigungsfirma aufgemacht. Er sagt, es braucht viel Zeit und Arbeit, aber er ist sehr erfolgreich. Marsha ist Krankenschwester auf der Unfallstation im St.-Joseph-Krankenhaus. Sie hat es gern, wenn viel los ist, wissen Sie? Sie wird gut mit Druck fertig. Und James ..." Sie fuhr sich mit der Zunge über die Lippen. „Er hatte ein paar Probleme, aber jetzt macht er eine Entziehungskur. Er wird schon wieder auf die Beine kommen."

„John, wir hörten, daß Ihnen beiden Ihr Glaube sehr wichtig ist. Scheidung kommt nicht in Frage, stimmt's? Sie würden, wenn man so sagen will, vielleicht eher an Mord denken als an Scheidung."

Der Bauunternehmer zog die Mundwinkel hoch, mehr zu einer Grimasse als zu einem Lächeln. „Sie haben's erfaßt." Das Lächeln, das keines war, zerschmolz, und endlich klang wirklich so etwas wie Nachgiebigkeit in seiner Stimme auf. „Von Unvereinbarkeit und unversöhnlichen Gegensätzen brauchen Sie mir nichts zu erzählen. Bei uns ist es ständig so. Angeblich werden Ehen im Himmel geschlossen. Unsere bestimmt nicht! Wenn Scheidung in Frage käme – wenn wir die Wahl hätten – einer von uns hätte schon vor Jahren einen Schlußstrich gezogen."

Gladys' Züge verhärteten sich. *Wenn wir die Wahl hätten.* Sie brauchte den Ausdruck *in der Falle* gar nicht auszusprechen. Er war deutlich in ihr trauriges Gesicht gemeißelt.

Ihre Hände waren unaufhörlich in Bewegung gewesen, seit sie sich gesetzt hatte. „John hört mir nicht zu. Er versucht nicht einmal, zu hören, was ich sage. Es ist so frustrierend, wenn man immerzu versuchen muß, eine Mauer zu durchbrechen."

John entgegnete: „Was sie im Sinn hat, ist nicht Kommunikation. Kommunikation heißt, daß man über das Gute ebenso wie über das Schlechte spricht. Aber alles, was sie sagt, ist negativ. In ihren Augen kann ich überhaupt nichts richtig machen oder sagen. Was immer ich tue, sie will mehr oder etwas anderes. Es ist nie richtig, nie gut genug."

In der Ehe und im Leben der Jordans gab es keine Freude

mehr. Der Lärm ihrer ständigen Reibereien hatte die friedliche Stille eines glücklichen Lebens längst übertönt. Vor uns, auf deutlich voneinander entfernten Sesseln, saß eine entsetzliche Tragödie: zwei gute, aufrichtige Menschen, die sich nur lieben wollten und es einfach nicht fertigbrachten.

Durch das Leben der Jordans – und vielleicht auch durch Ihres – läuft etwas wie ein roter Faden und verursacht unsägliches Leid und Elend. Es zieht und zerrt an ihrem Unterbewußtsein. Es beeinträchtigt ihr Urteilsvermögen und beraubt sie ihrer Entscheidungsfreiheit, selbst wenn sie fälschlicherweise glauben, intelligente und gute Entscheidungen zu treffen. Wir in der Minirth-Meier-Klinik und andere, die sich damit auseinandersetzen, nennen dieses Phänomen „Kodependenz".

Kodependenz

Im weitesten Sinne kann man Kodependenz definieren als *eine Sucht nach Menschen, Verhaltensweisen oder Dingen.* Kodependenz ist der hoffnungslose Versuch, die inneren Gefühle unter Kontrolle zu bekommen, indem man Menschen, Dinge und Ereignisse in seiner Umgebung kontrolliert. Für einen kodependenten Menschen ist Kontrolle oder fehlende Kontrolle der zentrale Aspekt in jedem Lebensbereich.

Ein Kodependenter kann süchtig nach einem anderen Menschen sein. Bei einer solchen zwischenmenschlichen Kodependenz ist der Kodependente so in die andere Person verstrickt, daß das Bewußtsein des Selbst, die eigene Identität, erheblich eingeschränkt und von der Identität und den Problemen dieser anderen Person verdrängt wird.

Darüber hinaus können sich Kodependente wie außer Kontrolle geratene Staubsauger verhalten und nicht nur andere Menschen, sondern auch chemische Substanzen (meistens Alkohol oder Drogen), Aktivitäten oder Dinge an sich ziehen – Geld, Essen, Sexualität oder Arbeit. Sie bemühen sich unablässig, das riesige emotionale Vakuum in ihrem Innern zu füllen. Manche unserer Patienten beschreiben es so: „Man läuft herum und fühlt sich wie das Loch in der Mitte eines Schmalzkringels. Irgend etwas fehlt in mir."

Selbsthilfegruppen

Das Problem der Kodependenz wurde vor einigen Jahrzehnten zum ersten Mal erkannt, als Familienberater versuchten, Alkoholikern und ihren Familien zu helfen. Wegbereiter dieser modernen Bewegung waren die Anonymen Alkoholiker (AA). Die Gründer der AA bemerkten gewisse gemeinsame Züge bei Alkoholikern: Sie waren tief verbittert gegen Gott, sie waren rebellisch (unabhängig) und doch gleichzeitig in geradezu kindischer Weise von den Menschen um sie her abhängig.

Obwohl die ersten AA-Mitarbeiter eine tiefe Beziehung zu Gott hatten, empfanden sie, daß sie diese Bitterkeit gegen Gott in gewisser Weise umgehen mußten, indem sie in ihren heute berühmten *Zwölf Schritten* die Formulierung „Gott, wie ich ihn verstehe" verwendeten. Es ging ihnen darum, die Notwendigkeit der Hilfe von außen bewußt zu machen. Man bekämpfte die Alkoholsucht Zentimeter um Zentimeter, Tag für Tag, indem man die *Zwölf Schritte* anwendete und an den Treffen mit anderen Alkoholikern teilnahm.

Durch die Arbeit der AA konnten viele Alkoholiker von ihrer Sucht befreit werden, doch es gab eine schwerwiegende Nebenwirkung – innerhalb eines Jahres, nachdem die Alkoholiker trocken geworden waren, zerbrachen ihre Familien. Den Mitarbeitern wurde klar, daß die Familie eines Alkoholikers oft genauso von dessen Alkoholismus abhängig war wie er selbst vom Alkohol. Die Angehörigen hatten nicht nur ihr ganzes Leben, sondern ihre ganze Sicht des Lebens auf das Zusammenleben mit einem Alkoholiker eingestellt. Sie versetzten ihn in die Lage, seine Gewohnheit aufrechtzuerhalten; sie verdrängten; sie ignorierten; sie navigierten um den heißen Brei herum. Besonders für die Kinder war dieses deformierte Leben mit einem alkoholabhängigen Elternteil „normal". Sie kannten nichts anderes. Der Alkoholiker war vom Alkohol abhängig. Die Familie war, gemeinsam mit dem Alkoholiker, „kodependent" von dessen Alkoholismus. So kam es zu diesem Begriff.

Gruppen wie Al-Anon (Selbsthilfegruppe für Angehörige von Alkoholikern) entstanden nicht, um dem Alkoholiker zu helfen, sondern den Menschen, die ihm nahestehen. Ihr Programm zielt darauf ab, die Weltsicht kodependenter Menschen neu zu strukturieren – sie wieder geradezubiegen, wenn Sie so wollen –, um ihnen zu helfen, sich auf eine völlig neue Dynamik in der Familie einzustellen.

Das Konzept von Abhängigkeit und Kodependenz ist heute nicht mehr auf Alkohol beschränkt; der ganze Bereich des Mißbrauchs von Substanzen gehört dazu – sei es Kokain, Marihuana, Tabak oder Heroin – und anderes mehr. Dieses „andere" schließt fast jede Form von Zwanghaftigkeit ein, jede Verhaltensweise, die bis zum Exzeß getrieben wird. Eßstörungen (z. B. Magersucht und Bulimie), Sucht nach Sex, Wutanfälle, Arbeitssucht, zwanghaftes Geldausgeben, eine extrem strenge und gesetzliche Lebensweise, der Zwang, sich fünfzigmal am Tag die Hände zu waschen – all diese und noch weitere Formen der Sucht werden heute in die gleiche Kategorie eingeordnet wie Alkoholismus. Derartige Störungen haben Auswirkungen auf Angehörige und nahestehende Personen – die Kodependenten – die darunter ebenso leiden können wie der Abhängige selbst, vielleicht sogar noch stärker.

Das Konzept der Kodependenz schließt auch den Alkoholiker selbst mit ein. Manche meinen, der Ehepartner eines Alkoholikers sei die einzige kodependente Person. Das ist falsch. Das Wort *kodependent* bedeutet wörtlich „mit-abhängig". Der Alkoholiker selbst ist ebenfalls aktiv kodependent. Seine Abhängigkeit bezieht sich auf eine Sache – Alkohol. Der Ehepartner ist abhängig von einer Person, dem Alkoholiker, und von dem Wesen ihrer Beziehung, denn der Ehepartner unterstützt und bestärkt den Alkoholiker in seiner

Sucht. Die beiden sind gleichermaßen abhängig voneinander – kodependent.

Die schlimmste Tragödie

Eine weitere Tragödie, auf die wir in späteren Kapiteln noch zurückkommen werden, ist die Auswirkung des Problems auf die folgenden Generationen. Eine schwere Störung in der Ursprungsfamilie wird sich in den Familien der Kinder und Kindeskinder fortsetzen; eine Welle des Elends, die ihre Kreise mit den Jahren weiter und weiter zieht. Die Art der Abhängigkeit oder Störung kann wechseln: Zum Beispiel kann ein alkoholabhängiger Vater einen arbeitssüchtigen Sohn hervorbringen, dessen Tochter wiederum zwanghaft Geld verschleudert, bis sie ruiniert ist. Aber irgendeine Abhängigkeit ist da. Sie ist fast immer da und richtet ihr Unheil an.

In der Klinik behandeln wir viele Kodependente – Menschen mit zwanghaften Verhaltensweisen, ihre Ehepartner und Kinder sowie Kinder aus gestörten Familien. Die Statistiker schätzen, daß mindestens fünfzehn Millionen Amerikaner alkoholabhängig oder drogensüchtig sind. Wir gehen davon aus, daß durch jeden Alkoholiker mindestens vier andere nahestehende Personen, z.B. Ehepartner, Kinder oder Arbeitskollegen, in schwere Mitleidenschaft gezogen werden. Möglicherweise leiden also sechzig Millionen Kodependente unter der Sucht dieser fünfzehn Millionen Amerikaner. Hinzu kommt, daß schätzungsweise achtundzwanzig Millionen Amerikaner erwachsene Kinder von Alkoholikern sind und immer noch unter der Kodependenz leiden, die sie in ihrer Kindheit erfahren haben.

Und das ist nur der Alkohol. Diese Zahlen klammern die Kodependenz aus, die durch andere Süchte und durch Zwänge abseits des Mißbrauchs von Substanzen entsteht; sie sind daher äußerst niedrig gegriffen. Die tatsächliche Gesamtzahl der Kodependenten liegt erheblich höher. *Eine Seuche.* Anders kann man es nicht beschreiben. Wenn grob geschätzt hundert Millionen Amerikaner aus zwei gleichzeitig lebenden Generationen von Kodependenz betroffen sind, dann haben wir es mit einer Seuche von erschütterndem Ausmaß zu tun. Das Elend, die Verzweiflung und das vergeudete Leben übersteigen jede Vorstellung.

Tausende von Patienten in den Minirth-Meier-Kliniken überall in den USA sind kodependent, und wir als Autoren sind alle in der Beratung dieser Menschen tätig, sei es als Psychiater (Dr. Frank Minirth und Dr. Paul Meier) oder als Psychologe (Dr. Robert Hemfelt). Diese Beratungen haben ein zweifaches Ziel: die unmittelbaren Probleme zu lindern, die durch Kodependenz entstehen, und zukünftigem Schaden, sowohl für die Kodependenten als auch für die folgenden Generationen, vorzubeugen.

Die Chancen stehen eins zu vier, daß Sie unter Problemen leiden, die durch Kodependenz entstehen. Was sind das für Probleme? Scheidung und Beziehungsschwierigkeiten, Medikamentenmißbrauch, zwanghafte Verhaltensweisen, die Sie nicht in den Griff bekommen, maßloser Zorn, Depressionen und anderes mehr. Das sind massive Probleme, hartnäckige Probleme; Probleme, die Ihre Freude trüben und Ihr Leben trostlos werden lassen.

Wie steht es mit Ihnen? Ist Kodependenz die Wurzel Ihrer mangelnden Lebensfreude? Und wichtiger noch, wenn das so ist, kann sie irgendwie ausgelöscht werden, um Ihr Elend zu lindern?

Es gibt zwei wichtige Gründe, warum Sie Ihr Leben unter die Lupe nehmen und eventuell vorhandene Probleme mit Kodependenz korrigieren sollten. Der eine ist, daß Sie dadurch Ihre Lebensqualität verbessern, Ihr Leben besser in den Griff bekommen und schwere Fehlentscheidungen vermeiden. Der zweite Grund sind die Kinder – sowohl Ihre eigenen als auch die Kinder in Ihrer Umgebung. Die Auswirkungen der Kodependenz erstrecken sich, wie Sie wissen, über mehrere Generationen. Probleme in dieser Generation deformieren die nächste und selbst die nachfolgenden Generationen, wenn der Kreislauf nicht durchbrochen wird. Eine der bewegendsten Aussagen, die wir in der Minirth-Meier-Klinik je hörten, kam von einer jungen Frau in derTherapie: „Ich bin nicht sicher, ob ich jemals wirklich Frieden und Glück finden werde, aber immerhin habe ich meinen Kindern diese Schmerzen erspart."

Die Jordans brauchten die leitende Hand eines ausgebildeten Beraters, um den verworrenen Knoten ihrer Ehe zu lösen. Wir zeigten ihnen, was wir als unparteiische Beobachter sehen konnten. In diesem Buch wollen wir mit Ihnen denselben Prozeß durchlaufen. Im zweitenTeil werden wir den Ursachen der Kodependenz auf den Grund gehen: unbefriedigte emotionale Bedürfnisse, die verlorene Kindheit und der Zwang, die gestörte Familie in Ordnung zu bringen. Sie werden erfahren, wie wir den beiden Jordans halfen, sich mit ihrer jeweiligen Vergangenheit auszusöhnen. Sie analysierten sie, gerieten inWut darüber, trauerten darüber und machten schließlich ihren Frieden damit. Während Sie beobachten, wie die Jordans mit diesen Fragen umgehen, können Sie deren Situation mit Ihren eigenen persönlichen Umständen vergleichen.

Im drittenTeil werden wir die Faktoren betrachten, durch die Kodependente wie die Jordans in einem unentrinnbaren Kreislauf der Schmerzen gefangengehalten werden: den Schneeballeffekt der Sucht, ihre Verdrängung, den Zorn. Die meisten Gedanken und Faktoren, die das Leben kodependenter Menschen beeinflussen, sind entweder vergraben, unbeachtet oder unerkannt. Wir werden sie ans Licht bringen.

Als nächstes, im viertenTeil, werden wir Ihnen vor Augen führen, wie Kodependenz sich auf Ihre Beziehungen auswirkt und wie Sie die destruktiven Denkmuster in Ihrem Kopf zum Schweigen bringen können.

Schließlich werden wir Schritt für Schritt mit Ihnen den manchmal schmerzlichen, manchmal frohmachenden Weg der Genesung gehen. Wenn Sie IhreVergangenheit einer Inventur unterziehen, werden in Ihnen Triebkräfte zum Vorschein kommen, die Sie nie erahnt hätten. Zorn wird in

Ihnen hochkommen. Trauer wird ihre heilsame Wirkung tun. Neue Entscheidungen und neue Orientierungen werden Sie weiter bringen, als Sie es sich je träumen ließen. Es wird nicht leicht sein.

Heute schweben die Jordans nicht zehn Zentimeter über dem Boden eines idyllischen Daseins. Ihre Heilung ist viel tiefgreifender und praktischer. John ist immer noch ein Arbeitstier, aber jetzt weiß er es und sorgt für den nötigen Ausgleich. Gladys versteht ihren Platz in der Ehe besser. Was das Wichtigste ist, sie haben erkannt, wie ihre Vergangenheit sie an der Leine führte, und sie lernen, den Triebkräften auszuweichen, die einst so grausam über sie herrschten. Zum ersten Mal in ihrem Leben genießen John und Gladys echtes Glück.

Vieles hängt davon ab, wie sehr Sie selbst sich wünschen, sich von den „Geistern" Ihrer Vergangenheit zu befreien. Für die Kinder in Ihrem Leben wird das vielleicht unendlich viel bedeuten. Ihr eigenes Glück und Ihre Fähigkeit, wahrhaft zu lieben, hängen von den Entscheidungen ab, die Sie jetzt treffen.

Fangen wir damit an, uns die zehn charakteristischen Züge eines Kodependenten anzuschauen.

Wie Kodependenz funktioniert

Er war ein Kind der Zeit der Wirtschaftsdepression, sieben Jahre alt, als 1929 die Börsenkurse ihren katastrophalen Sturzflug vollführten. „Siehst du?" sagte sein alter Herr. „Verlaß dich nie aufs Geld, Jerry, mein Junge." Sein Vater, Phil Braley, verließ sich ebensowenig darauf. Wann immer Phil Braley etwas verdiente, hatte er es binnen vierundzwanzig Stunden wieder ausgegeben. Seine Frau Maude machte es genauso. Dabei war Phil nie wirklich arbeitslos, wie es so vielen damals erging. Er blieb fast ohne Unterbrechung als Lieferwagenfahrer angestellt. Maude bearbeitete ein kleines Stück Garten hinter ihrem Haus in Los Angeles und wusch gelegentlich für andere Leute die Wäsche. Doch sie konnte so viel Geld verdienen, wie sie wollte, sie besaß nie welches. Ihr Lohn verschwand ebenso schnell wie der von Phil.

Von seinem neunten Lebensjahr an hatte Jerry Braley, der einzige Sohn, ununterbrochen einen bezahlten Job. Eine seiner bestbezahlten Stellen blieb ihm nicht lange erhalten; eine anarchistische Untergrundgruppe hatte ihn angeheuert, nach Einbruch der Dunkelheit politische Pamphlete unter den Türen der Leute durchzuschieben. Die Gruppe wanderte ins Gefängnis, und Jerry wandte sich alltäglicheren Beschäftigungen zu – Putzen, Zeitungen und Telefonbücher austragen, von Haus zu Haus Orangen verkaufen.

Wann immer er am Zweiradladen vorbeikam, schaute er sich die Fahrräder an. Erst wünschte er sich das rote Rennrad mit der Tank-Attrappe an der Längsstange und den Rallye-Streifen auf den Schutzblechen. Später war ihm egal, ob es irgendwelche Extras hatte. Schließlich interessierte ihn nicht einmal mehr, welche Farbe es hatte. Er wollte ein Fahrrad.

Irgendein Fahrrad. Er hungerte danach. Er sehnte sich danach. Und doch, so lange er auch arbeitete, gelang es ihm nie, genug Geld zusammenzukratzen, um ein Fahrrad zu kaufen. Sein Geld mußte stets für irgend etwas herhalten, das die Familie brauchte, wenn der Vater gerade zwischen zwei Zahltagen gestrandet war.

In der Schule war Jerry sehr ehrgeizig und zeichnete sich besonders im Sport aus. Zu Hause war er besonders geschickt darin, die Gläubiger auf Abstand zu halten. Die Familie kaufte in zwei Lebensmittelgeschäften in der Nachbarschaft ein und stand bei beiden in der Kreide. Jerry versuchte es zuerst mit dem einen. Wenn man sich weigerte, die Rechnung noch weiter anschwellen zu lassen, mußte er in höchster Verlegenheit seine Waren wieder in die Regale sortieren und es mit dem anderen Laden versuchen.

Seine Familie hatte niemals ein Haus oder ein Telefon. Jerry schämte sich ihrer Behausung so sehr, daß er sich immer zwei Straßen vorher absetzen ließ, wenn jemand ihn von der Schule mit nach Hause nahm. Seine größte Angst war, jemand könnte herausfinden, wo er wirklich wohnte.

Jills Familie ging mit der Unsicherheit und Geldknappheit der Wirtschaftsdepression in genau entgegengesetzter Weise um. Auch sie war sieben, als die Börse zusammenbrach. Auch ihrem Vater gelang es, während der ganzen Depressionszeit angestellt zu bleiben, denn er war ein hervorragender Tischler. Doch damit hatte die Ähnlichkeit ein Ende. Phil Braley war ein freundlicher, gelassener, sorgloser Bursche, der stets bereit war, jemandem einen Dollar zu leihen, wenn er einen hatte. Jills Vater dagegen, Peter Winthrop, hortete jeden Groschen. Auch in Jills Familie war das Geld immer knapp, aber nicht wegen ihrer verschwenderischen Art. Im Gegenteil; Geld, das für die Bedürfnisse der Familie hätte verwendet werden sollen, wanderte statt dessen aufs Sparbuch. Allmählich wurden die Gürtel wieder lockerer geschnallt, und der Wohlstand im ganzen Land stieg mit dem Beginn des Krieges. Doch immer noch besaß Phil Braley nie einen Groschen, und immer noch hortete Peter Winthrop jeden Pfennig. Die wirtschaftlichen Verhältnisse änderten sich, die beiden Familien nicht.

Jerry wuchs zu einem gutaussehenden, reifen und gelassenen Mann heran. Er kam erst relativ spät dazu, eine Familie zu gründen, weil er in Korea eingesetzt war und einige Jahre damit zubrachte, sein Maklergeschäft aufzubauen. Im Laufe dieses Krieges stieg Jill von einer Schalterbeamtin zur Leiterin des Amtes für öffentliche Sicherheit im Bezirk Los Angeles auf. „Eine geborene Managerin", meinten ihre Vorgesetzten. Als Jill und Jerry sich begegneten, war es Liebe auf den ersten Blick. Der gutaussehende Junggeselle heiratete die dunkle, schlanke Schönheit. Im Laufe der Jahre erwarb Jerry eine Kette von Lebensmittelgeschäften und große Anteile an einer örtlichen Bank. Heute beläuft sich sein Vermögen auf über fünfundfünfzig Millionen Dollar. Dabei ist er kein Geizkragen, sondern ein liebenswürdiger Menschenfreund, der sein Geld reichlich und häufig unter die Leute bringt. Er weiß, wo er seine Spenden unterbringt und wem er vertrauen kann. Und er versteht es zu leben.

Auch Jill hat sich verändert, sagen ihre Freunde. Schon immer reagierte sie auf beängstigende oder problematische Situationen, indem sie die Zügel anzog und viel herumschrie. Doch statt sich zu mildern, wurde dieses Verhalten immer schlimmer. Da sie unter Putzzwang litt, sah sie rot, wann immer Jerry oder ihr einziger Sohn Bill allein dadurch, daß sie im Haus wohnten, ihre Ordnung durcheinanderbrachten. Sie kritisierte den fröhlichen alten Jerry jedesmal, wenn er einen Groschen ausgab, was oft geschah. Und ihre ständigen extremen Diäten fingen an, ihre Gesundheit anzugreifen.

Jill und Jerry kamen kürzlich in unsere Klinik, nicht um ihrer selbst willen, sondern wegen ihres Sohnes. Bill war mit sechsunddreißig Jahren ihr ganzer Stolz und gleichzeitig ihre ständige Sorge.

Jerry schüttelte traurig den Kopf. „Wir haben dem Jungen gegeben, was wir nur konnten. Wenn er etwas wollte, bekam er es. Die besten Schulen, das beste Zuhause ... alles. Es ist, als lehnte er sich gegen uns auf; aber das tut er nicht. Ich weiß nur, daß etwas unternommen werden muß, und er macht keine Anstalten, das selbst zu tun. Wir haben gehofft, Sie könnten uns sagen, wie wir zu ihm durchdringen und ihn zur Vernunft bringen können, bevor er sein Leben und das unserer Enkelkinder ruiniert."

„Erzählen Sie uns von Bill."

Eine Grimasse zog sich über Jills angespanntes, ausgemergeltes Gesicht. „Er hat Betriebswirtschaft studiert. Jerry hatte vor, ihm eines Tages die Leitung des Unternehmens zu überlassen, sobald er genügend Erfahrungen gesammelt hätte. Einen Monat, bevor er sein Examen in Yale hätte machen sollen, ging er ins Friedenscorps oder wie das heutzutage heißt und lebte wie ein Gammler in Südamerika. Ich habe vergessen, in welches Land er ging."

Jerry stimmte ein: „Aber er hielt es nur zwei Monate da unten aus. Dann kam er nach Hause, ging zurück auf die Universität und interessierte sich für das Geschäft. Doch ein Jahr später flog er mit einer Frau nach Boston und lebte ungefähr acht Monate lang mit ihr zusammen."

Jills Lippen zogen sich zu einer dünnen, weißen Linie zusammen. „Sie hatte, na ja, einen ganz anderen Hintergrund ... gesellschaftlich und wirtschaftlich. Sie war genau die Sorte Frau, von der man hofft und betet, daß der eigene Sohn ihr nie über den Weg läuft. Uns ist schleierhaft, was ihn dazu brachte, sich mit ihr einzulassen. Es war das Schlimmste, Schrecklichste, was er je tun konnte."

„Dann lernte er Karen kennen", fuhr Jerry fort. „Ein süßes Mädchen; sie geht in unsere Gemeinde. Wirklich ein sehr nettes Mädchen. Inzwischen haben sie drei Kinder und ein wunderschönes Zuhause. Die Kinder gehen auf eine Privatschule, eine sehr gute Schule. Man sollte meinen, er wäre nun endlich zufrieden."

„Er arbeitet in Ihrem Unternehmen?"

„Ja. Er ist Vizepräsident. Ich bereite ihn darauf vor, die Firma zu übernehmen."

Wenn Jerry so stolz auf ihn war, warum klang dann seine

Stimme so traurig? „Aus welchem Grund sind Sie nun eigentlich zu uns gekommen?"

Jill sah aus wie ein Sturm auf See. Ihre ganze Haltung strahlte Trostlosigkeit aus. „Er ist ein … nun, ich nehme an, Sie würden ihn einen Sexprotz nennen. Er betrügt Karen ständig, und zwar mit den widerwärtigsten Frauen, die Sie sich vorstellen können. Es fällt mir schwer, ihn verdorben zu nennen, aber das kommt der Sache sehr nahe."

„Und er spielt." Jerry klang erschöpft. „Ein zwanghafter Spieler. Hunderennen, Pferderennen, Sportergebnisse – er ist sein eigener Buchmacher. In Las Vegas halten drei verschiedene Hotels ständig eine Suite für ihn frei. Wir reden hier nicht über Poker um Pfennige. Wir reden von den großen Bakkarat-Tischen in den oberen Stockwerken. Ich meine, er ist ein *Spieler*."

„Darf ich fragen, welche Rolle Alkohol in Ihrer Familie spielt?"

„Gar keine." Jerrys Gesicht hellte sich auf. „Weder meine noch Jills Eltern haben Alkohol getrunken. Jill und ich sind beide Antialkoholiker. Und nach allem, was ich weiß, trinkt auch Bill niemals."

„Ist Ihnen schon einmal der Ausdruck *Kodependenz* begegnet?"

Jill riß die Augen auf und schäumte: „Ausgeschlossen! Undenkbar! Das ist ein Problem bei Alkoholikern. Mein Sohn hat viele Probleme, aber er ist kein Trinker! Und er hat auch noch nie mit einem Trinker zu tun gehabt. Wagen Sie es nicht, so etwas auch nur anzudeuten!"

Jills scharfer Reaktion zum Trotz wiesen ihr Sohn Bill, sie selbst und auch ihr Mann alle klassischen Symptome schwerer Kodependenz auf. Auch wenn sie lange unerkannt blieb, ist sie heute zu einer verbreiteten Krankheit geworden. Kodependenz wächst sich zu *dem* Problem der Gegenwart schlechthin aus, teilweise deswegen, weil der Lebensstil, die Einstellungen und die Ziele der heutigen Zeit die Neigung zur Kodependenz verstärken. Generationenlang brütete dieses Problem im Verborgenen vor sich hin und schwoll an.

Jetzt, genährt durch die moderne Lebensweise, explodiert es.

Die Lebensberater fangen an, wirksam gegen die Kodependenz vorzugehen. Wir haben charakteristische Merkmale Kodependenter festgestellt. Wenn wir nun diese Merkmale im einzelnen durchgehen, achten Sie darauf, ob Sie sich darin wiedererkennen.

1. Ein Kodependenter wird von einer oder mehreren zwanghaften Verhaltensweisen getrieben. Dieses Verhalten muß nicht unbedingt als „schlecht" gelten; manche Formen von Zwanghaftigkeit, wie etwa die Arbeitssucht, werden in bestimmten Bereichen der Gesellschaft geschätzt. Ob geschätzt oder abstoßend, das Verhalten ist da. Einige verbreitete Formen von Zwanghaftigkeit sind Alkohol, Drogen, körperliche Mißhandlung anderer, Eßstörungen, zwanghafte sexuelle Praktiken. Andere Formen sind subtiler, aber nicht weniger zwanghaft: das Bedürfnis, Dinge zu zählen; das Bedürfnis, Dinge geometrisch oder in einer Linie anzuordnen; zwanghaftes Händewaschen.

Ihre Antwort auf die Frage, wonach Sie im Leben am meisten streben, kann eine Zwanghaftigkeit offenbaren. Jagen Sie dem Geld, dem Ansehen, der Macht nach? Wenn ja, dann sind Sie vielleicht, wie Jerry Braley, süchtig nach Geld oder materiellen Dingen. Materielle Geschenke waren Jerrys Art, Liebe auszudrücken. Er verbrachte niemals Zeit mit Bill. Er war einfach niemals für den Jungen da. Er verwendete seine Zeit darauf, Geld zu verdienen, und das Geld gab er dann großzügig für Bill aus. Das war die Art, wie er in seiner von Armut gezeichneten Kindheit gerne behandelt worden wäre.

John Jordan war ein Arbeitstier; er litt an einer Sucht, die ebenso stark ist wie Alkoholismus oder Drogenmißbrauch. „Ich habe mich aus eigener Kraft hochgearbeitet", verkündete John, „und habe mit einem Kleinlaster und viel Courage eine Firma aufgebaut, deren Umsätze in die Hunderttausende gehen. Um das zu erreichen, muß man schon eine Sechstagewoche und Überstunden in Kauf nehmen."

Gibt es eine Gewohnheit oder ein wiederkehrendes Verhaltensmuster (sei es, daß Sie ständig mit dem Fuß auf den Boden klopfen, oder sei es, daß Sie immer wieder die falschen Leute heiraten), das Ihr Leben beherrscht?

2. Der Kodependente wird von den Umständen, die seine gestörte Ursprungsfamilie prägten, beherrscht und gequält. Die „Geister aus unserer Vergangenheit" – mit unseren eigenen ersten Lebensjahren und der Kindheit unserer Eltern und Großeltern auf dem Rücken – schlingen ihre unheimlichen Finger um unsere Gegenwart. Manchmal flüstern sie, manchmal schreien sie. Der Lärm kann uns helfen oder schaden.

Der stechende Hunger, den Jerry in seiner Jugend verspürte – das Fahrrad, das er sich nie leisten konnte, das Geld, das ihm immer durch die Finger rann, die ständige Notwendigkeit, Geld zu verdienen, die Scham und Verlegenheit –, hinterließ bei ihm die unauslöschliche Botschaft: „Es reicht nicht aus." Die Geister seiner Vergangenheit schreien ihm ins Ohr: „Es ist nie genug! Verdiene mehr! Gib mehr aus! Geld ist das Maß aller Dinge." Heute sind ihm seine fünfundfünfzig Millionen nicht genug. Er muß noch mehr verdienen. Der Geist jenes roten Fahrrads im Schaufenster spricht immer noch zu ihm, obwohl Jerry heute die ganze Ladenkette kaufen könnte.

Jill geht es immer darum, alles zu kontrollieren. Ihre Kindheit verbrachte sie in ständiger Anspannung, um den Wutanfällen ihres Vaters zu entgehen. Kein Wunder, daß sie heute durch harte Kritik und Wutanfälle zu kontrollieren versucht. Auch ihre Geister schreien: „Es ist nicht genug!" In der Vergangenheit wurde sie für jeden Pfennig, den sie ausgab, streng zur Rechenschaft gezogen. Heute kann sie es nicht mit ansehen, wenn Geld ausgegeben wird. Man muß es doch sparen! Horten! Hören Sie die Geister?

Auch in der Beziehung zwischen John und Gladys Jordan haben sich die Geister der Vergangenheit außerordentlich destruktiv betätigt. Gladys' Vater war ein Alkoholiker. Als sie aufwuchs, konnte sie sich niemals darauf verlassen, daß er da war, wenn sie ihn brauchte. Er hörte ihr nicht zu; ja, in volltrunkenem Zustand war er völlig unfähig, ihre Worte zu verstehen. Innerlich lernte sie aus ihrer Vergangenheit, daß „alle Väter abgestumpft und teilnahmslos" sind, auch wenn ihre Augen und ihr Kopf ihr heute etwas anderes sagen.

Johns Vater war ein herrschsüchtiger Mensch, dem man nie etwas gut genug machen konnte. Wie sehr sich der kleine John auch bemühte, Papa sah immer noch reichliche Verbesserungsmöglichkeiten. Außer Kritik hatte er nichts zu sagen. Wann immer nun Gladys Jordan einen Wunsch oder eine Sorge äußerte, hörte John nur die Botschaft heraus: „Was du tust, ist nicht gut genug."

Erkennen Sie das Muster?

In Wirklichkeit hörte John seiner Frau sorgfältig zu und bemühte sich wirklich, sie zu verstehen. Dem unabhängigen Beobachter erschienen ihre Vorwürfe unbegründet. Doch was sie hörte und sah, war ihr eigener Vater, der Herr des Hauses. Sie war nicht in der Lage, durch diesen Geist hindurch den wirklichen Mann zu sehen, den sie geheiratet hatte.

John hatte ein ebenso schwerwiegendes Problem. Der Geist seiner Vergangenheit verwandelte alles, was Gladys sagte, in Kritik. In Wirklichkeit vermied sie es wegen dieser Neigung, ihn zu kritisieren, selbst auf gesunde Weise. Die Geister aus Johns Vergangenheit schafften es, die Wirklichkeit zu übertönen.

Wenn wir uns nur mit den oberflächlichen Problemen der Jordans befaßten – mit ihrem Mangel an Kommunikation und ihren falschen Wahrnehmungen –, so könnten sie hundert Jahre lang in die Sprechstunde laufen, ohne je auch nur einen Schritt weiterzukommen. Zuerst müssen die Geister zum Schweigen gebracht werden.

Solche Geister gibt es in einem gewissen Maß bei jedem Menschen. Bei einer gesunden Persönlichkeit machen sie sich lediglich hin und wieder durch einen hilfreichen kleinen Piepser bemerkbar. Bei einer stark kodependenten Persönlichkeitsstruktur verzerren sie die Realität.

Wie laut oder wie häufig hören Sie heute innerlich die Stimmen Ihres Vaters oder Ihrer Mutter? Hallt in Ihrem Kopf ein Echo nach wie „Du machst aber auch nie etwas richtig"?

3. *Die Selbstachtung (und häufig auch die Reife) eines Kodependenten ist sehr gering.* Gladys Jordan hätte zu Recht auf manche Unzulänglichkeit ihres Mannes hinweisen können. Zum Beispiel hätte sie ihm, wenn er sich mit seinem Erfolg brüstete, entgegnen können: „Ja, gut, du hast dich hochgearbeitet. Aber wo warst du, als die Kinder Keuchhusten hatten? Als dein Sohn seine Examensurkunde bekam, warst du gerade dabei, Zement zu mischen, um einen Auftrag termingerecht zu erledigen. Du bist so beschäftigt damit, dich hochzuarbeiten, daß du nie Zeit für die Kinder oder für mich hast." Aber das tat sie nicht und würde es auch nicht wollen, denn ihr Selbstbild war so kümmerlich, daß sie weder den Mut noch den Wunsch verspürte, ihre Meinung zu sagen.

Wurde Bill Braley Vizepräsident in der Firma seines Vaters, weil er gut war oder weil er der Sohn des Chefs war? Alles, was er über sich selbst wußte, stammte von seinen Eltern; er war niemals sein eigener Herr gewesen. In seiner Jugend hörte er seinen Vater sagen: „Geld ist nicht wichtig", während seine Eltern gleichzeitig alles nach dem finanziellen Wert beurteilten und sich heftig darüber stritten, ob sie ihr Geld sparen oder ausgeben sollten. Sogar sein Bild von sich selbst geriet auf diese Weise durcheinander und wurde zwischen gegensätzlichen Extremen hin- und hergerissen.

Wie zufrieden sind Sie mit sich selbst? Verteidigen Sie sich gegen unfaire Kritik? Haben Sie das Gefühl, keine Freunde zu haben? Was sagt Ihnen das über Ihre Selbstachtung?

4. *Ein Kodependenter ist sicher, daß sein Lebensglück von anderen abhängig ist.* Das Glück eines Kodependenten wird fast ausschließlich davon bestimmt, was andere tun oder denken. Jerry und Jill kamen nicht zu uns, um ihre eigene Lebensfreude zu steigern, sondern weil sie beim Verhalten ihres Sohnes fürchteten, seine Eskapaden und Skandale könnten öffentlich bekannt werden. Jerry bemühte sich nach Kräften,

Liebe zu kaufen; etwas anderes kannte er nicht. Jill war nicht glücklich, solange sie nicht sich selbst und alle anderen in ihrem Umkreis vollkommen unter Kontrolle hatte. Da solche Kontrolle unmöglich ist, war sie niemals glücklich.

Auch John und Gladys waren typische Kodependente. Gladys Jordan glaubte: „Wenn er mir nur zuhören würde, könnte ich glücklich sein. Dann würde unsere Ehe funktionieren."

John Jordan dagegen meinte: „Wenn sie nur nicht immer so nörgeln würde, könnte ich sie mehr lieben und unsere Ehe verbessern."

Haben Sie schon einmal die folgenden Sätze gehört:

„Wenn er/sie sich nur ändern würde, wäre ich glücklich."

„Wenn er/sie nur zum Ausdruck bringt, daß er mich und mein Verhalten schätzt, dann werde ich glücklich sein."

„Er/sie tut das nur, um mich zu ärgern. Er/sie will mich verletzen und schafft es auch."

Brauchen Sie den vollkommenen Ehepartner, damit Ihr Leben vollständig ist?

5. Anderseits fühlt sich ein Kodependenter über Gebühr für andere verantwortlich. Eltern tragen zu Recht die Verantwortung für ihre abhängigen Kinder. Darum geht es hier nicht, sondern darum, daß ein Kodependenter sich unbedingt persönlich für praktisch jedermanns Glück, Gefühle, Gedanken und Taten verantwortlich fühlt – ja, selbst für die Fähigkeit anderer, Schwierigkeiten aus dem Weg zu gehen.

„Wenn ich nicht eingreife, macht er/sie einen furchtbaren Fehler."

„Ich bin an seinem/ihrem Elend schuld; wenn ich mir genug Mühe gebe, mich zu bessern, wird er/sie glücklich sein."

„Ich möchte diese Aufgabe nicht übernehmen, aber ... hat mich darum gebeten, also werde ich es tun. Was ich möchte, ist nicht so wichtig wie das, was ... möchte."

6. Die Beziehung eines Kodependenten zu seinem Ehepartner oder einer wichtigen Bezugsperson ist durch ein schädliches, instabiles Ungleichgewicht zwischen Abhängigkeit und Unabhängigkeit beeinträchtigt. Bei niemandem zeigt sich diese extreme

Instabilität besser als bei Bill Braley. Auf dem College, als er finanziell noch völlig von seinen Eltern abhängig war, spürte er, wie eine Falle zuschnappte. Aus verzweifeltem Trotz floh er nach Südamerika. Extreme Unabhängigkeit. Und doch war er so von seinem Elternhaus abhängig, daß er innerhalb weniger Monate zurückkehrte. Dann wieder die wild unabhängige Flucht nach Boston ... und innerhalb weniger Monate rollte sich die Jojoschnur wieder auf und zog ihn nach Hause. Sein Beruf, die Abtragung seiner Hypothek und das Schulgeld für seine Kinder – all dies ist immer noch weitgehend von seinem Vater abhängig. Und nun rebelliert er wieder in wütender Unabhängigkeit, indem er durch seine Ausschweifungen am Spieltisch und in fremden Betten allem ins Gesicht schlägt, was seinen Eltern heilig ist.

Das Gegenteil von Kodependenz (und das kann man nicht häufig genug betonen) ist nicht Unabhängigkeit. Abhängige und kodependente Menschen in einer Suchtsituation sind *zu* abhängig; sie spucken der Welt ins Gesicht und trotzen in all ihrer Abhängigkeit der Vernunft, dem gesunden Menschenverstand und der Moral.

Das Gegenteil von Kodependenz ist *wechselseitige Abhängigkeit*. Wir alle wurden mit einem gottgegebenen Bedürfnis nach Beziehungen zu anderen Menschen geboren – und mit einer von Gott geschenkten Gabe, in diesen Beziehungen Abhängigkeit und Unabhängigkeit in einem gesunden Gleichgewicht zu halten. Gesunde, wechselseitig abhängige Menschen können abhängig genug sein, um sich zu öffnen und sich verwundbar zu machen. Gleichzeitig verfügen sie über ein einzigartiges Selbstkonzept, das keinen anderen Menschen braucht, um vollständig zu sein.

Das beste Beispiel für wechselseitige Abhängigkeit ist die Fußball-Nationalmannschaft. Sie wird aus den besten Spielern der erfolgreichsten Vereine des ganzen Landes zusammengestellt. Jeder dieser Spieler ist einzigartig und unabhängig in seinen individuellen Stärken und Schwächen. Aber es reicht nicht aus, die Spieler einfach zusammenzubringen, auf den Platz zu schicken und gegen eine andere Mannschaft antreten zu lassen. Vorher müssen sie noch ins Trainingslager, wo der Bundestrainer die Aufgabe hat, all diese unabhängigen Spitzensportler zu einer Mannschaft zusammenzuschweißen, in der jeder einzelne in Abhängigkeit von allen anderen seine Stärken voll zur Entfaltung bringen kann. Ebenso wie eine gut aufeinander abgestimmte Fußballmannschaft auf dem Platz wie ein Orchester zusammenspielt, so tut es auch der gesunde, nicht kodependente Erwachsene in seinen zwischenmenschlichen Beziehungen – und das gilt auch für jenes erstaunliche Wesen, den liebenden Menschen.

7. Der Kodependente ist ein Meister der Verdrängung und Unterdrückung von Gefühlen. Kodependenz entsteht aus einer gestörten Ursprungsfamilie. Und doch wird ein kodependenter Mensch diese Familie aufrichtig in Schutz nehmen. Wenn sich ein Kodependenter überhaupt an Einzelheiten aus seiner Kindheit erinnert, sind diese Einzelheiten oft isoliert oder haben sich nicht so zugetragen, wie er sie in Erinnerung hat. Kodependente können die Dinge meist nicht so sehen, wie sie sind; sie wollen die Umstände nicht als so schlecht bewerten, wie sie sind; sie tun so, als kämen schlimme Dinge nicht vor; ihnen ist der Blick nach innen zu schmerzhaft.

Wenn sie über ihren Vater sprach, fügte Gladys Jordan immer wieder hinzu: „Aber im Kern war er eigentlich ein wunderbarer Mensch." John Jordan pries seinen Vater und betonte: „Wäre mein Vater nicht so gewesen, wie er war, hätte ich nie die Entschlossenheit entwickelt, so erfolgreich zu werden. Ich verdanke ihm eine Menge."

8. Der Kodependente macht sich Sorgen um Dinge, die er nicht ändern kann, und versucht möglicherweise, sie dennoch zu ändern. Kodependente sind frustriert, weil sie versuchen, Dinge und Personen zu kontrollieren, die sich außerhalb ihrer Kontrolle befinden und immer befinden werden. In unserem Buch *Sorgen-los leben* (Verlag Schulte & Gerth) gehen wir ausführlich auf den Zusammenhang zwischen einem negativen Selbstkonzept und Sorge oder Angst ein. Menschen mit negativem Selbstkonzept rechnen oft von vornherein damit zu versagen, weil sie sich für geborene Versager halten.

Wenn sie in die Zukunft schauen, sehen sie nur Enttäuschungen und Niederlagen. Wenn die Wirklichkeit ihnen recht gibt – wenn sie tatsächlich Niederlagen erleben –, führt ihre Frustration dazu, daß ihre Selbstachtung noch weiter abnimmt. Die streitbaren Jordans versuchten einunddreißig Jahre lang vergeblich, Frieden zu schließen. „Sehen Sie? Ich habe es versucht, aber es ging nicht. Ich bin schwach. Ineffektiv. Wertlos. Ich bin genau das, wofür ich mich immer gehalten habe!"

9. Vor allem ist das Leben eines Kodependenten von Extremen gekennzeichnet. Seine persönlichen Beziehungen weisen extreme Höhen und Tiefen auf. Der Streit unter Liebenden gleicht dem Zweiten Weltkrieg, und die liebevollen Augenblicke tragen sie in schwindelerregende Höhen. Jills Vater konnte zärtlich mit ihr kuscheln und im nächsten Augenblick in Wut gegen sie ausbrechen. Dabei nahm er weder Alkohol noch Drogen; er war einfach so, und er konnte nichts daran ändern.

Horten und Verschwenden, finanzieller Ruin (vielleicht sogar mehrmals), Wut und Zärtlichkeit, Liebe und Krieg – das Leben verläuft kaum jemals für längere Zeit auf ein und derselben Ebene. Die perfekte Herr-und-Frau-Saubermann-Romanze endet in einer schmutzigen Scheidung. Diese extreme Polarisierung im Verhalten und in den Beziehungen von Kodependenten ist eines der deutlichsten Kennzeichen.

Auch die Einstellung von Kodependenten zur Autorität ist im allgemeinen extrem. Die gleiche Person, die ihrem Chef gegenüber mit überzogener Ergebenheit reagiert, übt zu Hause vielleicht eine übersteigerte Autorität aus. Viele Kodependente haben eine tiefsitzende Angst vor manchen Autoritäten, während sie für andere nur Verachtung zeigen. Auch hier gibt es kein gesundes Gleichgewicht, keinen Sinn für Selbstbestimmung. Es ist eine weitere Erscheinungsform der Polarisierung im Leben und in den Einstellungen Kodependenter.

10. Schließlich ist ein Kodependenter ständig auf der Suche nach dem Etwas, das ihm in seinem Leben fehlt. Im ersten Kapitel erwähnten wir, wie manche Patienten ihren Zustand beschreiben: „Man läuft herum und fühlt sich wie das Loch in der Mitte eines Schmalzkringels. Irgend etwas fehlt in mir." Kodependente sind rastlos und unzufrieden, wie ihre äußeren Umstände auch sein mögen. Jerry Braley kaufte sich immer noch mehr Dinge. Er bekam nie genug. Jill konnte nie genug sparen. Sie konnte nie genug Kontrolle ausüben. Die für ihre Gesundheit so gefährlichen gewaltsamen Hungerkuren waren ein Ausdruck dieses unersättlichen Bedürfnisses nach totaler Kontrolle. Jerrys Umgang mit Geld konnte sie nicht kontrollieren, ebensowenig Bills selbstzerstörerisches und schändliches Verhalten. Ihre Nahrungsaufnahme konnte sie kontrollieren, aber das füllte das Loch in ihrem Inneren nicht aus. Und wie toll Bill seine sexuellen Ausschweifungen auch trieb, er wollte immer mehr – es war ihm nie genug. Auch sein Spielen machte ihn nicht satt; er hungerte nach immer mehr.

Diese zehn Merkmale (siehe Seite 34) zwingen Kodependente zu drei Reaktionen, die ihr Leben Tag für Tag bestimmen.

▷ Unsere Vorstellung von Familie und Erwachsensein wird durch unsere Kindheit geprägt, und *wir sind daran gebunden* (oder dazu verurteilt, würden manche sagen), *die Familienerfahrung, an die wir uns erinnern, zu wiederholen.*

▷ Wir wiederholen unsere Kindheitserfahrung nicht nur, *wir lassen die meisten unserer Entscheidungen und sogar die Art unserer Wahrnehmung dadurch bestimmen.*

▷ *Durch logisches und vernünftiges Denken läßt sich an den ersten beiden Punkten nichts ändern.* Das erwachsene Kind eines Alkoholikers schwört: „Ich werde niemals einen Trinker heiraten und meine Familie den Leiden aussetzen, die ich ertragen mußte." Doch trotz aller guten Vorsätze, obwohl es nur zu gut weiß, was es bedeutet, mit einer gestörten Person zusammenzuleben, wird sich ein solches Kind fast immer einen alkoholabhängigen oder ähnlich gestörten Partner aussuchen. Vernunft und Logik scheinen sich in Luft aufzulösen, wenn der verführerische Sirenengesang der Vergangenheit erklingt.

Die Tochter eines Alkoholikers geht vielleicht von der gleichen Voraussetzung aus wie Gladys Jordan: „Ich werde *niemals* einen Trinker heiraten." Dann sucht sie sich jemanden aus, der ihr wie das genaue Gegenteil erscheint, nur um dann festzustellen, daß irgendeine andere Sucht dem Glück im Wege steht. John rührte keinen Alkohol an, aber seine Arbeitssucht war um keinen Deut weniger schlimm. Für Gladys war das Ergebnis dasselbe: eine kodependente Beziehung.

Es ist an dieser Stelle wichtig zu sehen, daß Gladys die Wahl ihres Ehepartners nicht durch nüchternes Nachdenken traf (obwohl sie glaubte, das zu tun), sondern als Reaktion auf den Alkoholismus ihres Vaters. Und dieser Alkoholismus störte in ihrem Eheleben ständig unwillkommene Geister auf.

In der Familie Braley spielte Alkohol nicht die geringste Rolle. Und doch griff die Kodependenz wie ein Steppenbrand von einer Generation auf die nächste über.

Die Zeit wird die Kodependenz nicht heilen

Kodependente erholen sich nicht mit der Zeit. Es wird morgen nicht besser werden. Es wird schlimmer werden. Glück und Zufriedenheit, die schon heute so schwer zu ergreifen sind, werden morgen noch unerreichbarer sein, selbst wenn sich die äußeren Umstände bessern. Kann Kodependenz tödlich sein? Ja. Sie wird zwar niemals als Todesursache auf dem Totenschein eingetragen, aber extreme Kodependenz kann zu schweren Depressionen und Selbstmord führen. Die körperliche Gesundheit verfällt und macht anfällig für Krankheiten, die sonst kein Problem wären. Viele der mit Kodependenz verbundenen Zwänge und Süchte wie etwa Alkoholismus, Drogenmißbrauch und Eßstörungen sind lebensbedrohlich. Wutanfälle und körper-

Die zehn Merkmale eines Kodependenten

1. Ein Kodependenter wird von einer oder mehreren zwanghaften Verhaltensweisen getrieben.
2. Der Kodependente wird von den Umständen, die seine gestörte Ursprungsfamilie prägten, beherrscht und gequält.
3. Die Selbstachtung (und häufig auch die Reife) eines Kodependenten ist sehr gering.
4. Ein Kodependenter ist sicher, daß sein Lebensglück von anderen abhängig ist.
5. Andererseits fühlt sich ein Kodependenter über Gebühr verantwortlich für andere.
6. Die Beziehung eines Kodependenten zu seinem Ehepartner oder einer wichtigen Bezugsperson ist durch ein schädliches, instabiles Ungleichgewicht zwischen Abhängigkeit und Unabhängigkeit beeinträchtigt.
7. Der Kodependente ist ein Meister der Verdrängung und Unterdrückung von Gefühlen.
8. Der Kodependente macht sich Sorgen um Dinge, die er nicht ändern kann, und versucht möglicherweise dennoch, sie zu ändern.
9. Vor allem ist das Leben eines Kodependenten von Extremen gekennzeichnet.
10. Schließlich ist ein Kodependenter ständig auf der Suche nach dem Etwas, was ihm in seinem Leben fehlt.

liche Mißhandlungen können das Leben Unschuldiger gefährden.

Es gibt Maßnahmen, die Ihnen helfen können, aus Ihrem Abstieg ins Elend herauszukommen, aber Sie müssen sie ergreifen. Sie geschehen nicht von selbst. Vieles hängt davon ab, ob Sie wirklich von den Geistern Ihrer Vergangenheit frei werden wollen, von den Ursachen der Kodependenz, um die es im zweiten Teil gehen soll.

Zweiter Teil:
Die Ursachen der Kodependenz

Unbefriedigte emotionale Bedürfnisse

Narziß, so berichtet die griechische Sage, war ein wunderschöner und sehr unnahbarer junger Mann. Die lieblichsten Nymphen warfen sich ihm an den Hals, aber er wies sie alle ab. Er verliebte sich niemals, bis er eines Tages sein eigenes Spiegelbild in einem stillen Teich erblickte. Sofort erfaßte ihn heiße Liebe zu diesem strahlenden Wesen – sich selbst. Da er dem Bildnis völlig verfallen war, schmachtete Narziß am Ufer des Teiches dahin, und natürlich blieb seine Liebe unerwidert. Wenn er sprach, bekam er keine Antwort. Wann immer er seine Hand ausstreckte und das herrliche Bild berührte, floh es, verscheucht durch die Wellen auf der Wasseroberfläche. Schließlich welkte er dahin und starb. Die Nymphen wollten seinen Leichnam verbrennen, aber er verschwand. Wo er gelegen hatte, sproß unsere vertraute, aus dem östlichen Mittelmeerraum stammende Gartenblume aus dem Boden, die seinen Namen trägt.

Für die meisten heutigen Menschen hat der Ausdruck *Narzißmus* einen unangenehmen Beigeschmack. Narzißmus ist eine übersteigerte Liebe zu sich selbst, eine Lebensanschauung, die vollkommen auf sich selbst bezogen ist. Doch manche Fachleute verwenden den Begriff ohne diese negativen Assoziationen, um den angeborenen narzißtischen Hunger oder Liebeshunger zu beschreiben, den wir alle besitzen.

Im Gegensatz zum Narzißmus ist dieser Liebeshunger ein sehr positiver Trieb, nämlich das gottgegebene Bedürfnis, zu lieben und geliebt zu werden, das jedem Menschen angeboren ist. Es ist ein berechtigtes Bedürfnis, das von der Wiege bis zum Grab befriedigt werden muß. Wenn Kindern die Liebe vorenthalten wird, wenn dieses Urbedürfnis nach

Liebe nicht gestillt wird, tragen sie lebenslange Narben davon.

Das Bedürfnis nach Liebe zu stillen, ist von entscheidender Bedeutung, selbst wenn Babys noch zu klein für abstraktes Verstehen sind. Man kann einem Baby nicht einfach im Vorbeigehen an der Wiege sagen: „Ich liebe dich." Sie müssen Ihre Liebe anders als durch Worte ausdrücken, durch etwas, was das Baby von Geburt an versteht. Das Kuscheln, das zärtliche Summen und das Reden mit dem Baby ist genauso wichtig wie Wärme und Nahrung. Darum werden in Krankenhäusern freiwillige Helfer oder Pfleger damit beauftragt, einfach dazusitzen und Neugeborene in den Armen zu wiegen, selbst Frühgeborene, die an einem ganzen Wald von Infusionsschläuchen hängen. Kinder können buchstäblich daran sterben, daß ihnen die Liebe vorenthalten wird.

Liebestanks

In der Minirth-Meier-Klinik veranschaulichen wir den Liebeshunger zeichnerisch durch einen herzförmigen Liebestank (Liebestanks sind, wie Sie sicher erraten, Vorratsbehälter für Liebe). Stellen Sie sich vor, Sie seien ein neugeborenes Kind und hätten tief in Ihrem Inneren einen herzförmigen Liebestank. Wenn der Tank eine Anzeigeskala hätte, würde sie anfangs so ziemlich auf „leer" stehen.

Stellen Sie sich nun oberhalb dieses Tanks zwei weitere Tanks vor, nämlich die Ihrer biologischen Eltern. Im Laufe der Jahre wird Ihr Tank aus deren Tanks aufgefüllt. Fünfzehn bis zwanzig Jahre später, wenn Sie sich aus Ihrer Ursprungsfamilie lösen und sich aufmachen, eine eigene Familie zu gründen, ist Ihr Tank recht gut gefüllt. Als Erwachsener sind Sie nun so weit, daß Sie die Tanks Ihrer eigenen Kinder füllen können, die wiederum dann eines Tages in der Lage sein werden, die Tanks ihrer Kinder zu füllen. In einer normalen, funktionierenden Familie wird also von Generation zu

Generation Liebe weitergegeben, indem sie von den Eltern zu den Kindern fließt (siehe Illustration).

In einer achtköpfigen Familie können die Eltern immer noch all die kleinen Liebestanks aus ihrem eigenen Reservoir füllen, ebensogut wie Eltern von einem oder zwei Kindern. In diesem Sinn hat die Analogie keine quantitative Bedeutung, in anderem Sinne dagegen schon.

Was ist zum Beispiel, wenn einer der Elternteile aus irgendeinem Grund nicht verfügbar ist? Dann kann das Kind sich seine Liebe bestenfalls aus einem halben Reservoir holen, normalerweise sogar weniger.

Denken sie an Gladys Jordans Ursprungsfamilie. Ihr Vater war ein Alkoholiker. Sein Liebestank, der fast mit Sicherheit schon von vornherein einen niedrigen Stand hatte, trocknete immer mehr aus, je mehr sein Alkoholismus fortschritt. Er konnte seinem Kind immer weniger bieten und drehte sich zunehmend nur noch um sich selbst. Sie bat ihn um Dinge, darunter auch sehr notwendige Dinge, und er brachte es einfach nicht fertig, dafür zu sorgen. Versprechungen, die er machte, wurden ständig gebrochen. Oft konnte er sie in seinem volltrunkenen Zustand nicht einmal hören. Er stand emotional und manchmal auch körperlich nicht zur Verfügung, um ihren Liebestank zu füllen.

Aber dann hätte sich die kleine Gladys doch an die Mutter halten können, oder? Nein. Die Mutter hatte zuviel mit dem Vater zu tun, indem sie entweder versuchte, seinen Alkoholismus geheimzuhalten, oder ihm half, sich zusammenzureißen. Es war die Mutter, die unter dem Druck der Tragödie, die sie alle durchmachten, die Familie zusammenschweißte und die Finanzen einigermaßen über Wasser hielt. Ihr Zorn, ihre Niedergeschlagenheit und ihre Enttäuschung über ihr Leben nahmen immer mehr zu. Obwohl sie Gladys wirklich liebte und nur ihr Bestes wollte, stand sie im Endeffekt genausowenig ständig zur Verfügung wie der Vater. Gladys ging mit einem fast leeren Liebestank aus ihrer Ursprungsfamilie hervor. Sie wurde zu einer kodependenten Erwachsenen.

Selbst wenn der Liebeszustrom nicht unterbrochen wird, kann er schwer beeinträchtigt sein. Bei John Jordan war es so, daß beide Eltern den kleinen John aus tiefstem Herzen liebten und aufrichtig danach strebten, ihm ihre ganze Zuneigung zukommen zu lassen. Aber sein Vater war zum Verzweifeln perfektionistisch.

„Natürlich liebt er dich, Johnny. Er ist einfach so", sagte Mama, und auch sie haßte insgeheim diesen nörgelnden Perfektionismus. Johnny hörte das Wort *Liebe* von den Lippen seiner Mutter, aber mit seinem unbewußten kindlichen Gespür hörte er die Verbitterung heraus. Und aus dem Mund seines Vaters bekam er nur Kritik zu hören. Die Eltern mußten sich mit soviel Kummer auseinandersetzen, die Familie war so belastet durch Reibungen und Unzufriedenheit, daß der Liebeszustrom trotz ihrer Gefühle und guten Absichten beinahe versiegte. John Jordan wuchs mit jenem unnatürlich starken Hunger nach Liebe auf, der für kodependente Erwachsene so typisch ist.

Charles und Sandy Dumont sind typisch für Hunderte von Paaren, die wir beraten haben. Äußerlich sind sie recht wohlhabend und zufrieden. Wenn Fremde sie in ihrem BMW vorbeifahren sehen, halten sie sie für eine Familie, die es geschafft hat. Innerlich jedoch kann Sandy den zurückgezogenen und unzugänglichen Mann nicht ausstehen, zu dem sich ihr Ehemann entwickelt hat. Charles hingegen, Besitzer einer Kette von Computerläden, verabscheut die Art, wie seine Frau absolut alles am Geld mißt. Es macht ihm keinen Spaß mehr, sich mit ihr zu unterhalten, weil sie ständig nur von Kosten und Preisen redet. In siebzehn Jahren Ehe sind sie sich nur über eines einig geworden: „Wir leiden seit Jahren unter emotionalen Schmerzen. Unsere Ehe ist ein Fiasko. Aber wir kümmern uns um Junior. Er ist der Stolz und die Freude der Familie."

Ein Familienberater kann darauf nur mit der Warnung antworten: „Ich weiß, Sie meinen es gut, aber Junior leidet unter den Schmerzen und Belastungen ebenso wie Sie.

Sie haben sicher gehört, daß eine Schwangere für zwei trinkt, denn ihr Baby trinkt mit. Das stimmt. Aber das hört mit der Geburt nicht auf. Die Familie ist in gewissem Sinn eine erweiterte Gebärmutter. Jeder bedeutende und ungelöste Schmerz, jede Spannung und Schwierigkeit, die die Eltern empfinden, überträgt sich auf die Kinder, und zwar meistens in hohem Maße."

Wenn Charles und Sandy Dumont chronisch unglücklich sind, dann wird gewiß auch Dumont junior zu leiden haben.

Damit die Tanks der Eltern voll bleiben, muß ihre Beziehung durch ständiges Geben und Nehmen gekennzeichnet sein. In der Klinik zeichnen wir dazu eine Linie zwischen den Tanks der Eltern. In einer normalen, funktionierenden Familie besteht diese Linie aus gegenseitiger Liebe und Achtung – aus echter Freundschaft, wenn Sie so wollen, zwischen Mutter und Vater.

In der idealen Liebestank-Zeichnung schwebt ein gewaltiger Herzenstank über den Tanks der Eltern und des Kindes – Gott. Unsere Liebe ist fehlerhaft; seine ist vollkommen. Unsere Liebe hat Grenzen; seine nicht. Unsere Liebe hängt von der Reaktion ab, die wir erhalten; er strebt nach unserem Besten, ob wir seine Liebe nun erwidern oder nicht. Wir können uns nicht gegenseitig glücklich machen; er kann uns glücklich machen. Er ist die wahre Quelle aller Erfüllung. Die beste Situation ist die, daß die Eltern seine Liebe reichlich empfangen und sie aus vollen Tanks reichlich an das Kind weitergeben (siehe Illustration).

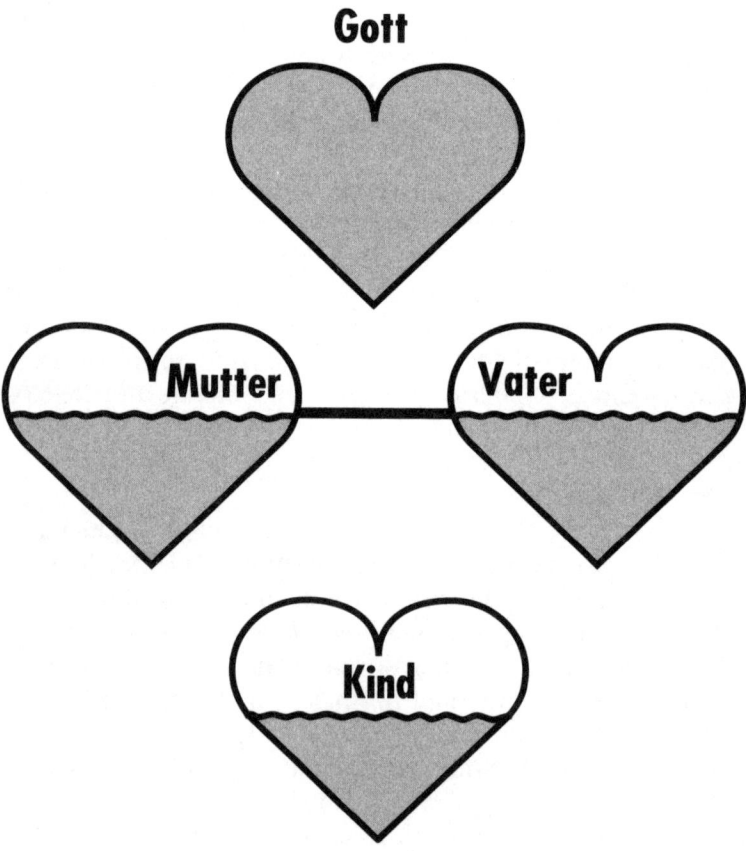

Was macht es schon, wenn die Eltern sich nicht verstehen, sagen Sie, solange sie dem Kind genug Liebe entgegenbringen? Der Punkt ist, daß sie keinen vollen Tank für ihr Kind bereithalten *können*, wenn sie sich nicht gegenseitig immer wieder den Tank auffüllen. In Wirklichkeit führen Reibereien zwischen den Eltern oft zu einer besonders traurigen Situation. Es kann geschehen, daß einer oder beide Elternteile, ohne es zu merken, den Liebeszustrom umkehren. Um ihre eigenen angeborenen Bedürfnisse zu stillen, zapfen sie aus dem Tank des Kindes das Wenige ab, das es hat, und lassen es mit weniger als nichts zurück.

Um Kodependenz anders zu definieren, könnten wir sagen: „Es ist der Zustand, der eintritt, wenn die Liebestanks leerlaufen."

Dr. Hemfelt erinnert sich noch an einen Baum aus seiner Kindheit. Anfangs war es ein ganz normaler Baum. Doch während seines Wachstums war irgendwann ein Blitz eingeschlagen. Der Blitzschlag zerschmetterte den Stamm und fällte ihn, doch der Baum überlebte. Er wuchs weiter, wie es Bäume zu tun pflegen: Die Wurzeln erstreckten sich nach unten, und die Krone streckte sich von ihrer neuen, fast liegenden Position aus nach oben. Die Position des Baumes, seine Haltung, waren durch den Blitzschlag ein für allemal aus dem Gleichgewicht gebracht. Auf ähnliche Weise wird auch die Haltung eines Menschen durch Kodependenz aus dem Gleichgewicht gebracht. Seine ganze Sicht der Welt gerät aus den Fugen.

Der vierschichtige Beziehungskuchen

Eine andere Illustration, die wir in der Klinik oft verwenden, ist wahrscheinlich zur Essenszeit am einleuchtendsten. Wir zeichnen einen großen, vierschichtigen Kuchen (siehe Illustration). In gewissem Sinne sind Sie dieser Kuchen, denn er veranschaulicht die Art und Weise, wie die Kodependenz tief in Ihrem Inneren funktioniert.

Die oberste Schicht besteht aus den Symptomen, die nach außen hin sichtbar sind. Süchte, einschließlich der Suchtformen, die sich nicht auf eine Substanz beziehen (wie etwa Arbeitssucht, Wutanfälle, zwanghafte Verhaltensweisen und viele andere Symptome), bilden diese Oberflächenschicht. Bei John Jordan war es seine extreme Bereitschaft, Zeit und Energie für seine geschäftlichen Ziele statt für seine Familie zu verwenden – die klassische Arbeitssucht, die in der heutigen Gesellschaft als wünschenswerte Einstellung dargestellt wird.

In der zweiten Schicht finden wir die Ebene der Beziehungen. Wie der vom Blitz getroffene Baum muß die betreffende Person feststellen, daß all ihre Beziehungen durch das, was früher geschah, aus dem Gleichgewicht geraten oder verzerrt sind. Doch welcher Blitzschlag hat das verursacht?

Der Blitz findet sich in der dritten Schicht, und als Übeltäter erweist sich meistens irgendeine Form von Mißhandlung. In der Klinik verwenden wir eine viel weitere Definition für ‚Mißhandlung‘ als im landläufigen Sprachgebrauch. Wir werden das gesamte nächste Kapitel diesen manchmal versteckten Formen von Mißhandlung widmen, denn sie sind von grundlegender Bedeutung. Diese verschiedenen Formen und Methoden der Mißhandlung, die die dritte Schicht Ihres Kuchens ausmachen, stecken unter den verkorksten persönlichen Beziehungen und den oberflächlichen Symptomen der Kodependenz. Aber es gibt eine noch tiefere Schicht.

Die vierte und tiefste Schicht ist jener Hunger nach Liebe, der ebenso zu uns gehört wie das Atmen. Er läßt sich nicht mit Ersatz abspeisen; er muß gestillt werden. Ein Mensch, bei dem wichtige emotionale Bedürfnisse unbefriedigt bleiben, läuft als halber Mensch herum, ständig auf der Suche nach einem anderen Menschen, der ihm die fehlende Hälfte ersetzen kann. Diese Unvollständigkeit, dieses Halbiert-Sein, ist übrigens die Wurzel vieler tragischer Eheprobleme, wie etwa bei den Jordans und den Dumonts.

Viele Patienten drücken diesen Hunger aus, wenn sie ihre eheliche Beziehung etwa so beschreiben: „Wir sind wie zwei halbe Menschen, die versuchen, zusammen ein Ganzes zu ergeben." Dieser Zustand ist durchaus nichts Neues. Kodependenz läßt sich sogar schon in einer klassischen literarischen Figur aus dem guten alten England beobachten, obwohl damals noch niemand dieses Krankheitsbild identifiziert hatte.

Mit leeren Tanks

Sein Name ist Ebenezer Scrooge. Sie kennen ihn vielleicht aus Charles Dickens' unvergeßlicher Geschichte *Ein Weihnachtslied*. Tun wir so, als säße er in Robert Hemfelts Sprechzimmer, denn der alte Scrooge ist ein klassisches Beispiel für eine kodependente Persönlichkeit. Er blickt immer finster und abweisend drein, und sein Körper ist immer gebeugt – gebeugt sitzt er an seinem Schreibtisch, gebeugt brütet er über seinen Konten, und gebeugt versinkt er nun in diesem gepolsterten Ledersessel. Er ist gewiß nicht darauf aus, irgend jemanden mit seiner Erscheinung zu beeindrucken. Sein schwerer Wollmantel ist an den Ellenbogen glatt durchgescheuert. Man sollte auch meinen, daß ein Mann von solchem Wohlstand etwas häufiger die Dienste einer Wäscherin in Anspruch nehmen könnte. Er balanciert seinen Biberhut auf einem Knie und trommelt ungeduldig mit den Fingern. Das wird bestimmt kein leichtes Gespräch.

„Es gibt keinen Grund dafür, daß ich hier bin", fängt Scrooge an. „Ich bin ein strenger Mann, aber ehrlich. Ich bezahle meine Rechnungen und Steuern. Ich übe einfach nur Sparsamkeit, und das kann jeder mit etwas Disziplin tun. Wenn jeder sich um seine eigenen Angelegenheiten so ehrlich kümmerte wie ich und sich nicht in die anderer einmischte, bräuchten wir keine Gefängnisse und Armenhäuser. Sie sollten sich mit Tagedieben und Verbrechern unterhalten, nicht mit mir."

„Ah, Herr Scrooge, aber Sie sind es, für den ich mich interessiere. Wie ich höre, starb Ihre Mutter bei Ihrer Geburt."

„So etwas kommt vor, Dr. Hemfelt, wie Sie sehr wohl wissen. Und es war nicht mein Fehler. Es war nicht meine Entscheidung, geboren zu werden."

„Aber Ihr Vater gab Ihnen die Schuld. Er hielt Sie sozusagen von sich fern, indem er Sie auf Internate und Lehrstellen schickte, nicht wahr?"

„Daß er mir die Schuld gab, war irrational, aber sein Vorgehen war mir von äußerstem Nutzen. Ich konnte von einem Mentor, den ich zu Hause bei meinem Vater nie kennengelernt hätte, große Geschicklichkeit in finanziellen Dingen erlernen. Was Sie mit Ihrem psychologischen Humbug vielleicht als Unglück auslegen, war in Wirklichkeit ein großer Segen für mich."

„Sie haben nie geheiratet."

„Ist Ihnen klar, welchen finanziellen Verlust selbst eine bescheidene Ehefrau verursacht?"

„Aber es gibt keine Liebe in Ihrem Leben. Keine Wärme."

„Pah! Wer garantiert, daß die Ehe einem Liebe einbringt? Und wenn ich nun versehentlich einen Hausdrachen heirate? Oder eine zerbrechliche Frau – alle Frauen sind zerbrechlich. Arztrechnungen, Beerdigungskosten – und ich stehe hinterher genauso da, als hätte ich es gleich gelassen. Sie lassen sich durch romantische Vorstellungen für die Realität des Lebens blenden."

„Haben Sie sich niemals nach einer tröstenden Berührung oder einem freundlichen Wort gesehnt? Nach schlichter Zuneigung?"

Ebenezer Scrooge richtet sich kerzengerade auf. Er stülpt sich den Hut auf den Kopf und rückt ihn durch ein Klopfen mit der flachen Hand zurecht. „Nein, mein Bester, das sind Angelegenheiten der Kindheit. Mein Leben ist in vollkommener Ordnung, und ich bin zufrieden damit. Suchen Sie sich irgendeinen Schurken, dem Sie den Kopf zurechtrücken können, oder einen Einfaltspinsel, der seinen Kopf vom Herzen beherrschen läßt. Guten Tag."

Er schreitet auf die Tür zu und tritt hinaus in das schwindende Licht eines Winternachmittags. Da muß schon etwas Übernatürliches geschehen, damit dieser Mann vom kalten Elend seines bitteren Daseins erlöst wird. Er ist sicher nicht in der Verfassung, sich für die Liebe zu entscheiden!

Armer alter Ebenezer Scrooge! Es gibt keinen Ersatz für die Liebe der Mutter, und seine Mutter hat er nie gekannt. Woher hätte der kleine Ebenezer wissen sollen, daß sein Vater im Unrecht war, als er ihm die Schuld an ihrem Tod gab? Wenn Papa es sagte, dann mußte es stimmen. In seinem kindlichen Selbstverständnis, das durch den doppelten Blitzschlag, von seiner Mutter unfreiwillig verlassen und von seinem Vater abgewiesen zu werden, aus dem Gleis geraten war, sah sich Ebenezer als ganz und gar nicht liebenswert. Ein leerer Tank, wahrhaftig! Als Erwachsener füllte Ebenezer seinen Tank mit jeder Menge Pfund Sterling, denn die machten ihm keine Vorwürfe; die ließen sich beherrschen. Daß der Tank eigentlich als Reservoir für Liebe gedacht ist, nicht für Geld, das lernte er nie. Ebenezer Scrooge ist ein klassischer Kodependenter.

Die Sucht nach Geld

Geld. Kohle. Mammon. Kies. Penunzen. Mäuse. Zaster. Moos. Piepen. Machen Sie sich einmal eine Liste all der vielfältigen Namen für unsere Landeswährung. Erstaunlich! Unsere Art, mit Geld umzugehen, ist ein deutliches Spiegelbild unserer Gefühle über uns selbst und unseres Umgangs mit Beziehungen. Zudem spielt Geld fast immer eine zentrale Rolle auf dem Weg aus der Kodependenz. Finanzielle Angelegenheiten sind ein empfindliches Barometer für Kodependenz, denn Geld hat viel mit zwei Grundelementen unseres Daseins zu tun: Disziplin und Bedürfnisbefriedigung.

Geld ist wahrscheinlich unser stärkstes Symbol für Bedürfnisbefriedigung. Geld ist die Standardbelohnung für gute Arbeit oder zufälligen Erfolg. Es dient als Lohn für die Arbeit, und oft mißt ein Arbeiter seinen eigenen Wert an der Höhe seines Gehalts. Geld ist auch fast immer ein passendes Geschenk.

Fast ausnahmslos macht sich schwere Kodependenz in finanziellen Angelegenheiten bemerkbar. Dieser starke Zusammenhang zwischen Geld und Kodependenz kann sich in verschiedenen Formen äußern, von denen einige in direktem Gegensatz zueinander stehen.

Der alte Ebenezer Scrooge hortete sein Geld und verabscheute es, auch nur einen Pfennig auszugeben. Das ist eine häufige Erscheinungsform der Kodependenz.

In deutlichem Gegensatz dazu stand Roy Ware, ein Regierungsangestellter, der zu uns in die Beratung kam. Roys Schwäche waren technische Spielereien. Dabei ging es nicht nur um wundersame Kartoffelschälmaschinen. Er kaufte sich die „Grüne Maschine" – eine Kombination aus Pflug, Harke, Trimmschere, Kreissäge, Häckselmaschine und Astsäge –, obwohl sein gesamter Rasen weniger als hundert Quadratmeter groß war und kein einziger Baum darauf stand. Er kaufte sich nicht einfach eine Video-Kamera; es mußte das Spitzenmodell mit den raffiniertesten Schnitt- und Titelfunktionen sein. Er besitzt zwei Videorecorder (einen mit VHS, den anderen mit dem alten Plattensystem), einen intelligenten Mikrowellenherd, mehrere schnurlose Telefone, einen Personalcomputer, eine computergesteuerte Sprinkleranlage und ein Radio zum Empfang des Polizei- und Feuerwehrfunks. Und er besitzt vier renommierte Kreditkarten, allesamt bis an die Grenze belastet.

Scrooges Pfennigfuchserei gilt als geschäftsschädigend. Roy dagegen wird von den Einzelhändlern mit offenen Armen empfangen. Doch beide Extreme haben ihre Wurzel in denselben unbefriedigten Bedürfnissen, die wir hier erörtert haben.

Geld kann sehr schnell zu einer eigenen Form der Sucht werden und fügt sich genauso effektiv in den Kreislauf der Abhängigkeit ein wie Alkohol oder Drogen. Es bewirkt die gleichen Symptome – man gerät entweder durchs Ausgeben oder durchs Horten in Hochstimmung, verspürt das vorübergehende, trügerische Gefühl, alles unter Kontrolle zu haben, erkennt die schädlichen Auswirkungen, empfindet Schuldgefühle, weil man nicht besser mit dem Geld umgegangen ist, und lindert schließlich seine Schuldgefühle, indem man sich auf die gleiche Weise wieder in Hochstimmung versetzt. Und so dreht man sich immer wieder im Kreis.

Das Problem der Verleugnung

Wenn die Auswirkungen der Kodependenz so schreiend offensichtlich sind, warum soll man sich dann die Mühe machen, zu einem Psychologen zu gehen? Schließlich bräuchte der Betroffene lediglich das Problem zu identifizieren und

Lösungsmaßnahmen zu ergreifen. John Jordan würde als Erster zustimmen, daß das nur dem gesunden Menschenverstand entspräche.

Doch in all diesen Problemen steckt ein Gespenst, ein Buhmann. Verdrängung. Fragen Sie einen beliebigen Menschen, ob er eine glückliche Kindheit hatte, und er wird sich beeilen, mit „Ja!" zu antworten.

„Und haben Ihre Eltern Sie gut behandelt?"

„Sie waren herzensgute Menschen."

Dahinter können zwei Dinge stecken: Die Eltern dieses Menschen waren wirklich vorbildlich und verdienen das Lob ihrer Kinder – oder dieser Mensch hatte eine absolut verkorkste Kindheit voller Mißhandlungen, und sein Liebestank ist praktisch leer.

Kodependente mit wichtigen unbefriedigten emotionalen Bedürfnissen sind Meister der Verdrängung. Verleugnen – das ist ein Teil ihres Problems. Ihr ganzes Leben lang haben diese Leute eine Lüge gelebt – ein wunderbares Leben vorgetäuscht, erhofft, ersehnt, während es in Wirklichkeit emotional und vielleicht auch körperlich unerträglich war. Jetzt können sie mit dem Lügen nicht mehr aufhören. Würden sie sich der Realität stellen, käme ja ihre verheerende Vergangenheit mit all den offenen Wunden und eitrigen Beulen an die Oberfläche. Kodependente bringen ihr Leben damit zu, dieses Schreckensbild möglichst tief zu vergraben. Deshalb ist Verdrängung eine entscheidende Hürde, die einer Heilung entgegensteht. Ja, die Heilung kann gar nicht erst einsetzen, solange die Verdrängung noch nicht überwunden ist.

Verdrängung versteckt sich hinter vielen verschiedenen Masken. Häufig kommt es vor, daß Schmerz zwar nicht vergessen, aber sorgfältig und bewußt vergraben wird. Betrachten wir den Fall von Beryl Mason, die zu uns kam, als sie in äußerster Not war und ihr Leben zerstört zu sein schien.

Bei ihrem Anblick hätte sich niemand träumen lassen, ihr Leben könnte anders als sensationell sein, denn sie war eine populäre Schauspielerin, deren Gesicht viele Millionen Menschen in aller Welt kannten. Sie war einer der ganz wenigen

Menschen auf der Erde, die zu Recht hätten behaupten können: „Ich habe alles." Doch Berühmtheiten sind auch nur Menschen wie wir.

Die Frau, die unser Sprechzimmer betrat, hatte die besondere Bühnenausstrahlung abgelegt, durch die sich bekannte Menschen von unbekannten unterscheiden. Ihre Eleganz freilich blieb davon unberührt – jene natürliche Anmut, die von besonders attraktiven Menschen ausgeht, ohne daß sie sich darum bemühen. Sie hatte bewußt auf Glanz und Schminke verzichtet, um als eine gequälte, erschöpfte und unglückliche Frau vor uns zu treten. Die Blüte der Jugend lag hinter ihr, und so etwas wie Glück hatte sie bisher noch nicht gefunden. Wenn das Leben nicht mehr zu bieten hatte als materiellen Überfluß, dann lohnte es sich nicht zu leben. Warum konnte sie nicht lieben und geliebt werden? Warum konnte sie niemals – *niemals* – Frieden finden?

Nun saß sie also da in unserem gemütlichsten Sprechzimmer. Ihr reichlich gepolsterter Sessel flüsterte ihr zu: „Mach's dir bequem und schieß los!" Sie bestückte ihre Zigarettenspitze, die lang genug war, um damit Billard zu spielen, mit einer ausländischen Zigarette, an der sie immer wieder nervös zog, während sie die traurige Litanei ihres Lebens vor uns ausbreitete.

„Mein erster Ehemann – was für ein Schuft! Dabei wirkte er zuerst so nett. Doch insgeheim war er ein gemeiner Kerl, der mich schlug. Mein zweiter galt als die beste Partie in Hollywood. Was für eine Partie! Ein Hai im italienischen Designer-Anzug."

Paul Meier lehnte sich zurück und faltete die Hände. „Alle Ihre fünf Ehemänner waren so? Äußerlich attraktiv, aber insgeheim üble Kerle?"

„Alle fünf. Der fünfte – was war das für ein mieses Stück! Er war der Schlimmste. Am Anfang war er aufmerksam, ohne mich damit zu erdrücken; wissen Sie, was ich meine? Er behandelte mich wirklich gut. Nachdem wir zwei Monate verheiratet waren, schien er in seinem Kopf eine Seite umzublättern und ein neues Kapitel zu beginnen. Schnaps,

Koks, Gras, alles, was auf der Karte steht. Wenn er nur halb berauscht war, verprügelte er mich, ansonsten war er nicht ansprechbar. Die Putzfrau hatte solche Angst vor ihm, daß sie sich weigerte, zu uns zu kommen, wenn er zu Hause war."

„Und jetzt hüten Sie sich vor allen Männern."

„Ja und nein. Es ist verrückt. Ich verbrenne mir immer wieder die Finger, aber es ist, als ob ich nicht anders könnte. Immer wieder bin ich so dumm, meine Hand ins Feuer zu stecken. Man sollte meinen, nach einer oder zwei Katastrophen hätte ich es begriffen. Alles, was ich will, ist ein netter, normaler Mann, dem etwas an mir liegt. Ist das zuviel verlangt?"

„Und Sie sind sicher, daß Sie nicht glücklich sein können, wenn Sie nicht verheiratet sind?"

Sie dachte einen Moment darüber nach. „Nein, das ist es nicht. Ich *brauche* keinen guten Mann. Ich *will* einen guten Mann. Ich bin also keine flammende Feministin. Ist das so schlimm?"

„Es ist eine gute Einstellung. Haben Sie noch andere Probleme, wo Sie nicht anders können?"

„Du meine Güte, ja! Sie sollten mal hören, wie mein Manager stöhnt, wann immer ich in die Nähe eines Geschäfts komme. Er nennt es Verschwendungssucht. Na ja, ich mag schöne Dinge. Ist das ein Verbrechen? Und ab und zu habe ich Schwierigkeiten mit Schnaps und Beruhigungsmitteln. Nicht, wenn ich arbeite, aber zwischen den Jobs liegen manchmal Monate."

Nun gab es kein Zurückhalten mehr. Dies war ihr letzter verzweifelter Versuch, Hilfe zu bekommen, und daran klammerte sie sich. Während der nächsten Stunde erzählte sie Dr. Meier alles, was in ihrem Leben schiefgegangen war. Ein klassisches Symptom nach dem anderen kam zum Vorschein. Ihr Leben war eine farbige Vergrößerung der Probleme mit Kodependenz, mit denen viele von uns zu tun haben.

Als sie eine Pause machte, um sich eine neue Zigarette anzustecken, feuerte Paul einen Schuß ins Blaue ab, von dem er sicher war, daß er so ziemlich ins Schwarze treffen würde. „Wann hat Ihr Vater Sie sexuell mißbraucht? Im frühen Teenageralter?" Sie hätten sehen müssen, wie sich ihre Augen weiteten und ihre Kinnlade herunterfiel. Von einem Augenblick auf den anderen wandelte sich ihre eifrige Mitarbeit in ohnmächtige Wut. „Ich habe nie einer Menschenseele etwas davon erzählt! Nie! Nicht einmal meiner Mutter! Wie können Sie so etwas auch nur andeuten!" Und damit stürmte sie zur Tür hinaus. Sie hatte das Ereignis nicht aus ihrem Gedächtnis gelöscht, aber jahrelang verdrängt. Dieses schmutziges Geheimnis hatte sie vollkommen unter den Teppich gekehrt. Niemand wußte davon – niemand außer ihrem eigenen Gedächtnis.

Was war also wirklich mit Beryl Mason geschehen? Die Beziehungen in ihrer Ursprungsfamilie waren immer rauh gewesen; sie und ihre Geschwister bekamen nicht die liebevolle Aufmerksamkeit, die sie brauchten. In der Zeit, als es zum sexuellen Mißbrauch kam, hätte ihr Liebestank eigentlich aus dem ihres Vaters gefüllt werden sollen – doch das Ventil war fest verschlossen. Schmerz, Demütigung, Schuldgefühle, Verrat – all das und noch mehr hatte den Zustrom unterbrochen und den Inhalt ihres eigenen Tanks vergiftet. Beryl hatte diesen Teil ihrer Kindheit verloren, buchstäblich so, als wären diese wichtigen Jahre mit einem Messer aus ihrem Leben herausgeschnitten worden.

Ihr Liebeshunger, die unterste Schicht ihres Kuchens, war nicht gestillt worden; ihr Tank war leer, und die Mißhandlungen der dritten Schicht sorgten dafür, daß die obersten beiden Schichten nicht gerade liegen konnten. Nun war sie soeben wutentbrannt davongestürmt, ohne die geringste Bereitschaft, sich mit irgendeinem Aspekt ihrer Probleme auseinanderzusetzen. Sie würde ihre Geheimnisse in der Versenkung lassen, denn sie auszugraben wäre zu schmerzhaft, um auch nur daran zu denken.

Manche Menschen vergraben ihre schmerzhaften Erinnerungen nicht nur, sie verbannen sie. Doch das macht es leider notwendig, den ganzen Erfahrungsbereich zu verbannen, weil der Schmerz alles durchdringt. Manche unserer Klienten, die in ihrer Kindheit offensichtlich sexuell mißbraucht worden waren, hatten jede Erinnerung an diesen Teil ihres Lebens verloren, und es widerstrebt ihnen emotional, sich mit den noch verbliebenen Erinnerungen zu beschäftigen.

Hoffnung für die Zukunft

Ist einem Menschen wie Beryl noch zu helfen? Wäre Scrooge in unserer Klinik gelandet, anstatt mit einem Gespenster-Trio Raum und Zeit zu durchstreifen, wieviel hätten wir für ihn tun können? Kann ein Mensch – können Sie – die Mauer der Verdrängung durchbrechen, indem Sie ein Buch lesen?

Ja. Es ist möglich, aber der Prozeß ist äußerst schmerzhaft. Warum sollte man es also tun, wenn Leiden die Folge ist und die Heilung schlimmer erscheint als die Krankheit? In Beryls Leben, ebenso wie in dem der Jordans, könnte sich ohne Eingreifen und Hilfe niemals etwas bessern. Alles würde sich unaufhaltsam verschlimmern, das Elend immer niederschmetternder werden. Die Wunden der Vergangenheit faulen weiter. Die verzerrende Wirkung der Kodependenz hält uns davon ab, die Wirklichkeit klar zu erkennen; wir begehen immer und immer wieder die gleichen Irrtümer und Fehler, während wir an das glauben, was wir zu sehen meinen, statt an das, was wirklich ist. Beryl mußte fünf Ehe-Episoden durchmachen, bevor ihr dämmerte, daß etwas an ihrer Wahrnehmung nicht stimmte.

Die oberste Schicht in Ordnung zu bringen, so daß sie nach außen hin gut aussieht, wäre eine rein kosmetische Behandlung. Damit lassen sich die tieferen Probleme nicht lösen. Die zweite Schicht (ihre alltäglichen Beziehungen zu anderen Menschen) mit Pflastern zu verarzten, verbessert den Kuchen auch nicht. Erst wenn die Grundschichten (der Blitzschlag, der ihren Schmerz auslöste, und ihr fundamentales Bedürfnis nach Liebe) aufgedeckt werden und dort Hilfe ansetzt, kann der Kuchen wieder etwas Anziehendes an sich haben. Wenn sich die Lebensqualität dieser Menschen – und Ihre eigene – verbessern soll, dann muß diese Reparatur vorgenommen werden. Im *Weihnachtslied* war Scrooges größte Freude am nächsten Morgen die Entdeckung, daß die Chance, das Leben zu genießen, noch nicht an ihm vorbeigegangen war.

Beryls Geschichte nahm ein glückliches Ende. Sie beruhigte sich nach ein oder zwei Tagen, kam zu dem Schluß, daß ein Arzt, der ihr so etwas aus heiterem Himmel auf den Kopf zusagen konnte, möglicherweise etwas zu bieten hätte, und kehrte zurück. Wie es bei jedem Patienten geschieht, der sich im Krankenhaus behandeln lassen möchte, wurde sie körperlich gründlich untersucht, um mögliche medizinische Ursachen für ihre Probleme auszuschließen. Als sie in die Klinik kam, suchte sie dort ebensosehr die Abgeschiedenheit wie ihre Heilung, und sie arbeitete gewissenhaft mit uns zusammen. Stück für Stück setzten wir ihre bedauernswerte Kindheit und ihre katastrophalen Beziehungen zusammen und forschten nach, was geschehen war und warum. Im Laufe der Wochen setzte sie sich mit jedem Punkt auseinander. Der ganze Prozeß tat ihr schrecklich weh, aber sie ging als wiederhergestellter Mensch daraus hervor. Schließlich lernte Beryl, zu Männern wie zu Frauen Beziehungen zu haben, ohne die Männer immer heiraten und sich dann von ihnen mißhandeln lassen zu müssen.

„Ich wußte nie, daß Glück und Frieden im gleichen Paket kommen. Ich hatte keine Ahnung, wie krank ich war, bis ich gesund wurde", sagte Beryl.

Beryls Probleme hatten ihre Wurzel in der dritten Schicht ihres Kuchens. Das Wesen dieser Schicht werden wir als nächstes erkunden, denn sie ist die Grundlage, auf der sowohl Beryls Beziehungsprobleme als auch ihre äußerlich sichtbaren Symptome beruhten.

Es ist nicht leicht, eine Grundlage freizulegen, die von Anfang an schlecht war und während Ihres ganzen Lebens noch schlechter geworden ist. Wenn Sie sich einmal an diese Aufgabe heranmachen, müssen Sie sie durchstehen.

Das „Streben nach Glück" ist keine hohle Phrase auf dem vergilbten Pergament der amerikanischen Unabhängigkeitserklärung. Es ist Ihr ureigenes Recht! Glück und Liebe sind für Sie erreichbar.

Verlorene Kindheit

Anns Vater hatte eine Fünfundsechzig-Stunden-Woche, in der er als Vertreter ein Verkaufsgebiet betreute, das sich über drei Staaten erstreckte. Ihre Mutter begeisterte sich ständig für neue Dinge – mal eine „gute Sache", dann wieder eine östliche Religion. Doch Ann wußte, was für Persönlichkeiten ihre Eltern unter der Oberfläche waren.

Ihr Vater war in dem Nachkriegsevangelium erzogen worden, ein Ehemann habe hart zu arbeiten, um seine Familie zu ernähren, während seine Frau daheim für ein glückliches Zuhause sorgte. Er liebte seine Familie genug, um sich um ihretwillen krummzulegen. Er schüttete seine Liebe auf eine Weise aus, die zu seiner Zeit, seiner Rolle und seiner Kultur paßte.

Verständlicherweise war die Mutter bei dem Versuch, sich in diese traditionelle Schablone einzufügen, rastlos geworden, denn diese Rolle lag ihr gar nicht. Im Herzen war sie ein selbständig denkender Mensch voller Neugier und Sinn für Humor. Es war nur natürlich, daß sie von Zeit zu Zeit neue Ideen aufgriff; schließlich war sie eine intelligente und redegewandte Frau, die um sich her die feministische Revolution voranschreiten sah, an der sie irgendwie keinen Anteil hatte. Ihre Liebe war so tief, wie es die Liebe einer Mutter nur sein konnte.

Nun suchte Ann die Klinik auf, um sich frühzeitig mit gewissen ungesunden Eßgewohnheiten auseinanderzusetzen, bevor es zu schwierig würde, damit fertig zu werden. Sie hatte nicht vor, so etwas die Oberhand in ihrem Leben gewinnen zu lassen. Wie ihre Mutter war Ann redegewandt, intelligent und schön mit ihren blitzenden dunklen Augen und ihrem glänzend schwarzen Haar. Wie ihr Vater war sie ehrgeizig, und harte Arbeit war ihr nicht fremd. Erst kürzlich war sie in der Bankfiliale, in der sie als Kassiererin angefangen hatte, zur Leiterin der Kreditabteilung aufgestiegen. Anders als ihre Mutter hatte sie Anschluß an die feministische Bewegung gefunden und ging ganz darin auf. Sie war sich nicht klar darüber, daß diese Bewegung für sie zu einem Feind geworden war.

Sie ließ sich in ihrem Sessel nieder. „Ich glaube nicht, daß ich sehr viel Hilfe brauche. Es ist nur diese Eßgeschichte, die ich irgendwie nicht mehr ganz im Griff habe. Daddy war schon immer spindeldürr, wissen Sie? Ich habe es geerbt."

„Sie sprechen sehr liebevoll von Ihrem Vater."

„Er war gut zu uns. Er setzte sich hundertzehnprozentig für uns ein."

„Wie oft ist er mit Ihnen, sagen wir, in den Zoo gegangen? Oder in den Stadtpark?"

„Für so etwas hatte er keine Zeit."

„Aber doch für ein Picknick am Sonntag? Oder eine Runde Basketball mit Ihren Brüdern?"

„Er war zu müde. Schauen Sie, er arbeitete sehr hart. Wir wollten ihn um so etwas nicht bitten."

„Ihre beiden Brüder – wie geht es denen denn so?"

„Jerry, der Jüngere, hat einen Fließband-Job. Das paßt eigentlich zu ihm. Er ist ein ziemlich bodenständiger Typ. Frikadellen und Bier, mehr braucht er nicht. Macht aber viel Spaß, mit ihm zusammen zu sein."

„Ihm schmeckt sein Bier?"

„Ja. Genauso drückt es auch seine Frau aus. ‚Dem schmeckt sein Bier.' Mark – mein älterer Bruder – übernahm das Drei-Staaten-Gebiet, das an Dads Bereich angrenzt, und steigerte den Umsatz von hunderttausend auf zwei Millionen Dollar. Dad ist mächtig stolz auf ihn."

„Es erfordert sicher viel Zeit und harte Arbeit, so erfolgreich zu sein."

„Ich wette, er arbeitet mehr Stunden als Dad."

„Wie steht es mit der Zeit, die Sie mit Ihrer Mutter verbrachten? Hat *sie* mit Ihnen etwas unternommen? Oder auch nur mit Ihnen zusammengesessen und sich von Mutter zu Tochter unterhalten?"

Ann dachte einen Augenblick lang darüber nach. „Nein, eigentlich nicht. Ab und zu dozierte sie – wie sagt man? – ex cathedra. Sie dozierte über irgendeine große Sache oder Idee, für die sie gerade entflammt war. Aber das waren keine richtigen Mutter-Tochter-Gespräche."

„Aber Sie schlagen nicht über die Stränge?"

„Nein, außer bei dieser Sache mit dem Essen, und das werde ich bald im Griff haben." Sie schüttelte leicht ihre schwarze Mähne. „Ich bin ein ganz gewöhnlicher Mensch. Ich gehe zur Arbeit, komme nach Hause und sehe fern."

„Was sind Ihre Lieblingssendungen?"

„Ein Fall für Beaver auf dem Kabelkanal. Und Dobie Gillis. Aber Dobie Gillis haben sie vor einem Jahr geschaßt. Haben Sie das schon einmal gesehen? Wirklich blödsinnig, aber komisch. Der Autor, Max Schulman, ist wohl vor kurzem gestorben."

„Sie haben Dobie Gillis geschaßt?"

„Sie wissen schon – verschoben. Auf das Nachmittagsprogramm."

„Verstehe. Äh ... wie viele Fernseher haben Sie eigentlich, Ann?"

„Hmm ..." Sie zählte in Gedanken. „Fünf."

„Aber Ann! Sie wohnen in einem Ein-Zimmer-Apartment!"

Der Rest dieses Gespräches und die folgenden Gespräche brachten Aufschlußreiches über diese außergewöhnliche junge Frau ans Licht, die sich selbst als gewöhnlich bezeichnete. Abgesehen von ihrer Fernseh-Besessenheit war sie eine Sportsüchtige, die jederzeit den genauen Kaloriengehalt einer Zehn-Gramm-Portion Erbsen angeben konnte. Jung und schön, wie sie war, hatte sie sich bereits vier gesichtsplastischen Operationen unterzogen. Und immer noch war sie unzufrieden. Jetzt dachte sie sogar daran, ihren Namen zu ändern.

Ann war offensichtlich schmerzhaft kodependent. Ihre Zwanghaftigkeit? Essen, aber nicht nur Essen. Wie die meisten Kodependenten war Ann in mehrfacher Hinsicht süchtig. Die anderen Süchte waren ihre Arbeitssucht, ihre Fernsehsucht, ihre Sportsucht und ihre Versklavung unter das Skalpell.

Die Lebensumstände in ihrer Ursprungsfamilie waren noch aufschlußreicher. Ihre Mutter hätte sie viel lieber gemocht, wenn Ann nicht ein so zartes, frauliches Äußeres gehabt hätte, und das sagte sie ihr auch. Ann konnte sich nicht erinnern, jemals auf dem Schoß ihres Vaters gesessen zu haben.

Die vielen Gesichter der Mißhandlung

„Unbefriedigte emotionale Bedürfnisse": Diese unterste Ebene unseres vierschichtigen Kuchens stellt eine sehr unscharfe, abstrakte Kategorie dar. Die Bedeutung wäre für Ann eine völlig andere als für das Kind eines Alkoholikers oder eines gewalttätigen Elternteils. Doch die subtilen Mängel in Anns Kindheit wirkten ebenso verheerend wie die eines Opfers offensichtlicher Mißhandlung. Kein Gericht könnte zu dem Schluß kommen, daß Ann in ihrer Kindheit mißhandelt wurde, aber wir reden hier nicht von juristischen Kriterien. Ann *wurde* mißhandelt.

Schauen wir uns die dritte Schicht des Kuchens etwas genauer an – die verschiedenen Formen von Mißhandlung, denen ein aufwachsendes Kind ausgesetzt sein kann. Manche davon sind offensichtlich, andere sehr versteckt. Doch alle führen dazu, daß der Liebestank austrocknet.

Während wir diese Kategorien der Mißhandlung erörtern, vergleichen Sie sie mit Ihren eigenen Kindheitserinnerungen. Eltern sind nie vollkommen. Selbst der beste Vater und die beste Mutter werden von Zeit zu Zeit aus Unwissenheit oder Frustration kolossale Fehler begehen. Das ist menschlich. Der Unterschied zwischen einem gelegentlichen Fehlgriff und schädlicher Mißhandlung liegt im Maß und in der Regelmäßigkeit. Eine vorübergehende Beeinträchtigung kann den Liebeszustrom hemmen, aber er wird schnell wieder seine alte Stärke erreichen. Ständige Mißhandlung dagegen läßt ihn versiegen. Denken Sie auch daran, daß „Eltern" in diesem Sinne nicht nur die biologischen Eltern sein müssen. Das gleiche gilt auch für Pflegeeltern oder Adoptiveltern. Ein einflußreicher Mensch wie etwa ein anderes Familienmitglied, ein Trainer, Lehrer oder geistlicher Leiter kann wegen der enormen Auswirkungen, die er auf Ihr Leben hat, als Elternteil eingestuft werden. In der Klinik kann es vorkommen, daß wir es bei einem Patienten mit fünf oder sechs „Eltern" zu tun haben. Sie alle formen die Persönlichkeit, sei es zum Guten oder zum Schlechten.

Die Reihenfolge dieser verschiedenen Formen der Mißhandlung entspricht ihrer Offensichtlichkeit. Bei der offensichtlichsten Form, der aktiven Mißhandlung, können Gesetzesvertreter die Situation erkennen, einschätzen und sich einschalten. Passive Mißhandlung ist nicht annähernd so leicht zu erkennen. Je weiter wir die Liste nach unten verfolgen, desto schwieriger sind die Formen der Mißhandlung zu identifizieren. Nur die schädlichen Auswirkungen bleiben offensichtlich. Man muß deshalb viel nachgraben, bevor unsere Klienten diese subtileren Formen bei sich selbst erkennen und sich damit auseinandersetzen.

Wohlgemerkt, diese Formen der Mißhandlung verursachen nicht in hundert Prozent der Fälle einen irreversiblen Schaden; es gibt Hoffnung selbst ohne Behandlung. Jakobs Sohn Josef (der mit dem berühmten bunten Rock) aus dem ersten Buch Mose mußte vielleicht mehr Mißhandlung erleiden als irgendein anderer Mensch. Seine Mutter starb während seiner Kindheit; sein Vater verwöhnte ihn durch übermäßiges Behüten; seine Brüder haßten ihn und machten keinen Hehl daraus. Sie verkauften ihn in die Sklaverei, wo er lange Jahre leiden mußte. Und dennoch war er, als sich das Blatt wendete, stark genug, seinen Brüdern zu vergeben und seinen Vater willkommen zu heißen.

Doch bei den meisten Menschen ist es notwendig, sich mit diesen Dingen aktiv auseinanderzusetzen. Es muß ein Heilungsprozeß stattfinden. Einer der ersten Schritte in diesem Prozeß besteht darin, das Wesen der dritten Schicht des Kuchens zu identifizieren, nämlich den Faktor oder die Faktoren, die verhinderten, daß die Liebestanks des Patienten ausreichend gefüllt wurden.

Aktive Mißhandlung

Dies sind die offenen, körperlichen Mißhandlungen, die jeder sehen kann. Schlagen. Verprügeln. Sexuelle Belästigung jeden Grades, bis hin zum Geschlechtsverkehr. Sie sind nicht nur moralisch falsch, sondern fast überall auch illegal.

Aktiv und destruktiv, aber nicht unbedingt illegal sind Erscheinungen wie maßloser Zorn oder unbändige Wut – verbale Gewalt. Schreien und zornige Beschuldigungen (seien sie gerechtfertigt oder nicht; normalerweise sind sie es nicht) hinterlassen Narben und Schrammen, die man zwar fühlt, aber nicht sieht. Ein Kind, das mit Gefühlen oder Worten niedergeschlagen wird, ist aktiver Mißhandlung ausgesetzt.

In Amerika gibt es eine Fernsehwerbung, die Eltern zu erkennen hilft, wie herabwürdigend verbale Mißhandlung sein kann. Gezeigt wird der Mund eines Erwachsenen in Großaufnahme. Während des ganzen Fernsehspots sieht man nichts als diesen riesigen Mund, und man hört nichts als die Stimme des Erwachsenen, der sagt: „Du machst mich krank!" „Kannst du denn nichts richtig machen?" „Wenn nur du nicht wärst, wäre ich glücklich." Jeder, der sich diesen Spot ansieht, spürt den Schmerz verbaler Mißhandlung.

Als nächstes stellen Sie sich ein Kind vor, das ein bestimmtes Vorhaben in die Tat umzusetzen versucht. Ein Elternteil kommt hinzu, gibt dem Kind Anweisungen und reißt vielleicht das Vorhaben an sich, um es selbst zu erledigen. „Guck mal hier; du machst das nicht gut genug. Laß mich das machen." Nun stellen Sie sich vor, welche Wirkung das auf das Kind haben mag. Ein solches Eingreifen ist aktive Mißhandlung, selbst wenn es gut gemeint ist, und schadet dem Kind genauso wie die offensichtlicheren Formen.

Wenn es in Ihrer Vergangenheit aktive Mißhandlung gegeben hat, dann müssen Sie sich damit auseinandersetzen. Im Moment brauchen Sie nichts anderes zu tun als einfach zu erkennen, daß es sie gegeben hat. Das ist der wichtige erste Schritt zur Wiederherstellung.

Vielleicht können Sie wirklich sagen: „*So etwas* haben meine Eltern nie getan." Aber damit sind Sie noch nicht aus dem Schneider. Es gibt noch andere, alles durchdringende, stille Formen der Mißhandlung, die sich genauso verheerend auswirken. Bei diesen Formen fehlen die Zeit, die Aufmerksamkeit und die Zuneigung, die Eltern ihren Kindern entgegenbringen müssen, um die Liebestanks der Kinder zu füllen.

Passive Mißhandlung

Einer oder beide Elternteile sind so beschäftigt, daß sie dem Kind emotional und/oder körperlich nicht zur Verfügung stehen. Leider werden viele sehr schädliche Formen passiver Mißhandlung nie als solche erkannt. Diejenigen, die allgemein bekannt sind und wirklich eine schlechte Presse bekommen, sind Alkoholismus und Drogenmißbrauch. Andere dagegen können mancherorts geradezu gelobt und idealisiert werden – die Arbeitssucht zum Beispiel. Fleiß ist eine Tugend; für manche ist Arbeit eine Form des Gottesdienstes. ‚Mißhandlung?' ruft das erwachsene Kind. ‚Nie im Leben!'

Wir sprachen mit einem Klienten namens Bob über mögliche Mißhandlungen in seiner Kindheit. Bob war schockiert und regelrecht beleidigt, daß wir seinem arbeitssüchtigen Vater Mißhandlung unterstellten. „Wie können Sie es wagen anzudeuten, ich sei mißhandelt worden! Sie haben ja keine Ahnung, wie hart mein Vater für uns arbeitete!"

„Zugegeben, er arbeitete hart. Aber reden wir doch einmal über Zeit, Aufmerksamkeit, Zuneigung – all das, was ein Vater in sein Kind investieren muß."

„Ja, aber ..."

„Sie brauchten diese Zuneigung, diese Bestätigung. Indem sie Ihnen vorenthalten wurde, hat Ihr Vater Sie mißhandelt."

„Ja, aber ..."

„Wir wollen keineswegs irgend jemanden beschuldigen. Wir wollen nur genau herausfinden, wie Ihre Kindheit war. Ihr Vater war emotional nicht für Sie da, als Sie ihn brauchten."

„Aber ... aber ..." Es dauerte lange, bis es ihm dämmerte. Ob Bobs Vater ihn nun absichtlich vernachlässigte oder nicht, die Vernachlässigung hatte stattgefunden. Es ging hier nicht darum, wessen Fehler das war; es ging nur darum, ob es geschehen war oder nicht. Und es *war* geschehen.

Es gibt noch andere Formen passiver Mißhandlung. Auch wenn sie unbeabsichtigt oder gar unvermeidlich sein mögen, ziehen sie doch die gleichen Folgen nach sich.

Verlassen ist eine Mißhandlung, und machen wir uns nichts vor: Scheidung bedeutet, ein Kind zu verlassen. Die langen Zeiten der Abwesenheit eines Vaters im Militärdienst bedeuten, ein Kind zu verlassen. Das gleiche gilt für den vorzeitigen Tod eines Elternteils. Das Verlassen kann notwendig sein, wie etwa bei dem Mann im Militärdienst. Es kann unbeabsichtigt oder unvermeidlich sein, wie zum Beispiel ein Tod durch Unfall. Doch in seinem Unterbewußtsein, wo sich der Liebestank befindet, fühlt sich das Kind dennoch verlassen.

In der Klinik stellen wir Adoptivkindern stets die Frage: „Haben Sie sich jemals nach Ihren biologischen Eltern gefragt?" Eine gesunde Antwort darauf ist „Ja" oder „Manchmal". Wenn ein Adoptivkind jegliches Interesse an dieser Frage vehement abstreitet – „Nein! Niemals!" – leuchtet bei uns ein Warnlicht auf. Sehr wahrscheinlich hat das Adoptivkind das Verlassenwerden noch nicht verarbeitet.

Wenn ein Elternteil sein Kind ständig beiseite schiebt, begeht er oder sie eine passive Mißhandlung. Nicht selten stellen wir fest, daß es sehr schwer sein kann, sich an eine solche Mißhandlung zu erinnern oder sie zu definieren. Der Vater kommt von der Arbeit nach Hause und legt die Füße hoch, um sich die Abendnachrichten anzusehen. „Jetzt nicht,

Sohn." „Nein, Junior, ich bin jetzt zu müde." „Vielleicht später." „He, siehst du nicht, daß ich die Nachrichten sehe? Mach das irgendwo anders." „Ihr Kinder geht jetzt draußen spielen oder irgendwas." Ein Kind wird sich wahrscheinlich kaum an diese ständigen Rüffel erinnern, denn für das Kind ist der Papa nun einmal so. Das ist normal.

Die Mutter kommt von der Arbeit, vom Friseur, von der Elternversammlung, von der Tennisstunde oder aus dem Fitneßcenter zurück und macht sich daran, das Abendessen zuzubereiten. „Nein." „Lauf mir nicht ständig zwischen die Füße." „Wenn du nichts zu tun hast, leg doch die Wäsche zusammen." „Nein, du kannst mir nicht helfen; du bringst nur alles durcheinander." „Du bist noch zu klein, um das richtig zu machen. Geh spielen." „Ich kann dich in der Küche nicht gebrauchen, während ich das Essen mache."

Ein Elternteil, der keine Emotionen zeigt – etwa ein reiner Verstandesmensch wie Mr. Spock aus *Raumschiff Enterprise* – wird die Liebestanks seines Kindes nicht füllen können, einfach weil Kinder spontan und aus dem Bauch heraus reagieren; das Kind und der Erwachsene sprechen einfach nicht dieselbe Sprache.

Denken Sie auch an passive verbale Mißhandlung. Das Kind wird weder angeschrien noch mit Vorwürfen überhäuft, andererseits aber auch nie gelobt. Keine Ermutigung. Keine Freude. Keine Unterstützung. Eine Frau, die zu uns in die Beratung kam, verbrachte ihre ersten zwanzig Lebensjahre zu Hause. Ihr Vater ging niemals grob mit ihr um, aber er sprach sie in all den zwanzig Jahren nicht ein einziges mal mit ihrem Namen an.

Es ist erschreckend, wie viele Menschen in unsere Klinik kommen und sagen: „In meiner Familie haben wir uns nie berührt oder umarmt." Bei der passiven sexuellen Mißhandlung findet, im Gegensatz zur aktiven, keine unsittliche Berührung statt, aber ebensowenig ein angemessener zärtlicher Kontakt. Keine Umarmung, kein Kuscheln, kein Balgen oder Herumtoben. Kein Gespräch und keine Unterweisung über sexuelle Fragen.

Ein Mangel an Liebe zwischen den Eltern ist eine weitere Form passiver Mißhandlung. Eine ernsthafte Störung der sexuellen Beziehung zwischen den Eltern, auch wenn sie nach außen hin nicht sichtbar wird, kann sich dem Kind doch unterschwellig mitteilen. „Ich habe immer gewußt, daß zwischen Mutter und Vater etwas nicht stimmte, aber nicht, was. Das kann mir doch sicher nicht geschadet haben. Ich wußte ja nichts davon." Doch, das kann es, und das tut es auch. Zur sexuellen Erziehung eines Kindes gehört das intuitive, unausgesprochene Gespür dafür, ob die Eltern sexuell miteinander im reinen sind oder nicht.

Wenn Eltern unter Zwanghaftigkeiten oder Perfektionismus leiden, zwingen sie diese dem Kind vielleicht nicht auf, aber das Kind schaut ja zu, wenn die Mutter jede Woche die Badezimmerkacheln mit einer Zahnbürste schrubbt und der Vater alle drei Tage den Rasen mäht. Die Botschaft ist deutlich vernehmbar, auch wenn sie nicht in Worten ausgedrückt wird.

Wenn Sie mit einem Elternteil zusammenlebten, der chronisch depressiv war, dann wurden Sie durch diese Situation einer Mißhandlung ausgesetzt. Auch maßlose Gesetzlichkeit oder zwanghafte Rituale der Eltern übermitteln dem Kind eine Botschaft, die eine Mißhandlung darstellt. Statt von Gnade, Liebe und Angenommensein „hört" das Kind nur von Entfremdung und Ablehnung. Nur Leistung zählt.

Denken Sie an Ihre Jugendjahre zurück. Vergegenwärtigen Sie sich, daß jemand, der sich an seine eigene Kindheit erinnert, mit dem Begriff „normale Kindheit" nichts anfangen kann. Kinder bewerten ihr Zuhause nicht nach einem äußeren Standard. Ihr eigenes Familienleben setzt die Maßstäbe. Die Umstände, in denen sie aufwachsen, sind „normal", wie sie auch immer aussehen mögen. *Heim* und *Familie* sind für sie das, was sie in ihrem eigenen Heim und ihrer eigenen Familie vor Augen haben.

Einer unserer Klienten illustrierte das folgendermaßen: „Bei uns zu Hause hielt mein Vater immer die Hände über das Essen und segnete es. Irgendwie war es nicht eßbar, bis er das getan hatte. Als ich dann zum ersten Mal mit der Familie meiner Verlobten aß und sich alle zum Segen rund um den Tisch die Hände reichten, war ich verwirrt. Ich weiß, daß das nur ein kleines Detail ist, aber es machte mir bewußt, daß ‚normal' ein relativer Begriff ist."

Vergessen Sie also das „Normale". Haben Ihre Eltern Sie und einander umarmt, als Sie ein Kind waren? Können Sie sich konkret daran erinnern, mit einem Problem zu Ihrer Mutter oder Ihrem Vater gekommen zu sein *und ein offenes Ohr gefunden zu haben?* Haben Sie bei Ihren Eltern auf dem Schoß gesessen; sind Sie gewiegt worden; haben Sie regelmäßig erzählt, was Sie in der Schule erlebt hatten? Mit anderen Worten, können Sie sich im Rückblick daran erinnern, daß Ihre Eltern regelmäßig für Sie da waren? Wenn derartige Erinnerungen bei Ihnen bestenfalls vage oder einfach gar nicht vorhanden sind, machen Sie sich eine Notiz (ja, eine richtige, schriftliche Notiz) und lesen Sie weiter.

Emotionaler Inzest

Wir sind immer noch auf der Suche nach einem besseren Ausdruck dafür. *Inzest* ruft in gewisser Hinsicht falsche Assoziationen wach. Aber im größeren Zusammenhang gesehen sind die Assoziationen dieses Wortes genau richtig. Emotionaler Inzest hat an sich nichts mit sexuellen Dingen zu tun, obwohl er in extremen Fällen auch zu sexuellem Inzest führen kann. Es handelt sich vielmehr um eine extreme Rollenumkehrung.

Beim Inzest, wie wir ihn uns normalerweise vorstellen – nämlich als eine Form aktiven sexuellen Mißbrauchs durch einen Elternteil – wird das Kind in gewissem Sinn zu einem Ersatz-Erwachsenen, zu einem sexuellen Ersatzpartner für einen Elternteil. Auch beim emotionalen Inzest wird das Kind dazu herangezogen, gegenüber einem Elternteil die andere elterliche Rolle einzunehmen.

Diese Rollenumkehrung, die wir emotionalen Inzest nennen, ist noch subtiler und ungreifbarer, noch schwerer zu er-

67

kennen und zu isolieren als passive Mißhandlung. Auch die Verdrängung ist hier sehr viel intensiver. Deshalb verwenden wir den ausdrucksstarken Begriff *emotionaler Inzest* auch dazu, Aufmerksamkeit zu erregen. Die Wirkung dieser Formulierung hilft einem Menschen zu erkennen, daß es sich hier um etwas sehr Ernstes handelt. Es ist zwar nicht dasselbe wie sexueller Inzest, aber es bedeutet sehr wohl eine Verzerrung, eine Überschreitung der angemessenen Rollenverteilung in der Familie.

In einem solchen Fall ist die liebevolle Beziehung zwischen Elternteil und Kind irgendwie auf den Kopf gestellt. Der eine Elternteil denkt (selten bewußt): „Mir liegt nicht viel an meinem Ehepartner, aber ich habe dieses Kind, das ich mehr liebe als das Leben selbst." Eine solche Aussage bedeutet im Grunde oft: „Mein Ehepartner gibt mir nicht die Liebe, die ich brauche (weil bei uns beiden die Liebestanks beinahe leer sind), aber ich kann sie mir von meinem Kind holen." Der halbe Mensch hält sich an diesen kleinen Menschen, um ganz zu werden.

Ein Beispiel dafür ist Stephanie. Ihre Mutter war chronisch depressiv und hatte nahezu völlig aufgehört, ihre Rolle als Ehefrau und Mutter auszufüllen. Sie schlief bis in den Vormittag, lief den ganzen Tag im Bademantel herum und nahm Tabletten. Als sie acht war, mußte Stephanie allein das Frühstück machen. Das erste, was sie tat, wenn sie aus der Schule nach Hause kam, war, im Schlafzimmer nach der Mutter zu schauen und ihr nötigenfalls zu helfen. Dann kümmerte sie sich womöglich noch ums Abendessen. Stephanie war praktisch zur Mutter der Familie geworden. Ohne es zu wissen, stützte sich ihr Vater sehr auf sie, nicht nur, was die Feinheiten des Haushalts anging, sondern auch, um emotionale Unterstützung bei ihr zu finden. Beide Eltern zweigten aus Stephanies Liebestanks noch Zuwendung ab, statt sie ihr zu geben.

In extremen Fällen von emotionalem Inzest, wenn die unnatürliche Bindung stark genug wird, kann es auch zu körperlichem Inzest kommen. Doch bevor es soweit ist, kann der

emotionale Inzest schon längst beträchtlichen Schaden angerichtet haben.

Zuvor haben wir die Frage gestellt: „Waren Ihre Eltern für
Sie da?" Jetzt fragen wir: „Waren Sie häufig für Ihre Eltern
da?" Sagen Sie nicht: „Ja, aber …" Wir wollen niemanden beschuldigen; wir wollen nur herausstellen, wie die Umstände
Ihrer Jugend ausgesehen haben. Haben Sie Ihren Eltern
oder einem Elternteil, ob es nun bewußt geschah oder aufgrund irgendwelcher Umstände, als emotionale Polsterung
und Unterstützung dienen müssen?

Unerledigte Geschäfte

Eine Patientin, die sich von diesem Problem befreien
konnte, lieferte uns eine hervorragende Illustration dazu. In
ihrer Familie ist eine Steppdecke in Arbeit, die von den
Frauen von Generation zu Generation weitergegeben wird.
Jede Generation fügt ein paar Quadrate hinzu. Auf diese
Weise ist die Decke seit Mitte des neunzehnten Jahrhunderts
gewachsen. Ein unerledigtes Geschäft ist ähnlich wie diese
Steppdecke: ein Wunsch oder eine starke Anschauung der Eltern, die an die Kinder weitergegeben werden.

Das bekannte Theaterstück *Tod eines Handlungsreisenden*
ist die Hymne schlechthin auf unerledigte Geschäfte. Willy
Loman, ein Klinkenputzer, ist letztlich gescheitert. Doch er
kann immer noch durch den Erfolg seiner Söhne erfolgreich
sein. Letzten Endes ist es nicht ihr eigenes Leben, das die
Söhne ausleben sollen, sondern das ihres Vaters. Biffs Wider-
stand sorgt für große dramatische Spannung, was darauf hinweist, wie stark diese Problemquelle sein kann.

Ein unerledigtes Geschäft ist ein Vorhaben der Mutter
oder des Vaters, das sie nie zu Ende führten. Einer von ihnen
oder beide haben vielleicht einen Bereich in ihrem Leben,
mit dem sie immer unzufrieden waren. Vielleicht fühlt sich
der Vater in seiner Ehe frustriert und sexuell unausgefüllt.
Wenn er seine Ehe und sein Leben betrachtet, empfindet er
ein überwältigendes Gefühl der Nutzlosigkeit, des Mangels.

Nehmen wir zum Beispiel an, er sei ständig wütend auf seine Frau, vielleicht auch auf Frauen im allgemeinen. Solange er nicht seinen Frieden damit schließt (und wir brauchen Gottes Hilfe, um mit den großen unerledigten Bruchstücken unseres Lebens fertig zu werden), kann es leicht geschehen, daß er, ohne es zu beabsichtigen, diese Frustration an seine Söhne und Töchter weitergibt.

Tod eines Handlungsreisenden ist wegen seiner Struktur und seiner Sprache ein Klassiker. Es ist ein Stück großer Bühnenliteratur. Aber darüber hinaus spricht es den vielleicht verbreitetsten Bereich unerledigter Geschäfte an, den es gibt, einen Faden, der sich durch viele Familien zieht, nämlich den Hunger nach Erfolg. Der Vater hat es nicht bis an die Spitze geschafft, aber für den Junior ist der Erfolg immer noch erreichbar. So erreicht das Kind stellvertretend für ein Elternteil dessen Ziele.

Dies ist auch ein wichtiges Unterthema in dem Film *Am Wendepunkt*. Zwei Ballerinas in einer Tanztruppe schlugen verschiedene Wege ein. Die von Anne Bancroft gespielte Figur blieb auf der Bühne, um Ruhm zu erlangen; die Figur, die Shirley MacLaine darstellt, gab ihre Bühnenkarriere auf, um zu heiraten und Mutter zu werden. Sie sagt: „Du wurdest sechzehnmal vor den Vorhang gerufen; ich wurde schwanger." Nun steht Shirleys Tochter mit Anne als Mentorin an der Schwelle zum Ruhm. Sowohl Shirley als auch Anne haben nun die Aussicht, ein unerledigtes Geschäft zu vollenden – für die eine ist es die Mutterschaft, die sie nie erlebte; für die andere der Ruhm, der ihr verwehrt blieb. Durch den Film ziehen sich noch andere universelle Themen und Fragen, aber das Thema des unerledigten Geschäftes tritt besonders deutlich hervor.

Diese stille Mißhandlung kommt in unserer klinischen Arbeit häufig zum Vorschein. Im *Tod eines Handlungsreisenden* ist sie schreiend offensichtlich. Im wirklichen Leben kann das unerledigte Geschäft verborgen sein. Zum Beispiel bei Peter, der Hilfe gegen seine ständigen tiefen Depressionen suchte. Peter hatte sich immer danach gesehnt, aufs Predigerseminar zu gehen, und nun, da er dort war, kam er mit der Ausbildung ausgezeichnet voran. Gott hatte ihn in den vollzeitlichen Dienst berufen – dessen war er sich ganz sicher –, und alles lief wie am Schnürchen. Warum also diese starken Depressionen?

In ihrer Ratlosigkeit zogen seine Seelsorger andere Familienmitglieder zu Rate, um die Sache aus verschiedenen Blickwinkeln zu beleuchten. Der Vater bekannte: „Ich habe mir selbst sehr gewünscht, aufs Seminar zu gehen. Ich habe mich beworben und bin nicht angenommen worden." Gedemütigt hielten er und seine Frau diese Episode streng geheim. Doch der Sohn hatte dieses unerledigte Geschäft intuitiv aufgenommen. Durch die Beratung erkannte der Sohn, daß er nicht auf Gottes Ruf antwortete; was er hörte, war dieser Geist aus der Vergangenheit seines Vaters. Er verließ das Seminar, und seine Depressionen lösten sich in Wohlgefallen auf.

Übrigens dient Peter heute voller Freude als Diakon in seiner Gemeinde. Er geht, wenn Sie so wollen, seinen eigenen Weg, der sich als genau das herausstellte, was Gott die ganze Zeit über mit ihm vorhatte.

Sehr häufig tritt dieses Problem mit dem unerledigten Geschäft in der Lebensmitte zutage. Insbesondere Männer, aber auch Frauen, haben ihre frühen Schaffensjahre damit verbracht, einem Ziel nachzujagen, sei es Geld, Erfolg oder Familie. Dann kommt irgendwann eine nachdenkliche Stunde, in der er oder sie sich sagt: „Moment mal! Das macht mir alles im Grunde keine Freude. Es ist alles so leer." Die Schubkraft hinter der Zwanghaftigkeit scheint zu verebben, wie bei einer Rakete, der der Treibstoff ausgeht. „Warum stecke ich in dieser Tretmühle?" Auf diese Weise kann eine Midlife-Krise ihren gesunden Aspekt haben. Die Person erkennt endlich, daß sie das unerledigte Geschäft eines anderen auslebt.

Für Menschen mit christlichen Überzeugungen hat dieses Problem einen wichtigen geistlichen Aspekt. Wenn ich nach Gottes Willen leben möchte, ist es entscheidend, daß ich mich nicht mit den unerfüllt gebliebenen Träumen meines Vaters oder meiner Mutter belaste.

Die Nachwirkungen können sich sogar so weit erstrecken, daß das Kind noch bei der Wahl seines Ehepartners davon beeinflußt wird. Wenn die Mutter gegen Männer im allgemeinen und den Vater im besonderen verbittert ist oder der Vater wütend auf die Frauen im allgemeinen und auf die Mutter im besonderen ist, wird sich das auf das Kind übertragen, so sehr die Eltern sich auch bemühen, es zu verbergen. Darin liegt manchmal der Grund, warum ein junger Mann oder eine junge Frau sich einen offenbar katastrophalen Ehepartner aussucht. Die ganze Familie sitzt da, kratzt sich am Kopf und fragt sich: „Was ist nur in das Kind gefahren?" Doch mitbestimmend für die Entscheidung ist der unbewältigte Zorn des Vaters und der Mutter. Das Kind lebt die Erwartungshaltung der Eltern aus, daß das jeweils andere Geschlecht nichts taugen kann. Es trägt den Kampf aus, den Mutter und Vater verinnerlicht haben.

Negative existentielle Botschaften

Die fünfte Kategorie von Mißhandlungen, und vielleicht die unauffälligste und heimtückischste, beinhaltet die offenen und versteckten Botschaften über sich selbst und seine Umgebung, die das Kind von den Eltern empfängt. Wer bin ich? Kann ich irgend jemandem vertrauen? Was ist das Leben eigentlich? Wer ist Gott? Wie wertvoll bin ich? Die ganze Lebensanschauung des Kindes erwächst aus solchen ausgesprochenen und unausgesprochenen Botschaften.

Botschaften, die eine Mißhandlung darstellen, können verbal sein. Anstatt das Verhalten eines Kindes zu korrigieren, platzt die Mutter heraus: „Ich wünschte, du wärst nie geboren! Du taugst einfach nichts." Das ist nichts anderes als die Hinrichtung der Persönlichkeit des Kindes. Ein Kind verfügt nicht über einen unabhängigen Bezugsrahmen, durch den es eine solche Aussage einordnen könnte. Wenn die Mutter das sagt, dann muß es so sein. Das Kind hat auch keine rationalen Abwehrmöglichkeiten; es kann nicht sagen: „Arme Mama! Sie muß wohl irgendwelche persönlichen Probleme haben, die mit mir nichts zu tun haben." Nein. Ein Kind bezieht *alles* auf sich. Die wichtigste Person auf der Welt hat ihm gerade eine Botschaft übermittelt, und diese Botschaft hat es roh und unbearbeitet in sich aufgenommen. Solche Botschaften treffen ein wehrloses Kind mit ungemeiner Wucht. Neben der intuitiven Radaranlage eines Kindes wirken die kompliziertesten Apparaturen aus *Krieg der Sterne* wie Spielzeuge. Ein Kind nimmt Bedeutungen und Nuancen auf, während den Eltern selbst gar nicht bewußt ist, daß sie eine Botschaft übermitteln. Sie können einem Kind sagen, daß Sie es lieben, so oft Sie wollen; wenn es ungeplant kam und Sie seine Geburt immer noch bedauern, dann wird es das spüren.

Auch ein autokratisch oder streng autoritär geführter Haushalt kann zu Kodependenz führen. Eine Mißhandlung liegt vor, wenn ein Elternteil den anderen Familienmitgliedern seine Art zu denken aufzwingt; wenn seine Meinung die einzig mögliche ist; wenn das Kind keinen Raum zum Fragenstellen oder zum analytischen Denken bekommt, vom Experimentieren ganz zu schweigen.

Kinder verlassen ihr Zuhause stufenweise. Geistig, emotional und körperlich wagen sie sich aus dem Nest hervor, oft noch bevor ihnen die Flugfedern gewachsen sind. Das ist normal und gesund. Ein überstrenger Erzieher, der von seinem Kind erwartet, daß es gehorsam im Gleichschritt marschiert, sollte sich auf eine Explosion gefaßt machen. Doch selbst wenn die Explosion sich dämpfen läßt, bleibt der Schaden nicht aus.

Gesunde Autorität oder autoritäre Machtausübung; starke geistliche Führung oder strenger Scheuklappenblick – wo liegt die Grenze? Wenn Sie über die Vergangenheit nachdenken, können Sie vielleicht nicht mehr erkennen, geschweige denn beurteilen, auf welcher Seite Ihre Ursprungsfamilie einzuordnen war. Behalten Sie diese mögliche Problemquelle im Hinterkopf, während Sie weiterlesen. Wenn

Ihnen jetzt eine gerechte Einschätzung nicht möglich ist, ergibt sie sich vielleicht später.

Wenn wir in unserer Klinik oder in unserer *Hörer-fragen*-Radiosendung diese Formen der Mißhandlung aufzählen, erleben wir es oft, daß ein Patient oder Anrufer sagt: „Volltreffer! Das hat es alles bei mir zu Hause gegeben." Eine Form der Mißhandlung kann eine andere auslösen; mehrere können sich nebeneinander ausbreiten.

Die verlorene Kindheit

Aus langer Erfahrung haben wir gelernt, daß fortgesetzte Mißhandlung in diesen Bereichen mehr Probleme verursacht als nur Kodependenz. Große Teile der Kindheit, in denen Mißhandlungen vorgekommen sind, können buchstäblich verlorengehen.

Charles erinnert sich an nichts von dem, was er in der siebten und achten Klasse erlebte – er weiß nicht einmal, auf welche Schule er ging. Während dieser zwei Jahre wurde er von einem Onkel, der im Nachbarhaus einzog, sexuell belästigt.

Jennifer weiß zwar, daß ihr Vater durch eine juristische Auseinandersetzung sehr in Anspruch genommen wurde, als sie zehn war, aber sie kann sich nicht daran erinnern, zehn gewesen zu sein.

Solcher Verlust durch Mißhandlung durchbricht die Symmetrie des Kuchens, saugt den Tank aus und erzeugt schwerwiegende Probleme. Ann, unsere Eß- und Fernsehsüchtige, hatte große Schwierigkeiten, die Mißhandlungen in ihrer Kindheit zu erkennen. Schließlich hatten ihre Eltern es gut gemeint; sie waren so gute Menschen gewesen. Die Mißhandlung durch ihren Vater geschah absolut unbeabsichtigt. Er liebte Ann so sehr, daß er bereit war, lange und hart für sie zu arbeiten. Er füllte seine Rolle als Versorger und Oberhaupt der Familie, die ihm die Gesellschaft auferlegte, bewundernswert aus. Treu stellte er sich Tag für Tag allen Anforderungen. Der wache Verstand ihrer Mutter sah eine Vielzahl von Wahrheiten und schönen Dingen. All das lenkte sie ab und nahm sie in Anspruch, denn das waren die Dinge, die jene kopflastige Zeit einer Frau zu bieten hatte. Daß sie darüber die Kommunikation mit ihrer Tochter vernachlässigte, war nicht beabsichtigt. Aber es geschah dennoch. Beide Eltern waren sich sicher, ihre Sache in der Kindererziehung gut zu machen, und Ann hätte ihnen jederzeit zugestimmt. Die Wirklichkeit ihrer Kindheit zu erkennen war eine entscheidende Voraussetzung für Anns Genesung, und das gilt ebenso für Sie. Ohne diese Erkenntnis können weder Ann noch Sie die Freiheit erlangen zu lieben.

Wie konnte Anns Fernsehsucht, ihre Versklavung unter das Skalpell oder ihr zwanghaftes Eßverhalten durch passive Mißhandlung bedingt sein? Hat vielleicht auch Ihr gegenwärtiges Elend seine Wurzeln in der Vergangenheit? Wir haben die dritte Schicht des Kuchens, die Mißhandlung in all ihren vielfältigen Formen, betrachtet. Gehen wir nun der Frage nach, auf welche Weise dies mit Ihren Problemen in der Gegenwart zusammenhängt.

Der Zwang zur Wiederholung

Wie stellten John und Gladys Jordan es nun eigentlich an, die Geister auszumerzen, die ihnen ihr Lebensglück zerstört hatten? Es war nicht leicht.

Mehrere Wochen später kamen sie widerwillig zu ihrem nächsten Besuch in unser Sprechzimmer. Sie saßen da wie zuvor: John rutschte auf seinem Sessel herum, und Gladys vollführte immer noch eigenartige Spielchen mit ihren Fingern. Bei diesem Besuch wirkte ihr gespanntes, ausgemergeltes Gesicht noch älter als zuvor.

Wir begannen. „Bei Ihrem letzten Besuch, Gladys, haben wir uns über Ihren Vater unterhalten und über den Einfluß, den er auf Sie ausübte ... die Tatsache, daß er Ihnen nie zuhörte, nie für Sie da war. Damals deutete ich an, daß Sie die Stumpfheit Ihres Vaters – die Rolle, die Sie von einem Vater zu erwarten gelernt haben – auf John übertragen haben, obwohl John selbst gar nicht so abgestumpft ist. Haben Sie darüber nachgedacht?"

„Nun, ja." Sie fuhr sich mit der Zunge über die Lippen. „Offen gesagt, ich glaube nicht, daß das irgend etwas miteinander zu tun hat. Daddy war nicht im entferntesten so wie John. John raucht und trinkt nicht, er ist ein guter, gläubiger Mann – Daddy war das nicht. Die einzige Ähnlichkeit ist, daß keiner von ihnen zuhören kann. Sie hören einfach nicht richtig hin. Herr Doktor, Sie verstehen nicht, was ich Ihnen zu sagen versuche."

Da Lebensberater darin geschult sind, genau zuzuhören, sagte uns das etwas über Gladys' Problem.

„John, glauben Sie, daß Sie in gewisser Weise überempfindlich geworden sind, weil Ihr Vater so kritisch und fordernd Ihnen gegenüber war – daß Sie vielleicht Kritik heraushören, wo etwas gar nicht kritisch gemeint ist?"

John schnaubte: „Sie haben leicht reden. Sie müssen nicht mit Gladys zusammenleben."

„Daraus schließe ich, daß Sie nicht mit meiner Analyse übereinstimmen."

„Das würde ich ja gerne, aber es ist nun einmal nicht so. Jeder macht Witze über nörgelnde Ehefrauen, aber es ist nichts Witziges daran."

„Da sind wir uns einig."

Jede unvoreingenommene kleine Maus, die in einer Ecke einen typischen Tag bei den Jordans belauschte, würde sofort erkennen, daß die Analyse korrekt war. Es war offensichtlich. Die einzigen zwei Menschen auf der Welt, die die Lösung nicht erkennen konnten, waren die Jordans selbst. Warum?

Faktoren hinter der Zwanghaftigkeit

Der Heimfinde-Instinkt

1960 schrieb Sheila Burnford ihre klassische Tiererzählung *Die unglaubliche Reise*. Obwohl die Geschichte erfunden ist, beruht sie doch auf Anekdoten über tatsächliche Ereignisse. Zwei Hunde und eine Katze, die in einem Tierheim untergebracht sind, während ihre Familie sich auf einem ausgedehnten Urlaub befindet, folgen ihrem übermächtigen Drang, nach Hause zurückzukehren. Dieser unwiderstehliche Heimfinde-Instinkt treibt sie unermüdlich nach Westen, dreihundert Meilen weit quer durch die kanadische Wildnis. Gefahren, Strapazen und Rückschläge können sie nicht schrecken. Sie müssen ihr Heim wiedersehen.

Viele lange Jahre, nachdem frisch geschlüpfte Lachse die Bäche und Flüsse ihrer Herkunft hinabgeschwommen sind, um im Meer zu leben, bringt der Ruf der Heimat sie zurück zu demselben Bach, denselben Arm hinauf. An derselben Stelle, an der sein Leben begann, laicht und stirbt jeder Lachs.

Menschen schütteln über dieses geheimnisvolle Heimfinde-Vermögen bei Vögeln und anderen Tieren verwundert den Kopf und übersehen dabei, daß der Mensch, der Wanderer, ebenfalls einen Heimfinde-Instinkt besitzt, der sich freilich auf andere Weise äußert.

John schüttelte angesichts dieser Beispiele den Kopf. „Heimfinde-Instinkt? Darauf würde ich mich nicht verlassen. Gladys bringt es fertig, sich auf dem Weg zum nächsten Supermarkt zu verirren."

„Und wenn ich nicht mit der Straßenkarte neben dir säße und Dir den Weg zeigte, würdest du nicht von hier nach Dallas finden", antwortete sie.

„Wir *sind* in Dallas."

„Ich weiß."

Bei den Menschen ist der Heimfinde-Instinkt nicht geographisch. Er erstreckt sich ganz und gar auf die weiten Landschaften unseres Geistes. Statt den Ort unserer Geburt und Kindheit körperlich aufzusuchen, versuchen wir, ihn in unserem gegenwärtigen Leben zu rekonstruieren. Thomas Wolfe sagte: „Du kannst nicht nach Hause zurück."

Das brauchen wir auch nicht. Wir holen unser Zuhause zu uns. Wir alle haben ein Urbedürfnis, unsere vertraute, ursprüngliche Familiensituation neu erstehen zu lassen, *selbst wenn diese vertraute Situation destruktiv und schmerzhaft ist.* Das ist eine der verblüffendsten Tatsachen, mit denen sich ein Kodependenter auseinandersetzen muß.

Kodependente zeigen typischerweise ein Übermaß an Schuldgefühlen und magischem Denken. Diese beiden Faktoren spielen (neben anderen) eine wichtige Rolle bei dieser Fortsetzung der ursprünglichen Familiensituation, da Kodependente ein noch stärkeres Bedürfnis verspüren, die Vergangenheit zu wiederholen, als die meisten von uns. Man sagt, daß zwanzig Prozent unserer Entscheidungen dem bewußten, rationalen Denken entspringen. Der Rest kommt aus unserem tiefsten Inneren. Und das tiefste Innere eines Kodependenten ist aus dem Gleichgewicht geraten wie jener Baum, der vom Blitz getroffen wurde.

Magisches Denken

Magisches Denken könnte auch als Wunschdenken bezeichnet werden und läßt sich am besten anhand eines Beispiels verdeutlichen. Nehmen wir den Fall von Louise, deren Eltern beide Alkoholiker waren. Ihr zwei Jahre älterer Bruder hielt die Familie zusammen. Louise wollte nur ausbrechen. Sie machte sich gut in der Schule, übersprang die achte Klasse, erreichte ihren Abschluß ein Jahr früher und begann eine Ausbildung als Krankenschwester, in der sie zur Top-Schülerin aufstieg.

Doch als sie zwei der vier Ausbildungsjahre am St.-Joseph-Krankenhaus hinter sich hatte, wurde sie in unsere Klinik eingewiesen. Teilnahmslos saß sie auf einem Sessel neben ihrem Bett. Müde. Mehr als alles andere wirkte sie unendlich müde. Sie trug ihr dichtes braunes Haar straff zurückgekämmt in einem Pferdeschwanz, wodurch ihr ausgemergeltes Gesicht noch hagerer wirkte. Sie war 1,70 Meter groß und hatte lange, grazile Hände und rastlose Augen. Und sie wog fünfundvierzig Kilogramm.

„Dr. Minirth", begann sie, „ich glaube nicht, daß ich hier etwas zu suchen habe. Das können Sie ruhig von Anfang an wissen."

„Ich freue mich, daß Sie so direkt sind. Auf diese Weise werden wir sehr viel schneller vorankommen." Frank setzte sich auf einen Sessel in der Ecke. „Wie fühlen Sie sich?"

Die rastlosen Augen blieben für einen Moment an ihm hängen und tanzten dann weiter zu anderen Dingen. „Wollen Sie es wirklich wissen?"

„Bitte."

„Ich habe hier in vier Tagen drei Pfund zugenommen. Wenn meine Schulschwester nicht darauf bestanden hätte, daß ich hierherkomme, wäre ich schon längst wieder weg."

„Als Sie hier ankamen, wogen Sie siebenundachtzig Pfund. Wie nah ist das an Ihrem Idealgewicht?"

„Ziemlich nah. Idealerweise würde ich gern noch zehn Pfund abnehmen, aber es ist schon recht nah." Sie lächelte freudlos. „Die letzten zehn sind immer die schwersten, heißt es."

„Als Schwesternschülerin haben Sie sicher von *Anorexia nervosa* gehört."

Ihre Augen hielten in der Bewegung inne und flackerten auf. „Natürlich weiß ich, was Anorexia ist", schnappte sie. „Die Schulschwester irrt sich; ich bin nicht magersüchtig. Ich achte auf mein Gewicht. Ich halte mich fit. Das ist gesunder Menschenverstand, keine Krankheit. Sie irrt sich." Sie zuckte die Achseln. „Aber so lange Sie mich nicht durch die Tests jagen und ihr sagen, daß sie sich irrt, stecke ich hier fest."

„Sie hat mich heute angerufen. Sie ist voll des Lobes uber Ihren Fleiß. Sie bewundert Ihre Hingabe – Sie sind begierig, anderen zu helfen, meint sie."

„Ja, ich glaube schon."

Frank beobachtete sie eine Weile schweigend. „Louise? Warum wollen Sie Krankenschwester werden? Was ist der wahre Grund?"

Ihre Augen waren nicht mehr rastlos. Sie blieben einen Moment lang an seinen hängen und senkten sich dann zu Boden. Sie neigte leicht den Kopf. „Um von zu Hause wegzukommen. Sie wissen ja über Mutter und Vater Bescheid. Beide schwere Trinker. Mein Vater verlor sechs Monate vor meinem Schulabschluß seinen Job, und meine Mutter hat nie gearbeitet. Kein Geld. Es ist schwer, in die Schwesternausbildung am St.-Joseph-Krankenhaus hineinzukommen, aber wenn man einmal drin ist, wird für Unterkunft, Verpflegung und Taschengeld gesorgt. Es war für mich die einzige Möglichkeit, mir eine Ausbildung leisten zu können, es sei denn, ich wäre in die Armee eingetreten. Doch ich war der Meinung, so schneller voranzukommen."

„Ihre Eltern müssen sehr stolz auf Sie sein."

„Mein Vater schon. Meine Mutter regt sich darüber auf. Sie meint, ich sollte lieber zu Hause wohnen und auf das örtliche College gehen."

„Stört es Sie, daß Ihre Mutter sich darüber aufregt?"

„Sie regt sich über alles auf, was ich je getan habe. Sie will mich zu Hause haben, damit ich den Haushalt mache, das ist alles. Ich denke mir, wenn ich erst einmal Krankenschwester bin, verdiene ich genug, um eine Haushälterin für sie anzustellen. Dann wird die Arbeit wenigstens richtig gemacht. Als ich noch auf der High School war, habe ich die ganze Hausarbeit neben der Schule nicht geschafft."

„Haben Sie sich an irgendwelchen Aktivitäten außerhalb des Lehrplans beteiligt?"

„Nein. Dad sagte immer, ich solle doch Basketball spielen gehen, aber 1,70 Meter ist heutzutage nicht mehr besonders groß." Sie beugte sich vor, und ihre bleichen Lippen zogen sich zu einer schmalen Linie zusammen. Dann holte sie tief Luft. „Wissen Sie ... meine Mutter hat Dad in den Alkohol getrieben. Er hat es selbst gesagt. Wenn sie nicht wäre, könnte er so ein wunderbarer Mensch sein."

Schon jetzt können Sie sich zusammenreimen, wie Louise um ihre Kindheit kam: beide Eltern alkoholabhängig und somit nicht verfügbar; Louise offenbar ein Opfer von emotionalem Inzest, indem sie eine Aufgabe übernehmen mußte, die sie in ihrem Alter weit überforderte; dazu die negativen Botschaften, die ihre Mutter ihr fortwährend übermittelte. Da es keine Nahrung bekam, hatte das kleine Kind in Louise nie die Chance zu wachsen. Ihr Liebestank war leer.

Wie geht ein Kind mit der Welt um? Denken Sie an ein Neugeborenes, das so vollkommen egozentrisch ist. *Ich habe Hunger. Ich liege unbequem. Ich will. Ich brauche. Ich weine. Nahrung kommt. Wärme kommt. Trost kommt. Ich habe gebeten, und ich habe bekommen. Ich bin der Grund, warum ich gefüttert und versorgt wurde.* Das ist ganz natürlich. Gott setzte voraus, daß man sich selbst liebt, als er sagte: „Liebe deinen Nächsten wie dich selbst."

Während das Kleinkind heranwächst, dehnt sich seine Welt ständig aus, und die Horizonte werden weiter. Doch so selbstlos wir auch werden mögen, etwas in uns wünscht sich immer noch, die Welt würde sich tatsächlich nur um uns drehen, wie sie es einst zu tun schien. Als Galilei mit den Geozentristen die Klingen kreuzte, ging es um weit mehr als um die Position von Sternen und Planeten: *Ich, und mit mir die ganze Menschheit, existiere im Zentrum aller Dinge.* Es liegt uns im Blut. Das ist mit dem Säuglingsalter nicht vorbei. Selbst wenn das Kind erkennt, daß die Welt sich bis weit über die Grenzen seines Wissens ausdehnt, bleibt diese Selbstbezogenheit erhalten. Für ein Kind, und übrigens auch aus der Sicht gewisser heutiger Kulturen, liegt die Welt buchstäblich im Wahrnehmungsfeld des Betrachters – die Bestandteile der Welt werden nur insofern als wichtig wahrgenommen, als sie Auswirkungen für das Kind haben. Umgekehrt kann das Kind gewiß die Welt um es her beeinflussen, und wenn es nicht andert, was geändert werden sollte – so denkt es –, muß das irgendwie sein Fehler sein. Das Kind denkt: *Wenn ich mich so und so verhalte, wird das und das geschehen. Wenn ich vollkommen bin, wird Mutti mich liebhaben. Wenn ich alles genau richtig mache, wird Papa Notiz von mir nehmen.*

Ein Kind kommt nicht auf den Gedanken, Mutti und Papa könnten ihre eigenen Probleme haben, die aus Quellen stammen, die außerhalb seiner Kenntnis liegen. Seine einzige emotionale Bindung bezieht sich auf sie; logischerweise geht es davon aus, daß es umgekehrt genauso sei. In den Augen des Kindes geht alles, was Mutti und Papa fühlen, von ihm selbst aus. „Wenn Mutti unglücklich ist, muß es an mir liegen." „Wenn ich nicht so eine Nervensäge wäre, würde Papa nicht soviel trinken."

„Wenn ich X tue, wird Y geschehen." Magisches Denken. Kodependentes Denken.

In Wirklichkeit haben Kinder natürlich nur sehr wenig Kontrolle über irgend etwas. Normalerweise gehorcht einem Fünfjährigen nicht einmal der Familienhund. Ihre einzige Hoffnung auf Kontrolle liegt in der unsichtbaren Welt, in der Ursehnsucht, etwas ins Dasein wünschen zu können.

Die Eltern planen, sich scheiden zu lassen, und ihr Kind glaubt: *Wenn ich mich nur perfekt benehme, wird es nicht so weit kommen.* Der Vater ist ein Arbeitstier, und das Kind denkt: *Wenn es mehr Spaß macht, mit mir zusammenzusein, wird Papa zu Hause bleiben.* Magisches Denken ist kindlich, und kleine Kinder sind Meister darin. Und ebenso Erwachsene, die vom Schmerz einer verlorenen Kindheit geprägt sind. Berühmte Schauspielerinnen haben eine schlanke, schöne Figur. In jeder Illustrierten, in jedem Modeprospekt stolzieren große, schlanke Fotomodelle einher. Die meisten modischen Kleidungsstücke sind für schlanke Leute geschaffen. „Fitneß! Nur kein Fett!" schreit unsere Kultur. In den dunklen Korridoren der Vorstellungswelt von Louise lauert die fixe Idee: *Wenn ich nur dünn genug werden kann, werde ich glücklich sein, und alle werden mich lieben.* Und gleich daneben die fixe Idee: *Ich weiß, daß ich die Vergangenheit in Ordnung bringen kann, wenn ich mich nur genug anstrenge.* Und eine dieser fixen Ideen lautet: *Mutter wird schließlich etwas an mir entdecken, das sie mag, wenn ich irgendwie liebenswert genug und erfolgreich genug werden kann.* Und der unheimlichste und gefährlichste aller lauernden Gedanken: *Dads Charakter und Lebensfreude sind von anderen abhängig; deshalb ist es bei mir genauso.* Magisches Denken. Louises ganzes Leben ist darin verstrickt.

Mit diesem magischen Denken gehen Schuldgefühle einher. Schuldgefühle und magisches Denken verstärken sich gegenseitig.

Jenes Gefühl der Verantwortung für das, was geschieht („Wenn ich alles genau richtig mache, kann ich auf magische Weise ein Happy End dieser unangenehmen Situation erzwingen"), hat eine sehr häßliche Kehrseite: „Wenn nicht alles gut wird, dann ist das mein Fehler, weil ich mich nicht genug bemüht habe." Was geschieht also? Wie sehr sich das Kind auch anstrengt, die unangenehme Situation endet tragisch. Die Scheidung findet trotzdem statt. Trotz aller Bemühungen des Kindes kommt der arbeitswütige Papa doch nicht früher nach Hause. Sobald die Magie des Kindes versagt, sind die Schuldgefühle zur Stelle.

„Wenn ich mir nur mehr Mühe gegeben hätte, wäre alles gut geworden. Ich habe versagt."

„Ich bin der Grund, warum Mutti und Papa sich streiten. Ich kann es beweisen – ich höre ja, wie sie sich über mich streiten. Es ist alles meine Schuld."

Der selbstgemachte Schuld-Trip

Natürlich ist keine dieser Annahmen richtig. Das Kind hat weder magisch noch sonstwie Macht darüber, was seine Eltern denken oder tun. Kein menschliches Wesen, auch kein Kind, kann allein das Glück eines anderen bewirken oder zerstören. Auf der emotionalen Ebene hat ein Kind sehr wenig Einfluß auf seine Eltern, besonders dann, wenn (was normalerweise der Fall ist) die Eltern durch eigene tiefsitzende Probleme selbst kodependent sind. Natürlich hat das nichts mit Logik zu tun; unsere tiefsten Gefühle entstehen nicht durch logisches Denken.

Schuldgefühle waren eine mächtige Triebkraft in der verborgenen Gedankenwelt von Beryl Mason. Als die übermächtige Vaterfigur ihres Papas sexuell in ihr Leben einbrach, konnte das nur eine Reaktion auf etwas sein, das sie getan hatte. Warum sonst würde er sich so an sie heranmachen? In ihrem tiefsten Inneren spürte sie, daß das, was da geschah, ein schreckliches Unrecht war. Was sie nicht empfand, war, daß das Unrecht ganz und gar auf der Seite ihres Vaters lag. Die moralischen Wertvorstellungen eines Erwachsenen bilden sich in diesem Alter gerade erst aus. Die ganze Situation ging über ihr Fassungsvermögen. Doch da war die Phantasie zur Stelle: *Es muß meine Schuld sein!*

Jeder lädt sich natürliche und gerechtfertigte Schuldgefühle auf, oft ohne es darauf anzulegen. Man muß nicht erst an die Erbsünde glauben, um selbst bei einem kleinen Kind echte Schuld entdecken zu können. Und wahre Schuld kann durch Vergebung überwunden werden. Die normalen Übertretungen der Kindheit sind offensichtlich; sie können vergeben werden. Falsche Schuldgefühle dagegen sind nicht offensichtlich und werden darum selten vermutet. Sie vergiften. Sie zehren. Nach Jahren, in denen sie unbemerkt und unvergeben geblieben sind, kommen sie auf unvorhersehbare Weise zum Vorschein.

Die erwachsene Beryl Mason hatte die häßliche Tragödie ihrer Kindheit immer noch nicht verarbeitet. Ihre Schuldgefühle und andere Faktoren äußerten sich in einer Art Selbstkasteiung. Sie ließ sich immer wieder mit Männern ein, von denen sie im Innersten glaubte, sie hätte sie verdient; Männer, die sie genauso schäbig behandelten, wie es ihr Vater in jener dunklen, trüben Vergangenheit getan hatte.

Der Zwang zur Wiederholung

Bringen Sie nun das magische Denken und die falschen Schuldgefühle mit dem angeborenen Bedürfnis, die Situation in der Ursprungsfamilie wieder erstehen zu lassen, in Verbindung. Wenn die Situation in der Ursprungsfamilie schmerzhaft war (selbst wenn das Kind sich an den Schmerz nicht konkret erinnert), dann muß auch der Schmerz rekapituliert werden, und zwar aus mehreren Gründen.

1) Wenn die ursprüngliche Situation wieder heraufbeschworen werden kann, kann ich sie dieses Mal reparieren. Ich kann den Schmerz heilen. Ich weiß, daß ich es kann! Magisches Denken.

Ein Kodependenter empfindet ein übermächtiges Bedürfnis, zurückzugehen und in Ordnung zu bringen, was falsch war. Wir alle tun das in gewissem Maße. „Wenn ich es noch einmal tun könnte ..." ist eine oft zu hörende Redewendung. An sich ist das eine gute Sache. Wir lernen aus unseren Fehlern und bringen in Ordnung, was wir können. Aber Kodependente treiben das, wie alles andere, auf die Spitze. Sie *müssen* es in Ordnung bringen. Sie *müssen* das ursprüngliche Problem korrigieren, den ursprünglichen Schmerz heilen.

2) Weil ich für diese verkorkste Ursprungsfamilie verantwortlich war, muß ich bestraft werden. Ich verdiene den Schmerz. Lebensberater wie wir hier in der Klinik haben viele Gelegenheiten zu sagen: „Sie handeln sich diese Probleme selbst ein! Sie begeben sich absichtlich in Situationen, die ihnen nichts als Schmerzen einbringen." Wir versuchen, das nicht laut zu sagen; wir lassen es den Patienten selbst erkennen.

Neben dem verborgenen Wunsch, für die eingebildete Schuld zu büßen, kann ein Kodependenter geradezu nach dem Elend lechzen. Ein wichtiges Symptom der Kodependenz ist Sucht, und viele Kodependente sind süchtig nach emotionalem Schmerz. Wie trübselig es auch sein mag, zumindest ist es das *Zuhause.* Es ist vertraut. Es ist auf schmerzhafte Weise bequem.

3) Schließlich ist da noch die Sehnsucht nach dem Vertrauten, nach Geborgenheit. In Wirklichkeit gab es in der Ursprungsfamilie eines Kodependenten vielleicht gar keine Geborgenheit, aber sie war die Zuflucht seiner Kindheit – die einzige Geborgenheit, die der kleine Mensch kannte. Mehr noch als ein gesunder Erwachsener sucht der Kodependente seine Zuflucht im Vertrauten.

Bringen Sie diesen Heimfinde-Instinkt mit magischem Denken und Schuldgefühlen in Verbindung, und Sie begreifen, warum erwachsene Kinder aus gestörten Familien fast immer in gestörten Beziehungen landen. So schmerzhaft, unglücklich, ja lebensbedrohlich diese Beziehung auch sein mag, immerhin ist sie *vertraut.* Für den Kodependenten gilt: „Das ist mein Zuhause. Ich habe noch einmal die Chance, es zu reparieren. Ich verdiene das; ich habe es immer verdient."

Deshalb landen Kodependente so häufig in genau der Art von Beziehung, von der sie sich einmal schworen, sie niemals zu tolerieren. Dieselbe alte Geschichte wird in tausend Variationen immer und immer wieder abgespult.

Wir fragten John Jordan, worin sich Gladys und sein Vater ähnlich seien. Er grinste tückisch. „Sie schneiden beide ihre Zehennägel über dem WC-Becken."

„Könnten Sie ein wenig tiefer graben?"

Er wurde ernst. „Sie meinen, abgesehen vom Offensichtlichen – daß sie beide streitsüchtig und nörglerisch sind? Nun ja, Gladys hält das Haus picobello in Schuß. Ich meine, *wirk-*

lich picobello. Jedes Kissen in der Mitte eingeknickt, jede Jalousie abgestaubt, jedes Kinkerlitzchen genau am richtigen Platz. Mein Vater war ganz ähnlich, was geistliche Dinge angeht. Und wenn ich darüber nachdenke, auch in anderer Hinsicht. Alles mußte genau stimmen. Ich habe noch nie darüber nachgedacht. Wenn man über die offensichtlichen körperlichen Unterschiede hinwegsieht, haben die beiden viel Ähnlichkeit miteinander."

„Gladys, worin ähneln sich Ihr Vater und John?"

„Sie sind beide in sich selbst gekehrt, unzugänglich. Keiner von beiden hat Zeit für mich, keiner von beiden nimmt mich überhaupt richtig wahr. Ich bin ein Stück Inventar ... ein Hausputz-Roboter ohne Ohren. Für beide."

Das Bedürfnis, die Ursprungsfamilie zu rekonstruieren und, wenn nötig, zu reparieren, ist bei Kodependenten unvorstellbar mächtig. Selbst wenn der Ehepartner in Wirklichkeit gar nicht die Züge des Elternteils wiederholt (wie zum Beispiel John, der Gladys durchaus zuhörte – Gladys unterstellte ihm nur, daß er es nicht tat), wird es dennoch so wahrgenommen, damit das Bild vollständig wird. Das ist eine furchtbare Falle, in die Kodependente gehen: *Wenn ich ein absolut vollkommener Partner bin, kann ich meinen Ehepartner irgendwie in Ordnung bringen. Auf diese Weise kann ich meine gescheiterte Kindheitsphantasie verwirklichen, irgendwie meine Ursprungsfamilie zu reparieren, indem ich ein absolut vollkommenes Kind bin.*

Nicht, um den Patienten zu necken, sondern um ihn zum Nachdenken anzuregen, stellen wir ihm manchmal die Frage: „Wen haben Sie geheiratet – Ihre Mutter oder Ihren Vater?" Viele Leute suchen sich einen Ehepartner aus, der in irgendeiner Hinsicht ihrer Mutter oder ihrem Vater ähnlich ist. Am häufigsten kommt es vor, daß ein erwachsenes Kind eine Person heiratet, die emotional oder im Hinblick auf die Dynamik der Beziehung Ähnlichkeit mit dem Elternteil des anderen Geschlechts hat. So war es bei Gladys Jordan. Es kann aber auch der Elternteil des gleichen Geschlechts sein. Ein Mann kann eine Frau heiraten, die irgendeine Beziehungsdynamik der Vergangenheit mit seinem Vater wiedererstehen läßt. Das war bei John Jordan der Fall.

Aus dem, was Sie jetzt über das Bedürfnis Kodependenter wissen, die Vergangenheit wieder erstehen zu lassen, können Sie ersehen, warum es den Jordans so schwerfiel, die Lösung zu erkennen, die sie bei uns suchten. Dieses Bedürfnis, den Schmerz der Vergangenheit neu zu durchleben, machte sie blind für die offensichtliche Lösung. Die Geister ihrer Vergangenheit waren auf ihre ausdrückliche Einladung hin da.

Diese Vergangenheit mußte verarbeitet werden – repariert, wenn Sie so wollen – bevor die Geister erfolgreich „ausgetrieben" werden konnten. Darum erarbeiteten wir mit ihnen Schritt für Schritt, was ihre Vergangenheit wirklich enthalten hatte, ihren natürlichen Zorn über das, was ihre Vergangenheit ihnen angetan hatte, und ihre Trauer über das, was ihnen entgangen war. Dann brach sich als Frucht dieser Reinigung die Heilung Bahn.

Sie sehen jetzt, warum Ihre Vergangenheit einen so starken Einfluß auf Ihre Gegenwart hat. Jeder Mensch ist durch seine persönliche Geschichte geprägt. Der Kodependente treibt es, wie immer, auf die Spitze.

Eine Warnung

Wir haben es endlich geschafft! Wir haben den guten alten Papa trockengelegt. Er ist bei den Anonymen Alkoholikern, er fühlt sich wieder wohl in seiner Haut ... aber was ist das? Seine Familie sieht aus, als hätte sie gerade einen Krieg überstanden. Mutter ist gereizt und wütend. Die Kinder sind feindselig, mißtrauisch, genervt. Sechs Monate, nachdem Papa nüchtern wurde, kann Mutti es nicht mehr ertragen und zieht aus.

So war das nicht geplant.

Zur Vereinfachung bleiben wir bei dem Beispiel eines abhängigen Vaters. Es könnte genausogut auch die Ehefrau sein. Wir nennen Alkohol als das Suchtmittel, aber es könnte sich auch um jede andere Zwanghaftigkeit handeln: Drogen, Geldausgeben, Arbeit – die ganze Palette. Die Einzelheiten sind zweitrangig; uns interessieren die Ursachen und Wirkungen.

In der Beratung warnen wir Ehepaare sorgfältig davor, daß das erste Jahr der Nüchternheit eine harte Belastungsprobe für sie wird. Drei bis neun Monate, nachdem der Vater – oder wer auch immer – trocken geworden ist, wird die Familie plötzlich von Krisen geschüttelt. Die Euphorie über das erreichte Ziel – Papas Heilung – geht in bitteren Reibereien unter.

Doch wenn die Familie fest bleibt und während der Genesung zusammenhält, um dieses stürmische erste Jahr zu überstehen, wird die Heilung wunderbar erscheinen. Worin liegt der Grund?

Als Al-Anon und andere Spezialisten für psychische Gesundheit das Problem der Kodependenz erkannten und zu behandeln begannen, sahen sie die alleinige Ursache dafür bei dem abhängigen Vater. Papas Abhängigkeit vom Alkohol erzeugte die Kodependenz der Familie. Heute erkennen wir, daß Kodependenz ebensosehr Ursache wie Wirkung ist – sowohl die Henne als auch das Ei.

Daß Mutter und Vater sich ursprünglich füreinander entschieden, war kein Zufall, wie wir gesehen haben. Die Mutter bringt ein gewisses Maß an Kodependenz von vornherein mit in die Ehe. Auf der unbewußten Ebene braucht die Mutter die Abhängigkeit des Vaters ebenso wie er seinen Schnaps. Was es noch komplizierter macht, auch er braucht ihre Kodependenz. Papas Nüchternheit zerreißt nun dieses brüchige Gewebe aus ineinander verschränkten Abhängigkeiten.

Der Alkohol, Mutters Depressionen – diese und andere Faktoren sind die Symptome, die die oberste Ebene unseres vierschichtigen Kuchens bilden. Wenn diese oberste Schicht abgetragen wird, liegt die nächste frei: Die Beziehungen. Nun kann die Familie nicht mehr den Symptomen die Schuld an allem geben oder sich von Oberflächenproblemen ablenken lassen. Kein Wunder, daß Krisen die Folge sind. Jetzt müssen die Familienmitglieder auf dieser schwierigen Beziehungsebene frontal und persönlich ganz neu miteinander umgehen.

Ist die Familie erst einmal dabei, ihre Beziehungen zu erneuern, und arbeitet sie gewissenhaft weiter daran, dann kommt es zu einer Heilung. Ein gutes Bild dafür ist die Herstellung einer Flickendecke. All die unregelmäßigen kleinen Fetzen, manche davon aus alten Kleidungsstücken, die meisten aus Stoffresten, bilden ein heilloses Durcheinander. Dann beginnt die Näherin mit ihrer Arbeit, verbindet dieses mit jenem, ordnet die Stücke und fügt sie an ihrem jeweiligen Platz ein. Allmählich entsteht ein harmonisches, schönes Muster; aber das erfordert eine Menge Zeit und Arbeit.

Der Zwang zur Wiederholung hat einen zyklischen Charakter. Dieselben Fehler werden immer von neuem gemacht. Die gleichen Dinge passieren immer und immer wieder. Ja, das Leben eines Kodependenten dreht sich unermüdlich in unkontrollierbaren Kreisen, wie wir als nächstes sehen werden.

Dritter Teil:

Wie Kodependenz zum Dauerzustand wird

Der Schneeball-Effekt der Sucht

„Mir ist, als ob ich mich immer im Kreis drehe."
„Alles kommt irgendwann wieder."
„Wie fruchtbar ist der kleinste Kreis, wenn man ihn wohl zu pflegen weiß."
Kreisläufe. Wirtschaftliche Kreisläufe, historische Kreisläufe, jahreszeitliche Kreisläufe, Wasserkreisläufe, Nahrungskreisläufe, Kreisverkehr, Arbeitskreise, Schaltkreise, Bibelkreise, Regierungskreise, Wirkungskreise.

Der Lockruf der Kreise

In dem bekannten buchlangen Essay *Time's Arrow – Time's Cycle* (Pfeil der Zeit – Kreislauf der Zeit) spricht Stephen J. Gould über die Art und Weise, wie sich die klassischen Philosophen mit dem verwirrenden Rätsel von Wiederkehr und Fortschritt auseinandersetzten. Vielleicht faszinieren uns Kreisläufe von Aktivitäten und Wiederholungen deshalb so sehr, weil sie so viele Dinge in unserem täglichen Leben bestimmen. Sie kommen unserem Sinn für Ordnung entgegen. Außerdem liegt in der zyklischen Wiederkehr eine gewisse Beruhigung; ob etwas angenehm oder schmerzhaft ist, zumindest weiß man, daß es kommt.

Es sei denn, Sie sind hochgradig kodependent. Dann sind Kreisläufe Ihre schlimmsten Feinde!

Es liegt im Wesen der Kodependenz, daß ein Kodependenter in einer Kette von Teufelskreisen gefangen ist. Manche davon überschneiden sich mit den destruktiven Kreisläufen, die von anderen Leuten ausgelebt werden. Andere drehen sich ganz verborgen im Inneren des Kodependenten vor sich hin. Sie nähren die Kodependenz, verleihen ihr Dauerhaftigkeit, verstärken sie. Diese Kreisläufe müssen erkannt und durchbrochen werden, bevor der Betroffene Fortschritte machen kann.

Der Kreislauf der Sucht

Der ansteckendste dieser Kreisläufe ist der Kreislauf der Sucht. Stellen Sie sich einen kleinen Jungen am Rande eines Hügels vor, der gerade einen großen, vereisten Schneeball formt. Er prüft die Rollstrecke, vergewissert sich, daß keine Steine oder Bäume im Weg sind, und läßt den Schneeball den Abhang hinabrollen. Der Weg ist lang. Am Anfang noch holperig und unsicher, gewinnt der Schneeball allmählich an Gewicht, Geschwindigkeit und Schwung. Auf halbem Wege nach unten ist er bereits zu einem Monster angewachsen, das rücksichtslos und unaufhaltsam vorwärts stürmt. Bis er den Fuß des Hügels erreicht hat und ungebremst über den Bachlauf hinwegrollt, hat er sich in einen Schneeball des Todes verwandelt. Der Kreislauf der Sucht ist ein solcher Schneeball.

Zunächst nahmen die Lebensberater an, Kodependenz sei ausschließlich eine Wirkung, ein Syndrom bei Menschen, die eng mit Alkoholikern und anderen Süchtigen zusammenleben. Heute erkennen wir, daß der Suchtkreislauf die Kodependenz in Gang hält und verstärkt, sobald sie sich einmal eingenistet hat, unabhängig davon, wodurch sie ursprünglich ausgelöst wurde. Sie entwickelt nun ihre eigene innere, suchtbedingte Dynamik. Deshalb läßt sich Kodependenz nicht dadurch lindern, daß man die Ursache identifiziert und bekämpft. Natürlich müssen Sie das tun; aber Sie müssen darüber hinaus konkrete Schritte unternehmen, um von der Kodependenz selbst zu gesunden, und Sie müssen die verstärkende Suchtkomponente durchbrechen.

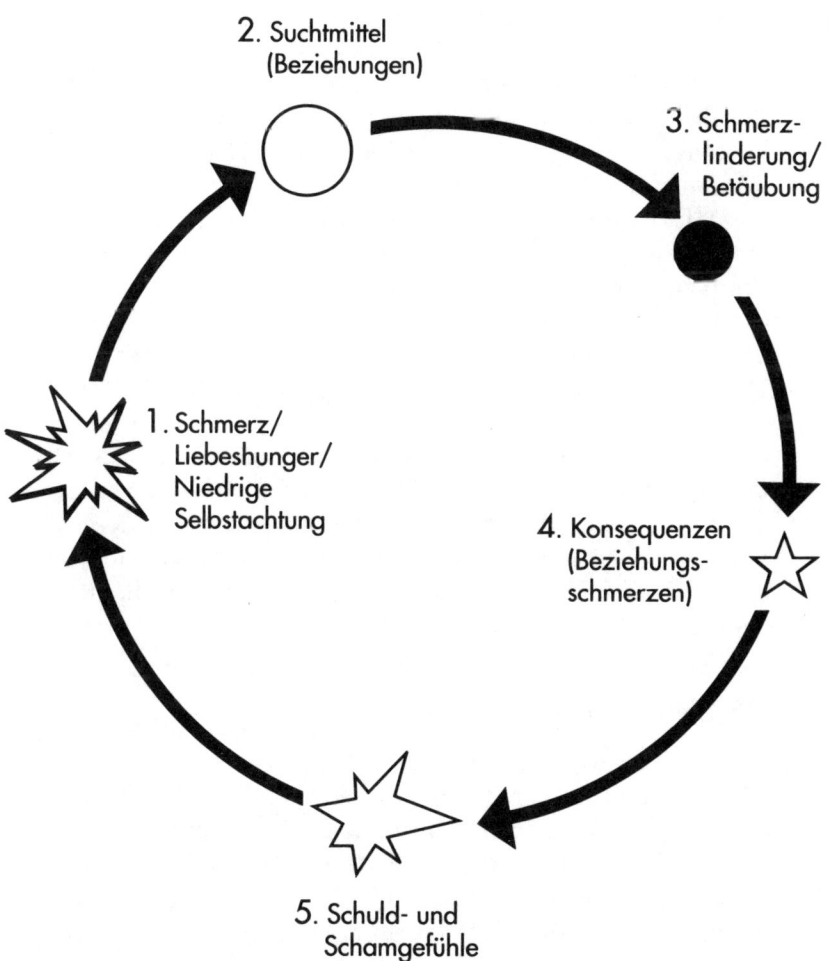

2. Suchtmittel
(Beziehungen)

3. Schmerz-
linderung/
Betäubung

1. Schmerz/
Liebeshunger/
Niedrige
Selbstachtung

4. Konsequenzen
(Beziehungs-
schmerzen)

5. Schuld- und
Schamgefühle

Die Mechanik des Suchtkreislaufs

Der Kreislauf, den wir zur Illustration benutzen, beruht auf dem alten, klassischen Modell, das von Lebensberatern und Forschern verwendet wird, die sich mit Alkohol- und Drogensucht befassen (siehe Illustration). Nach diesem Modell, das normalerweise als Spirale beschrieben wird, empfindet der Betroffene irgendeinen Schmerz, sei es niedrige Selbstachtung, Schuldgefühle, Unzufriedenheit, Druck oder auch nur die schiere Langeweile, die das Leben mit sich bringen kann. Er findet Betäubung durch Alkohol oder Drogen, aber das Betrinken, Schnüffeln oder Spritzen zieht Konsequenzen nach sich – Reue, verstärkte Schuldgefühle, noch mehr Schmerz. Schon einmal hat der Betroffene durch sein Betäubungsmittel Linderung gefunden, also greift er wieder dazu. Die Konsequenzen verstärken sich und schließen bald Depressionen, gesundheitliche Probleme und vielleicht sogar den Verlust der Arbeitsstelle und der Familie mit ein. Noch mehr Schuld- und Schamgefühle, noch mehr Reue, noch mehr Betäubungsmittel. Das „Heilmittel" ist zur Krankheitsursache geworden. Der Kreislauf dreht sich nun von allein weiter und verstärkt sich, ohne daß der ursprüngliche Schmerz dazu noch notwendig ist.

Der Spiralen-Effekt

Vor einigen Jahren erfreute sich ein Spielzeug namens „Slinky" ungemeiner Beliebtheit. Ein Slinky ist ein Metallstreifen, der zur Form einer zylindrischen Spirale zusammengerollt ist. Indem sich diese Feder dehnt und zusammenzieht, kann ein Slinky Stufen oder eine geneigte Ebene „hinabsteigen". Es „steigt" in einem langen, gedehnten Schritt vom Tisch herab, macht ein paar Sprünge, um sein Gleichgewicht wiederzufinden und läßt sich schließlich, wiederum in Zylinderform, still auf seinem Unterteil nieder.

Der Suchtkreislauf hat eine gewisse Ähnlichkeit mit einem Slinky. Von oben betrachtet ist er ein Kreis mit mehreren

Punkten oder Stationen. Irgendeine Form von Schmerz markiert die erste Station, die wir Nr. 1 nennen werden. Das Suchtmittel (z.B. Alkohol, Drogen oder Arbeit) markiert die nächste Station, Nr. 2. Dieser als Betäubungsmittel verwendete Stoff bietet vorübergehend Linderung – Station 3 –, aber das zieht unangenehme Konsequenzen nach sich (Station 4), und daraus resultieren Schuld- und Schamgefühle (Station 5). Schmerz ist die Folge – und schon ist man wieder bei Station 1 angelangt. Der Schmerz verlangt nach mehr Betäubungsmitteln. Und noch einmal geht es im Kreis herum. Bei Süchtigen und Kodependenten kann sich dieser Kreislauf zweimal im Jahr, jeden Samstagabend oder auch viele Male täglich wiederholen.

Aber der Kreislauf dreht sich nicht immer nur auf der Stelle. Je mehr sich der Körper des Betroffenen an das Suchtmittel gewöhnt, desto größere Dosen werden notwendig. Und die wiederum verstärken auch die Konsequenzen. Es ist, als ob die Sucht im Laufe der Zeit am Rand einer Slinky-Spirale entlangwanderte. Sie dreht sich immer weiter von Station 1 über 2, 3 und 4 zu Station 5, aber dabei wandert sie gleichzeitig stetig nach unten.

Schließlich gerät der Kreislauf außer Kontrolle. Bis zu einem gewissen Grad bestimmt die Natur des Betäubungsmittels die Geschwindigkeit, mit der ein Süchtiger sich in seinem Kreis dreht. Bier zum Beispiel treibt den Kreislauf ziemlich langsam an. Die dramatischsten Wirkungen, die wie im Zeitraffer ablaufen, werden durch Opiate erzeugt.

Heroin bewirkt einen vielleicht vierstündigen euphorischen Zustand. Wenn die Wirkung nachläßt, fühlt sich der Süchtige noch schlimmer als zuvor, sowohl psychisch als auch körperlich. Die Dosis wird immer schneller erhöht, während der Körper sich an die Droge gewöhnt, und die Entzugserscheinungen werden immer heftiger. Die Tiefpunkte sinken immer tiefer, aber die Höhepunkte steigern sich nicht, während der Süchtige sich ständig bemüht, diese trügerische Euphorie wiederzuerlangen.

In diesem klassischen Modell ist das Suchtmittel – ein Betäubungsmittel – nicht mehr nur eine Station auf einem kreisförmigen Weg. Es entwickelt eine Eigendynamik, die sich selbst am Leben erhält. Ob es nun körperlich süchtig macht oder nicht, auf jeden Fall macht es die betroffene Person, die unter Schmerzen leidet, psychisch abhängig.

Der Kreislauf der Kodependenz

Dieser Kreislauf wirkt sich auf den Kodependenten nicht weniger verheerend aus als auf jeden anderen Süchtigen. Nehmen wir unser übliches allgemeines Beispiel, das altehrwürdige Bild der nüchternen Frau eines alkoholabhängigen Ehemannes. Er steckt in seinem eigenen Suchtkreislauf fest. Aber was ist mit ihr?

Derselbe Kreislauf, dieselbe Mechanik, leicht veränderte Elemente.

Es beginnt an derselben Stelle, nämlich beim Schmerz. Zusätzlich zu den normalen Schmerzen des Menschseins empfindet sie den bedrückenden Schmerz, mit einem Alkoholiker zusammenzuleben. Das Betäubungs- oder Suchtmittel ist bei ihr nicht so leicht zu identifizieren wie bei ihrem Mann, denn es wird nicht in einer Flasche mit Etikett geliefert. Es kann sich um irgendeines von einer ganzen Reihe von Dingen handeln, derer sie sich nicht bewußt ist, und sie weiß wahrscheinlich auch nicht, daß sie sich etwas „schießt".

Ihr Schmerzmittel ist vielleicht das Gefühl des Martyriums, in dem wir alle hin und wieder gerne baden. Märtyrertum kann eine erstaunlich subjektive Sache sein. Wenn eine Ehefrau sich nur auf die negativen Eigenschaften ihres Mannes konzentriert und nicht auch auf sich selbst, dann wird ihr Märtyrertum, ihre Aufopferung, nicht ganz so hell erstrahlen.

Vielleicht ist auch Verleugnung das Allheilmittel der Ehefrau. Es kann sein, daß sie ein Gefühl der Euphorie und Selbstsicherheit gewinnt, indem sie ihren Mann rettet. Sie zieht eine gewisse ehrenvolle Befriedigung aus den Opfern, die sie erbringen muß, um die Familie zusammenzuhalten. Die ‚Wohlfühlpille' kann vielerlei kaum zu definierende Formen annehmen.

Als nächstes kommen die negativen Konsequenzen, und die können ebenso traurig sein wie bei dem Süchtigen selbst. Gerade ihr helfendes und unterstützendes Verhalten, durch das sie Selbstsicherheit gewinnt und das Gefühl, gebraucht zu werden, vertieft und verstärkt die Abhängigkeit ihres Mannes. Wenn sie ihm aus der Patsche hilft, braucht er sich seinen eigenen Konsequenzen nicht zu stellen. Wenn sie hinter ihm saubermacht und ihn ins Bett bringt, bleibt seinen Augen die Häßlichkeit seiner Sucht erspart. Er kann ungehindert in seiner Abhängigkeit weiterleben, weil er ja diesen Schutzengel hat, der unermüdlich den schmutzigen Abfall beseitigt.

Doch was noch schlimmer ist, sie muß ihren eigenen Schmerz stoisch verleugnen, einschließlich des großen Zorns, den sie nicht zuzugeben wagt. Würde sie ihre wahren Gefühle ausdrücken, so wäre die Wirkung des Betäubungsmittels beeinträchtigt – ihr Stoizismus geriete ins Wanken, und die Befriedigung des Märtyrertums wäre geringer.

Und doch ist es ein grundlegendes menschliches Bedürfnis, Gefühle bestätigt zu bekommen. Wenn sie nicht geäußert werden, bleiben sie unbestätigt. Je mehr sie sich zum Durchhalten zwingt, desto weniger Befriedigung findet sie für ihre eigenen Bedürfnisse. Da weder sie selbst noch ihr Mann sich um ihr emotionales Innenleben kümmern, bekommt ihr Liebestank keinerlei Nachschub. Dabei war der Pegel wahrscheinlich schon niedrig genug, als sie diese Verbindung einging. Sie hat keine echte Liebe zu geben. Ihre Depressionen, ihr Liebesdefizit und ihre Sehnsucht verstärken ihr Bedürfnis nach dem nächsten ‚Schuß'. Der wiederum bindet sie nur noch stärker an ihre Märtyrerrolle, die ihr jenes flüchtige Hochgefühl verschafft, verdienstvoll, nützlich und selbstsicher zu sein.

In der Minirth-Meier-Klinik stellen wir das gerade bei christlichen Ehepaaren immer wieder fest. Die Ehefrau (um beim Beispiel zu bleiben; in Wirklichkeit ist es genausooft der Ehemann) nimmt eine edle, stoische Märtyrerpose ein: „Kein Christ hat je mehr gelitten, aber ich werde auch noch die hundertste Meile mit meinem armen, benebelten Ehemann gehen." Nach außen hin klingt das gut und fromm und selbstlos, obwohl das Ausspielen dieser Rolle in Wirklichkeit so etwas wie eine Droge für sie ist. Die Täuschung beruht darauf, daß seine Sucht in der Gesellschaft geächtet ist, ihre dagegen als lobenswert gilt. Seine Sucht ist falsch, ihre ist richtig. Seine entspringt einer Charakterschwäche, ihre der Stärke. Leider wird diese Täuschung in den Seelsorgezimmern der Gemeinden und anderswo oft noch bestärkt. Tatsache ist, daß sie vielleicht noch schwächer ist als er, auf jeden Fall aber ebenso tief in Sucht verstrickt.

Betrachten wir den Fall von Howard Weiss, einem erfolgreichen Besitzer einer Kette von Reinigungen. Wenn Sie ein Paradebeispiel für den amerikanischen Traum suchen – er war es. Sein hervorragend geschnittener Anzug ließ sofort erkennen: „Dieser Mann hat es geschafft!" Mit seiner aufrechten, hochgewachsenen Gestalt überragte er stets seine Umgebung. Von einer Spur Grau an den Schläfen abgesehen, sah Howard fast so jung aus, als käme er geradewegs von der Universität.

Er nahm in unserem Sprechzimmer Platz und breitete sein tiefstes Geheimnis vor uns aus. „Wir sind Christen, und wir führen ein christliches Familienleben, aber meine Frau ist eine regelrechte Alkoholikerin. Wir können so nicht weitermachen. Ich muß zu ihr durchdringen und sie aus diesem Sumpf herausziehen. Ich möchte es mit einer ‚Intervention' versuchen."

„Ist Ihnen klar, was eine Intervention ist?"

„Nicht genau. Ich habe davon gehört, als ein Freund mir von einer Intervention bei dem Tablettenproblem seiner Frau erzählte."

„Bei einer Intervention wird die betroffene Person von Menschen, die ihr wichtig sind – etwa dem Ehemann, dem Chef, den Kindern, einem engen Freund, einem Verwandten und einem Mentor –, gleichzeitig auf ihr Problem angesprochen. Zur Vorbereitung erhalten alle eine Anleitung. Dann erscheinen Sie als Gruppe an ihrer Haustür und treten ihr in Liebe entgegen. Sie zeigen ihr, wieviel Ihnen an ihr liegt. Sie bitten sie, sich helfen zu lassen."

„Ich verstehe. Bei meinem Freund hat das gut funktioniert. Aber muß meine Frau dazu nicht erst sozusagen am Boden zerstört sein? Gibt es einen Punkt, an dem diese Methode ihre höchste Wirksamkeit hat?"

„Normalerweise sehen die Freunde es als letztes Mittel, wenn der oder die Betroffene endgültig den Boden unter den Füßen verloren hat. Das liegt aber teilweise an der Zurückhaltung der Freunde, nicht unbedingt an dem Bedürfnis des Betroffenen. Es erfordert Mut."

„Ich verstehe. Ja, ich glaube, das ist es, was geschehen muß."

„Ausgezeichnet. Dann erzählen Sie mir ein wenig von Ihrer Frau ..."

An der Oberfläche sah das Bild täuschend einfach aus. Hier war ein besorgter Ehemann, der sich um Hilfe für seine süchtige Frau bemühte. Doch unter diesem Gemälde, das sich der Außenwelt bot, lag ein ganz anderes Bild verborgen. Im Verlauf einiger Besuche blätterte das Oberflächengemälde Stück für Stück ab und offenbarte einen Anblick, von dessen Existenz nicht einmal Howard Weiss selbst etwas wußte.

Das wahre Bild begann sich zu zeigen, als Howard die Intervention Woche für Woche hinausschob. „Ich glaube, sie ist noch nicht soweit." „Nicht diese Woche. Mir ist etwas dazwischengekommen." „Sie hat Grippe – sie würde nicht richtig zuhören, weil es ihr so schlecht geht."

Dennoch kam er jede Woche wieder ins Sprechzimmer und klagte darüber, wie sehr sich die Dinge verschlimmert hatten. „Sie glauben nicht, was sie diese Woche getan hat." „Sie wurde bewußtlos und lag sechs Stunden lang auf dem Fußboden herum." „Es wird allmählich unmöglich, ein vernünftiges Wort mit ihr zu wechseln."

Jedesmal stimmten wir ihm zu. „Schön. Das zeigt uns um so deutlicher, daß wir jetzt hingehen und intervenieren sollten, damit Ihre Frau die Hilfe bekommt, die sie braucht." Und jedesmal zog sich Howard mit einer passenden Ausrede aus der Affäre.

Allmählich wurde uns klar, daß seine Sucht nach ihrer Sucht so stark war – daß seine Rolle als Stoiker und Märtyrer so überwältigend wichtig für ihn war –, daß er sie nicht abschütteln konnte. Er konnte es nicht ertragen, ihren Suchtkreislauf durchbrochen zu sehen, denn dann würde sein Suchtkreislauf ebenfalls in sich zusammenbrechen (auf die Dynamik seiner Verleugnung werden wir im nächsten Kapitel zu sprechen kommen).

In dem Bild, das allmählich vor unseren Augen aufgedeckt wurde, zeigten sich unangenehme Elemente. Howards Mutter und seine Großmutter waren Alkoholikerinnen gewesen, und er selbst hatte eine Alkoholikerin geheiratet. Er verspürte einen intensiven Haß auf Frauen im allgemeinen und auf seine Frau im besonderen. Nun bot sich ihm hier ein Mittel, seiner Abneigung auf gesellschaftlich akzeptable Weise Luft zu machen. Dieser verborgene Teil von ihm, von dem nicht einmal er selbst etwas wußte, gedieh, wenn er seine Frau leiden sah. Er zog eine gewisse sadistische Befriedigung daraus, ihren Abstieg in Elend und Schmerzen zu beobachten. Ihre Verderbtheit bewies aller Welt, wie recht er doch mit seinem unbändigen Zorn hatte. Oberflächlich schien es, als wollte er ihr helfen. Doch in Wirklichkeit begrüßte er die Strafe, die sie so reichlich verdient hatte. Dieser Aspekt kristallisierte sich immer deutlicher heraus, als er Woche für Woche in allen Einzelheiten schilderte, was für ein schreckliches Wrack aus seiner Frau geworden war.

Das Bild, das er von sich selbst wahrnahm, zeigte einen edelmütigen, gottesfürchtigen Mann, der dieser verantwortungslosen Trinkerin treu zur Seite stand. In dem nun zum Vorschein kommenden Gemälde jedoch war er selbst ein Süchtiger, der ebenso fest in seinem eigenen Suchtkreislauf gefangen war wie sie in ihrem. Je mehr er ihr half, desto edelmütiger fühlte er sich. Je schlechter sie wirkte, desto besser stand er da und desto berechtigter erschien sein unausgesprochener Haß. Die beiden Kreisläufe schraubten sich gegenseitig nach unten.

Mit demselben Grundmodell des Suchtkreislaufs läßt sich nahezu jede zwanghafte Verhaltensweise beschreiben. Dabei kann der Punkt des Eintritts durch beliebig viele verschiedene Faktoren bedingt sein. Bei Cathy Leland, einer unserer Patientinnen, war dieser Punkt des Eintritts ein Gefühl der Nutzlosigkeit, des geringen Wertes. Das Grundproblem bestand wie üblich darin, daß ihr Liebestank nahezu leer war – sie war von einer valiumsüchtigen Mutter und einem vielbeschäftigten Vater vernachlässigt worden.

Ihre Sucht hieß Arbeit. Je länger und härter Cathy arbeitete, desto mehr erreichte sie. Sicher, ihre Erfolge waren nicht weltbewegend in dem Sinne, daß sie der Sicherung der Demokratie in der Welt dienten oder ähnliches. Doch es gab ihr ein gutes Gefühl, wenn sie jeden Tag die Liste der drängenden kleinen Verpflichtungen und zu erledigenden Dinge in ihrem Terminkalender abhaken konnte. Was für schreckliche Konsequenzen konnte es denn haben, wenn man fleißig war? Es war befriedigend, erfüllend und lobenswert.

Cathys Ehe ging gerade in den elften Monat, und schon jetzt fühlte sich ihr Mann vernachlässigt, und das aus gutem Grund. Sie kam um neun Uhr abends nach Hause und ging morgens um sieben zur Arbeit. Früher war sie zweimal in der Woche schwimmen gegangen. Das war vorbei. Während ihres ganzen Studiums hatte sich Cathy jeden Tag eine halbe Stunde Zeit genommen, um die Bibel zu lesen, zu beten und Gemeinschaft mit Gott zu haben. Nun setzte ihre Bibel Staub an, und sie verbrachte keine fünf Minuten in der Woche mit Gott. Zu Hause fühlte sie sich sehr schuldig; im Büro fühlte sie sich gebraucht.

Die Arbeit war für sie wie ein Schuß Rauschgift. Doch weil ihr Suchtmittel, die Arbeit, nicht nur als gesund, sondern auch als gesellschaftlich wünschenswert gilt, wurde Cathys Suchtkreislauf nicht als solcher erkannt. Sie war ehrgeizig, ja; produktiv, ganz bestimmt. Aber krank? Der Gedanke war ihr noch nie gekommen. Und doch war ihre Sucht ebenso verheerend für ihre Ehe und ihr Lebensglück wie Alkohol oder Drogen.

Wo Essen das Betäubungsmittel ist, sind entweder Fettsucht oder Bulimie die Folge. Die daraus folgenden Scham- und Schuldgefühle und der Ekel vor sich selbst machen die erneute Betäubung notwendig. Der Kreislauf dreht sich weiter.

Der erweiterte Kreislauf

Mit der Geschichte von Howard Weiss als Illustration können wir nun eine erweiterte Version des Suchtkreislaufs aufstellen. Howard litt unter zweierlei Schmerzen. Zum einen war da der Schmerz des vernachlässigten Kindes, den er schon vor langer Zeit vergraben hatte, zum anderen der gegenwärtige Schmerz, der durch die Sucht seiner Frau verursacht wurde. Sein Betäubungsmittel bestand letzten Endes darin, sie leiden zu sehen, so daß sein verborgener, tiefsitzender Haß gerechtfertigt werden konnte.

Die Konsequenzen waren offensichtlich – die Leiden seiner Frau wurden immer schlimmer, und das ließ ihn innerlich immer mehr Schuldgefühle empfinden. Seine Schuld- und Schamgefühle vervielfachten sich durch die Tatsache, daß er sich um so besser fühlte, je schlechter es ihr ging.

Als zusätzliche Station in dieser Spirale können wir zwischen dem Schmerz (Mangel an Selbstachtung) und dem Suchtmittel (Betäubungsmittel) die Verleugnung einfügen. Besonders dann, wenn die Konsequenzen für einen unbefangenen Beobachter so offensichtlich sind, müssen der Süchtige und der Kodependente, um von der Schmerzstation wieder den Schritt zum Suchtmittel zu gehen, leugnen, daß sie das Mittel mißbrauchen; sie müssen die Schwere der Konsequenzen verleugnen und vielleicht auch leugnen, daß das Suchtmittel oder zwanghafte Verhalten süchtig macht. Wir kennen alle den Trinker, der nicht zugeben will, daß er zuviel trinkt, oder den Raucher, der das Gesundheitsrisiko abstreitet. Dieses Problem erstreckt sich auf das ganze Spektrum der Suchtmittel. Howard mußte notwendigerweise innerlich leugnen, daß er seiner Frau weh tun wollte. Schon der Gedanke wäre für jeden zivilisierten Menschen abstoßend. Er hatte sich bereits sein Leben lang daran gewöhnt, den Schmerz aus seiner Ursprungsfamilie zu leugnen. Das einzige, was er nicht leugnete, war die Schwere der Sucht seiner Frau, denn seine Rechtfertigung und Schmerzlinderung hing vom Fortbestand ihrer Krankheit ab.

Die Konsequenzen reichen viel weiter als nur bis zu einem Kater oder einem Ehepartner, der sich vernachlässigt fühlt. Sie können körperlicher Art sein, etwa wenn durch das Rauchen Lungenkrebs entsteht oder Alkohol zu einer Leberzirrhose führt. Gewiß können sie auch geistlicher Art sein, wenn etwa Gott geleugnet, vernachlässigt oder mißbraucht wird. Soziale Konsequenzen entstehen zwangsläufig.

Im Nordwesten der Vereinigten Staaten gibt es eine Rehabilitationsklinik, die eine Serie von Fernseh- und Radiospots veröffentlicht, in denen die sozialen Störungen, die durch Sucht entstehen, dargestellt werden. In einem der Spots betrachtet ein Mann mißmutig seinen Kotflügel, der bei einem Unfall verbeult wurde, als er einen ‚Blackout‘ hatte, und sein Nachbar erzählt ihm von der Klinik. In anderen konfrontieren Ehefrauen ihre reuigen Männer mit dem, was am Abend zuvor geschah, und bitten sie, sich in Behandlung zu begeben. Diese Spots tun ihren Dienst, weil derartige Situationen so verbreitet und vertraut sind.

Die emotionalen Konsequenzen für den Süchtigen selbst sind natürlich niederschmetternd. Doch manche Wissenschaftler schätzen, daß die emotionale Ausstrahlung der Sucht eines Menschen mindestens noch vier andere in Mitleidenschaft zieht.

Eine weitere Station läßt sich zwischen den Konsequenzen und dem Beginn des nächsten Kreislaufs von Schmerz/Verleugnung/Betäubung einfügen, und das ist die Scham. Viele

Lebensberater sind heute der Ansicht, daß die meisten Süchte auf Schamgefühlen basieren. Der rationale Verstand nimmt die gerade geschilderten Konsequenzen wahr. Doch hinter ihnen liegen Schuld- und Schamgefühle über eine Gier, die außer Kontrolle geraten ist. „Ich trete, so schnell ich kann, im Rückwärtsgang in die Pedale, aber dieser Kreislauf trägt mich immer noch dahin, wohin ich nicht will. Ich habe verloren. Wenn ich stärker wäre, wenn ich nicht so wertlos wäre, dann könnte ich diese Gier beherrschen – Maß halten. Es ist meine Schuld, und ich bin offensichtlich zu selbstsüchtig und faul, um mich zusammenzureißen."

Die Schamgefühle von Howard Weiss kamen aus verschiedenen Richtungen. Da war zunächst die sozial geächtete Krankheit seiner Frau, die immer schlimmer wurde. Selbst wenn sie seiner unbewußten Überzeugung entgegenkam, daß Frauen nur Verachtung verdienten, erfüllte der Anblick ihn mit Scham. Die öffentliche Meinung tat ein übriges, um das Aufflackern dieser Scham anzufachen. Ihre Sucht war außer Kontrolle, genau wie seine eigene. Und in seinem Unterbewußtsein, wo sich das wahre Bild entfaltete, spielte sich etwas ab, wofür er sich in Grund und Boden schämte. Wie konnte ein *echter* Mann sich so verhalten?!

Schließlich vermischen sich die Schuld- und Schamgefühle mit dem ursprünglichen Schmerz, bis sie buchstäblich nicht mehr voneinander zu unterscheiden sind. Wir haben in dieser Illustration einen separaten Punkt daraus gemacht, weil es sich um eine Schmerzursache handelt, die durch die Konsequenzen hervorgerufen wird und von dem ursprünglichen Schmerz unabhängig ist. Die Schuld- und Schamgefühle müssen auf die richtige Art gelindert werden – sie dürfen nicht übergangen, in den Mittelpunkt gestellt oder beiseite gefegt werden –, wenn der Genesungsprozeß sein Ziel erreichen soll.

In der Frühzeit des Fernsehens füllten die Programmgestalter besonders am Wochenende viele leere Stunden mit alten Cowboyfilmen aus. Mit *sehr* alten Cowboyfilmen. Die billigen Streifen, mit denen John Wayne seine Laufbahn begann ... oder *Der einsame Reiter* ... oder die frühen Wyatt-Earp-Filme. In jedem dieser Filme waren Postkutschen zu sehen, die durch die offene Wüste ratterten. Und wegen des Stroboskop-Effektes bei Aufnahmen mit vierundzwanzig Bildern pro Sekunde sah es so aus, als würden sich die Postkutschenräder rückwärts drehen. Ist Ihnen das je aufgefallen?

Die tieferen Probleme eines Kodependenten wirken ganz ähnlich wie solche Postkutschenräder. Durch die Verleugnung scheint sich der Kodependente in die entgegengesetzte Richtung zu bewegen. Und zwei Räder, die gleichzeitig rollen, kommen der Realität auch näher als nur ein Rad.

In der Beratung stellen wir oft die tieferliegenden Probleme eines Kodependenten durch zwei Kreise dar. Der erste Kreis wird durch den Schmerz aus der Ursprungsfamilie erzeugt – durch die Mißhandlungen, die zum Verlust der Kindheit führten. Während dieser Schmerz die Spirale durchläuft und anschwillt wie der Schneeball auf dem Hügel, kann er so schwer werden, daß er einen zweiten Suchtkreislauf auslöst, so wie ein Schneeball in zwei Teile brechen kann. Beide rollen nun unaufhaltsam abwärts und sammeln gemeinsam mehr Gewicht an, als es einer allein täte. Der Kodependente ist nun durch zwei zwanghafte Verhaltensweisen oder Süchte versklavt.

Vor ungefähr zehn Jahren schrieben Stanton Peele und Archie Brodsky ein bahnbrechendes Werk mit dem Titel *Love and Addiction* (Liebe und Sucht). Darin wurde die Vorstellung von romantischer Liebe mit Heroinsucht verglichen. Unter anderem wiesen die Autoren darauf hin, daß eine Sucht auf ihrem Höhepunkt Ähnlichkeit mit dem Schmerz der Leidenschaft habe und der Entzug des Heroins Parallelen zur Trennung zweier Liebender aufweise.

Tatsächlich haben auch wir festgestellt, daß eine besonders intensive persönliche Beziehung dem Muster des Suchtkreislaufs entspricht. In diesem Fall sieht der Kreislauf etwa so aus: Der Schmerz könnte durch Selbstzweifel oder das Gefühl der Unzulänglichkeit ausgelöst werden – das Gefühl, nur ein halber Mensch zu sein, wenn Sie so wollen. Das führt zum Suchtmittel, nämlich einer übersteigerten Bindung an eine Bezugsperson. Die Konsequenz ist eine Beziehung, die für beide Partner instabil und erdrückend ist. Wenn Sie eine Bezugsperson mit Ihren Gefühlen erdrücken, dann wird deren natürliche, instinktive Reaktion darin bestehen, Sie abzuschütteln. Es ist fast so, als hielten Sie beide sich gegenseitig unter Wasser. Die Beziehung wird zu einer Serie von Explosionen, weil jeder der beiden Partner nach Raum zum Atmen ringt.

All diese schmerzhaften Auswirkungen – die Instabilität und das Unbehagen der Beziehung – münden wieder in die niedrige Selbstachtung und den Selbstzweifel ein, die ursprünglich die übersteigerte Bindung auslösten. Als einziger Ausweg erscheint eine noch tiefere Verstrickung, indem man sich so eng an die Bezugsperson klammert, daß es zu diesen Explosionen nicht kommt. Schon bald ist der Kreislauf in vollem Gange, und beide Partner treten in die Pedale, so schnell sie können.

Den Kreislauf durchbrechen

Der Suchtkreislauf ist so bösartig, daß man ihn nur durchbrechen kann, wenn man an mehreren Stellen gleichzeitig eingreift. Unserer Erfahrung nach liegt ein Hauptgrund dafür, daß Menschen ihren Suchtkreislauf nicht zu durchbrechen vermögen, darin, daß sie ihn nur an einer oder zwei Stellen angreifen. Ein Beispiel ist der Alkoholiker, der seinen Schnaps aufgibt. Immer wieder. Weil er sich nicht mit den anderen Elementen seiner Sucht auseinandergesetzt hat – mit dem Schmerz, den Konsequenzen, den Schuldgefühlen –, ist er fast mit Sicherheit dazu verdammt, wieder in die Abwärtsspirale zurückzufallen. Der zehnstufige Wiederherstellungsprozeß, den wir hier in der Klinik einsetzen, zielt auf eine sehr breite Angriffsfläche, denn wir wissen, daß wir an jedem Punkt des Kreislaufs eingreifen müssen.

Für die Jordans bedeutete Wiederherstellung nicht nur, daß sie lernten, einander zuzuhören. Damit hätten sie nur das Symptom ihres Problems in Angriff genommen, den oberflächlichsten Aspekt. Wir halfen ihnen, die Kernprobleme zu verarbeiten – ihren Schmerz aus der Ursprungsfamilie, die Konsequenzen ihrer lange währenden „selektiven Taubheit", die Schamgefühle, die eine unglückliche Ehe mit sich brachte.

Das „Zwölf-Schritte"-Programm der Anonymen Alkoholiker greift den Suchtkreislauf an mehreren Punkten an. Die Schritte vier und fünf zum Beispiel, die eine moralische Inventur beinhalten, zeigen einen konkreten Weg zur Bewältigung von Schuld- und Schamgefühlen auf. Die Schritte acht und neun weisen auf praktische Möglichkeiten hin, sich mit Personen zu versöhnen, die man verletzt hat.

Konsequenzen wie verlorene Arbeitsstellen, erkaltete Liebe, beschädigtes Eigentum oder verletzte Gefühle erfordern mehrere Schritte zur Heilung. Das Suchtverhalten selbst muß gestoppt oder zumindest soweit gebremst werden, daß nicht ständig neue Konsequenzen hinzukommen. Als nächstes macht die betroffene Person eine ehrliche Inventur all der verschiedenen Folgen ihrer Sucht. Dadurch werden zwei Ziele erreicht: Die Verleugnung wird durchbrochen, indem der Schaden und die Kosten der Sucht endlich ans Licht gebracht werden. Und diese Liste bietet konkrete, einzelne Gründe zum Trauern. Tiefe Trauer reinigt. Wenn das nicht geschieht und die Liste somit nicht zu den Akten der Vergangenheit gelegt wird, treten diese Verluste an der Station des Schmerzes von neuem in den Kreislauf ein. Wird der Schmerz schlimm genug, so besteht die Gefahr, daß die Person wieder in ihre Sucht zurückfällt.

Cathy Lelands Arbeitssucht bedrohte ihre Ehe schon, als sie noch verlobt war. Wie haben wir ihr geholfen? Ihren neueren Schmerz, das Gefühl der Nutzlosigkeit, konnten wir durch die Beratung etwas lindern. Der tiefe Schmerz ihres leeren Liebestanks erforderte viel Zeit und Arbeit, um zu heilen. Wir unterbrachen ihren Kreislauf an der Suchtmittel-

Station, indem wir ihr eine stark reduzierte Arbeitsbelastung empfahlen. Ein großer Teil ihrer Schuldgefühle rührte daher, daß sie sich zuwenig Zeit für Gott und für ihren unglücklichen Ehemann nahm. Das konnte sie eindämmen, indem sie für beide bewußt Zeit einplante. Allmählich gewann sie auch in Bereichen außerhalb ihres Arbeitsplatzes das Gefühl, etwas erreicht zu haben – in ihrer Ehe, in ihrer Beziehung zu Gott, selbst in der Aquarellmalerei, der sie sich zuwandte, um ihre Interessen zu erweitern und sich von ihrer Sucht abzulenken.

Mittlerweile ist sie in einem Stadium, in dem es um die Sicherung des Heilungserfolgs geht. Jetzt muß sie nur noch darauf achten, daß sie nicht süchtig nach Aquarellfarben wird!

Wie steht es mit Ihnen?

„Jeder ist nach irgend etwas süchtig", sagen manche.

„Was ist dann so schlimm an meiner Sucht?" sagen andere.

Eine Menge Eltern würden sich wünschen, ihre Kinder hätten die gleiche Sucht wie Cathy Leland – zumindest in ausreichendem Maß, um den Müll hinauszubringen und den Rasen zu mähen. Wenn Sie buchstäblich nicht ohne diesen Sechserpack Bier, diesen Joint, diese Freizeitdroge oder diesen Cocktail leben können, dann wissen Sie bereits, daß Sie ein Problem haben. Nun denken Sie darüber nach, was es noch gibt, ohne das Sie nicht leben können. Wo suchen Sie immer wieder Ihre Zuflucht? Macht irgendeines der folgenden verdeckten Mittel, die alle süchtig machen können, Ihnen Probleme?

Ihre Kreditkarte. Haben Sie regelmäßig hohe Belastungen in der Nähe Ihres Kreditlimits? Mußten Sie um Erhöhung Ihres Limits bitten? Betrachten Sie Ihren letzten Auszug, als ob er jemandem anderes gehörte. Gleitet Ihnen das Geldausgeben aus der Hand?

Ihr Beruf. Machen Ihre Überstunden (ob vergütet oder

nicht) ein Viertel der regulären Arbeitszeit oder mehr aus – machen Sie also zum Beispiel zehn Überstunden oder mehr bei einer Vierzig-Stunden-Woche oder fünf Überstunden bei einer Zwanzig-Stunden-Woche? Haben Sie sich diesen Job ausgesucht, weil die Zahl der Überstunden dort unbegrenzt ist und Sie soviel arbeiten können, wie Sie wollen? Bringen Sie an drei von fünf Abenden oder häufiger dringende Arbeit für jeweils mindestens eine Stunde mit nach Hause?

Blicken Sie auf die letzten fünf Gelegenheiten zurück, bei denen Sie entscheiden mußten, ob Sie eine bestimmte Zeitspanne mit Arbeit oder mit etwas anderem verbringen. Haben Sie der Arbeit dreimal oder öfter den Vorzug gegeben? Stellen Sie sich vor, Sie würden innerhalb der nächsten fünf Jahre das Rentenalter erreichen; würden Sie erwägen, es hinauszuschieben? Bejahende Antworten deuten darauf hin, daß Ihre Arbeitsgewohnheiten außer Kontrolle sind.

Befassen Sie sich mit heimlichen Aktivitäten, über die Freunde, denen Sie Achtung entgegenbringen, entsetzt wären? Unwiderstehliches Verlangen nach Nacktmagazinen, erotischen Videos, Kinderpornographie, blutigen Horrorfilmen und -magazinen, den Diensten von Prostituierten oder strafbaren Aktivitäten sind nur einige der Möglichkeiten. Sexuelle Süchte heimsen auf Komödienbühnen jede Menge Lacherfolge ein. Aber lustig sind sie keineswegs.

Suchen Sie mindestens zweimal am Tag ohne besonderen Grund den Kontakt zu Ihrer Bezugsperson – der wichtigsten Person in Ihrem Leben (also Kontakt, der nicht durch Arbeit, normale Familienangelegenheiten, unvorhergesehene Ereignisse, Terminabsprachen und dergleichen bedingt ist)? Haben Sie beide sich in den letzten sieben Tagen mehr als einmal gestritten? Mehr als dreimal? Empfinden Sie Angstsymptome, wenn Sie eine Woche oder länger keinen Kontakt zu Ihrer Bezugsperson haben? Wie ist es bei einer dreitägigen Trennung? Hat sich Ihre Bezugsperson jemals einen weniger häufigen Kontakt, mehr „Platz" oder Raum zum Atmen oder die Freiheit, sich mit anderen zu treffen oder anderen Interessen ohne Sie nachzugehen, ausgebeten? Wenn Ihre

Bezugsperson heute abend sterben würde, wie würden Sie in den folgenden achtundvierzig Stunden darauf reagieren? Die Grenze zwischen einer normalen, gesunden Bindung und einer suchtartig übersteigerten Bindung ist schwer zu erkennen und noch schwerer zu definieren. Beleuchten Sie Ihre Beziehung zu Ihrer Bezugsperson mit einem kalten, harten Scheinwerfer. Seien Sie so ehrlich wie möglich. Wie tief sind Sie verstrickt?

Durchforschen Sie Ihr Leben sorgfältig nach der versteckten Gegenwart von Suchtmitteln wie den folgenden: Wutausbrüche; wiederholte plastische Operationen; Glücksspiel; Hingabe an eine Organisation oder Sache; Fernsehen; Computerspiele und -programme; Spiele, die in Ihrem Fall nicht den Charakter des Glücksspiels haben, wie etwa Karten- oder Brettspiele; sportliche Aktivitäten wie Golf, Jogging, Gymnastik und Fitness-Programme.

Viele Menschen sind nach mehr als einem Mittel süchtig. Selbst, wenn Sie bereits wissen, daß Sie ein Problem haben, kann es sein, daß das noch nicht das ganze Problem ist. Es kann noch andere, weniger offensichtliche Elemente geben, die Sie ebenfalls auf der Spirale des Schmerzes und der Verzweiflung nach unten ziehen. Nachdem Sie Ihre möglichen Suchtmittel durchgegangen sind, stellen Sie sich einen Moment lang vor, Sie wären im Suchtkreislauf gefangen. Was glauben Sie, welche Konsequenzen Ihre vermutliche Sucht begleiten? An welche Ursachen für Ihren Schmerz erinnern Sie sich? Zeichnen Sie einen oder zwei Kreise für sich persönlich und beschriften Sie die Stationen auf der Kreislinie.

Eine Warnung

Wenn Sie von einer Droge abhängig sind, sollten Sie sich während des Entzugs unbedingt ärztlich überwachen lassen. Bei gewissen Chemikalien wie etwa manchen Beruhigungsmitteln und selbst Alkohol kann ein sofortiger Entzug ohne ärztliche Betreuung tödlich sein. Wenn Sie also von einer

114

chemischen Substanz abhängig sind und aus dem Suchtkreislauf ausbrechen wollen, *müssen* Sie sich von Ihrem Arzt, in einem Krankenhaus oder in einer speziellen Einrichtung für Suchtkranke sorgfältig überwachen lassen.

Bei der Erörterung der Ursachen und Wirkungen der Kodependenz haben wir Sie in diesem Buch bisher ermutigt, Ihre eigenen Gefühle und Erinnerungen zu erforschen. Vielleicht war das für Sie eine völlig neue Erfahrung; vielleicht sind Sie aber auch schon ein alter Hase auf dem Gebiet der Innenschau. In jedem Fall haben wir Sie aufgefordert, Ihre Vergangenheit zu beleuchten, um sie überprüfen zu können. Wir sind mit den Schlittschuhen am Rande des Teiches entlanggeglitten, haben das Eis geprüft, uns an das Gefühl gewöhnt und mögliche Ursachen für unsere persönliche Situation in Betracht gezogen.

Von jetzt an wird das Gelände jedoch viel unwegsamer. Wir werden Sie bitten, sich mit Gefühlen und Triebkräften auseinanderzusetzen, mit denen Sie sich nicht auseinandersetzen wollen. Kurz, wenn wir jetzt auf die Mechanik der Kodependenz und dann auf die Lösungsmöglichkeiten eingehen, werden wir die Dinge direkter beim Namen nennen. Wenn Sie dabei an einen Punkt kommen, wo Ihnen die Sache zu schmerzhaft wird, wo allmählich Probleme zum Vorschein kommen, mit denen Sie nicht fertig werden, so bitten wir Sie dringend, sich um jeden Preis um fachkundige Beratung zu bemühen. Gehen Sie *nicht* das Risiko ein, Probleme allein lösen zu wollen, die zu groß für Sie sind. Tun Sie alles, was notwendig ist.

Das Elend der Kodependenz muß Ihnen nicht Ihr ganzes Lebensglück rauben. Es muß nicht sein, daß Sie diese Not unfreiwillig an Ihre Kinder und an Ihre Angehörigen weitergeben. Jetzt ist die Gelegenheit, diesem Elend ein Ende zu machen. Sie können Glück anstreben und es ergreifen. Sie können das Elend zurückweisen und sich statt dessen für die Liebe entscheiden. Doch bevor diese tiefen Wunden aufgedeckt und geheilt werden können, werden Sie manches Schmerzhafte durchstehen müssen. Ihre Beziehungen müssen ans Licht gebracht und geprüft werden, und das wird Ihnen sehr schwerfallen.

Der erste und auch weiter erforderliche Schritt ist die Innenschau. Der nächste besteht darin, die Mechanik zu verstehen, die in Ihrem Inneren abläuft. Dann kommt der Marsch zur echten Heilung. Das Licht am Ende des Tunnels wird mit Sicherheit Sonnenlicht sein und kein nahender Zug!

Verleugnung

Gloria Reiners Ehemann Gary war etwas Besonderes. Das sagte er ihr auch. Weil er so ein extrem empfindsamer Mensch sei, meinte er, brauche er die enge Gemeinschaft mit Frauen ebenso wie mit Männern. Und sie schloß ihre grauen Augen und glaubte ihm. Mit ihrem bewußten Verstand. Wenn Verärgerung und Eifersucht in ihr aufwallten, unterdrückte sie sie standhaft. „Es tut mir leid, Liebling. Du hast recht – es ist falsch von mir, so zornig und besitzergreifend zu sein. Du bist einfach der Mann, der du sein mußt." Und er säuselte: „Eifersucht liegt, wie die Schönheit, im Auge des Betrachters. Denk an Titus 1,15: ‚Den Reinen ist alles rein.' Halte dich rein, indem du an reinen Gedanken festhältst." Eifersucht ist falsch. *Laßt die Sonne nicht über eurem Zorn untergehen.*

Die Reiners gehörten zu einer sehr starren, gesetzlichen Gemeinde. Ihr strenger Gemeindehintergrund und ihre Erziehung zu Freundlichkeit und Höflichkeit verlangten von Gloria, ihre Gefühle am kurzen Zügel zu halten. Da sie zudem eine überzeugte Perfektionistin war, beschloß sie, es vollkommen zu tun, wie alles andere auch. Und sie wurde wirklich recht gut darin; er gab ihr reichlich Gelegenheit zum Üben.

Irgendwann brach Gloria schließlich zusammen. Es wurde ihr zuviel. Eine tiefe Depression führte sie in unsere Klinik, mehrere hundert Meilen von ihrem Zuhause entfernt.

Als sie etwa eine Woche hier war, rief sie Gary an, nur um zu hören, wie er zurechtkam. Eine Frau aus ihrer Gemeinde ging ans Telefon.

Wie im Reflex flammte Glorias Zorn auf. Ebenso reflexartig unterdrückte sie ihn wieder. „Nein. Ich muß Verständnis für Gary haben. Ich muß Vernunft bewahren. Er würde nie etwas Falsches tun. Mein Zorn ist vollkommen unangebracht."

Sie rezitierte die Litanei immer wieder.

Wie sollten wir Gloria davon überzeugen, daß ihr Zorn nicht nur natürlich und verständlich, sondern auch berechtigt war? Ob Gary sie nun tatsächlich betrog oder nicht, er mißachtete die Bedürfnisse seiner Frau und trieb sie rücksichtslos in eine sehr schmerzhafte Klemme. Unsere erste Maßnahme war, sie an der Gruppentherapie in der Klinik teilnehmen zu lassen.

Eine der wichtigsten Funktionen einer Therapiegruppe ist es, dem Patienten eine Ersatzfamilie zu bieten. Diese „Familie" hat ihren Anteil am Heilungsprozeß, indem sie teilweise die gestörte Ursprungsfamilie ersetzt, in der die Kodependenz entstand. Die Gruppe wird für das verlorene Kind in jedem einzelnen Teilnehmer zu einem fürsorglichen und stärkenden Kreis. Und ein großer Vorteil der Therapiegruppe ist es, daß ihre Mitglieder zwar vielleicht Schwierigkeiten haben, ihre eigenen Probleme zu erkennen, aber für die Probleme anderer einen scharfen Blick haben.

Es ist so ähnlich wie in der Geschichte von den beiden Fischen, die durchs Meer schwimmen. Sie untersuchen Wracks, erforschen Seetangwälder, schwimmen durch Höhen und Tiefen. Schließlich fragt einer der Fische: „Wonach suchen wir eigentlich?" Der andere antwortet: „Ich habe gehört, hier unten gibt es irgendwo Wasser."

Ein Kodependenter kann sieben Faden tief in der Kodependenz stecken. Alle anderen Beobachter sehen, was mit ihm los ist. Der Leidende selbst erkennt es nicht.

Joe, ein Mann, der unter Eß- und Verschwendungszwang litt, war einer der lebhaftesten Teilnehmer in der Gruppe. Kichernd sagte er: „Gloria, Liebes, du verleugnest nicht nur, du verleugnest auch deine Verleugnung."

„Das stimmt nicht!" Schon hatte sie eine weitere Schicht Verleugnung aufgelegt.

Mit Joe an der Spitze trat die Gruppe Gloria immer wieder

entgegen, schlug ein Leck in ihre Rüstung und brachte sie soweit, sich über irgendeinen Punkt bewußt zu werden. Doch am nächsten Tag war sie wieder genau da, wo sie angefangen hatte. „Es liegt nicht an Gary; es liegt an mir. Ich darf solche Gefühle nicht zulassen." Was für eine bösartige, intensive, erschreckend übermächtige Dynamik doch in der Verleugnung liegt! Denken Sie an den Suchtkreislauf. Ein neutraler Beobachter sieht klar und kann zu dem Süchtigen sagen: „Warum tust du dir das selber an, wo doch die Konsequenzen so offensichtlich sind?" Die Antwort ist Verleugnung. Die einzige Möglichkeit für eine Süchtige (wir reden der Einfachheit halber von einer Frau, aber diese Dinge gelten für Männer ganz genauso), in ihrer Sucht zu verharren, liegt darin, irgendwie ihre Verleugnung aufrechtzuerhalten.

Sie erklärt einfach die Dinge für besser oder weniger schädlich, als sie wirklich sind – auf diese Weise reduziert sie durch Wunschdenken die Konsequenzen auf ein erträgliches Maß oder gar auf Null. Wenn sie diese Verleugnung auch nur für einen kurzen Moment durchbricht, zeigt sich der Suchtkreislauf als das, was er ist.

Dieses Konzept hat für eine Kodependente noch mehr Bedeutung als für einen Abhängigen. Ein Abhängiger hat es mit seiner Sucht oder Störung zu tun; die Kodependente muß sich sowohl mit seinem Problem als auch mit ihrem eigenen auseinandersetzen. „Sein Problem ist nicht so schlimm, wie es aussieht. Es wird sich schon bessern. Ich selbst habe kein Problem."

Kodependente, die in einer gestörten Familie aufwachsen, lernen schon sehr früh, Verleugnung effektiv einzusetzen. Claudia Black, eine Pionierin und führende Expertin auf dem Gebiet der Kodependenz, gibt dafür ein einprägsames Beispiel. Sie war noch sehr klein – vielleicht drei Jahre alt –, als sie eines Morgens aufwachte und ihren betrunkenen Vater bewußtlos im Vorgarten liegen sah. Erschrocken rannte sie zu ihrer Mutter: „Mutti! Papa liegt da draußen! Ihm ist etwas passiert!"

Ruhig antwortete die Mutter: „Nein, Liebes, ihm ist nichts passiert. Papa macht nur Camping."

Claudia erinnert sich deutlich daran, wie sie in ihrem zarten Alter nickte und zustimmte: „Papa macht nur Camping." So lernte sie schon als kleines Mädchen, ein erschreckendes Stück Wirklichkeit wahrzunehmen, die Wirklichkeit zu leugnen, in ihr Gegenteil zu verkehren und zu sagen: „Nein, die Dinge sind nicht so schmerzhaft und beängstigend, wie sie scheinen. In Wirklichkeit ist irgendwie alles in Ordnung."

Das gleiche sagte Gloria Reiner, selbst dann noch, als sie wegen akuter Depressionen in eine Klinik eingewiesen worden war.

Intervention

Die Technik der Intervention wird manchmal benutzt, um einem Süchtigen die Realität seiner Sucht bewußt zu machen. Wie schon erwähnt, werden bei dieser Methode Personen, die dem Süchtigen nahestehen, darin unterwiesen, wie sie sich verhalten sollen, wenn sie sich alle auf einmal an seiner Tür versammeln, um ihn mit den Tatsachen seines Problems zu konfrontieren. Dabei geht es nicht um Verurteilung oder Mißbilligung, sondern ausschließlich um die Fakten. Die Gruppe setzt sich gemeinsam vor den Betroffenen und nennt ihm die Daten und Orte konkreter Ereignisse – alles mit dem Ziel, die massive Mauer der Verleugnung zu durchbrechen. Immer, wenn eine Intervention vorgenommen wird, ist die Verleugnung das größte einzelne Hindernis.

Eine Intervention geht folgendermaßen vor sich: Menschen, die der Betroffene kennt und denen er vertraut, bombardieren ihn mit Fakten, um einen Keil der Erkenntnis in die Mauer zu treiben, und sei es auch nur für einen kurzen Moment. Wir vergleichen es mit dem Öffnen eines Fensters, das den Blick auf die Möglichkeiten frei macht. Manchmal kann eine extrem negative Erfahrung wie der Verlust einer Arbeitsstelle, ein Unfall mit Totalschaden oder die Verletzung einer anderen Person das Fenster für kurze Zeit aufstoßen und für einige Stunden oder bestenfalls einige Tage die Möglichkeit bieten, den Süchtigen zu erreichen. Doch das Fenster wird sich schnell wieder schließen – die Schutzmembran der Verleugnung wird sich wieder fest darüberlegen. Darum haben wir gelernt, schnell zu reagieren, wenn es im Leben des Süchtigen zu einer Krise kommt.

Sie werden sich erinnern, daß die magersüchtige Schwesternschülerin Louise, die wir in einem früheren Kapitel kennengelernt haben, eine andere Form von Intervention erfuhr. Ihre Schulschwester stellte ihr ein endgültiges Ultimatum: „Entweder Behandlung oder Verlust der Ausbildungsstelle." Da ihre Ausbildungstelle für sie ein wichtiges Mittel war, um Lob und Anerkennung zu bekommen, funktionierte das. Viele große Firmen erkennen allmählich, daß diese Art der Intervention entscheidende Vorteile hat gegenüber der alten Praxis, Alkoholiker einfach zu entlassen.

Wir stellen oft fest, daß ein entscheidendes Hindernis für eine rechtzeitige Intervention der Kodependente des Süchtigen sein kann, wie Sie es auch im Fall von Howard Weiss im vorigen Kapitel gesehen haben.

Warum? Der Einfallsreichtum Kodependenter mit ihrem Wunschdenken kennt keine Grenzen. Wie Gloria Reiner benutzte Howard Weiss die Verleugnung, um den Schmerz von sich fernzuhalten – für beide war die Wahrheit zu niederschmetternd, um sich damit auseinanderzusetzen. Wenn die Verleugnung gut aufrechterhalten wird, so scheint sie den Betroffenen eine freundlichere Zukunft zu versprechen.

Da sie von einem abhängigen Ehepartner kodependent waren – also süchtig nach der Sucht des Ehepartners –, gebrauchten beide die Verleugnung, um den Kreislauf der Ko-Sucht in Gang zu halten. Denken Sie daran, daß Kodependente sehr häufig nicht einfach nur auf einen abhängigen Ehepartner reagieren, sondern ihre Kodependenz bereits voll entwickelt mit in die Verbindung gebracht haben.

In diesen beiden Fällen war es zwar schmerzhaft, sich in diesem Kreislauf zu bewegen, aber es war auf eine irrationale Weise vertraut und tröstlich (noch einmal: Wir haben es hier nicht mit rationalem Denken zu tun). Solange sie in ihre Kreisläufe verstrickt waren, konnten sich Gloria und Howard eine weniger schmerzhafte Existenz außerhalb dieser Spirale nicht vorstellen. Obwohl eine Intervention Glorias Mann und Howards Frau hätte helfen können, war für die beiden als Kodependente keine solche Maßnahme verfügbar, es sei denn in einer Gruppentherapie. („Gloria mit einer Intervention konfrontieren? Aber sie ist doch nicht diejenige, die so etwas nötig hat!"). Obwohl sie eine geringere Chance hatten, daß man ihnen ein Fenster öffnete, waren ihre Suchtkreisläufe ebenso mächtig und destruktiv wie die ihrer Partner.

Ein anderer Aspekt des Wunschdenkens ist, daß Kodependente Meister darin sind, sich selbst unbewußt einzureden, sie seien für alles und jedes verantwortlich, was irgend jemandem geschieht. Tief im Innern glaubte Gloria, (a) sie sei auf irgendeine Weise für das anomale Verhalten ihres Mannes verantwortlich; (b) alles wäre anders, wenn sie nur eine bessere Ehefrau/Geliebte oder überhaupt ein besserer Mensch wäre; und (c) sie verdiene es, bestraft zu werden, weil sie die Verantwortung trug. Obwohl ein Kodependenter solche Gedanken fast niemals bewußt ausspricht, lauern sie sehr häufig unter der Oberfläche. Gloria setzte Verleugnung ein, um diese so vertraute wohlverdiente Bestrafung in Gang zu halten.

Verleugnung fällt Leuten leicht, die an Wunschdenken gewöhnt sind. Sie können die Verleugnung lagenweise aufeinanderschichten, um zu verhindern, daß irgend etwas diese Mauer durchbrechen kann.

Andere Formen der Verleugnung

Glauben Sie nicht, Verleugnung sei lediglich ein Faktor bei Abhängigkeit und Kodependenz; es ist nur so, daß Abhängige und Kodepente sie bis auf die Spitze der Unlogik treiben, wie sie es mit so vielen anderen Dingen auch tun. Die Verleugnung wird gewissermaßen selbst zu einem zwanghaften Verhalten. Auch Mediziner, die sich nicht mit Kodependenz befassen, stoßen immer wieder auf diese Erscheinung.

Eines der schwerwiegendsten Hindernisse für eine rechtzeitige Krebsbehandlung ist, daß so viele Menschen den Besuch beim Arzt vor sich herschieben, weil sie Angst haben, er könnte „etwas finden".

Ein klassischer Fall von Verleugnung betraf eine junge Frau namens Dolores, die nur für kurze Zeit in einem Krankenhaus in unserer Nähe behandelt wurde. Sie litt unter unklaren Symptomen, die sie nicht zu deuten wußte – sie fühlte sich einfach nicht auf der Höhe. Also führte ihr Internist eine Reihe von Untersuchungen durch.

„Ich habe gute Nachrichten für Sie, Miss Ramos", verkündete er. „Ihr Problem läßt sich leicht behandeln. Mit der richtigen Sorgfalt bei der Ernährung und einer leichten Medikation werden Sie ein uneingeschränktes und glückliches Leben führen. Sie haben Diabetes."

Dolores antwortete: „Sie sind ein Quacksalber."

Im Laufe des nächsten Jahres schoß Dolores von Arzt zu Arzt und suchte mindestens ein halbes Dutzend Internisten auf. Die Diagnose blieb immer die gleiche. Diabetes. Als Dolores Ramos nicht allzu lange danach starb, verzeichnete die Autopsie als Todesursache pflichtgemäß „Diabetes". Es hätte „Verleugnung" heißen müssen.

Unterordnung

Ein anderer Aspekt der Verleugnung und des Wunschdenkens, den wir erörtern müssen, ist die zusätzliche Dimension einer Unterordnung der Ehefrau. Kay Marshall Stroms ausgezeichnetes Buch *In the Name of Submission* (Im Namen der Unterordnung) spricht in klarer, knapper Sprache über eine der abstoßendsten Formen der Mißhandlung: die Gewalt gegen Ehefrauen. Ohne Kodependenz ausdrücklich zu erwähnen, legt die Autorin die Ursachen und Auswirkungen der Kodependenz, besonders auf die Kinder, in aller Klarheit dar.

Eine christliche Ehefrau wird belehrt, daß der Mann das Haupt seiner Frau ist, ebenso wie Christus das Haupt der Gemeinde ist. So weit, so gut. Es gibt keine bessere Grundlage für eine erfolgreiche Ehe als die der Heiligen Schrift, und ein Indianerstamm mit zwei Häuptlingen und ohne Indianer würde nicht lange funktionieren. Doch wenn ein Mann (dessen Vater statistisch gesehen wahrscheinlich ebenfalls seine Frau schlug) öffentlich für das Recht auf Mißhandlung in einer Beziehung eintreten wollte, könnte er jede Menge Belege aus der Bibel für seine Sache mißbrauchen.

Das ist nicht schwer. Er muß nur die Aussage des Paulus in 1. Korinther 7,4 – der Mann verfüge über den Leib der Frau – herausgreifen und den Rest dieses Verses ignorieren, der besagt, daß ebenso die Frau über den Leib des Mannes verfügt. In Vers 10 im selben Kapitel erklärt Paulus, daß die Frau sich nicht von ihrem Mann scheiden lassen soll. Doch wie wenige Frauen werden in der Seelsorge auch über den Rest desselben Verses aufgeklärt – *hat sie sich aber geschieden ...* Paulus ließ eine Möglichkeit für Extremfälle offen.

Frau Strom kommt zu dem richtigen Schluß, daß ein mißhandelnder Ehemann sich fast niemals ändern wird, ohne daß die Frau drastische Maßnahmen ergreift, um eine Veränderung zu erzwingen. Eine Trennung, verbunden mit dem Ultimatum „Ich kehre nur zurück, wenn du dich behandeln läßt", ist so ungefähr das einzige erfolgversprechende Mittel, der Mißhandlung zu entgehen, über das eine Frau verfügt. Werden auch die Kinder durch eine Beziehung, in der ein Ehemann seine Frau körperlich mißhandelt, in ihrer Entwicklung gestört? Unbedingt.

Die Ehefrau wird aufgefordert, sich ihrem Mann unterzuordnen (Epheser 5,22), doch kaum jemand achtet darauf, daß Paulus in Vers 21 genau dasselbe Wort benutzt hat, um jeden Christen zu gleicher Unterordnung unter jeden anderen aufzurufen. Auch die Ermahnung des Paulus in Epheser

5,25, daß Männer ihre Frauen lieben und sich für sie hingeben sollen, wird kaum jemand ernst nehmen, der seine Frau schlägt. Züchtigung? Der mißhandelnde Ehemann zitiert Hebräer 12,7, wo Gottes Züchtigung seiner Gläubigen gepriesen wird, und verdreht den Vers so, als ob daraus zu entnehmen sei, daß der Mann seine erwachsene Frau auf dieselbe Weise in Zucht halten solle, wie man vielleicht ein kleines Kind in Zucht hält oder wie Gott einen auf Abwege geratenen Christen an die Zügel nimmt.

Schließlich weiß jeder, daß es die höchste Pflicht einer Ehefrau ist, ihrem Mann zu gefallen (der Text in 1. Korinther 7,32-35, der so oft als Beweis dafür herangezogen wird, besagt ebenso ausdrücklich, daß der Mann seiner Frau gefallen soll). Eine Scheidung wird nicht nur als undenkbar hingestellt, sondern auch so interpretiert, als sei damit vor aller Welt offenbar geworden, daß die Ehefrau in ihrer Aufgabe versagt hat, dem Mann ein glückliches Heim zu bereiten. So binden konfessionelle Interpretationen und Traditionen in der Ehe, aber allzuoft besonders in der christlichen Ehe, die Frau an eine unheilige, von Angst und Schmerz geprägte Beziehung.

Wegen einer fehlgeleiteten Vorstellung von Unterordnung und ihrer starken Abneigung gegen Scheidung oder Trennung bleibt einer christlichen Ehefrau vielleicht kaum etwas anderes übrig, als sich in eine schreckliche Verleugnung zu flüchten. Wenn sie ihre eigene Last der Kodependenz schon mit sich trug, als sie die Verbindung einging (und das ist meistens der Fall, wie bei Beryl Mason, die sich immer wieder Schläger als Ehemänner aussuchte), wird die Verleugnung durch falsche Schuldgefühle und Wunschdenken ergänzt. Ein mißhandelnder Ehemann wird mit großer Wahrscheinlichkeit die Verantwortung für seine Taten seinem Opfer zuschieben.

„Dir ist doch klar, Liebling", sagt der Ehemann, „daß du mich dazu veranlaßt, diese Dinge zu tun. Du zwingst mich, dich zu schlagen." Und die kodependente Ehefrau glaubt es, denn Kodependente sind sicher, für die Gedanken und Taten anderer verantwortlich zu sein.

„Wenn du dich mir vollkommen unterordnen würdest, müßte ich dich nicht züchtigen." Und die kodependente Ehefrau glaubt es, denn als Kodependente, der es an einem gesunden Selbstverständnis mangelt, ist sie nur zu leicht bereit, sich für alles eine große, ungesunde Dosis Schuld in die Schuhe schieben zu lassen.

„Du treibst mich zum Trinken!" – und die Kodependente stimmt zu.

„Es ist dein Fehler!" – und die Kodependente fällt auf seine Argumente herein, wie fadenscheinig sie auch sein mögen.

Der Verleugnung mit Wahrheit begegnen

Bitte lesen Sie sich die folgenden Aussagen durch, denen wir in der Klinik häufig im Zusammenhang mit Verleugnung und Wunschdenken begegnen. Kommen Ihnen einige davon bekannt vor?

„Es ist nicht so schlimm, wie es aussieht."

Nein. Es ist fast mit Sicherheit noch schlimmer. Verleugnung läßt eine schlimme Situation gut und eine unerträgliche Situation hoffnungsvoll erscheinen.

„Ich veranlasse ihn/sie dazu, diese Dinge (Wutausbrüche, Trinken etc.) zu tun."

Es stimmt, daß in jeder Beziehung beide Partner zu einem Konflikt beitragen, aber was er/sie Sie glauben machen möchte, ist, daß Sie allein verantwortlich seien. Solange Sie sich ohne weiteres bereit erklären, die ganze Verantwortung zu übernehmen, kann der/die andere ohne Reue in der Sucht schwelgen. Sie fügen dieser Person furchtbaren Schaden zu, indem Sie sie nicht dazu bringen, die Verantwortung für ihre guten und schlechten Handlungen zu tragen.

„Wenn ich besser wäre oder mir mehr Mühe geben würde, wäre alles in Ordnung."

Statt zuviel Nachdruck darauf zu legen, es besser machen zu wollen, kann es der Beziehung tatsächlich gut tun, wenn Sie sich etwas zurückziehen, weil Sie auf diese Weise nicht mehr die ganze Verantwortung auf sich nehmen. Es gibt einen Punkt, an dem es nichts mehr bringt, sich mehr Mühe zu geben.

„Passen Sie nur auf; bald wird alles besser werden."

Es kommt zwar vor, daß Leute tatsächlich beschließen, sich zu ändern, aber hüten Sie sich vor Wunschdenken. In all den Jahren unserer Erfahrung haben wir nur äußerst selten erlebt, daß jemand sich spontan besserte. Und selbst wenn sich die andere Person bessert, bleiben immer noch die Probleme Ihrer eigenen Kodependenz, mit denen Sie sich befassen müssen.

„Es ist nur ein unbedeutendes Problem – ganz bestimmt keine Sucht!"

Es ist zwar richtig, daß jedes Problem in unterschiedlicher Stärke auftreten kann, aber wenn Ihr Leben oder das der anderen Person in irgendeiner Weise davon beherrscht wird, dann ist es eine Sucht. Fangen Sie an, sie zu bekämpfen. Und wenn es Sie körperlich angreift, ist es nur um so schlimmer.

„Bei mir ist alles in Ordnung; die andere Person ist es, die eine Behandlung braucht."

Wenn die andere Person ein Problem hat, dann sind Sie mitbetroffen. Punkt.

„Er/sie ist nun einmal so, da kann man nichts machen."

Wenn die andere Person sich mißhandelnd, kalt, gleichgültig oder grausam verhält, wenn diese Person Sie oder Ihre Kinder unglücklich macht, dann haben Sie die Pflicht, eine Veränderung einzuleiten.

„Mein Leben ist schon zu verpfuscht, um es noch in Ordnung zu bringen. Nichts kann mir helfen."

Petrus verleugnete den Herrn dreimal; David lud schwere Sünde auf sich. Doch beide fanden in die Gemeinschaft mit dem Herrn zurück. Diese Möglichkeit haben Sie auch.

„Wir machen auch allein Fortschritte. Wir brauchen keine Hilfe."

Wir können zwar bis zu einem gewissen Grad auch allein Fortschritte machen, aber von Zeit zu Zeit brauchen wir Hilfe von außen. Auch bei den besten Fortschritten macht man für zwei Schritte vorwärts einen Schritt zurück. Und dieser eine Rückschritt kann Ihre ganzen Fortschritte zunichte machen, wenn Sie nicht aktiv an der Bewältigung Ihrer Probleme arbeiten.

„Was immer mir geschieht, es ist Gottes Wille für mein Leben."

Wenn das so ist, warum dann noch beten? Und warum marschierte Josua sieben Tage lang um die Mauern von Jericho herum (Josua 6)? Warum badete Naeman im Jordan (2. Könige 5)? Warum soll man sich noch gesund ernähren und das Rauchen meiden? Ebensowenig ist Schicksalsgläubigkeit im eigenen Leben gefragt.

"Aber Sie verstehen meine Situation nicht", sagen Sie jetzt vielleicht. Oder: "Meine Situation ist ganz anders." Auch dies sind Aussagen der Verleugnung. Nichts ist wichtiger, als sich darüber klarzuwerden, daß die Verleugnung die stärkste und schädlichste Einstellung ist, die Sie jemals in sich selbst bekämpfen werden, und daß echte Heilung erst einsetzen kann, wenn die Verleugnung beseitigt ist.

Im Grunde ist Verleugnung das Gegenteil von Bekenntnis. Sie entsteht in den dunklen Windungen des Herzens, jenes Herzens, das „trügerisch ist ... mehr als alles, und unheilbar", wie Jeremia (Jeremia 17,9) in seiner Prophezeiung sagt.

Ihnen ist vielleicht nicht bewußt, wie dick und zahlreich Ihre eigenen Mauern der Verleugnung sind. Um sie zu durchbrechen, müssen Sie vielleicht einen engen Freund nach seiner Meinung fragen (Familienmitglieder sind normalerweise dadurch behindert, daß sie die gleichen Dinge verleugnen wie Sie selbst und deshalb in ihrer Wahrnehmung befangen sind). Welche Mittel Sie auch immer gebrauchen, Sie müssen Ihre Beziehungen und Ihren Zustand so sehen, wie sie sind, und nicht so, wie sie nach Ihrem Wunschdenken sein sollten. Erinnern Sie sich an die Position der Verleugnung in der Suchtspirale. Wenn diese Station auf der Kreislinie ausradiert ist, wenn Sie Ihre Verleugnung endgültig und wirksam aus dem Weg geräumt haben, werden Sie sich wahrscheinlich zunächst wünschen, sie wäre wieder da. Denn die Verleugnung schützte sie vor dem nächsten Schritt, der schmerzhaft sein kann, vielleicht bis zum Zerreißen, aber auch unendlich befreiend ist und zum Weg zur Heilung gehört.

Betrachten wir also als nächstes, welche Rolle der Zorn in diesem Zusammenhang spielt.

Zorn

Brad Darren hat leuchtend blaue Augen wie Paul Newman, einen Körper wie Harrison Ford, ein Lächeln, so strahlend und blendend wie ein Weihnachtsbaum, das jungenhafte gute Aussehen eines Robert Redford – und als ob das nicht genug wäre, gehört ihm auch noch ein zauberhaftes Apartment im dritten Stock eines wirklich eleganten Hauses. Joan Trask hat geheimnisvolle, braune Augen, einen Körper wie Jane Fonda, ein Lächeln, das einen alle Krisen der Dritten Welt und alle Atomwaffen vergessen läßt, eine elegante, natürliche Schönheit – und als ob das nicht genug wäre, hat sie auch noch ein restlos abbezahltes Haus in der begehrtesten Wohngegend der Stadt.

Als Brad und Joan sich begegneten, war es Liebe auf den ersten Blick. Sie hätten sofort heiraten können, wären sie sich nicht einig gewesen, aus Klugheit und gewissen finanziellen Überlegungen heraus noch zu warten. Keiner von beiden war dazu bereit, seine Freiheit aufzugeben. Beide erlebten gerade eine schnelle Karriere und wollten ihre Position festigen, bevor sie einen so lebensverändernden Schritt unternahmen.

Es war zu erwarten, daß die perfekte Beziehung dieser beiden perfekten Menschen ihre Höhen und Tiefen haben würde. Brads Eltern stritten sich ständig; dabei waren auch sie scheinbar vollkommen füreinander geschaffen gewesen. So ist nun einmal der Lauf der Dinge. Joan kannte das auch; ihr kokainsüchtiger Vater stritt unaufhörlich mit ihrer prüden, tugendhaften Mutter.

Als Versöhnungsgeschenk nach einer besonders niederschmetternden Auseinandersetzung präsentierte Joan Brad einen raffinierten Fahrrad-Heimtrainer mit den modernsten Digitalanzeigen, computergesteuerter Pulsfrequenzüberwachung und zusätzlicher Ruderfunktion. Er war begeistert, und er liebte sie dafür noch mehr. Er stellte das Gerät in ihrem geräumigen Haus auf, denn für sein kleines Apartment wäre es zu groß gewesen.

2. August. Nach einem heftigen Streit schworen sie, sich nie wieder unter die Augen zu kommen. Genug ist genug. Brad holte sein Trainingsrad aus Joans Haus ab und schleppte es zu sich nach Hause, alle drei Treppen hoch, weil es nicht in den Aufzug paßte.

5. August. In Reue aufgelöst, erschien Joan auf Brads Türschwelle und bat um Vergebung. Er gewährte sie ihr. Zusammen trugen sie das Trainingsrad die Treppe hinab und transportierten es quer durch die Stadt zurück in ihr Haus.

13. August. Brad ereiferte sich über eine mutmaßliche Beziehung von Joan zu einem Geschäftskollegen und explodierte. Sie stritten sich heftig. Er schnappte sein Fahrrad und hievte es zurück in seine Wohnung.

14. August. Brad kühlte sich ab und überlegte sich die Sache. Er rief Joan an und bat sie um Versöhnung. Sie vergab ihm. Er kam zum Abendessen zu ihr und brachte sein Fahrrad mit.

1. September. Erzürnt darüber, wie chauvinistisch Brad ihr Haus und ihr Leben in Besitz nahm, trat Joan ihm entgegen und verlangte mehr Raum zum Atmen. Sie stritten sich gewaltig. Joan setzte Brad nebst Fahrrad vor die Tür.

6. September. Versöhnung. Brads Trainingsrad hatte mittlerweile zwei Gummifüße verloren, und die Hebelgriffe für die Ruderfunktion wackelten ziemlich. Das wurde auch dadurch nicht besser, daß Brad und Joan es beim Transport zu Joans Haus auf der Treppe fallen ließen.

17. September. Brad schockierte seine Freunde mit dem Plan, sich einer kosmetischen Operation an Nase und Kinn zu unterziehen. Wie konnte er nur in einem so vollkommenen Gesicht einen Fehler entdecken? Nie um einen deftigen Ausdruck verlegen, informierte ihn Joan, er sei ein übermäßig selbstbekrittelnder Einfaltspinsel. Das verbeulte Trainingsrad – und Brad – wanderten zurück in das Apartment im dritten Stock.

So bizarr diese Situation auch erscheinen mag, Brad und Joan sind keine stereotypen Romanfiguren. Sie sind Patienten, deren Namen wir geändert haben, und wir als ihre Ärzte waren Zeugen der zahlreichen Hin- und Rückreisen des Trainingsrads. Wie schön wäre es, wenn wir berichten könnten, daß Brad und Joan durch die Therapie ein gewisses Maß an Frieden im Umgang miteinander erreicht hätten. Leider ist uns das nicht vergönnt. Beide halten solche Explosionen bei empfindsamen, unter starker Spannung stehenden jungen Geschäftsleuten für völlig normal, besonders angesichts der Tatsache, daß ihre Eltern vor ihnen (alle vier nach Meinung ihrer Kinder ebenfalls empfindsam und unter hoher Spannung) in ihren Liebesbeziehungen ähnliche Erfahrungen machten. Keiner von beiden erkennt, wie verheerend sich ihre unterschwellige intensive Wut und Feindseligkeit auswirken kann. Keiner will zugeben, daß die Explosionen immer gewaltsamer und intensiver werden.

Verborgener Zorn

In gewisser Hinsicht jedoch sind Brad und Joan glücklich dran. Ihr Zorn ist offensichtlich; sie bekennen sich offen dazu, auch wenn sie seine Macht abstreiten. Wir haben in der Minirth-Meier-Klinik festgestellt, daß sich in *jeder* kodependenten Beziehung auf beiden Seiten enormer Zorn anstaut. Und wenn er nicht erkannt und eingestanden wird, muß sich dieser Zorn auf die eine oder andere Art entladen. Er fügt dem emotionalen Leben des Patienten *immer* Schaden zu, und häufig seiner Gesundheit ebenfalls.

Wenn einer oder beide Partner in einer kodependenten Beziehung ihren Zorn verleugnen, verlagert er sich nach innen. Zorn äußert sich so häufig in Form von Depressionen, daß man stark vereinfachend und laienhaft sagen könnte: *Depressionen sind nach innen gewandter Zorn.* Zorn ist nicht die einzige Ursache für Depressionen, aber er ist eine der möglichen Ursachen, nach denen man zuerst Ausschau halten sollte.

Verdrängter Zorn kann sich auch auf andere Weise ausdrücken. Zum Beispiel kann er indirekt durch passiv-aggressive Reaktionen zum Vorschein kommen. Einige Beispiele: die super-perfektionistische Hausfrau, die regelmäßig die Hemden ihres Mannes versengt, obwohl sie zweifellos weiß, wie man bügelt. Oder der Ehemann, der beim Ölwechsel so heftig agiert, daß er sich jedesmal die Knöchel aufschlägt, wenn er mit dem Schraubenschlüssel abrutscht. Oder ein erwachsener Sohn, der zu Hause bei seiner besitzergreifenden Mutter wohnt und sich ständig am Rahmen der niedrigen Kellertür den Kopf stößt – seit elf Jahren. All dies sind Handlungen, die Ärger oder Schmerz verursachen. Der Zorn ist der betroffenen Person nicht bewußt, oder sie gesteht ihn sich nicht ein. Die unterbewußte Handlung bietet ein Ventil für den Schwall des Zorns, zum Druckablassen.

Eine weitere häufige Reaktion sind sexuelle Störungen. Eine ältere Frau in unserer Beratung gestand: „Wir haben seit zehn Jahren nicht mehr miteinander geschlafen. Ich liebe und achte meinen Mann – ich spreche nur einfach sexuell überhaupt nicht mehr auf ihn an. Ja, das ist wohl ein Problem, und ja, ich bin depressiv, aber Sie müssen verstehen, daß dahinter kein Zorn steckt."

Männer und Frauen, die Zorn durch Verleugnung unterdrücken, können häufig unter Angstanfällen leiden – unter Panik aus geringem oder keinem Anlaß. Auf welche Weise auch immer, irgendwie muß dieser übermächtige Zorn sich früher oder später Bahn brechen. Und das geschieht dann so gewaltsam, daß die Person einen solchen Panikanfall so beschreiben könnte: „Ich dachte, ich müßte sterben. Ich war so überwältigt von Angst und merkwürdigen Gefühlen, von denen ich bisher nicht einmal wußte, daß es sie gab."

Quellen des Zorns

Jeder ist von Zeit zu Zeit einmal zornig – das ist normal. Aber schwere Depressivität? Selbstzerstörerische Handlungen? Sexuelle Probleme? Angstanfälle? Woher könnte soviel ununterdrückbarer Zorn stammen? Wir erkennen mehrere Quellen extremen Zorns in kodependenten Beziehungen, die nicht durch die täglichen kleinen Ärgernisse entstehen, die wir alle erleben, sondern durch andere Faktoren.

Verlust der Kindheit

Sie werden sich erinnern, daß der Liebestank eines Kodependenten höchstwahrscheinlich nahezu leer ist, weil seine Eltern nicht in der Lage waren, ihn während seiner Kindheit und Jugend angemessen zu füllen. Fast immer trägt ein Kodependenter ein Reservoir an altem, unverarbeitetem Zorn in sich, ein tiefsitzendes Gefühl, durch das Scheitern der Ursprungsfamilie irgendwie betrogen worden zu sein. Dieser Verlust wird vielleicht nicht klar verstanden oder in Worte gefaßt, aber er steckt tief im Inneren. Wenn körperliche Mißhandlungen in der Jugend hinzukamen, vervielfacht sich der Zorn.

Mangel an Vollständigkeit

Eine zweite Quelle und ein Konzept, über das wir noch nicht gesprochen haben, ist das Gefühl der persönlichen Identität – oder der Mangel daran – bei einem Kodependenten. Wenn dann ein Mangel an Selbstachtung hinzukommt, spürt die Person, daß irgend etwas fehlt. Wo eine solide Persönlichkeit sein sollte, stehen nur Fragezeichen herum. Die daraus folgende Frustration drückt sich als Zorn aus.

Mangel an Erfüllung durch andere

Denken Sie auch daran, daß ein Kodependenter mit einem nahezu leeren Liebestank sich zu anderen Menschen mit ähnlich verarmten Tanks hingezogen fühlt. Die unausgesprochene, unbewußte Erwartung, die im Raum steht, wenn zwei solche unausgefüllten Menschen in eine Ehe eintreten, ist: „Du wirst meinen Tank füllen; durch dich werde ich zur Vollständigkeit gelangen." Doch keiner der beiden hat die Fähigkeit, diese Erwartung zu erfüllen. Das frustrierende Gefühl, doppelt verraten zu sein, bringt neuen Zorn hervor. Das Zorn-Reservoir schwillt an, während der Liebestank vertrocknet.

Eine gesunde eheliche Beziehung zwischen nicht kodependenten Personen läßt sich durch zwei Kreise illustrieren. Er und sie sind keine halben Menschen. Jeder ist ein vollständiger Kreis, eine solide Persönlichkeit. Aufgrund einer freien Entscheidung, nicht einer Notwendigkeit, tritt jeder der beiden in die heilige, gemeinsame Beziehung der Ehe ein. Beide Personen und ebenso die Ehe selbst haben ihre deutlichen Grenzen. Die Ehe dieser beiden Menschen macht nicht ihr ganzes Leben aus. Jeder ist immer noch in sich selbst vollständig, ebenso wie in der Zweierschaft. Für sie ist Liebe also eine freie Entscheidung, ein freiwilliger Schritt in die Gemeinsamkeit.

Die Illustration für einen Kodependenten dagegen wäre eine gestrichelte Kreislinie. Die Persönlichkeit ist zwar da, aber die Grenzen sind verschwommen. Die Halbheit des Kodependenten ist nicht eine Halbheit der Form, sondern der Grenze. Eines der Merkmale kodependenter Menschen ist, wie Sie sich erinnern, eine gewisse Verschwommenheit des Selbst, ein Mangel an starker, persönlicher Identität. Der Kodependente fragt: „Wer bin ich?" Wer nicht kodependent ist, kann nicht begreifen, wie man das nicht wissen kann.

Wenn sich zwei solche vagen Kreislinien vereinigen, verstricken sich die beiden Leben unlösbar ineinander. In gewissem Sinn überlagern sie einander. Jeder sehnt sich danach, den anderen zu überlappen, das eigene Selbst zu vervollständigen, eine feste Identität zu gewinnen, irgendwie aus den Punkten und Strichen eine durchgehende Linie zu machen. Doch so funktioniert das natürlich nicht. Selbst eine völlige Deckungsgleichheit könnte nicht die Art von Ganzheit hervorbringen, nach der diese beiden trachten. Infolgedessen fühlt sich jeder der beiden gezerrt, ausgelaugt, erdrückt; und das ist nur natürlich, denn jeder versucht, sich vom anderen das, was ihm selbst fehlt, zu holen. Jeder entwickelt das unterschwellige Gefühl, verletzt zu werden. Ausgenutzt. Dieses chronische Gefühl der Verletzung und Ausnutzung wird zu einer ständigen Quelle unausgesprochener Verärgerung und Feindseligkeit.

Wenn sich die Personen immer stärker aneinander binden, erreichen sie schließlich einen Punkt, an dem sich die Spannung entlädt. Einer oder beide werden sich schließlich Platz schaffen: „Ich brauche Raum zum Atmen!" lautet der Schrei, sei es unbewußt oder offen. Eine ungeheure Menge an Zorn wallt auf. Es handelt sich gewissermaßen um einen Abwehrmechanismus, durch den jeder versucht, sich vor dem Ersticken durch die Verstrickung mit dem anderen zu schützen.

Um dieses übermächtige und intensive Gefühl des Erstickens nachempfinden zu können, stellen Sie sich vor, Sie wären ein kleines Kind und lägen unter einem ganzen Haufen anderer Kinder begraben – vielleicht bei einer wilden Balgerei auf dem Spielplatz oder einem rauhen Rugby-Spiel, bei dem jeder mitmachen will. Sie kämpfen, Sie geraten in Panik, Sie können nicht atmen. Sind Sie jemals unfreiwillig unter Wasser gehalten worden? Dabei empfinden Sie dieselben Gefühle, natürlich verstärkt durch die Tatsache, daß Sie wirklich nicht atmen können.

Ein Mann namens Roger wurde am Huntington Beach in Kalifornien aus dem Pazifik gefischt, nachdem er beinahe ertrunken wäre. Er war allein hinausgeschwommen, hatte sich über die Brandung hinausgewagt und war dort vom Gezeitenstrom erfaßt worden. Glücklicherweise wurde er rechtzeitig von einer Bootsbesatzung entdeckt. Während er sich erholte, schilderte er seine Gefühle, als ihm klar wurde, daß er nicht mehr zurück ans Ufer gelangen konnte. „Zuerst geriet ich in Panik; ich nehme an, das ist nur natürlich. Ich hätte beten sollen, aber ehrlich gesagt, der Gedanke kam mir gar nicht. Statt dessen wurde ich wütend. Ich kann Ihnen nicht sagen, auf wen ich wütend war – auf mich selbst, nehme ich an. Ich weiß nur, da war diese Wut, diese heulende Wut auf mich selbst, weil ich so weit hinausgeschwommen war, und auf die ganze Welt, weil sie mir das antat, und auf was weiß ich noch alles – ich wußte es nicht. Ich war immer noch in Wut, als ich das Bewußtsein verlor."

Kodependente Ehepartner reagieren ähnlich auf das Gefühl des Erstickens, das durch eine erdrückende Beziehung erzeugt wird. Nun stellen Sie sich diesen Zorn zusätzlich zu den kochenden Reservoirs vor, die im Leben Kodependenter bereits vorhanden sind. Noch komplizierter wird das Bild durch jene ausgetrockneten Liebestanks. Fügen Sie noch ein paar oberflächliche Symptome von zwanghaftem Verhalten und Sucht hinzu. Wenn Sie dann noch die ganze Dimension der Verleugnung mit berücksichtigen, werden Sie eine Ahnung davon bekommen, warum unverarbeiteter Zorn eine so große Macht hat, Glück und Freiheit zu zerstören.

Brad und Joan haben bis heute weder vor sich selbst noch voreinander zugegeben, daß dieses Zorn-Reservoir in ihrem Leben vorhanden ist. Daß sie es nicht schaffen, die Existenz ihres Zorns anzuerkennen, ist ein unüberwindliches Hindernis für die Heilung.

Können Sie je darauf hoffen, eine so heimtückische Verstrickung zu durchschauen und aufzulösen? Ja, aber nur, wenn Sie tief in sich nach dem Zorn graben und ihn an die Oberfläche zwingen. Das kann eine überwältigende und unglaublich schmerzhafte Erfahrung sein. Es besteht auch die Gefahr, daß Sie noch mehr geschwächt werden als zuvor, wenn Sie den Zorn einmal an die Oberfläche gezwungen haben und dann nicht wirksam und rechtzeitig verarbeiten.

Für den Augenblick genügt es, die Tatsache zu erkennen,

daß jeder Kodependente eine schwere Last des Zornes mit sich trägt und daß dieser Zorn fast vollständig verborgen und unsichtbar ist. Später, wenn Sie genug Hintergrundwissen haben, um mit gefährlichen Emotionen sicher umzugehen, werden wir Sie bitten, diesen Zorn heraufzuholen und sich wirksam damit auseinanderzusetzen. Sie werden über das, was Sie tief in Ihrem Inneren vorfinden, verwirrt und erstaunt sein – und sehr verletzt. Doch mit diesem Schmerz kommt die Heilung und ein herrliches neues Bewußtsein darüber, wie wunderbar Sie geschaffen sind!

Lassen wir die schlafenden Hunde noch eine Weile in Ruhe. Zunächst wollen wir uns näher damit beschäftigen, wie die Kodependenz sich auf die verschicdenen Arten zwischenmenschlicher Beziehungen auswirkt.

Vierter Teil:

Kodependenz in zwischenmenschlichen Beziehungen

Kodependente oder gesunde Beziehungen?

Susanna Wesley brachte neunzehn Babys zur Welt. Zehn davon erreichten das Erwachsenenalter. Sie unterrichtete sie selbst zu Hause in den Grundschulfächern sowie in Latein, Griechisch und Theologie, häufig vom Krankenbett aus. Ihre strengen, straff geordneten Zeitpläne trieben ihren lockerer veranlagten, verschwenderischen Ehemann Samuel Wesley senior manchmal monatelang aus dem Haus, so daß sie mit dem Haushalt, seinen Schulden und seiner Gemeinde im englischen Hochmoor allein zurückblieb. Ihr mittlerer Sohn John übernahm ihre methodische Lebensweise so gründlich, daß sie der umwälzenden Revolution, die er in Gang setzte, ihren Namen gab: Methodismus. Vielleicht haben Sie auch von dem jüngsten Sohn Charles gehört. Und dann war da noch Emilia.

Emilia Wesley, die älteste Tochter, war in der ganzen Gemeinde als die Hübsche bekannt, das cleverste Mädchen der Geschwisterschar, diejenige, auf die man sich verlassen konnte. Ihren hochgewachsenen, schlanken Körper bewegte sie mit königlicher Anmut. War sie eingebildet? Die alten Frauen des Dorfes klatschten und stritten über diese Frage. Einerseits verhielt sie sich wirklich wie eine Pfarrerstochter und reagierte nie abweisend. Andererseits war sie schon Anfang Zwanzig und noch nicht verheiratet. Man konnte ihr zugute halten, daß sie sich rein bewahrte, aber es machte ihr noch nicht einmal jemand den Hof.

Schon sehr früh sprang Emilia in die Bresche, wenn ihre Mutter körperlich zu schwach war, ihre Last selbst zu tragen. Sie kümmerte sich um die Kinder und half bei der Hausarbeit. Emilia lernte Latein, Griechisch und Theologie wie ihre Brüder, obwohl vor dreihundert Jahren eine gebildete Frau kaum gefragt war. Sie arbeitete ihre ganze Kindheit hindurch, weil sie es mußte. Sie hatte keine Wahl, es gab keine andere Möglichkeit.

Wegen der Verschwendungssucht ihres Vaters stand Emilia kein Geld für gute Kleidung zur Verfügung. Jeder Pfennig wurde für Brot ausgegeben oder von den bodenlosen Plänen verschluckt, durch die ihr Vater versuchte, reich zu werden. Weil sie keine anständigen Kleider hatte, war sie von den besser bezahlten Stellungen ausgeschlossen, in denen sie ihre Fähigkeiten hätte nutzen können, wie Gouvernante oder Krankenschwester. Da sie unbedingt von ihren Kenntnissen Gebrauch machen wollte, baute sie im nahegelegenen Gainsborough eine erfolgreiche Mädchenschule auf. Sie war vierundvierzig, als ein Mann namens Robert Harper um ihre Hand anhielt.

Obwohl sie diesen Mann eigentlich nicht liebte, fand sie ihn attraktiv. Er hatte Geld und eine gute Stellung, und sie war das Arbeiten unendlich leid. Sie wollte sich endlich einmal ausruhen, gut behandelt werden und Fürsorge erfahren, nachdem sie ihr Leben lang für andere gesorgt hatte. Und so heiratete sie ihn.

Was sie nicht wußte, war, daß Rob Harper das Arbeiten ebenso leid war wie sie. Sein Hintergedanke beim Heiraten war, nicht mehr zu arbeiten, es sich wohl ergehen zu lassen und von seiner erfolgreichen Frau versorgt zu werden. Als ein Kind kam, verließ er sie, nahm ihre Ersparnisse mit und hinterließ ihr seine Schulden. Kurz danach starb das kränkliche Baby.

Die Familiengeschichte wiederholt sich

Die Geschichte der Emilia Wesley Harper wiederholt sich auch heute millionenfach. Nur die Einzelheiten sind verschieden. Eine Frau, die aus einer durch Alkohol gezeichneten Familie stammt, schwört, dieses Elend für immer hinter sich zu lassen. Dann heiratet sie einen Alkoholiker und verfällt womöglich selbst dem Alkohol, obwohl sie aus Erfahrung weiß, was Alkoholismus bedeutet. Ein Mann, dessen Familie in seiner Kindheit durch mehrere Scheidungen zerrüttet wurde, findet sich nun selbst ständig in „unglücklichen Beziehungen" wieder. Claudia Black schrieb über dieses Problem ein bahnbrechendes Werk mit dem vielsagenden Titel *It Will Never Happen to Me!* (Mir wird das nie passieren!). Zahlreiche andere Soziologen und Sozialarbeiter haben dieses ständig wiederkehrende Muster registriert: Erwachsene aus gestörten Familien landen wieder in gestörten Beziehungen, weil sie kodependent geworden sind. Warum? Man sollte doch meinen, daß ein Mann oder eine Frau, die als Kinder aus erster Hand erfahren haben, welches Elend durch Alkoholismus oder andere zwanghafte Verhaltensweisen entsteht, wissen, wovor sie sich hüten müssen. Sehen denn die Betroffenen all die überdeutlichen Warnsignale nicht?

Uns hier in der Klinik und anderen Lebensberatern fällt immer wieder eine traurige, rätselhafte Tatsache auf: Irgendwie verschließen stark kodependente Menschen die Augen vor den roten Warnflaggen, die andere Leute sofort die Flucht ergreifen lassen. Nein, sie sehen die Warnsignale nicht, weil sie unbewußt beschlossen haben, sie nicht zu sehen. Und dann werden sie untrüglich zu genau den Leuten hingezogen, denen sie nie ähnlich werden oder mit denen sie sich nie einlassen wollten.

Lassen Sie uns das Phänomen durch ein Bild beschreiben. Wir erwähnten bereits, daß es schwierig, wenn nicht unmöglich ist, Kodependenz zu messen, obwohl manche Lebensberater Grade der Kodependenz in Zahlenwerten ausdrücken. Auch ohne solche technische Präzision anzustreben, können wir für unsere eigenen Zwecke eine grobe Skala entwerfen. Nehmen wir an, jeder Mensch besäße in seinem Inneren ein Thermometer zur Messung der Kodependenz.

Da niemand von den „Geistern" der Vergangenheit vollkommen frei ist, würde keiner auf unserem hypothetischen Thermometer den Wert Null erreichen. Niemand ist der Ver-

145

gangenheit so versklavt, daß er Hundert erreichen würde, also vollkommen kodependent wäre. Die große Mehrheit der Menschen rangieren irgendwo am unteren Ende. Bestimmte Faktoren in ihren Ursprungsfamilien haben in ihrer Persönlichkeit ein paar interessante Ecken und Kanten hinterlassen, aber sie können in einer Familiensituation gut leben und genießen gesunde persönliche Beziehungen.

Die gesunde Familie

Was ist eine gesunde Familie? Fragen Sie hundert Kinder, und Sie werden hundert verschiedene Antworten bekommen. Hier sind einige Kriterien, die wir aus unseren Beobachtungen in der Klinik gewonnen haben:

▷ Normale, ausgeglichene Eltern. Keine Depressionen, keine geistigen Störungen, keine extreme Frustration über das Leben im allgemeinen oder irgendeinen Aspekt des Lebens. Wenn sie in der Vergangenheit Depressionen hatten, haben sie diese erfolgreich verarbeitet.
▷ Nichtsüchtige Eltern. Keine offensichtlichen Problembereiche wie Alkoholismus oder Drogenmißbrauch. Keine Zwanghaftigkeiten wie Arbeitssucht, Wutanfälle, Verschwendungszwang, Eßstörungen.
▷ Reife Eltern. Innerlich selbständig, dem Leben gewachsen.
▷ Eltern mit einem positiven, ausgeglichenen Selbstbild.
▷ Eltern mit einer guten Beziehung zu Gott. Im besten Fall steht Gott im Mittelpunkt der Familienstruktur.
▷ Eltern, die alles daransetzen, eine *glückliche* Ehe zu führen.

Eine kodependente Familie

Kehren Sie die oben beschriebenen Bedingungen um:

▷ Ein Elternteil – oder beide – sind geistig unausgeglichen, machen sich Sorgen, sind frustriert oder unrealistisch in ihrer Weltsicht. Wenn nur ein Elternteil davon betroffen ist, macht sich der andere Sorgen um den gestörten Ehepartner.

▷ Eltern, die nach Alkohol, Drogen oder Arbeit süchtig sind, die sich von Wut oder Begierden hinreißen lassen oder zwanghaft mit Dingen umgehen, die für gesunde Menschen nebensächlich sind.

▷ Unreife Eltern, besonders solche, die sich auf die Kinder stützen, um Stärkung, Selbstbestätigung, Rat und Hilfe zu bekommen.

▷ Eltern mit einem schlecht entwickelten oder verzerrten Selbstbild.

▷ Eltern, die ein gestörtes Verhältnis zu Gott haben, die vielleicht Atheisten oder Agnostiker sind. Oder sie sind stark religiös, konzentrieren sich aber auf Verhaltensfragen (,Wenn du richtig handelst, aussiehst und denkst, wird Gott dich akzeptieren‘), sind extrem starr in ihrer Theologie (nur *ihre* Art der Beziehung zu Gott ist richtig) und bestehen unnachgiebig darauf, daß die Kinder genau den theologischen Fußspuren ihrer Eltern folgen.

▷ Eltern, die sich scheiden lassen, die sich trennen, die sich heftig streiten, die Bitterkeit gegeneinander oder gegen die Ehe im allgemeinen empfinden, oder Eltern, die „um der Kinder willen" in einer feindseligen Beziehung zusammenbleiben.

Beziehungen unter der Lupe

Wenn wir Emilia Wesley Harper betrachten, können wir trotz der großen zeitlichen Distanz ihren Wert auf der Skala der Kodependenz erraten. Emilia wurde von ihrem Vater im Stich gelassen. Sie mußte schon sehr früh die Rolle einer Erwachsenen spielen, ein Zustand, den wir heute als emotionalen Inzest bezeichnen. Sie war für ihre Geschwister eine zweite Mutter. Ihre Mutter war unnachgiebig, streng und verhaltensorientiert. Daß diese Strenge bis zu einem gewissen Grad notwendig war, weil der turbulente Wesleysche Haushalt sonst im Chaos untergegangen wäre, ändert nichts an den Auswirkungen. Emilias Kindheit ging verloren; schon in frühen Jahren lastete große Verantwortung auf ihr. An Emilia können Sie viele Ursachen der Kodependenz beobachten, die wir im zweiten Teil dieses Buches erörtert haben.

Als Erwachsene war sie frustriert über den Mangel an Möglichkeiten, ihren gottgegebenen Verstand und ihre Bildung zu nutzen. Auch die ständige Armut frustrierte sie, denn in ihrer Gesellschaft gelang es selbst den verdienstvollsten Menschen nur selten, die wirtschaftlichen Klassengrenzen zu überwinden und sich besserzustellen. Wir wissen, daß sie tiefen Groll darüber hegte, daß ihr Vater so häufig abwesend war und es versäumte, für seine Familie zu sorgen. Ohne eigene Schuld dürfte ihr Kodependenz-Thermometer einen recht hohen Wert angezeigt haben.

Kodependente entwickeln eine Art Antenne für die Kodependenz anderer. Eine Person mit einem Wert von etwa 80 auf unserer Skala wird sich untrüglich mit jemandem zusammenfinden, dessen Wert ebenfalls zwischen 75 und 90 liegt. Stellen Sie sich einen Ballsaal mit zweihundert Menschen vor. Einer hat den Wert 85; alle anderen liegen unter 20. Ein Kodependenter mit dem Wert 80, der den Raum betritt, wird den anderen Kodependenten untrüglich in der Menge ausfindig machen und geradewegs auf ihn zugehen.

Der Mann, den sich Emilia aussuchte, erschien fleißig, wohlhabend und stabil – alles, was der erwachsene Mann, den sie am besten kannte, nicht war. Er würde sie sicherlich nicht im Stich lassen! Sie war entschlossen, den Fehler ihrer Mutter niemals zu wiederholen, denn sie kannte den Kummer, der aus Armut und Verlassenheit entsteht, aus erster Hand. Die Eigenschaften, die sie von einem Ehepartner am meisten ersehnte, glaubte sie in Rob Harper zu erkennen. Doch seine tatsächlichen Eigenschaften waren denen ihres Vaters ganz ähnlich.

Beschreiben wir es wieder mit Hilfe der Liebestanks, allerdings sind es diesmal nicht die der Eltern. Nennen wir den einen Henry. Sein Tank ist ziemlich leer, während sein Kodependenz-Thermometer rund 80 anzeigt. Henry weiß zwar nichts davon, empfindet aber einen Mangel in seinem Leben, eine Leere. Da er im heiratsfähigen Alter ist, sucht er nach der großen Liebe, nach seiner Henrietta. Höchstwahrscheinlich werden die Liebestanks der Frauen, mit denen er sich trifft, und der einen, die er dann heiratet, ungefähr den gleichen Füllstand aufweisen wie sein eigener. Henrietta, die Inhaberin des anderen Tanks in unserem Beispiel, wird ebenfalls bei Kodependenz-Werten von 75, 80 oder 90 rangieren. Diese Wahl Henrys muß aber nicht beabsichtigt sein. Im Gegenteil, wenn es in seiner Ursprungsfamilie Mißhandlungen gab, hat er sich höchstwahrscheinlich gesagt: „Komme, was wolle, in meiner Familie wird es anders laufen! Wir werden es nicht so machen wie Mutter und Vater." Doch dann kommt diese kodependente Antenne ins Spiel und verschafft ihm einen Ehepartner, der ganz so ist wie Mutter oder Vater.

Als Henry und Henrietta sich gegenseitig den Hof machen, maskieren oder verschleiern sie die Leere in ihren Tanks. Aufgrund dieser Täuschung und ihrer Antenne fällt es beiden nicht schwer, sich einzureden: „Hier ist der Mensch, der mir die Liebe geben wird, nach der ich mich sehne." Der ungeschriebene und unausgesprochene Ehevertrag besagt: „Du wirst mir Erfüllung schenken. Tief in meinem Inneren fehlt etwas – ich bin sicher, dieses etwas ist Liebe –, und du, meine wahre Liebe, kannst es mir geben."

Normalerweise stellen wir fest, daß eine Person um so idealisiertere Vorstellungen von der romantischen Liebe hat, je leerer ihr Liebestank ist. Anders ausgedrückt: Je leerer mein Liebestank ist, desto mehr Wert lege ich auf romantische Liebe, auf das alte Hollywood-Klischee: „Eines verzauberten Abends wirst du vielleicht quer durch einen Raum voller Menschen einen Fremden erblicken ... Es wird mich erfüllen, es wird für immer bleiben ..." Als Henry und Henrietta zueinander finden, explodiert ein Feuerwerk, und die goldenen Zeiten beginnen. Die übersteigerte Intensität dieser Gefühle spiegelt die Leere in ihren Tanks wieder.

Wäre Henrys Tank nahezu voll, so empfände er nicht dieses zwingende Bedürfnis, sich vollkommen an Henrietta zu verlieren. Natürlich würde er ihr (deren Liebestank höchstwahrscheinlich ebenso voll wäre) trotzdem warme, romantische Gefühle entgegenbringen. Diese Gefühle wären jedoch durch Vernunft, Logik, Wertvorstellungen – und bei einem Christen auch durch Hören auf den Willen Gottes – in sichere Bahnen gelenkt.

Aber Henrys Tank ist nicht voll. Soweit es seine unbefriedigten emotionalen Bedürfnisse angeht, ist Henry ein halber Mensch. Und als er die Verbindung mit Henrietta eingeht, steckt tief in seinem Inneren die unrealistische Hoffnung: „Wenn ich meinen halben Menschen mit deinem halben Menschen zusammenbringe, werden wir zusammen ein ganzer Mensch sein. Du wirst mich erfüllen, und ich werde dich erfüllen."

Doch so geht es nicht. Im Bild gesprochen, erweist sich die Ehe als Multiplikation, nicht als Addition. *Ein Halbes mal ein Halbes ist ein Viertel.* Wenn man zwei zerbrochene Menschen zusammenbringt, entsteht dadurch kein ganzer Mensch. Henry und Henrietta sind schlimmer dran als damals, bevor sie sich kennenlernten.

Doch das ist nicht das größte Problem. Tief in sich haben beide sehr sorgfältig ihre Liebestanks voreinander und vor sich selbst verborgen, um die Tatsache zu verschleiern, daß sie fast leer sind. Jeder hoffte, so geliebt zu werden wie ein Kind, um den Mangel der eigenen Kindheit auszugleichen; jeder hoffte, vom Partner genug Liebe zu bekommen, um den eigenen, fast ausgetrockneten Tank zu füllen. Solche Hintergedanken kann man vor einem Ehepartner nicht lange verbergen. Jeder wird bald feststellen, daß das Reservoir des anderen erschütternd wenig zu bieten hat. Sobald die Täuschung auffliegt, sobald die Armut der unbefriedigten emotionalen Bedürfnisse sich zeigt, löst sich die Ehe schnell in einem Sturm aus Enttäuschung, Bitterkeit und Zorn wieder auf.

Und wenn Henriettas Tank einigermaßen gefüllt gewesen wäre? Nun, sie hätte die Beziehung wahrscheinlich sehr bald erdrückend gefunden – auslaugend in einem sehr realen Sinn. Sie brauchte keine andere halbe Person, um sich zu vervollständigen, denn sie war bereits ein ganzer Mensch. Sie hätte gemerkt, daß irgend etwas an der Beziehung nicht stimmte. Alarmiert durch die roten Flaggen und nicht durch Kodependenz geblendet, hätte sie sich wahrscheinlich während der Annäherungsphase zurückgezogen.

Eine Illustration, die wir in der Gruppentherapie verwenden, ist die eines Mannes, dem auf der Autobahn das Benzin ausgeht. Er hält einen anderen Wagen an, und die beiden Fahrer versuchen, Benzin aus dem einen Tank in den anderen umzufüllen, nur um festzustellen, daß der andere Tank ebenfalls leer ist. Das wenige Benzin, das vorhanden war, ist nun so knapp verteilt, daß beide kurz darauf festsitzen und nicht weiterfahren können.

Wir finden es immer wieder äußerst schwierig, Paaren mit einer so starken, kodependenten gegenseitigen Anziehung in der Beratung zu helfen. Ihre Gefühle füreinander sind unglaublich intensiv. Da die beiden sicher sind, daß es sich um Liebe handelt, sehen sie nicht ein, was an einer solchen verzehrenden, an Anbetung grenzenden Einstellung zueinander falsch sein soll. Ist nicht genau das die Liebe, die in so vielen Filmen, Fernsehsendungen und Popsongs angepriesen und idealisiert wird? Im allgemeinen sieht das so aus:

▷ Die Geliebte ist das Ein und Alles des Liebenden.
▷ Wenn das Prickeln, dieser Rausch, den man in der ersten Verliebtheit verspürt, nachläßt, dann hat die Liebe nachgelassen (so Neil Diamond und Barbra Streisand in ihrem Lied „You Don't Bring Me Flowers Anymore").
▷ Wahre Liebe packt einen unwiderstehlich und mit einem Schlag („quer durch einen Raum voller Menschen"). Solange man nicht schier in Ohnmacht fällt, kann von Liebe keine Rede sein.
▷ Es kommt auf die körperliche Anziehung an.
▷ Echte Liebe ist überwältigend und unbeherrschbar.

Vergleichen Sie diese Klischees mit dem, was Lebensberater über kodependente Beziehungen herausgefunden haben:

▷ Ein Kodependenter leidet an einem unklaren oder fehlerhaften Selbstbild und neigt daher dazu, sich ganz und gar an andere Menschen zu verlieren. Anders ausgedrückt: Dem Kodependenten fehlt das Bewußtsein seines Selbst und seiner persönlichen Grenzen – „Ich bin ich." Statt dessen denkt der Kodependente: „Ich bin nicht sicher, wer ich bin." Kodependente geraten in verwirrende Verstrickungen mit Personen, die ihnen nahestehen, und verketten ihre Identität mit der des Menschen, den sie lieben.

▷ Da die Liebestanks der Kodependenten fast leer sind, können sie „wahre Liebe" nicht verstehen oder erkennen. Kodependente verwechseln Verliebtheit, gegenseitigen Liebeshunger, körperliche Anziehung oder schlichte Zuneigung mit Liebe.

▷ Kodependente neigen so stark zu Zwanghaftigkeit und Sucht, daß sie diese zwanghaften Züge in ihre persönlichen Beziehungen mit einbringen. Es passiert ihnen leicht, daß sie der anderen Person hoffnungslos verfallen und nicht mehr fähig sind, sie loszulassen.

Ein Mensch, der in einer solchen Art von Liebesbeziehung steckt, muß sie für die wahre Liebe halten, denn so wird die wahre Liebe in allen Medien beschrieben. Doch dieser Mensch übersieht, daß die Medien die stärkere, aber weniger romantische wahre Liebe nicht darstellen, weil sie bei weitem nicht so aufregend ist. Wahre Liebe ergibt keine guten Stories und beinhaltet nicht so intensive Konflikte wie eine kodependente Beziehung. Das Klischee ist leichter auszudrücken als eine tiefe, komplexe Liebesbeziehung, besonders in unserer auf Sofortbefriedigung ausgerichteten Kultur.

Stellen Sie sich Anthropologen vor, die in dreißigtausend Jahren die Ruinen unserer Zivilisation ausgraben. Fotoentwicklung in einer Stunde. Fast Food. UPS mit Auslieferung innerhalb von 24 Stunden. garantiert. Faxgeräte. Auto-Bankschalter und 24-Stunden-Geldautomaten. Schmerzmittel mit Sofortwirkung, „falls Sie keine Zeit für Schmerzen haben ..." Ob diese Anthropologen über unsere Ungeduld wohl ebenso erstaunt wären wie Menschen aus anderen Kulturen, die zum ersten Mal mit unserem rasend schnellen Lebensstil in Berührung kommen?

Eine amerikanische Journalistin, die eine Zeitlang in Japan lebte, übernahm vor kurzem eine Aufgabe in Rußland. Wenn der Übergang von der amerikanischen in die japanische Kultur dem Eintritt in eine andere Welt gleiche, meinte sie, so gleiche das Leben in Rußland einem anderen Universum. In Rußland gehört Warten zur täglichen Routine, etwa im Umgang mit unglaublichen bürokratischen Verzögerungen oder in den endlosen Schlangen, wenn man grundlegende Dinge des täglichen Bedarfs einkaufen möchte. Warten; in der westlichen Welt hat man diese Kunst verlernt.

Ist es angesichts unserer kulturellen Neigung zum „Ich will alles, und zwar sofort" noch ein Wunder, daß unsere Kinder davor zurückschrecken, sich einer jahrelangen Schul- oder Berufsausbildung zu unterziehen, um zu beruflicher Zufriedenheit zu gelangen, wenn doch die überall erhältlichen Drogen sie in Sekunden auf Höhenflüge schicken können?

Verbinden Sie das Sofortbefriedigungs-Syndrom mit den kodependenten Formen der Liebe, die in unseren Medien gefeiert werden, und Sie erhalten eine völlig verzerrte Version dessen, was Liebe eigentlich sein sollte. Vor einigen Jahren konnten Frauen aus einem populären Buch erfahren, wie sie mit einem potentiellen Ehemann umgehen sollten: Macht er nicht innerhalb eines Jahres einen Heiratsantrag, lassen Sie ihn als untauglichen Kandidaten fallen und suchen Sie sich einen anderen.

In unserer Kultur vergessen wir leicht, daß viele höchst erfolgreiche Ehen immer noch von den Eltern arrangiert werden. In Japan, jener anderen Welt, kommen vierzig Prozent aller Ehen auf diese Weise zustande. Die Scheidungsrate beträgt dort ein Viertel der unsrigen. Kein Wunder, daß Psychologen der romantischen Liebe manchmal äußerst skeptisch gegenüberstehen.

Selbst in starken, gesunden Ehen muß der Grund für das Zusammenleben normalerweise nach einigen Jahren neu überdacht werden. Irgendwann setzt eine gewisse Desillusionierung ein: „Das ist nicht das, was ich mir vorgestellt habe."

Wenn Menschen zusammenkommen – und ganz besonders dann, wenn es sich um zwei Kodependente handelt –, besteht die Beziehung anfangs auf zwei verschiedenen Ebenen. Wir haben bereits erwähnt, daß Kodependente ihre eigene Liebesarmut vor dem potentiellen Partner verbergen. Aber das ist noch nicht alles.

Stellen Sie sich zwei Jungverheiratete vor, wie sie auf einem Teich Schlittschuh laufen. Die Eisoberfläche besteht aus ihren offensichtlichen und scheinbaren Gründen zu heiraten, aus Empfindungen wie: „Das ist der/die Richtige!" oder: „Ich liebe dich wie verrückt, und wir machen beide gern Eiskunstlauf. Wir werden beim Eiskunstlaufen ewiges Glück erleben."

Unter dem Eis jedoch lauert der See, das eigentliche Gewässer – die ungeschriebenen, unausgesprochenen Erwartungen. Irgendwann bricht das Eis an der Oberfläche, denn es ist nicht stark genug, um eine Ehe zu tragen, die gleichzeitig die schwerste und die leichteste aller menschlichen Unternehmungen ist. Die Eisläufer brechen in das kalte Wasser der Hintergedanken ein, die jeder mit in die Ehe gebracht hat. Wenn sie nicht bereit sind, an diesen Problemen zu arbeiten, wird ihre Verbindung entweder zerbrechen oder in einem Meer bitterer Reuegedanken und Enttäuschungen versinken. Solche Ehepaare landen dann, sechs Monate nach der Hochzeit, desillusioniert in unserem Sprechzimmer.

„Ich habe sie immer von ganzem Herzen geliebt, doch jetzt erkenne ich sie gar nicht wieder."

„Er ist nicht der Mann, den ich geheiratet habe. Er ist ein Fremder; er hat sich verändert."

Solche Gefühle sind typisch für Paare wie Ralph und Darcy Welles. Die beiden wirkten wie ein Bilderbuch-Liebespaar. Darcy sah nicht nur aus wie ein Filmstar, sondern hatte auch einen brillanten Verstand. Ralph, ein vierzigjähriger Witwer, der nun zum zweiten Mal verheiratet war, hatte sich die Lebhaftigkeit und Energie eines Studenten erhalten. Er hatte das geschliffene Äußere eines Mannes, der dazu geboren war, einen Smoking zu tragen. Doch wenn er auf seiner Ranch in Colorado eine Woche Urlaub machte, verwandelte er sich mit seinem verblichenen Cowboyhut und dem karierten Hemd in den Prototyp eines Viehtreibers, der sein ganzes Leben auf der Weide zubringt.

Noch kein Jahr war seit der Hochzeit vergangen, da saßen sie schon in unserem Sprechzimmer und suchten Rat. Nach ein paar Gesprächen konnten wir die geheimen Erwartungen identifizieren, die beide mit in die Ehe gebracht hatten. Ralph Welles' Grund, Darcy zu heiraten, bestand kurz gesagt darin, daß er genug davon hatte, der gut etablierte Gatte einer angesehenen Ehefrau zu sein. Diesmal hatte er vor, eine glamouröse Geliebte zu heiraten. Darcy dagegen war auf ein behagliches Leben als Hausfrau eingestellt, wenn auch als eine Hausfrau von blendender Schönheit. Sie wurde plötzlich ungemein häuslich. Er erwartete Haussandalen mit Marabufedern und verführerische Negligés; ihr dagegen war mehr nach einem Flanellnachthemd und Filzpantoffeln. „He!" schrie Ralph innerlich. „Was ist aus meiner Geliebten geworden?"

Gleichzeitig mit ihrer Hochzeit gab es in Dallas einen wirtschaftlichen Erdrutsch, der Ralph große Einbußen brachte. Darcy hatte die Erwartung gehegt: *Du wirst für mich sorgen und mich zähmen und mich mit Wohlstand überschütten.* Es war die romantische Phantasie einer im Geld schwimmenden Ehe. Doch eines Tages kam der wohlhabende, fest etablierte Mann, den sie geheiratet zu haben glaubte, nach Hause und sprach von einem möglicherweise bevorstehenden Bankrott.

Wenn sich die ganze Romantik einer Beziehung auf eine solche Eisschicht beschränkt, dann ist diese Romantik sehr schnell dahin, wenn der Held nach Hause kommt und den finanziellen Ruin verkündet. Wenn die Romantik jedoch auf einem Fundament beruht, das nicht so schnell zunichte gemacht wird wie ein Wunschtraum, dann wird die Ehe überleben.

Ralph und Darcy konnten ihre ursprünglichen romantischen Träume aufgeben, weil ihre Liebe fester gegründet war als auf diese Träume. Doch beide mußten ihre Erwartungen an die Ehe überarbeiten. Dabei sah ihr Gedankengang ungefähr so aus:

Ralph: „Was ich mir wünschte, war eine Sirene, eine zauberhafte Phantasiegestalt, die stets zu meiner Verfügung stand. Doch was ich bekommen habe, ist eine großartige Ehefrau. Ich bin noch einmal mit einer guten Frau gesegnet worden und bin zufrieden."

Darcy: „Ich war wirklich der Meinung, einen Haufen Geld zu bekommen; davon träumt jedes Mädchen. Doch was ich habe, ist ein Mann, der mich liebt und sein Bestes für mich gibt. Wenn man bedenkt, wie viele Halunken da draußen herumlaufen, bin ich fürstlich gesegnet worden. Ich werde meine Träume ändern und mich an das halten, was ich habe."

Aufrichtige, hingebungsbereite Paare, die sich ihre Hintergedanken ehrlich eingestehen, sind kompromißfähig, indem sie manche Erwartungen aufgeben und statt dessen gute Gründe finden zusammenzubleiben. Wären Ralph und Darcy jedoch kodependent gewesen, so hätte ihre Beratung viel länger gedauert, denn dann hätten sie sich nicht nur mit ihren Fehleinschätzungen in den Beziehungen zu sich selbst und anderen, sondern auch mit den Ursachen ihrer Kodependenz auseinandersetzen müssen.

Jedes Paar muß seine Erwartungen an die Ehe regelmäßig bewußt oder unbewußt überprüfen, denn hinter jeder Beziehung stecken neben den oberflächlichen Erwartungen auch tiefere Beweggründe. Ein stabiler Mensch, der in seiner Kindheit ausreichend Liebe empfing, kann das Umdenken normalerweise verkraften, das bis in diese tiefere Schicht hineinreichen muß, so wie es bei den Welles' der Fall war. Kodependente jedoch, denen es an gesunder Selbstannahme und damit an Stärke fehlt, haben nicht die Möglichkeit, ihre fehlgeleiteten Vorstellungen zu entwirren und die Beziehung unter neuen Bedingungen wieder aufzubauen, wenn sie nicht gleichzeitig ihre Kodependenz abbauen. Die Veränderung muß in ihrem Inneren stattfinden, und wenn sie kodependent sind, hat jede Veränderung in ihrem Leben einen erbitterten Feind – nämlich sie selbst.

So sehr Kodependente auch beteuern, daß sie geheilt werden und ihr Elend abschütteln wollen, halten sie tief in ihrem Inneren doch mit aller Kraft an diesem Elend fest. Ihr innerstes Wesen widersetzt sich der Veränderung. Irgend etwas ist in ihrer Kindheit schiefgegangen, und solange sie das nicht in Ordnung bringen, kommen sie einfach nicht weiter. Tief im Innern sehnen sie sich danach, die Vergangenheit immer wieder neu zu durchleben, bis sie ihnen endlich einmal gelingt.

Und bei Ihnen ist es nicht anders. Wenn Sie sich an die Arbeit machen, die Ihnen Frieden bringen soll, müssen Sie sich dieser tückischen, leisen inneren Stimme bewußt sein, die bei jedem Schritt gegen Sie kämpfen wird.

Gibt es so etwas wie reine, ungetrübte Romantik? Es gibt sie gewiß, aber sie ist mit der armseligen Version von Liebe und Romantik, die die Kodependenz zu bieten hat, überhaupt nicht zu vergleichen. Schauen wir uns die Gegensätze zwischen falscher und wahrer Liebe an.

Kodependenz oder wechselseitige Beziehungen?

„Du hast mich dazu gebracht, dich zu lieben. Ich wollte es nicht; ich wollte es nicht. Du hast mich traurig gemacht, und ich glaube, du wußtest es die ganze Zeit. ... Du machtest mich glucklich, du machtest mich froh. Und es gab Zeiten, Liebling, da machtest du mich so traurig. ... Gib mir, gib mir, gib mir, wonach ich schreie; du weißt, du hast die Küsse, für die ich sterben würde. Du weißt, du hast mich dazu gebracht, dich zu lieben."

„Du bist mein Sonnenschein, mein einziger Sonnenschein. Du machst mich glücklich, wenn der Himmel grau ist. ... Bitte nimm mir nicht meinen Sonnenschein weg."

„Alles, was ich will, ist dich lieben ..."

„Du bist alles für mich ..."

Popmusik. Wenn es Gesetze gegen Werbung für kodependente Liebesbeziehungen gäbe, säße die Popmusik im Gefängnis, bis ihre Platten verrottet wären. Das gleiche gilt für viele Filme und eine Menge Bücher, sowohl Sachbücher als auch Romane.

Worin liegt der Unterschied zwischen einer kodependenten Beziehung und gesunder Wechselseitigkeit? Wo liegt die Grenze zwischen gesund und zwanghaft? Zehn Vergleiche sollen uns helfen festzustellen, worin die Gesundheit und Stärke entweder einer einzelnen Beziehung oder der Beziehungen innerhalb einer Familie oder Gruppe liegt.

Bitte bedenken Sie dabei, daß diese Charakteristika ebenso wie die Kodependenz selbst keine Schwarz-oder-weiß-Gegenüberstellung sind, sondern alle möglichen Schattierungen annehmen können. Die Gegensätze zwischen einer kodependenten Beziehung und einer gesunden wechselseitigen Beziehung sind keine Entweder-Oder-Gegensätze. Wenn Sie Ihre eigenen Beziehungen anhand dieser Kriterien beurteilen, fragen Sie sich: „Wie stark neige ich in die eine oder in die andere Richtung? Trifft die erste, ungesunde Alternative eher auf mich zu oder doch eher die gesunde Alternative, die inneren Frieden, Glück und Wachstum ermöglicht?"

Erzwungen oder erwählt?

Torvill und Dean, zwei hervorragende Eiskunstlaufpartner, gleiten über das Eis und verschränken und lösen dabei ihre Arme, ihre Beine, ja, sogar ihre Hälse. Sie sind wie aus einem Guß. Plötzlich trennen sie sich. Immer noch vollkommen synchron fahren sie in kreisenden Spiralen auseinander, um dann wieder zu einer festen Einheit zu finden.

Nun stellen Sie sich vor, Torvill und Dean müßten versuchen, mit eng zusammengebundenen Hüften über das Eis zu tanzen. Keine Drehungen, keine Trennungen, keine verschlungenen Manöver. Nase an Nase ist die einzig mögliche Stellung. Selbst die elegantesten Bewegungen zerren und schütteln die Eisläufer gnadenlos durch. Vorbei die verblüffende Einheit, die Verschmelzung der Absichten, die fließenden Wechsel einer komplexen Choreographie. Was ist schon noch erstaunlich an enger Synchronisation, wenn die Künstler schon rein körperlich unfähig sind, sich voneinander zu trennen oder ihre Position zu verändern?

Kodependente Beziehungen haben den Beigeschmack einer Zwanghaftigkeit oder übersteigerten Intensität. Sie haben etwas Unfreies an sich. Die Partner sind wie mit einem unsichtbaren Seil aneinander gefesselt. Die leichteste Bewegung des einen ruft bei dem anderen eine Reaktion hervor. Die Positionen sind starr. Jedes Wort, jeder Gedanke wird abgewogen und nach der vermeintlichen Reaktion des anderen beurteilt.

„Sprich nicht über diese Sache – es würde sie nur aufregen." „Gib nicht zu, daß dir etwas weh tut – er wird nur darüber lachen." „Wenn ich meine Gefühle offenbare, denken die anderen vielleicht, unsere Beziehung wäre nicht vollkommen." „Ich traue mich nicht, etwas zu tun, weil ich Angst habe, er könnte falsch reagieren."

Erwählt

Wie anders ist doch die Freiheit der Wahl bei einer wechselseitigen Beziehung! Das Verlangen ist auch hier vorhanden, nicht aber das übersteigerte Bedürfnis. Liebe, ob zu einem Ehepartner, einem Kind, einem Elternteil oder einem Freund, ist eine Sache der freien Wahl. Wenn es die Choreographie erfordert, können die Eisläufer schöne und originelle eigene Figuren vollziehen. Jeder kann sich strecken und wachsen, ohne die Beziehung damit ins Wanken zu bringen oder zu schädigen.

„Ich werde mich so verhalten, wie es eindeutig in unserem besten Interesse liegt, und wenn er darauf falsch reagiert, reden wir darüber." In völligem Gegensatz zu dem Klischee „Ich kann ohne dich nicht leben" steht hier die Aussage: „Unsinn. Natürlich *könnte* ich ohne dich leben, wenn ich müßte. Aber weil ich dich liebe, entscheide ich mich dafür, *mit* dir zu leben." Die Freiheit der Wahl macht eine Beziehung um so vieles reicher und schöner.

Die Freiheit zu lieben ist eine Freiheit der Wahl.

Bedrohung oder Wahrung der Identität?

„Ich bin Frau!" jubelt die Sängerin Helen Reddy. Vielleicht ist das ein bißchen allgemein ausgedrückt, aber immerhin ist es eine Aussage über ihre Identität. Über persönliche Identität. Wer bin ich? Wie sehe ich mich selbst? Der Dichter Robert Burns wünschte: „O daß die Macht des Himmels gäb' uns, uns selbst zu seh'n, wie andre seh'n uns!"

Wir glauben, daß zwei Menschen, die sich in einer kodependenten Beziehung verstricken, eine gemeinsame Illusion hegen: „Wenn ich dir näher komme, wird auch meine eigene Identität klarer." Das heißt nichts anderes als: „Wenn meine gestrichelte Kreislinie genau über deiner gestrichelten Kreislinie liegt, werden wir zusammen eine durchgehende Kreislinie ergeben." „Mein halber Mensch braucht deinen halben Menschen, damit wir vollständig sind." Jeder versucht, aus dem anderen eine lebendige persönliche Identität zu gewinnen, ein klares Bild des eigenen Selbst. Doch hat keiner der beiden ein solides Bewußtsein des eigenen Selbst, aus dem der andere schöpfen könnte.

Also ziehen diese beiden aneinander gefesselten Eisläufer das Seil immer enger und enger, wobei jeder versucht, seine eigene Identität zu bestätigen, indem er sich fester an den anderen bindet. Ironischerweise passiert genau das Gegenteil.

Jeder der beiden Partner verliert sich zunehmend in der Identität des anderen. Jeder versucht, die Bedürfnisse und Vorlieben des anderen zu erspüren oder nachzuahmen. Jeder tut so, als sei alles in bester Ordnung, denn schließlich muß eine wirklich großartige Beziehung perfekt aussehen; und außerdem, wer gibt schon gerne zu, mit jemandem liiert zu sein, der nicht absolut großartig ist? Darauf läßt sich kaum ein Ego gründen, das schon von vornherein nicht allzu gefestigt war. Spannungen, Frustration und Zorn steigen hoch und werden eilends vergraben. Die Zwanghaftigkeit, die den Kodependenten auszeichnet, läßt die Beziehung unverhältnismäßig groß erscheinen, wichtiger, als sie wirklich ist, verzehrend, unabdingbar.

Sollte nun einer von beiden sich so eingeengt fühlen, daß er einen Schritt zurückweicht, wird dadurch die Identität des anderen unmittelbar bedroht. Zuviel des eigenen Selbst hat er vom anderen bezogen. Wenn dieser sich zurückzieht, sich distanziert, dann wird man von der Quelle abgeschnitten, aus der man die eigene Identität schöpfte.

Die Identität kodependenter Partner läßt sich mit der Verflechtung siamesischer Zwillinge vergleichen. Der Chirurg steht vor einem verzweifelten Dilemma: Wenn die Zwillinge getrennt werden, geht vielleicht einer oder beide daran zugrunde. Und doch können sie zusammen wohl nicht überleben. Bei emotionaler Kodependenz sind die beiden Partner überzeugt, nicht weiterleben zu können, wenn sie getrennt werden, sondern gewiß zugrunde zu gehen. Und doch schadet ihnen ihre gegenwärtige Verbindung nur.

Wahrung der Identität

In einer wechselseitigen Beziehung werden die Eisläufer durch die Schönheit der Choreographie in engem Zusammenspiel gehalten. Kein Seil. Keine unbequeme Verbindung. Während beide Partner wachsen, kommen durch Aspekte der Beziehung neue Dimensionen in ihre jeweilige Identität hinein, doch weil beide schon vorher in ihrer Identität vollständig und gesichert waren, hat die Beziehung nichts Unabdingbares an sich. Sie erlaubt jedem Partner, sein volles Potential zu verwirklichen.

Besonders der gläubige Christ hat die Möglichkeit, nach dem scheinbar Unmöglichen zu greifen, denn unser Gott wendet sich jedem Menschen einzeln zu. Aus vielerlei Gründen – nicht zuletzt, weil Gott jeden Menschen schon vor der Geburt bis ins Innerste kennt – ist es Gott selbst, der den Christen in seiner Identität festigt. Außerdem kann sich ein Christ, soviel er will, auf die Identität Gottes und Jesu Christi stützen; er wird sogar aufgefordert, das zu tun. Was für eine vollkommene und grenzenlose Quelle ist diese höchste Identität!

Das Selbst, die Vollständigkeit und der Wert eines Christen hängen nicht von äußeren Beziehungen zu anderen Menschen ab; seine Person ist in sich selbst gefestigt. Wenn ein solcher Christ mit einem anderen eine Beziehung als Ehepartner, enger Freund oder Familienmitglied eingeht, wird jeder geben und nehmen, aber nicht aus einem Zwang heraus. Wenn die Beziehung durch den Tod oder eine andere unfreiwillige Trennung zerbricht, geht das Leben weiter.

Da stellt sich Trauer ein, natürlich. Kummer, sicherlich. Schmerz, zweifellos. Aber kein Verlust des Selbst.

Illusion der Stärke oder echte Stärke?

„Ein Pferd, das sechs Tage in der Woche arbeitet, ist stark", erklärte Margaret. „Viel stärker als ein Pferd, das den ganzen Winter auf der Weide verbringt. Und das Pferd auf der Weide ist viel stärker als ein Pferd, das den ganzen Winter im Stall gestanden hat. Bewegung. Aktivität. Nun, ich denke mir, das ist nicht nur äußerlich so, sondern auch im Innern. Ich arbeite emotional sehr hart, also bin ich emotional viel stärker, als wenn Pete nicht so wäre."

Margaret genoß eine beneidenswerte Stellung. Sie war noch keine dreißig, aber sie besaß und leitete eine große Pferdezucht am Stadtrand von Fort Worth. Sie nahm an Rodeos und Reitturnieren teil, konnte reiten, wann immer sie wollte, und hatte Angestellte, die sich um die Pflege der Pferde kümmerten. Außerdem hatte sie Pete, ihren alkoholabhängigen Ehemann, einen stillen Trinker, der nachmittags, wenn er nach Hause kam, mit Bier anfing und sich jeden Abend bis zur Bewußtlosigkeit betrank.

Margaret schüttelte ihr langes, dunkles Haar und zuckte gelassen die Achseln. „Pete könnte viel schlimmer sein. Er könnte gemein oder brutal werden, wenn er trinkt. Er könnte in die Kneipe gehen, anstatt zu Hause zu bleiben. Und er hat immer noch seinen Job. Und damals, als ich anfing, hat er mich sehr unterstützt. Er glaubt wirklich an mich. Er ist meine Stärke."

„Sie glauben tatsächlich, es macht Sie stärker, einen Mann wie Pete zu haben?"

„Ich bin doch der lebende Beweis dafür."

Oft kommt ein Kodependenter zu der Auffassung, seine Stärke aus dem Partner oder aus der Beziehung zu gewinnen. Ist die Kodependenz stärker als die von Margaret, so können einer oder beide Partner davon überzeugt sein, daß sie ihre Vitalität und Stärke, ebenso wie einen großen Teil ihrer Identität, voneinander beziehen. Tief im Innern flüstert eine leise Stimme ihnen zu: „Wenn du dich von mir zurückziehst oder wir die Intensität unserer Beziehung herunterschrauben, werde ich an Stärke verlieren. An Vitalität. Vielleicht verwelke ich sogar und höre auf zu existieren." Die Realität steht dazu in tragischem Gegensatz. Während die Kodependenten sich selbst einreden, diese Beziehung sei ihr Lebensnerv und müsse um jeden Preis aufrechterhalten werden, entzieht ihnen die Beziehung ihre Energie und zehrt an ihrer Kraft. Beide versuchen, den leeren Tank des anderen anzuzapfen. Entweder unterdrücken sie starke Zorngefühle, oder sie verschwenden viel Energie, um diesen Gefühlen freien Lauf zu lassen, denn Zorn ist auf jeden Fall vorhanden. Allein schon das Aufrechterhalten der Verleugnung verbraucht eine Menge Energie. Ganz zu schweigen von den emotional sehr anstrengenden Belastungen und Ängsten, die eine gestörte Beziehung mit sich bringt – Peinlichkeiten, Furcht, Vernachlässigung, Streit, vielleicht auch finanzielle Schwierigkeiten oder Probleme mit den Kindern, die sonst nicht auftreten würden.

Echte Stärke

Bill, einer unserer Partner, hat sich in Colorado ein Holzhaus nach eigenen Entwürfen gebaut. Dabei handelt es sich nicht um eine Fallensteller-Blockhütte. Das Wohnzimmer ist zwei Stockwerke hoch, und die oberen Zimmer sind durch einen großen Balkon mit Balustraden verbunden. Aus einer verwachsenen, knorrigen Pappel zimmerte Bill eine wunderbare Wendeltreppe. Doch das Haus hatte ein paar kleine Fehler. Zum Beispiel konnte Bill jedesmal, wenn die Kinder die Treppe hinaufrannten, das Balkongeländer wackeln sehen. Und der Balkon sackte ein wenig ab.

Ein Nachbar namens Joe Ramirez kam vorbei. „Bill", murmelte er in seinem lässig-ländlichen Akzent, „'n Vorschlag. Schäl dir 'n paar Stämme und bau Säulen drunter.

Stütz den Balkon ab, bevor deine Katze sich drauf verirrt und das ganze Ding unter ihrem Gewicht zusammenbricht."
„Ich hätte A-förmige Stützen bauen sollen, was?"
„Nö. Zwei Säulen tun's auch. Bringt nichts, wenn sie aneinanderlehnen und sich oben oder unten berühren wie bei einem A oder V. Zusammen, aber mit Abstand, sind sie am stärksten. ... Damit kannst du die ganze Welt abstützen." Kräftig, aufrecht. Zusammen, aber mit Abstand. Separate Einheiten in einer gemeinsamen Rolle. Darin liegt wahre Stärke.

Melodramatisch oder ausgeglichen?

Bei dem Wort Melodram fallen uns sofort Brad und Joan ein, die das Trainingsfahrrad hin und her durch die Stadt und die Treppen hinauf und hinab schleppten. Ihre Beziehung schwankt zwischen heftiger Zuneigung und noch heftigerer Abneigung. Solche überaus dramatischen Trennungen und Wiedervereinigungen sind bei kodependenten Beziehungen sehr verbreitet.

Der Astronom George Gamow erwarb sich in der Frühzeit der Atomphysik, als man die Macht und Größe des Universums zu entdecken begann, weltweiten Ruhm. Nachdem er die vier Dimensionen des Raum-Zeit-Kontinuums definiert hatte, illustrierte er sein Leben als eine Linie, die sich durch das Raum-Zeit-Kontinuum bewegt und deren Position durch Punkte bestimmt wird, die willkürliche und unwillkürliche Ereignisse darstellen. Solche Linien, meinte er, schneiden sich mit anderen, so daß neue Punkte entstehen und alle Linien neu ausgerichtet werden.

Das ist eine sehr bedeutsame Illustration. Sollten Sie jemals in unsere Klinik kommen, werden wir Sie vielleicht bitten, sich Ihre Beziehungen zum Ehepartner, zu Eltern oder zu engen Freunden auf ähnliche Weise als parallele Linienpaare vorzustellen. Keine Beziehung gleitet mit dem gleichmäßigen Abstand von Eisenbahnschienen voran. Schließlich sind wir alle Menschen. Kodependente Beziehungen leiden jedoch unter so extremen Schwankungen, daß sich die Linien in schwierigen Zeiten weit auseinanderbewegen. Und bei der Versöhnung schneiden sich die Linien dann geradezu: Die Identitäten geraten durcheinander und vermischen sich. Feindseligkeit ist die Folge, vielleicht sogar Gewalt. Auch die glücklichen Zeiten, in denen man zusammen ist, werden auf diese Weise zu schwierigen Zeiten.

Ein Paar in unserer Beratungspraxis, Robert und Edna, ist seit acht Jahren zusammen. Sie durchleben eine emotional äußerst turbulente, manchmal körperlich gewaltsame Beziehung mit extremen Höhen und Tiefen. Sie haben versucht, durch zeitweilige Trennungen eine gesunde Distanz zwischen sich zu bringen, um eine neue Perspektive zu gewinnen. Doch keine ihrer Trennungen dauerte länger als vierundzwanzig Stunden. Das Ergebnis: Sie quälen sich weiter ab in einer Beziehung, die endloses Leid hervorruft. Sie können und wollen sich nicht mit ihren Grundproblemen auseinandersetzen.

Ausgeglichenheit

Vergleichen Sie diese heftige Melodramatik mit einer gesunden Beziehung. Wieder ziehen sich zwei Linien durchs Leben, berühren andere und werden von anderen berührt. Auf lange Sicht spiegeln diese Linien den natürlichen Wellenrhythmus einer natürlichen Beziehung wieder. Bisweilen gehen die Partner vielleicht unterschiedlichen Tätigkeiten nach – z. B. durch Beruf, Kindererziehung, Schule, Freizeitbeschäftigungen oder Dienste innerhalb und außerhalb der Gemeinde. In diesen Bereichen kann sich der Abstand zwischen den Linien verbreitern. Dann wieder gibt es vertraute und schöne Zeiten, wie die Geburt eines Kindes, die die beiden Linien einander sehr nahe bringen. Die Identitäten bleiben unterscheidbar; die Beziehung bleibt aufs Ganze gesehen sehr eng.

Besitzdenken oder vertrauensvolle Hingabe?

Vielleicht brauchten Brad und Joan jenes Trainingsfahrrad nicht ganz so oft durch die Gegend zu schleppen, wenn er nicht so eifersüchtig wäre. Er sieht irgendeinen Burschen an Joans Arbeitsplatz, und da er weiß, daß sie sexuell sehr anziehend ist (wer wüßte das besser als er?), befürchtet er das Schlimmste. Wer könnte ihr widerstehen? Eifersucht. In kodependenten Beziehungen ist oft ein beträchtliches Maß an Eifersucht festzustellen. Obwohl sie aus Unsicherheit entsteht, geht sie über die normalen Ungewißheiten des Lebens weit hinaus und erreicht bisweilen das Stadium echter klinischer Paranoia. Brad liegt buchstäblich auf der Lauer und sucht nach dem geringsten Anzeichen, nach irgendeinem winzigen Verdachtsmoment, daß Joan sich mit einem anderen eingelassen haben könnte. Auch der kleinste mögliche Hinweis löst eine große Szene und einen Riesenstreit aus. Und obwohl die durch und durch modern eingestellte Joan sich mit Zähnen und Klauen gegen jedes Überbleibsel männlicher Vorherrschaft oder männlichen Besitzdenkens wehrt, beäugt auch sie Brads weibliche Bekannte mit derselben Eifersucht.

Vertrauensvolle Hingabe

Im Gegensatz dazu schafft echte Hingabe Raum für gelassenes Vertrauen. Gründe für Zweifel kann es leider auch in einer gesunden Beziehung geben, doch ist es nicht jenes ständige Lauern auf das kleinste Anzeichen mangelnder Zuneigung. Ein vertrauensvoller Partner ist zwar nicht blind und dumm, aber er verdächtigt nicht voreilig und gibt einen Vorschuß an Vertrauen. Er kann gelassen akzeptieren, daß sein Ehepartner mit vielen anderen Menschen auf diesem Planeten in Kontakt kommt, von denen einige attraktiv sind. *In gegenseitigem Vertrauen geborgen* – so läßt sich eine solche gesunde Beziehung vielleicht am ehesten beschreiben.

Enge Blickrichtung oder breite Unterstützung?

Florence Nightingale ist vor allem aufgrund ihrer Arbeit im Krimkrieg bekannt, in dem sie auf sich gestellt die moderne Krankenpflege prägte und zu einem angesehenen Berufsstand machte. Nur wenige wissen jedoch, daß sie auch bahnbrechend in der Verwendung statistischer Grafiken war, die Ähnlichkeit mit unseren Kreisdiagrammen hatten. Mit ihren „Hahnenkämmen", wie sie ihre ausdrucksvollen statistischen Bilder nannte, veranlaßte sie das schläfrige britische Militär zu wichtigen Gesundheitsreformen.

Zeichnen Sie ein Kreisdiagramm von dem Leben, das Sie im Augenblick führen, und kennzeichnen Sie darin die Zeit und Mühe, die Sie auf verschiedene persönliche Rollen verwenden, als unterschiedliche „Tortenstücke". „Mutter von fünf Kindern" würde ein erheblich größeres Tortenstück ergeben als „Begeisterter Surfer". Ein Tortenstück könnte die Ehe sein; ein anderes vielleicht die Elternschaft, der Beruf, die Gemeinde, Freunde, Freizeit und Hobbys oder Zeiten, in denen Sie allein sind. Das Kreisdiagramm eines gesunden Menschen wird viele verschiedene Stücke aufweisen, zwar von unterschiedlicher Größe, aber dennoch in mehr oder weniger ausgewogenem Verhältnis zueinander.

Das Diagramm eines Kodependenten verdeutlicht die fehlende Ausgewogenheit, besonders, wenn die Anteile den Aufwand an emotionaler Energie repräsentieren, die auf die verschiedenen Rollen verwendet wird. Was die emotionale Anstrengung angeht, ist der Kodependente so besessen von einer alles bestimmenden Beziehung, daß alle anderen Anteile schrumpfen. Der Tag hat nur vierundzwanzig Stunden, und es gibt nur ein bestimmtes Maß an verfügbarer Energie. Der Kodependente verschwendet riesige Mengen an Zeit und Energie auf den Umgang mit einer Person und mit den Problemen dieser einen Person. Wenn eine Sache die Blickrichtung des Kodependenten derartig gefangennimmt, bleibt nur wenig Zeit und Energie für die anderen Bereiche übrig.

Das verdeutlicht auch anschaulich, warum ein Kind weniger als die Zuwendung eines Elternteils bekommt, wenn ein Elternteil kein Suchtverhalten zeigt und der andere von Alkohol, Drogen oder einem zwanghaften Verhalten abhängig ist. Der Nichtsüchtige macht sich Sorgen, fühlt sich schuldig, empfindet Ärger, fühlt sich verletzt, versucht, mit Krisen fertig zu werden – kurz, er wird von dieser problematischen anderen Person absorbiert. Wie sehr es auch geliebt wird, für das Kind bleibt nur noch ein sehr kleines „Tortenstück" des Elternteils übrig.

Das erste, was in stark kodependenten Beziehungen meist über Bord geht, sind die Freundschaften. Die Beziehungen in der Gemeinde geraten ins Stocken. Selbst wenn es sie noch gibt, müssen sie sich mit einem kleinen Anteil an Energie und Aufmerksamkeit zufriedengeben.

Die medizinische Biologie liefert dazu eine Illustration anhand von Tumoren. Der Tumor ist an sich vielleicht nicht bösartig. Doch wenn er, gespeist durch die Energie des Trägers, anwächst, verdrängt er das gesunde Gewebe. Mit dem Tumor selbst könnten wir leben, aber diese Verdrängung und der Verlust gesunden Gewebes bedrohen das Leben. Betrachten Sie den Kodependenten analog dazu als einen Menschen, der an einem solchen Tumor im emotionalen Bereich leidet. Die Problembeziehung verdrängt all die gesunden Beziehungen und Aktivitäten, die das Leben bereichern und ins Gleichgewicht bringen könnten.

Breite Unterstützung

Der Ausdruck „breite Unterstützung" ist wörtlich gemeint. Stellen Sie sich einen Tisch vor, der auf einer Säule ruht. Stellen Sie sich vor, wie Sie mit der Axt ausholen und die Säule durchschlagen. Der Tisch bricht zusammen. Nun stellen Sie sich einen Tisch mit einem geschwungenen Säulenbein in jeder Ecke vor. Schlagen Sie ein Bein ab. Der Tisch ist arg mitgenommen, aber er steht noch. Ein Mensch, der sich nur auf *eine* alles vereinnahmende Beziehung stützt, wird zusammenbrechen, wenn diese Stütze weggenommen wird (zumindest glaubt er, daß das so ist). Ein Mensch mit mehreren soliden Beziehungen wird leiden, aber nicht fallen. Welche anderen Elemente bieten Ihnen Unterstützung in Ihrem Leben? Gibt es Personen, die Ihnen nahestehen (nicht jedoch von ihnen abhängige Kinder; denken Sie an den „emotionalen Inzest") und die Ihnen Unterstützung geben könnten, falls der wichtigste Pfeiler Ihrer Stabilität versagen sollte?

Börsen-Syndrom oder stabile Selbstachtung?

„Die Börsenkurse erreichten heute einen neuen Tiefstand. Beobachter machen Inflationsängste dafür verantwortlich."

„Die Börsenkurse zogen heute scharf an im Zuge der Ankündigung des Präsidenten, daß ..."

„Ich bin an dein Stimmungsbarometer gefesselt. Wenn du oben bist, bin ich auch oben. Wenn du unten bist, bin ich auch unten. Ich werde unglücklich, wenn ich spüre, daß du unglücklich bist. Jede Ahnung oder jedes Problem, ob real oder nur eingebildet, schüttelt mich durch."

Das ist das Börsensyndrom. Wir erleben sehr oft Klienten, die so eng an das Leben und das Glück anderer gebunden sind, daß nur jemand in ihrem Bekanntenkreis einen schlechten Tag zu haben braucht, und schon ist auch ihr Tag im Eimer. Sie agieren nie, sondern reagieren nur. Reagieren ist viel anstrengender als Agieren, denn dazu muß man sich ganz auf die Stimmungen des anderen einstellen, sorgfältig auf jedes Zeichen achten, und man darf niemals in seiner Wachsamkeit nachlassen. Doch das Schlimmste ist: Da man als Reagierender den anderen nicht nennenswert beeinflussen kann, hat der Reagierende keine Kontrolle über seine eigenen Gefühle. Zu der Spannung kommt daher noch die Frustration.

Wenn Sie in gesunder, wechselseitiger Abhängigkeit leben, sind Sie nicht weniger einfühlsam oder teilnahmsvoll als der Kodependente. Aber Sie sind nicht so an irgendeine Person gefesselt, daß Ihre Zufriedenheit und Ihr Glück davon abhängen, ob diese andere Person glücklich und zufrieden ist. Die Unterstützung und Zuwendung, die Sie zu geben haben, ist deshalb stärker, denn Sie müssen nicht auf die andere Person reagieren, um Ihre eigenen Bedürfnisse zu befriedigen. Der Schlüssel zu dieser gesunden wechselseitigen Abhängigkeit ist Selbstachtung: Zuversicht von innen heraus.

Wiederholungszwang oder Offenheit für die Zukunft?

Die „Geister" aus der Vergangenheit von John und Gladys Jordan sind ein gutes Beispiel für den Wiederholungszwang. Unverarbeitete Probleme aus der Kindheit, besonders solche, die mit Mißhandlung oder Vernachlässigung zu tun haben, verurteilen den jungen Erwachsenen dazu, die Vergangenheit ständig zu vergegenwärtigen, zu wiederholen. Dieses zwanghafte Bedürfnis macht die Freiheit der Wahl zunichte. Der Wiederholungszwang ist noch stärker bei Personen, die ihre Probleme leugnen und sich dadurch selbst um die Chance bringen, sie zu verarbeiten. Unbewußt müssen sie die Vergangenheit neu inszenieren; es ist der fruchtlose Versuch, Dinge zu bewältigen, die sie bewußt verleugnen.

Für einen Christen hat die Sache noch weiterreichende Konsequenzen, denn die Fähigkeit, Gottes Willen zu hören und zu befolgen, wird erstickt. Der Zwang wird zum beherrschenden Faktor.

Der Apostel Paulus wurde als Pharisäer erzogen, war Sohn eines Pharisäers. Niemand war strenger und gesetzlicher als ein durchschnittlicher Pharisäer. Doch durch Gottes Hilfe überwand er schließlich die Verblendung seiner religiösen Tradition und wurde empfänglich und offen für die manchmal verwirrenden Wege, auf denen Gott ihn führte. Er hätte Gott nicht mit ganzer Seele dienen können, wäre er in seiner Vergangenheit gefangen geblieben.

Offenheit für die Zukunft

In einer gesunden, wechselseitigen Beziehung liegt eine große Offenheit für die Zukunft. Die Vergangenheit ist bewältigt; die Beziehung kann sich frei entfalten; sie durchläuft eine gesunde, dynamische Entwicklung. Ein Jahr nach den Flitterwochen hat sich die Ehe in etwas noch besseres verwandelt. Zehn Jahre später ist sie noch weiter gewachsen und hat sich verändert. Eine Freundschaft vertieft sich. Ein Bund unter Geschwistern reift.

Immer mehr Paare bringen ihre Ehe sozusagen zur Inspektion, indem sie jährlich oder halbjährlich an Freizeiten oder Eheseminaren teilnehmen. Während solcher Pausen denken sie über Beruf, Ehe und Möglichkeiten für die Zukunft nach. Der Erfolg solcher Programme hängt davon ab, ob die Partner durch eine von Zwanghaftigkeit unbeeinträchtigte Beziehung die Freiheit zur Veränderung mitbringen.

Kontrollbedürfnis oder Bereitschaft zum Kontrollverzicht?

In einer gestörten Familie ist Kontrolle ein Schlüsselwort. Vielleicht schuf ein perfektionistischer, kritischer, gesetzlicher, dominanter Elternteil ein Klima übersteigerter Kontrolle. Oder ein Elternteil versackte in der Abhängigkeit von irgendeiner Droge und verursachte ein Chaos; niemand hatte mehr die Kontrolle über irgend etwas, weil keiner wußte, was als nächstes zu erwarten war. Viele unserer Patienten hören sich das an und rufen: „Volltreffer! Bei mir war beides zugleich der Fall." Wenn ein Elternteil instabil ist und

die Kontrolle verliert, geht der andere oft in der entgegengesetzten Richtung über Bord.

Wenn in der Ursprungsfamilie Kontrolle ein Problem war,
besitzt der daraus hervorgehende Erwachsene ein ungemein
starkes Bedürfnis nach Kontrolle. Dieses Bedürfnis wird sich
auf die eine oder andere Weise äußern. Manchmal ist Kontrolle der einzige schmerzhafte Bereich in einem ansonsten
wohlbehüteten Zuhause. Wenn sie ihre Beziehung zu ihrer
wichtigsten Bezugsperson beschreiben, sagen viele Patienten: „Wir kämpfen seit dem Tag, an dem wir uns begegnet
sind, und ich habe keine Ahnung, wer gewinnt oder verliert."

Viele Faktoren tragen zu dem Kreislauf der Sucht und
Zwanghaftigkeit bei. Kontrolle ist einer der wichtigsten. Ein
Süchtiger versucht, seine Stimmungslagen durch chemische
Substanzen unter Kontrolle zu bringen. Jemand, der an
zwanghaften Wutanfällen leidet, *muß* absolute Kontrolle ausüben. Ein magersüchtiger Teenager lebt häufig unter der extrem starken Kontrolle seiner Eltern oder eines Elternteils.
Er hat nicht die Möglichkeit, er selbst zu sein oder wie ein
normaler Jugendlicher mit den Flügeln zu schlagen, aber er
kann immerhin aufhören zu essen. Alle Macht seiner Eltern
kann ihn nicht zwingen zu essen.

Bereitschaft zum Kontrollverzicht

Die Bereitschaft zum Kontrollverzicht ist keine Charakterschwäche; sie ist ein Zeichen von Gesundheit. Ein Mensch
mit einem niedrigen Wert auf der Kodependenz-Skala mag
zwar Kontrolle ausüben, aber er wird sie nicht brauchen.

Dieser Verzicht kann in jeder Art von Beziehung Ausdruck
finden. Am Arbeitsplatz verteilt der Chef die interessante-
sten Aufgaben großzügig; er muß nicht in allem seine Finger
mit im Spiel haben. Er kann Verantwortung delegieren. Zu
Hause gibt die Mutter den Kindern die Freiheit, beim Ko-
chenlernen ein Chaos in der Küche anzurichten und etwas
Ungenießbares zusammenzurühren. Opa gibt sich mit einer

nicht ganz perfekten Autowäsche zufrieden, weil seine eifrige sechsjährige Autowäscherin ihr Bestes tat. In einer ehelichen Beziehung ist der Mann normalerweise körperlich stärker. Diese Stärke könnte er benutzen, um seine Frau und seine Kinder zur Unterordnung zu zwingen. Er könnte – aber er tut es nicht. Die Frau könnte ihrem Mann seine ehelichen Rechte vorenthalten, um ihn in irgendeiner Sache zum Nachgeben zu zwingen, oder vielleicht in einem Anfall von Zorn die Schlafzimmertür zuschlagen. Sie könnte – aber sie tut es nicht.

Christen sehen Jesus als das größte Vorbild für jemanden, der auf seine Macht verzichtete, denn er bewies wiederholt seine absolute Macht über Menschen und Natur. Dämonen, Krankheiten und Stürme gehorchten ihm. Zehntausend Engel hätten ihm zu Hilfe eilen können, als er in ohnmächtigen Schmerzen am Kreuz hing. Aber er fügte sich. Diese allmächtige Person demütigte sich vollkommen, damit Gottes Ziel erreicht würde.

Furcht vor dem Verlassenwerden oder Vertrauen?

Joe drückt sich vor der Verantwortung für seine Familie und der Versorgung der Kinder und wird zum Motorrad-Gammler. Er läßt seine Familie einfach im Stich. Mutter hat die Plackerei im Haushalt satt, also schmeißt sie alles hin und sucht sich zweihundert Kilometer entfernt eine Wohnung und einen Job. Sie läßt ihre Familie im Stich. Marie fühlt sich durch ihre Beziehung zu Ralph erdrückt und beschließt, ihn nur noch einmal in der Woche zu treffen statt jeden Abend. Das heißt nicht, daß sie ihn im Stich läßt, aber Ralph sieht es so. Er ist stark kodependent.

Ein gesunder Schritt zurück, um sich Raum zum Atmen zu verschaffen, wird von einem Kodependenten in einer alles vereinnahmenden Beziehung so empfunden, als würde er vollkommen im Stich gelassen. Jeder Freiraum im Zusammensein wird als Ablehnung oder erster Schritt zum endgültigen Abschied verstanden. Unterschwellig geistert im Kopf des Kodependenten der bedrohliche Gedanke umher: „Wenn du verlassen wirst, verlierst du zuviel; du wirst zugrunde gehen." Aus panischer Angst vor dem Verlassenwerden tut der Betreffende alles, um zu verhindern, daß eine Beziehung sich auflöst.

Obwohl eine Frau es vielleicht besser in Worte fassen kann – „Ich habe solche Angst, ihn zu verlieren!" – ist der Mann von dieser Angst vor dem Verlassenwerden ebenso betroffen. In unserem Sprechzimmer saß eines Tages Robert Helm: groß, breitschultrig, vollkommen durchtrainiert durch seine täglichen Übungen an den neuesten Bodybuilding-Geräten. Er hätte die Personifikation des „freundlichen Riesen" sein können – nur war er nicht freundlich. Er war bei uns, weil er seine Frau mißhandelte.

Am Donnerstag sprach er über seine konfliktbeladene Ehe. „Ich verstehe jetzt, daß es nicht klappen kann. Es hat von Anfang an nicht geklappt. Mir ist klar, warum Edna sagt, daß sie das nicht mehr aushalten kann. Ich halte es auch nicht mehr aus. Es ist Zeit, ein Ende zu machen."

Am Freitag zog Edna aus. „Ich muß versuchen, eine neue Perspektive zu gewinnen", sagte sie. „Ich brauche etwas Zeit mit mir allein."

Am Samstagmorgen rief Robert uns voller Panik an. Dieser Mann, der so zäh und stark geklungen hatte, als er von einer Trennung sprach, wurde nicht damit fertig. In seinen Augen war er schlicht und einfach im Stich gelassen worden.

Tragischerweise gehen Ralph und Edna sogar ihre Therapie auf kodependente Weise an. Eigentlich sollten sie sich mit der Frage beschäftigen: „Wie kann unsere Beziehung wieder gesund werden?" Statt dessen wollen sie, daß ihr Therapeut diesen dramatischen Tanz mitmacht und die Beziehung gerade so weit zusammenflickt, daß sie erträglich wird. Ihre unausgesprochene Botschaft lautet: „Was Sie auch tun, verlangen Sie nicht von uns, daß wir unsere Probleme direkt angehen." Sie wollen ihre Beziehung nicht neu aufbauen, denn das würde Veränderungen bedeuten, die zunächst schmerzhaft wären. Sie wollen ihrer derzeitigen, wackeligen Beziehung nur auf irgendeine magische Art Bestand verleihen.

Vertrauen

Das Gegenteil der Angst vor dem Verlassenwerden ist natürlich Vertrauen. Das beste Vertrauen ruht auf Gott. Ihm allein können wir Glauben schenken, wenn er verspricht: „Ich werde dich nicht verlassen noch versäumen." Auf ihn allein können wir uns vollkommen stützen.

Und doch müssen wir irgendwie auch Menschen vertrauen. Aber wie?

Die erste Ebene des Vertrauens bezieht sich auf die Eltern und den Ehepartner. Die nächste betrifft entferntere Beziehungen. Um stabil zu sein, müssen diese Ebenen in der Regel auf dem soliden Fundament des Vertrauens auf Gott ruhen.

„Vertrauen?!" protestiert unser klinischer Patient. „Ist Ihnen klar, was mein Ehepartner (oder Elternteil oder eine andere nahestehende Person) mir angetan hat? Wie soll ich nach diesen Erfahrungen noch zu jemandem Vertrauen aufbauen?"

Unsere Antwort ist: „Indem Sie es indirekt angehen. Vertrauen Sie Gott? Seien Sie darin geborgen. Bauen Sie zunächst die entfernteren Beziehungen wieder auf und machen Sie die Erfahrung, daß Sie anderen vertrauen können. Wenden Sie sich an eine Selbsthilfegruppe. Mit der Zeit wird auch das Vertrauen in Ihre wichtigste Beziehung wieder wachsen."

Leider reicht einem Kodependenten, dessen ein und alles eine einzige Person ist, diese Antwort nicht aus. „Sie verstehen nicht. Was ich wissen muß, ist, ob ich diesem einen Menschen vertrauen kann!"

Vertrauen ist – wie ein guter Ruf – leicht zu zerstören und schwierig wieder aufzubauen, und das Wiederaufbauen fällt einem Menschen, der unter Problemen der Kodependenz leidet, noch um vieles schwerer.

Diese Probleme treten am stärksten und am häufigsten in
der Ehe auf. Ob Sie im Augenblick verheiratet sind oder
nicht, Sie sollten wissen, wie diese Probleme sich äußern und
wie Sie sie ausschalten können. Lassen Sie uns darüber als
nächstes sprechen.

Wie Beziehungen gelingen

Im letzten Kapitel erwähnten wir, daß das Gegenteil von Abhängigkeit oder Kodependenz nicht Unabhängigkeit ist, sondern wechselseitige Abhängigkeit. Vielleicht kann unsere Vorstellung eines Beziehungsrades das veranschaulichen.

Das Beziehungsrad

Auf dem höchsten Punkt des Rades finden wir jenen glücklichen Zustand – die gesunde, wechselseitig abhängige Ehe. Zwei Menschen stehen eng beieinander, doch mit genügend Abstand dazwischen, um Gott in ihrer Beziehung Raum zu geben. Auch Wachstum und Veränderung zum Guten sind hier möglich. Das Verhältnis zwischen Abhängigkeit und Unabhängigkeit ist ausgewogen.

Wenn wir den Kreis im Uhrzeigersinn entlanggehen, bewegen wir uns in Richtung Unabhängigkeit. Je weiter wir gehen, desto stärker beharren wir auf unserer Unabhängigkeit. Die Bewegung gegen den Uhrzeigersinn tendiert zu einer übersteigerten Abhängigkeit in der Beziehung. Keines von beiden ist gut für die Ehe.

In manchen Gruppen wird diese Entwicklung, die wachsende Neigung zur Abhängigkeit, als gesundes Modell für die christliche Ehe betrachtet. Der neueste Trend bei den Führungsstilen der Geschäftswelt sieht den leitenden Mitarbeiter in der Position eines Dieners. Vor allem ihm kommt die Rolle zu, sowohl der Firma als auch den Angestellten selbstlos zu dienen. Lassen Sie uns überlegen, was die Tendenz zur übersteigerten Abhängigkeit bewirkt.

Die erste Station dieser Entwicklung kann einfach als „Abhängigkeit" oder „abhängige Beziehung" bezeichnet werden, in der eine Person anfängt, sich zu stark auf die andere zu stützen. Die Abhängigkeit kann durch willkürliche, unverschuldete Umstände verursacht sein, z.B. durch die Erkrankung oder Behinderung eines Partners, oder einfach durch Faulheit oder Bequemlichkeit. Manchmal wird dem Paar geraten, die Frau müsse unterwürfig und von Lust und Laune des Ehemanns abhängig sein. Ebenso, wenn auch weniger häufig, kann es sein, daß der Ehemann Unabhängigkeit an seine Frau abgibt. Wenn Drogenmißbrauch mit im Spiel ist, rutscht das Paar fast immer in die Abhängigkeit ab, denn der süchtige Partner stützt sich immer mehr auf seinen Ehepartner.

Was der Auslöser auch sein mag, wie willkürlich oder unverschuldet es auch beginnt, beide Partner stehen in der großen Gefahr, zur nächsten Station abzugleiten, nämlich zur „Kodependenz".

Die Umkehrung kodependenter Neigungen

In einer gesunden Verbindung wird sich das Paar wieder zum obersten Punkt des Kreises hinaufarbeiten. Zum Beispiel erlitt ein Mitarbeiter in der Klinik einen Herzanfall und war mehrere Monate lang außer Gefecht gesetzt. Plötzlich war Ron in vielen Funktionen und Aktivitäten, die er seit ihrer Hochzeit als sein Vorrecht betrachtet hatte, von seiner Frau abhängig. Plötzlich war sie es, die das Geld verwaltete. Sie wechselte das Öl beim Auto. Sie brachte das verstopfte Abflußrohr in Ordnung, denn er war körperlich nicht dazu in der Lage.

Sobald er wieder zu Kräften kam (und, offen gesagt, zum Teil auch schon vorher – Geduld war noch nie seine Stärke), nahm Ron nach und nach einige leichte Tätigkeiten wieder auf und teilte sich die Arbeitsbelastung wieder mit seiner Frau, wenn auch die Anteile nicht mehr dieselben waren. Obwohl seine angeschlagene Gesundheit sie daran hinderte, ihre Beziehung genauso wiederherzustellen, wie sie vorher gewesen war, wurde doch insgesamt wieder ein Gleichgewicht erreicht. Indem er sich bewußt wieder in Richtung

Unabhängigkeit bewegte – und zwar nicht nur körperlich, sondern auch geistig und geistlich –, erreichte Ron schließlich erneut den obersten Punkt des Rades.

Was geschieht jedoch, wenn sich die Abhängigkeit weiterentwickelt und das Paar sich immer tiefer darin verstrickt? Der eine lehnt sich immer stärker an. Der andere, der „Starke", beginnt ebenfalls, sich auf den anderen zu stützen. Jeder braucht den anderen als Krücke. Sie nehmen die Position A-förmiger Stützen ein, die wir Kodependenz nennen. Beide befinden sich in einem gefährlichen Ungleichgewicht.

Eine unabhängige Beziehung

Im Bemühen, der Abhängigkeit zu entgehen, galoppierte die Frauenbewegung in der anderen Richtung davon. Doch die Bewegung vom obersten Punkt des Kreises nach rechts birgt ebenso große Gefahren. „Wir haben uns irgendwie auseinandergelebt." „Ich bin ich, und er ist er, und wir sind kein ‚Wir' mehr." „Wir kennen uns nicht mehr. Wir leben in verschiedenen Welten, die offenbar überhaupt nichts miteinander zu tun haben." Solche Aussagen sind typisch dafür.

Je weiter sich das Paar in Richtung Unabhängigkeit bewegt, desto mehr nimmt die Entfremdung zu. Geht man weit genug, so verwandelt sich die Entfremdung in Gegnerschaft, Feindschaft. Statt zum Reichtum und zur Vielschichtigkeit einer Ehe beizutragen, werden Unterschiede zu trennenden Faktoren. Normalerweise waren diese Unterschiede von Anfang an vorhanden. Doch jetzt wird der Unabhängigkeit ein solcher Vorrang eingeräumt, daß die Unterschiede zu Ausreden und Rationalisierungen werden, vielleicht sogar zu Waffen, um sich gegenseitig anzugreifen.

Viele unserer Klienten, die unsere Rad-Illustration betrachten, nicken zustimmend. „Ja, ich verstehe. Genauso ist es bei uns." Doch oft sind sie erschrocken über das, was am unteren Ende des Kreises geschieht, an der Stelle, die von einem gesunden Gleichgewicht am weitesten entfernt ist. Sowohl die ungesunde Kodependenz als auch die ungesunde

Unabhängigkeit können schließlich zu einer bösartigen Kodependenz führen, die eine Eigendynamik entwickelt. Unser armes Paar, entfremdet und aus dem Gleichgewicht geraten, läuft nun in zwei beinahe entgegengesetzte Richtungen. Doch gleichzeitig sind die beiden unlösbar miteinander verbunden. Ihre Linien sind zu einer Art Spirale geworden; sie winden sich umeinander, aber sie berühren sich nie. Die Gegnerschaft zwischen den beiden ist ungemein stark. Beide haben das überwältigende Gefühl, in der Falle zu sitzen. Vor allem hat sich an diesem Punkt immer ein gewaltiges Maß an Zorn angesammelt.

Wenn es in beide Richtungen gleichzeitig geht

Das Rad illustriert vor allem, wie Kodependenz und Unabhängigkeit gleichzeitig wirken. Ein hervorragendes Beispiel dafür ist die Arbeitssucht, und ein klassischer Fall dafür ist Tom Chambers. Er verkauft Grundstücke, was auch unter günstigsten Umständen kein leichter Job ist. Auf dem Höhepunkt seiner Arbeitssucht hätte er einem Kunden zu jeder Tages- oder Nachtzeit jedes beliebige Grundstück gezeigt, das ihn interessierte. Wenn der Kunde geschäftliche Dinge lieber beim Essen besprach, zog er seine Kreditkarte hervor und lud ihn zum Essen ein. Wenn man nur morgens für ihn Zeit hatte, schloß er den Handel am Frühstückstisch ab. Ob Werktag oder Wochenende, er stand immer fürs Geschäft zur Verfügung.

Während all dieser Zeit übernahm seine pflichtbewußte Frau Judith einen unverhältnismäßig großen Teil der täglichen Aufgaben in der Familie, die genausogut seine Verantwortung gewesen wären; etwa die gemeinsame Zeit mit den Kindern. Sie kümmerte sich um all die kleinen, zeitraubenden Einzelheiten, die die Haltung ihrer beiden Autos, des Hauses und ihres Lebensstils erforderlich machten.

Tom und Judith wurden immer abhängiger voneinander. Er hätte nicht soviel Zeit und Mühe auf seine Arbeit verwenden können, wenn sie sich nicht um alles gekümmert hätte, was in seinem Leben unerledigt blieb – alles vom Zwischenstop bei der Reinigung bis zur Bezahlung der Versicherungsprämien und Rechnungen. Sie schrieb sogar die Dankeskarten für Geschenke, die seine Eltern ihm geschickt hatten. Und doch war sie vollkommen abhängig von ihm in bezug auf das Geld und das gesellschaftliche Ansehen, das sie genoß. Sie waren völlig ineinander verstrickt.

Nach einiger Zeit waren sie gleichzeitig fast völlig unabhängig voneinander geworden. Er hatte mit ihrer häuslichen Welt nichts mehr zu tun. Sie hatte ganz bestimmt keinen Anteil an seinen geschäftlichen Aktivitäten. So verwoben sie in mancher Hinsicht ineinander waren, gab es doch in ihrem Alltag kaum noch Berührungspunkte. Sie entfremdeten sich voneinander und waren emotional nicht mehr füreinander da, weil all die anderen Faktoren ihr Leben in Beschlag nahmen. Besonders Judith hegte wachsenden Groll gegen die Vernachlässigung durch Tom und seine emotionale Distanz. Entfremdung und Distanz verschärften sich zu offener Feindseligkeit. Diese Feindseligkeit und Wut führte zu Streitereien, lautstarken Diskussionen und gegenseitigen Beschuldigungen.

Toms und Judiths gleichzeitiger Abstieg auf beiden Seiten des Beziehungsrades ist typisch für Paare, in denen einer oder beide Partner in einer Sucht oder einem zwanghaften Verhalten gefangen sind.

Nicht alle Paare gleiten ganz bis zum untersten Punkt des Rades ab. Sie können sich auch in Richtung Unabhängigkeit bewegen, um sich dann ganz weg von dem Rad in völlig getrennte Welten zu verlieren. Die Beziehung hört auf zu bestehen. Oder sie verharren auf irgendeiner Stufe dieser Distanzierung, führen ein Leben in stiller Verzweiflung und versuchen, bis zum Tod durchzuhalten.

Wenn Unabhängigkeit vorherrscht

Elizabeth Metranos italienischer Großvater wuchs in einer rauhen, städtischen Gegend in New Jersey auf. Nachdem er

183

sich vom vorzeitigen Schulabgänger zum Multimillionär hochgearbeitet hatte, floh er aus New York in die wohlhabenden Vorstädte New Jerseys. Elizabeth erbte seinen Scharfblick und seinen Ehrgeiz. Bei neunundzwanzig Tanten und Onkeln sowie dreiundfünfzig Cousins und Cousinen gleichen ihre Familientreffen meist einem turbulent-fröhlichen Bandenkrieg, alljährlich organisiert von Onkel Joe Taglioni, der dazu meist den städtischen Rummelplatz anmietet. Elizabeth liebt diesen Lärm, den Trubel und hat gern jede Menge Menschen um sich her.

Caleb Johansen ritt im Alter von zweiundzwanzig Monaten zum ersten Mal ohne Hilfe auf einem Pferd. Geboren und aufgewachsen auf einer Ranch in Montana, ist seine Vorstellung von Glück ein gutes Pferd unter dem Sattel und ein Horizont, so flach und klar, daß man fast bis ins Unendliche sehen kann. Wenn Caleb sagt, daß ihm drei Leute auf einem Fleck schon zuviel sind, dann meint er es auch so.

Elizabeth und Caleb heirateten während ihres Studiums. Ihre Freunde waren überzeugt, daß die Ehe niemals halten würde. *„Zwölf Uhr mittags* und *Der Pate* unter einem Dach? Vergiß es!"* Mit Elizabeths Ehrgeiz und Calebs unbeirrbarem Menschenverstand machte sich das Paar ein herrliches Leben. Sie hatten ein wunderschönes Haus und ein vierzig Hektar großes Feriengrundstück in der Nähe eines Stausees. Elizabeth saß als Beraterin im Schulbeirat. Caleb war Vorsitzender einer Wohlfahrtsorganisation. Beide waren in ihrer Gemeinde sehr aktiv. Sie übernahmen einen wichtigen Dienst unter den jungen Leuten in der Innenstadt; oft holten sie ein Dutzend Kinder übers Wochenende in ihr Ferienhaus und vergnügten sich mit Booten und Pferden. Doch bei alledem waren sie einander zu Fremden geworden.

Wegen ihrer religiösen Überzeugungen kam eine Scheidung für sie nicht in Frage. Dennoch war von ihrer Ehe kaum etwas übrig; es gab scharfe Worte und einen täglichen Kampf, wer von ihnen seinen Willen durchsetzen konnte. Sie brauchten Hilfe und waren so vernünftig, sich frühzeitig darum zu bemühen.

„Ihre Vorstellung von einem ruhigen Ausritt ist *Lawrence von Arabien* – fünfhundert brüllende Reiter, die über die Wüste donnern."

„Seine Vorstellung vom Ausschlafen am Samstag ist, bis sieben im Bett zu bleiben."

„Sie telefoniert für hundert Dollar im Monat, nur um mit ihren Verwandten an der Ostküste zu klönen."

„Ich rede wenigstens, er spricht ja kein Wort."

„Ihre Aktivitäten haben immer Vorrang, was auch geschieht."

„Seine Aktivitäten haben immer Vorrang, was auch geschieht. Er ißt nicht mehr als dreimal in der Woche an unserem Tisch", schimpfte Elizabeth. „Den Rest der Zeit verbringt er irgendwo mit irgendwelchen Aktivitäten. Ich muß morgens um halb acht los zur Arbeit. Doch er ist schon weg, bevor ich überhaupt aufstehe. An dem einzigen Abend, wo er zu Hause ist, muß ich zur Verwaltungsratssitzung. Er hat noch nicht ein einziges Mal die Wäsche in die Maschine gesteckt. Oder auch nur aus dem Trockner genommen."

„Meine Schwester hat drei Kinder und eine gut bezahlte Tätigkeit als staatlich geprüfte Buchhalterin. Sie schafft das, indem sie ihre Konten von zu Hause aus bearbeitet; Computer, Modem, Fax – sie steht mit der ganzen Welt in Verbindung. Und doch kann sie immer noch Hausfrau und Mutter sein. Es ist zu schaffen. Beth ist noch keine Mutter, aber sie ist eine Ehefrau, und da, wo ich herkomme, ist die Ehefrau für den Haushalt zuständig. Das ist biblisch. Steht in Sprüche 31."

Stellen Sie sich vor, Sie wären Lebensberater und säßen Elizabeth und Caleb gegenüber. Zuallererst muß ein Lebensberater Zuhörer sein und ein Gespür für Worte und Zwischentöne haben. Sie verspüren unter der Oberfläche eine gewisse Erregung und Ungeduld. Beide sehen etwas müde aus. Beide sind ordentlich und gut gepflegt, aber Caleb gibt sich entspannt und lässig, während Elizabeth wie aus dem Ei gepellt und geschäftsmäßig aussieht. Sein ländlich gedehnter Akzent steht in scharfem Kontrast zum leichten Näseln ihres

New-Jersey-Tonfalls. Von außen sieht es so aus, als ob ihre Freunde recht gehabt hätten – diese beiden Menschen sind so vollkommen verschieden, daß der Gedanke einer dauerhaften Beziehung illusionär erscheint.

Nun tun Sie zweierlei. Analysieren Sie Elizabeths und Calebs Situation mit Hilfe dessen, was Sie über Liebestanks und das Beziehungsrad wissen. Dann vergleichen Sie diese Situation mit Ihrer eigenen. Vielleicht sind Sie nicht verheiratet. Höchstwahrscheinlich können Sie auch nicht reiten. Aber das spielt keine Rolle. Elizabeth und Caleb sind füreinander jeweils die wichtigste Bezugsperson. Prüfen Sie Ihre Beziehung zu Ihrer eigenen wichtigsten Bezugsperson, sei es ein Elternteil, ein Freund oder ein Ehepartner. Gegensätze sind ebenso aufschlußreich wie Ähnlichkeiten. Nehmen Sie alles unter die Lupe.

Welchen Rat würden Sie den Johansens geben? Wer sollte sich ändern – Elizabeth, Caleb oder beide? In welcher Weise? Bevor Sie weiterlesen, nehmen Sie sich wenigstens einige Augenblicke Zeit, um über Möglichkeiten nachzudenken, wie die Johansens in ihrer Ehe wieder Frieden und Zufriedenheit erfahren könnten.

Auch wenn es kein Patentrezept ist, empfehlen wir in der Klinik Paaren wie den Johansens eine Reihe von Maßnahmen. Diese Maßnahmen variieren je nachdem, ob es sich um ein Problem der Abhängigkeit oder der Unabhängigkeit handelt, denn es kommt darauf an, sich in der entgegengesetzten Richtung zurückzubewegen.

Schritte gegen das Abgleiten in die Unabhängigkeit

Wenn das Paar in eine möglicherweise schädliche Unabhängigkeit abgeglitten ist, empfehlen wir die folgenden vier Schritte:

Erstens *muß sich das Paar dem Problem stellen,* d. h. vor sich selbst und voreinander zugeben, daß ein Problem besteht. Selbst in leichten Fällen kann eine subtile Verleugnung vorliegen. „So ist das nun einmal, wenn man so lange verheiratet ist wie wir." „Sie erwarten doch nicht, daß wir noch genauso enthusiastisch sind wie am Anfang unserer Ehe, oder?" „Wir haben uns weiterentwickelt. Natürlich stehen wir uns nicht mehr ganz so nahe." „Das ist schon in Ordnung. Das ist normal."

Zweitens empfehlen wir eine Inventur der gemeinsamen Zeit. Wann, wie und unter welchen Umständen kommt dieses Paar zusammen? Wann verbringen sie gemeinsame Zeit, wann tun sie es nicht? Diese Inventur ist am besten schwarz auf weiß auf einem Blatt Papier vorzunehmen.

Drittens muß das Paar einen neuen Bund schließen, eine neue Vereinbarung treffen, sich neu zueinander stellen – und dieser Schritt sollte am besten nicht nur auf Papier festgehalten, sondern in Gegenwart eines Dritten vorgenommen werden, etwa eines Lebensberaters, Pastors oder engen Freundes. Der Kern dieser neuen Vereinbarung ist, mehr Zeit miteinander zu verbringen und mehr Berührungspunkte zu schaffen, um die Distanz zwischen beiden zu verringern. Solange die Vereinbarung funktioniert, kann sie jede beliebige Form haben und wird für jedes Paar verschieden ausfallen. Um sie in die Tat umzusetzen, müssen die Partner fast immer die Anforderungen reduzieren, die von außen an ihre Zeit und Energie gestellt werden.

Viertens suchen wir einen Weg, durch den das Paar in regelmäßigen Abständen Rechenschaft ablegt. Der dritte Schritt ist nutzlos, wenn er, wie so viele gute Vorsätze, in Vergessenheit gerät. Wenn das Paar vor einem Dritten, dem es vertraut, Rechenschaft ablegt, wird der neue Bund fast mit Sicherheit Bestand haben. Häufig machen Paare in unserer Beratung auch allein regelmäßige Inventuren, um Spaltungen zu heilen und festzustellen, wie gut sie vorankommen.

Schritte gegen das Abgleiten in die Kodependenz

Ein Paar, das in die Abhängigkeit abrutscht, wird andere Hilfen brauchen, um sich wieder in die richtige Richtung zu entwickeln. Bei mehr gemeinsam verbrachter Zeit würden diese Partner ihr Problem wahrscheinlich noch verschärfen und ihre Verbindung schwächen.

Auch bei einem solchen Paar (wie bei jedem anderen) empfehlen wir jedoch als erstes, *das Problem anzuerkennen.* Abhängigkeit einzugestehen ist eine große Herausforderung, wenn sie unvermeidbar ist, wie zum Beispiel bei einer chronischen oder behindernden Krankheit. Aber dieses Eingeständnis ist unbedingt notwendig.

Der zweite Schritt besteht in einer *Inventur aller Grenzen, die überschritten wurden.* Grenzen werden überschritten, wenn eine Person falsche, unnötige oder übertriebene Verantwortung für die andere übernimmt. Sie werden überschritten, wenn ein Partner sich zu stark an den anderen klammert. Ein grob vereinfachtes Beispiel: Eine Ehefrau, die an Gehirnlähmung leidet, kann sich die Schuhe nicht ohne die Hilfe ihres Mannes anziehen. Doch wenn er ihr auch noch die Strümpfe anzieht und ihr die Schuhe bindet, obwohl sie das allein schafft, übernimmt er eine unnötige Aufgabe. Dieselbe Ehefrau überschreitet vielleicht die Grenze, indem sie ihren Mann fünfmal am Tag ohne besonderen Grund am Arbeitsplatz anruft.

Das Geheimnis des Erfolges liegt darin, die Grenzen neu abzustecken und zu respektieren, so daß sich die Abhängigkeit nicht verstärken kann.

Der dritte und vierte Schritt sollte schriftlich festgehalten werden. Im dritten Schritt *erklärt jeder Partner, welche Grenzen er für angemessen hält* – wieviel persönliche Interaktion er möchte. Wohlgemerkt, das heißt noch nicht, daß die Grenzen tatsächlich so gezogen werden, aber sie sollten so aufgelistet werden.

Der vierte Schritt ist *eine Liste der Dinge, die jeder Partner aufzugeben bereit ist.* Diese Liste soll also im Kern folgende

Aussage enthalten: „Ich erkläre hiermit, welche meiner vereinnahmenden Verhaltensweisen ich aufgeben werde. Auf diese Weise möchte ich dir Freiraum lassen. Diese Dinge möchte ich dir geben."

Fünftens fordern wir jeden Partner auf, *neue Wege zu gehen, um mehr für sich selbst zu sorgen, mehr Selbstverantwortung zu übernehmen.* Beachten Sie, daß wir damit nicht nur die abhängigere Person ansprechen, sondern beide. Diese Aussage lautet: „Auf diese Weise werde ich Verantwortung für mich selbst übernehmen, so daß du meine Grenzen nicht zu überschreiten brauchst."

Schließlich, und das ist vielleicht der wichtigste Schritt, bitten wir beide Partner, *ihre Beziehung mit Hilfe einer gesunden dritten Person sorgfältig zu durchleuchten* und herauszufinden, welche gesunden Aktivitäten die beiden Partner *nicht* betreiben. Zum Beispiel könnte ein Mann, der sich in seiner Ehe gefangen fühlt – der Raum zum Atmen braucht –, sich einer Selbsthilfegruppe oder Interessengruppe anschließen. Er könnte sich stärker an Gemeindeaktivitäten beteiligen oder Freundschaften mit anderen Männern aufbauen, die seine Interessen teilen. Wenn die Ehe in Richtung Abhängigkeit oder Kodependenz abgeglitten ist, sind das gesunde Maßnahmen, um zu einem angenehmen und fruchtbaren Gleichgewicht zurückzukehren.

Auch der „abhängige" Partner in einer solchen Ehe sollte Interessen außer Haus entwickeln. Für ihn ist dieser Schritt vielleicht sogar noch wichtiger.

Das Beziehungsrad läßt sich nicht nur auf Ehen anwenden. Beziehungen zwischen Eltern und erwachsenen Kindern, Bindungen zwischen Freunden, vielleicht sogar Bindungen am Arbeitsplatz, in der Gemeinde oder in der Schule werden von einer genauen Überprüfung profitieren.

Eine Übung dieser Art ist besonders fruchtbar, wenn ein Paar gerade erst im Begriff ist, in Abhängigkeit oder Unabhängigkeit abzugleiten. An diesem Punkt läßt sich das Problem noch ohne großen Aufwand beheben.

Und wie steht es mit Ihnen? Wenn Sie bei sich selbst inzwischen klare Symptome einer Kodependenz entdeckt haben, wird eine einfache Neuorientierung nicht ausreichen. Wenn das dritte und das vierte Kapitel dieses Buches bei Ihnen Saiten zum Schwingen gebracht hat, von denen Sie nicht einmal wußten, daß sie existieren, dann ist eine oberflächliche Behandlung der Symptome das Schlechteste, was Sie tun können – es reicht einfach nicht aus.

Einsicht ist die erste Bedingung zur Genesung. Um Dr. Minirth zu zitieren, kann man „keine Enten schießen, bevor die Sonne aufgegangen ist". Einsicht in die Mechanismen Ihrer Beziehungen und Einsicht in die Realität von Zwängen, zwanghaften Verhaltensweisen und Süchten wird Ihnen von unermeßlichem Vorteil sein, wenn Sie Ihre Probleme angehen.

Tom und Judith Chambers beginnen gerade ihren langen Weg zurück in eine gesunde Beziehung. Sie sind beide so ausgelaugt und erschöpft, daß sie kaum noch Kraft übrig haben, um ihre Beziehung zu verbessern. Ihre Geschichte ist noch nicht zu Ende.

Was die Johansens betrifft, beurteilten wir den Zustand ihrer Ehe so, daß sie sich fast am untersten Ende des Beziehungsrades befand. Doch weil beide fest entschlossen waren, ihre Ehe in Ordnung zu bringen, waren sie bereit, auch einige große Opfer zu akzeptieren.

Wir baten beide, alle Aktivitäten aufzulisten, die mehr als fünfzehn Minuten pro Tag erforderten. Doch als sie die Punkte auf diesen Listen nach der Priorität ordnen sollten, gerieten sie ins Stocken. Nichts auf diesen Listen war nebensächlich. Jeder einzelne Punkt war nicht nur anerkennenswert, sondern hatte Gott zum Mittelpunkt. Von selbst kamen die beiden zu dem Entschluß, ein Jahr lang über ihre Prioritäten nachzudenken. Elizabeth trat für ein Jahr vom Schulbeirat zurück, und Caleb gab den Vorsitz in der Wohlfahrtsorganisation auf. Sie beschränkten die Wochenendausflüge mit Kindern auf zwei im Monat und reservierten ein Wochenende pro Monat für sich selbst, das sie vorzugsweise außerhalb der Stadt verbrachten. Gemeinsame Zeit wurde zum wirksamsten Heilmittel ihrer Ehe.

In weiteren Sitzungen trafen sie Vereinbarungen über ihre Arbeitszeiten und über die Routineaufgaben im Haus. Besonders wichtig war, daß sie gegenseitig die Stärken und Schwächen des anderen auflisteten und sich Möglichkeiten ausdachten, diese Unterschiede zu nutzen, sowohl zu Hause als auch in der Gemeinde. So wurde ihre Verschiedenheit zu einer Quelle der Kraft.

Diese Entscheidungen und Vereinbarungen waren im Grunde nichts als Pflaster, aber sie reichten aus, denn die leichten Wunden in der Verbindung der Johansens wurden behandelt, bevor sie sich entzünden und tiefer werden konnten. Bei einem anderen Paar hätten diese oberflächlichen Veränderungen unzulänglich sein können.

Die Romantik ist wieder in die Ehe der Johansens eingekehrt, verstärkt durch die gemeinsam verbrachte Zeit und ihre gesunde Unterschiedlichkeit. Schon jetzt planen Elizabeth und Caleb ihre Prioritätenliste für das nächste Jahr. Sie denken daran, ein Reitcamp für Jugendliche mit Problemen einzurichten. Er wird sich um die Pferde und den Reitunterricht kümmern, sie um die Öffentlichkeitsarbeit und das Geschäftliche. Und an vier Wochenenden im Sommer sollen dort Reitfreizeiten für Ehepaare angeboten werden.

Die Teilnehmerzahl bei den Ehepaaren wird eng begrenzt sein, um für eine stille Atmosphäre zu sorgen und Hektik zu vermeiden. Doch die Jugendfreizeiten werden wahrscheinlich sehr an *Lawrence von Arabien* erinnern.

Die Rollen, die wir spielen

Sean McCurdy konnte ununterbrochen reden. Es heißt, die
Iren seien ohnehin nicht auf den Mund gefallen, aber Sean
zeichnete sich durch besondere Beredsamkeit aus. Bei seiner Geburt in Perth Amboy (New Jersey) gab man ihm den
Namen John, doch an seinem einundzwanzigsten Geburtstag änderte er den Namen offiziell in seine gälische Form
um. Sein ganzes Leben lang hatte er sein großes Talent im
Reden gehegt und gepflegt. Als kleiner Knirps verkaufte der
drahtige Rotschopf mehr Zeitschriften und Süßigkeiten als
irgend jemand sonst in seiner Schule. Das Schulorchester
erwarb Uniformen, die Schulbücherei erweiterte ihre Be-
stände, die Debattiergruppe reiste zum Landeswettbewerb –
alles teilweise mit Hilfe seiner geschliffenen Zunge finan-
ziert. Auf der High School verkaufte er Anzeigen für seine
Schülerzeitung und verwandelte sie fast im Alleingang aus einem zweiseitigen Mitteilungsblättchen in ein achtseitiges Wo-
chenmagazin mit tollem Layout und guter Kopierqualität,
für die man eben Geld braucht.

Nun saß er wenige Tage nach seinem siebenundzwanzig-
sten Geburtstag hier in unserem Sprechzimmer und ließ sich
wegen seines beruflichen Scheiterns beraten, während die
texanische Sonne durch das Fenster hereinstrahlte. Seine Karriere als Vertreter lag in Scherben. Was war schiefgegangen?

Sein unbändiger kupferfarbener Schopf glänzte in der
Sonne, als er den Kopf schüttelte. „Ich bin so frustriert, daß
ich es nicht mehr aushalte. Ich bin der beste Vertreter, dem
Sie je begegnen werden, aber ich halte es in keinem Job mehr
als ein paar Monate lang aus. Sechs Monate sind das Maxi-
mum. Es …" Er wedelte mit der Hand. „Es bricht einfach alles zusammen. Das meiste, was passierte, war bestimmt
nicht mein Fehler. Und trotzdem passiert es mir immer wieder."

„Was verkaufen Sie?"

„Alles mögliche. Nur keine Computer. Ich bin sozusagen ein Computer-Analphabet, und es gibt da einfach zuviel zu lernen – der Kunde weiß garantiert mehr darüber als ich. Alles andere. Ich habe schon Schuhe, Gebrauchtwagen, Neuwagen und Küchenmaschinen verkauft. Alles. Sogar Kindermöbel. Hat mir richtig Spaß gemacht, wissen Sie, Kindermöbel zu verkaufen."

„Wie kam es, daß Sie damit aufhörten?"

„Ich habe nicht aufgehört. Bin gefeuert worden. Es war die Kindermöbelabteilung in einem großen Kaufhaus. Grundgehalt plus Prozente. Wir führten zwei landesweit vertriebene Serien von Wiegen, Laufställen und so etwas, und hatten auch noch unsere eigenen Fabrikate. Die landesweiten Fabrikate brachten natürlich das meiste Geld; sie waren bis zu einem Viertel teurer. Und doch durfte man auf keinen Fall die eigenen Produkte schlechtmachen, während man das teure Zeug anpries. Können Sie sich die Herausforderung vorstellen? Ich verkaufte siebzig Prozent Markenware, und während meiner vier Monate dort schoß der Umsatz der Abteilung um hundertundsechs Prozent in die Höhe."

„Aber man hat Sie trotzdem gefeuert."

„Mein unmittelbarer Vorgesetzter hat mich gefeuert. Er hatte jedem, der die monatliche Quote übertrifft, zusätzlich zu den Prozenten einen Bonusscheck versprochen. Im ersten Monat kam ich langsam in Gang, weil ich meine Texte erst noch lernen mußte. Im zweiten Monat übertraf ich die Quote und bekam einen schäbigen kleinen Scheck, aber das war schon in Ordnung. Der dritte Monat war wirklich Spitze. Aber kein Scheck kam. Ich ließ ihm drei Wochen Zeit, um damit rüberzukommen, dann reichte ich eine formelle Beschwerde ein. Wumm! Aus."

„Was war sein Grund?"

„Er meinte, er könne mit jemandem, der so eine Einstellung hat, nicht zusammenarbeiten."

„Nannte er irgendeinen Grund, warum er den Scheck zurückgehalten hatte?"

„Er sagte, er hätte es vergessen. Was hätte er sonst sagen sollen? ‚Sie verkaufen zuviel, und ich nehme mein Versprechen zurück'?"

„Wie war es mit dem Job davor?"

„Zwei Monate bei einem Autohaus in der Innenstadt. Ich war gerade soweit, daß ich alles über die Produktserie auswendig wußte."

„Warum haben Sie aufgehört?"

„Der Verkaufsleiter hatte mich auf dem Kieker. Niemals ein nettes Wort. Nur Kommentare wie ‚Warum ist dieses Pärchen gegangen, ohne etwas zu kaufen?' oder ‚Dieser alte Glatzkopf – dem hätten Sie ein schwarzes Modell zeigen müssen, nicht das gelbe. Alte Männer mögen diese glänzend schwarzen Wagen.'"

„Gefeuert?"

„Ich bin nach einem Riesenkrach gegangen. Natürlich ist ein Verkäufer darauf aus, Geld zu verdienen, aber das wirkliche Geheimnis – das *wirkliche* Geheimnis – ist, daß man sich für die Leute interessieren muß. Wirklich interessieren. Ihr Kunde verdient das Beste, und Ihr Vorrecht ist es, ihm zu helfen, daß er es bekommt. Dieser Verkaufsleiter scherte sich keinen Pfifferling um seine Kunden oder seine Mitarbeiter. Unter solchen Umständen konnte ich nicht arbeiten."

Unter solchen Umständen konnte ich nicht arbeiten. Der Kaufhausmanager konnte nicht mit jemandem, der „so eine Einstellung" hatte, arbeiten. Als Sean McCurdy uns die wechselvolle Geschichte seiner Anstellungen erzählte – dreizehn Jobs innerhalb der letzten vier Jahre – zeichnete sich ein lebhaftes Bild ab.

Das Oberflächenmuster war leicht zu erkennen, weil es sich ständig wiederholte. Als intelligenter Vertreter mit starker Ausstrahlung hatte Sean keine Probleme, eine Stellung zu finden. Doch nach einigen Wochen oder Monaten tat sein Chef irgend etwas schrecklich Ungerechtes. Und nach dem unvermeidlichen Krach kündigte Sean entweder selbst, oder er wurde gefeuert, und so flatterte er von Job zu Job.

Das Bild hinter diesem Muster jedoch war der Schlüssel,

den wir brauchten, um Sean zu helfen. Sein Vater hatte seine Mutter und ihn verlassen, als er vier Jahre alt war. Tief in seinem Innern schlummerte ein unermeßlicher Zorn auf seinen Vater, den er auf alle männlichen Autoritätspersonen übertrug. Diesen Zorn hatte er sich nie eingestanden oder verarbeitet.

In jeden neuen Chef setzte er sehr hohe Erwartungen und hoffte auf eine liebevolle, vollkommene und absolut gerechte Vaterfigur. Erinnern Sie sich an das intensive Bedürfnis Kodependenter, die Vergangenheit zu reparieren, sie zu wiederholen und diesmal richtig hinzubekommen? Natürlich mußte der Chef, da er nun einmal ein Mensch war, als Vater oder Autoritätsfigur früher oder später versagen. Sobald die unrealistische Idealvorstellung sich als fehlerhaft erwies, brach Seans Zorn hervor. Die Vergangenheit ließ sich nicht in Ordnung bringen; sein Liebestank blieb leer; sein Bedürfnis nach einem fürsorglichen, vollkommenen Vater blieb weiter unbefriedigt. Er war schrecklich frustriert und hatte nicht die leiseste Ahnung, warum.

In diesen Ersatzbeziehungen steckte kein böser Wille; Sean haßte diese Leute nicht. Er spielte lediglich eine Rolle – ohne sie selbst zu verstehen.

Sean mußte nicht nur verstandesmäßig, sondern auch mit dem Herzen erkennen, daß jede neue Stellung, die er antrat, für ihn viel mehr war als nur ein Job. Tief in seinem Inneren rekapitulierte er ein mächtiges Kräftespiel aus seiner Familie, eine bestimmte Vater-Sohn-Beziehung.

Und Sean ist keineswegs eine Ausnahme. Fast jeder verhält sich bis zu einem gewissen Grade so; ein Kodependenter treibt es jedoch unbewußt bis zum Äußersten. Gladys Jordan, die wir zu Beginn des Buches kennenlernten, rekapitulierte ihre Vater-Kind-Beziehung in ihrer Ehe. Das gleiche tat John, und diese unbewußte Neuinszenierung ihrer Vergangenheit legte auf ihre Ehe eine schwere Last. Sean ging noch weiter. Er suchte ständig eine Vater-Sohn-Beziehung, von der er träumte, die er aber nie erlebte. Durch seine falschen Erwartungen ließ er sich nicht nur seine Beziehungen am Arbeitsplatz verderben, sondern er versuchte auch unbewußt, mit ihrer Hilfe seine Vergangenheit zu reparieren – etwas, was ihm auf diese Weise nie und nimmer gelingen konnte.

Die Komplexität zwischenmenschlicher Beziehungen

Unser Leben ist im Grunde ein verzweigtes Netz zwischenmenschlicher Beziehungen. Kodependenz kann dieses Netz auf dramatische Weise verzerren. Sie kann uns in Rollen drängen, die in unserem Leben nichts zu suchen haben, und sie kann die Rollen, die für uns wesentlich sind, entstellen.

Kodependente bauen ihre Beziehungen weit über das Offensichtliche hinaus aus, indem sie Arbeitgeber (in Seans Fall), Ehepartner (bei den Jordans) oder andere insgeheim zu Vaterfiguren machen, Ärzte oder Pastoren in Ersatzeltern verwandeln und dabei in ihrer Vorstellungswelt unbewußt eine Rolle durch eine andere ersetzen.

Denken Sie an die vielen eng verknüpften zwischenmenschlichen Rollen, die jeder von uns schon auf der sichtbaren Ebene ausfüllt: Eltern/Kind (wobei ein und dieselbe Person wahrscheinlich beides gleichzeitig ist und gegenüber verschiedenen Verwandten verschiedene Rollen spielt), Ehemann/Ehefrau, Chef/Untergebener, Lehrer/Schüler, Arzt/Patient, Geistlicher/Laie, Schwester/Schwester, Schwester/Bruder, Bruder/Bruder – und dabei haben wir die Geburtenfolge noch gar nicht berücksichtigt: Ältester, Jüngster, großer Bruder/kleiner Bruder, große Schwester/kleine Schwester in allen Kombinationen. Ein Mensch, der in einer gestörten Familie aufwuchs, ist unbewußt ständig dabei, diese komplexen Rollen neu zu verteilen, um mit den zur Verfügung stehenden Personen das Kräftespiel, den Schmerz und die Situation der Ursprungsfamilie von neuem erstehen zu lassen. Diesmal soll das Problem endlich gelöst, der Schmerz gelindert, die Situation korrigiert werden.

Übrigens bekommt wahrscheinlich niemand die Folgen dieser Rollenverschiebungen stärker zu spüren als Pastoren (Frauen in Beraterrollen zum Beispiel sind ebenso verwundbar). Eine Autoritätsfigur zu sein, ein Mann Gottes zu sein (was ihn in den Augen mancher Menschen selbst zu einer Art Gott macht), all das macht einen Pastor zur wandelnden Zielscheibe für kodependente Menschen, die ihn als guten oder schlechten Elternteil, Ehepartner oder dergleichen benutzen wollen. In unserer Klinik behandeln wir oft Pastoren, und wir sind immer wieder erstaunt über manche der ‚Kriegsgeschichten,‘ die sie von der ‚Front‘ mitgebracht haben.

Nicht selten findet ein Pastor in seinem Sprechzimmer einen Mann oder eine Frau, die in ihm den Eltern- oder Ehepartnerersatz sehen, nach dem sie sich sehnen. Die drängenden Bedürfnisse des Gemeindegliedes stellen den Pastor vor unglaubliche Anforderungen, so daß er sich erstickt und ausgelaugt fühlt. Wenn die Grenzen des Pastors nicht in sicherem Abstand und unantastbar gezogen sind, kann er leicht das Gefühl haben, von den Erwartungen verschlungen zu werden – und das zu Recht.

Eine Stunde später sitzt ein anderes Gemeindeglied vor ihm und läßt seinem blinden Zorn freien Lauf. Der Pastor bekommt haarklein zu hören, was er alles falsch macht, worin er nicht vollkommen ist, warum der Gottesdienstbesuch nachläßt oder die Kollekte immer kärglicher ausfällt. Die Person läßt nicht nur unsichtbare persönliche Zorngefühle und Frustrationen am Pastor aus, sondern glaubt dabei vermutlich auch noch, dem Pastor einen Gefallen zu tun.

Von hundert Mitgliedern einer Gemeinde sind, sagen wir, achtzig gesunde, liebevolle Christen. Die übrigen zwanzig haben mehr oder weniger ernste emotionale Probleme. Wenn sie diese Probleme nicht auf irgendeine Weise bewältigen, kann es leicht passieren, daß sie den Pastor zum Helden oder zum Schurken stilisieren, vielleicht auch zu beidem. Um mit der ganzen Bandbreite offensichtlicher und verborgener Probleme fertig zu werden, muß ein Pastor nicht nur über stabile persönliche Grenzen verfügen, sondern auch die Mechanismen der Kodependenz verstehen. Leider sind jedoch nur wenige Pastoren dazu ausgebildet, Probleme der Kodependenz zu erkennen und damit umzugehen.

Dazu kommt – auch wenn dies eine starke Verallgemeinerung ist, daß die sogenannten Helfer-Berufe offenbar für Menschen mit eigenen unverarbeiteten Kodependenz-Problemen besonders attraktiv sind. Auch wenn wir annehmen, daß ein Pastor wirklich von Gott berufen ist, kann er immer noch dem emotionalen Kräftespiel einer eigenen Kodependenz unterworfen sein – dem Bedürfnis zu helfen, dem Bedürfnis, Dinge in Ordnung zu bringen, dem Bedürfnis, allen alles zu sein. Wenn die kodependente Radaranlage dieses Pastors die Radarsignale eines kodependenten Gemeindegliedes mit unbefriedigten emotionalen Bedürfnissen auffängt, dann hat das, insbesondere wenn der Pastor sich keine inneren Grenzen setzen kann, mit Sicherheit üble Folgen.

Schon früh erkannten die Psychotherapeuten, wie übermächtig diese Dynamik werden kann. Man setzte den Patienten vor eine leere Wand, während der Analytiker sich außer Sicht hinter dem Kopf des Patienten befand, um jeden Augenkontakt zu vermeiden. Heute lassen sich die Psychologen normalerweise auf eine persönlichere Beziehung zu ihren Patienten ein, sind aber dabei sehr wachsam; zum Beispiel sind Zusammenkünfte auf feste Zeiten in kontrollierbarer Umgebung beschränkt. Ein Pastor dagegen kann sich nicht so gut absichern. Die Nöte der Gemeindeglieder ergeben sich zu allen Tageszeiten und in allen Situationen und vervielfachen so die möglichen Probleme.

Die Auswirkungen der Kodependenz auf die Rollen in der Familie

Die oben erwähnten zwischenmenschlichen Beziehungen ergeben nur die Umrisse des Bildes. Die Psychologen unterscheiden bestimmte stereotype Rollenmuster, die Menschen innerhalb ihrer Familie annehmen. Diese Rollen wurden zuerst von Sharon Wegscheider in ihrem Buch „Es gibt doch eine Chance. Hoffnung und Heilung für die Alkoholiker-Familie" (Wildberg: Boegner-Kaufmann, 1988) beschrieben. Sharon Wegscheider zeigt Rollen auf, die in jeder Familie in gewissen Maß vorhanden sind: der Held, der Sündenbock, das verlorene Kind, der Spaßvogel, der Unterstützer. In einer gestörten Familiensituation jedoch werden diese Rollen zu einer Methode, sich mit einem Minimum an Aufregung durchs Leben zu schlagen. Sie werden zu starren, gedankenlosen Verhaltensmustern, die für jeden außerhalb der Familie leicht zu erkennen sind, auch wenn sie den Familienangehörigen selbst nicht bewußt sind.

Diese Rollen wurden zuerst in den Familien von Alkoholikern erkannt. Inzwischen ist man in nahezu jeder anderen Form von gestörtem Kräftespiel innerhalb der Familie darauf gestoßen. Und da Kodependente diese Rollen unbewußt verändern und verschieben, tauchen sie auch in den Beziehungen Erwachsener wieder auf. Rollen, mit deren Hilfe man Situationen in der Ursprungsfamilie erfolgreich bewältigen konnte, funktionieren im Erwachsenenalter, wenn sich alle zwischenmenschlichen Beziehungen ändern, einfach nicht mehr. Wenn sie nicht verändert werden, zerstören sie das Glück und den Frieden mit Gott.

Welche Rollen sind das? Kinder nehmen sie schon sehr früh ein, zum Beispiel die Rolle des Helden.

Der Held

Der Held ist die Familien-Feuerwehr, der Mann, der alles zusammenhält. Der Held hält die gestörte Familie in Gang und springt in die Bresche, wenn seine Eltern etwas nicht in den Griff bekommen. Zum Beispiel kümmert sich der Held um die Wäsche, paßt auf die kleineren Geschwister auf und betreut vielleicht sogar einen behinderten oder gestörten Elternteil (etwa dann, wenn der Held sich um die Bedürfnisse seines alkoholabhängigen Vaters kümmert). Manchmal empfängt der Held innerhalb der Familie Lob und Unterstützung, manchmal auch nicht; von der Außenwelt bekommt er jedoch meistens Anerkennung als das zuverlässige, gewissenhafte, reife, fähige Kind. Normalerweise, aber nicht immer, ist es der oder die Älteste. Emilia Wesley war eine solche Heldin.

Ob Junge oder Mädchen, in der Schule erringt der Held oft eine Eins nach der anderen oder zeichnet sich im Sport aus. Die Eltern-Kind-Beziehung hat der Held teilweise durch eine Lehrer-Schüler-Dynamik ersetzt. Zwar kann der Held Mutter und Vater nicht reparieren und sie glücklich machen, aber indem er den Lehrer zufriedenstellt, bekommt er ein paar Tropfen für seinen Liebestank. Der Lehrer sieht den nahezu vollkommenen Aufsatz und spart nicht mit Lob. Ehre und Anerkennung sind die Folge. Und in lobenden Worten liegt ein mächtiger Ansporn.

Der Sündenbock

Der Sündenbock ist das schwarze Schaf der Familie. Mit welch lieblichen Worten seine Eltern es auch verleugnen mögen, tief in seinem Inneren weiß er, daß in dieser Familie einfach etwas nicht stimmt. Wahrscheinlich kann er seinen Verlust nicht in Worte fassen, aber sein Liebestank ist und bleibt leer. Daran muß offensichtlich irgend jemand schuld sein, und wie Sie sich erinnern werden, sind Kinder schnell dabei, für jede beliebige Anomalie sich selbst die Schuld zuzuschreiben. Der Sündenbock meint, er verdiene es, für dieses Durcheinander bestraft zu werden. Außerdem kann er sich dadurch, daß er die Schuld auf sich nimmt, auch Aufmerksamkeit verschaffen. Fragen Sie jede beliebige Berühmtheit: Eine schlechte Presse ist besser als gar keine Presse.

James Dean verkörperte den Inbegriff des Sündenbocks. In *Jenseits von Eden,* einem Filmklassiker der fünfziger Jahre, spielt er den rastlosen, nonkonformistischen Sohn. Das Gute, das er zu tun versucht, wird ihm falsch ausgelegt; das Schlechte wird durch den Vergleich mit dem „korrekten"

Verhalten seines ach so wohlerzogenen Bruders noch betont. Und in ... *denn sie wissen nicht, was sie tun* wird der Freigeist mit dem unorthodoxen Verhalten von den selbstsüchtigen, unsensiblen, sittenstrengen Erwachsenen zum jugendlichen Straftäter abgestempelt. In beiden Filmen ist die Hauptfigur im Grunde ein mißverstandener, aber höchst sympathischer Mensch in einer Umgebung, die einfach nicht zu ihm paßt. Diese Interpretation ist nicht allzu weit von der Wirklichkeit entfernt.

Der Spaßvogel

Der Spaßvogel ist oft ein schwarzes Schaf mit weißer Weste, sozusagen der Familienclown. Er verschafft sich Aufmerksamkeit, indem er sie an sich reißt. Probleme? Er wischt sie durch ein Lachen vom Tisch. Schmerz? *Überspiele ihn mit einem Witz. Lenke ab, setze ein Lächeln auf, zeig ein fröhliches Gesicht.* Der Spaßvogel ist darauf aus, für ein paar Augenblicke vergessen zu lassen, daß das Leben schrecklich schmerzhaft ist. Oft ist der grinsende kleine Bursche, der durch seine Clownerien die Spannung für alle erträglich macht, in seinem Inneren trauriger als jedes andere Familienmitglied.

Wie allbekannt dieser leidende Spaßvogel doch ist. In der Oper gibt es den Bajazzo. Das Ballett hat seinen Petruschka. Ein früher Fernsehstar, der unter schrecklichen Qualen litt, war der Komiker Morton Downey. Heutet brüstet sich Morton Downey junior offen mit seiner eigenen Kodependenz. Alkohol- und Drogenmißbrauch sowie Scheidungen sind unter Komikern an der Tagesordnung und betreffen auch viele andere Künstler. Unsere Beryl Mason ist kein Einzelfall unter den bekannten Persönlichkeiten.

Das verlorene Kind

Das verlorene Kind gibt den perfekten Helden für einen klassischen Western oder eine romantische Erzählung ab, den Einzelgänger, der in sich zurückgezogen lebt. Während der Held sich auszeichnet, der Spaßvogel herumalbert und der Sündenbock ständig in die Klemme gerät, fällt das verlorene Kind einfach nicht auf. Es ist nicht zu sehen. Das verlorene Kind ist allein auf seinem Zimmer oder spielt vielleicht draußen in der Garage. Es sagt nicht viel, streunt nicht mit den anderen Kindern herum und flüchtet sich wahrscheinlich in eine Bücherwelt. Das verlorene Kind ist nett. Unaufhörlich, unerträglich, unbeirrbar nett.

Na schön, es ist vielleicht nicht gerade lustig, mit einem Sündenbock zusammenzuleben, aber sind denn die anderen nicht ganz normal? Was ist denn falsch an einem Kind, das lauter Einser nach Hause bringt, oder einem netten kleinen Mädchen oder auch einem Clown? Das Problem liegt nicht in den Verhaltensmustern, sondern in den Identitäten. Wenn man Menschen, die diese Verhaltensmuster zeigen, als Kreise zeichnen würde, dann kämen dabei bestenfalls gepunktete Kreislinien heraus. Ihnen fehlt ein starkes Bewußtsein ihrer Identität, ihres Selbst als eigenständiger Persönlichkeit. Sie wissen im Grunde nicht, was sie vom Leben erwarten. In ihrem Inneren sind diese prächtigen und vorbildlichen Kinder (und Erwachsenen) schrecklich unglücklich. Und dieses Elend wird mit dem Alter nicht erträglicher.

Die Rollen des Helden, des Spaßvogels, des Sündenbocks und des verlorenen Kindes können sich von Person zu Person verschieben, je nachdem, wie sich die Umstände in der Familie verändern. Ein Einzelkind kann von einer Rolle zur anderen übergehen. Louise, die magersüchtige Schwesternschülerin, die von ihrer Schulschwester zu uns in die Klinik geschickt wurde, spielte zwei Rollen. Sie war eine Heldin, als sie in der Schule Spitzenleistungen erbrachte und ihr Zuhause vor dem Auseinanderbröckeln bewahrte. Doch als sie von zu Hause weg in die Schwesternausbildung ging, wurde sie zum Sündenbock und bekam von ihrer Mutter Vorwürfe zu hören, sie vernachlässige ihre erstrangige Verantwortung gegenüber ihrer Familie.

Verschiebung der Rollen in gestörten Familien

Es gibt noch weitere Rollen, die in gestörten Familien auftauchen, aber sich von den bisher genannten in mehrfacher Hinsicht unterscheiden. Die bisher genannten Rollen kommen in jeder Familie in begrenztem Maße vor und werden durch Kodependenz verstärkt. Die folgenden entstehen erst durch die Kodependenz. Normalerweise nimmt jedes Familienmitglied zu verschiedenen Zeiten verschiedene Rollen ein, je nachdem, wie es die Situation diktiert.

Der Unterstützer

Wenn die Unterstützer nicht wären, könnte die Störung in einer Familie nicht lange bestehenbleiben. Die Tragödie ist, daß die Unterstützer selbst für diese Tatsache blind sind. Jedes Mitglied einer gestörten Familie spielt bis zu einem gewissen Grade die Unterstützerrolle. Zuerst wurde diese Rolle in Familien erkannt, wo ein „normaler" Ehepartner mit einem Alkoholiker verheiratet war. Aber das gilt ganz genauso, wenn beide bis zu einem gewissen Grade süchtig sind, oder wenn die Sucht sich auf etwas anderes bezieht: Drogen, Arbeit, Wutanfälle, extreme religiöse Starrheit – jede Zwanghaftigkeit kann sich in der folgenden Art und Weise auswirken. Sagen wir also der Einfachheit halber, der Vater sei alkoholabhängig, die Mutter nicht. Sie ist die heldenhafte Märtyrerin, die die Familie zusammenhält.

Auf welche Weise unterstützt die geplagte, schwer geprüfte Mutter den Vater beim Trinken, obwohl es doch scheint, als sei sein Alkoholismus die Ursache all ihrer Probleme, und obwohl sie sich ständig wünscht, daß er endlich damit aufhört? Auf vielerlei Weise, doch ist sie sich dessen nicht bewußt.

Sie verheimlicht seine Trunksucht und sichert sich die Kooperation der Kinder bei dem Versuch, die Außenwelt zu täuschen. Dadurch entgeht er der öffentlichen Mißbilligung seines Verhaltens. „Wir treten unsere Familienprobleme nicht vor Außenstehenden breit." „Kleine Leute haben große Ohren, aber ihr haltet euren Mund!" „Es ist nicht so schlimm, wie es aussieht." „Macht euch keine Sorgen." „Wenn Frau X euch solche neugierigen Fragen stellt, dann sagt ihr, eure Mutter hätte gesagt, daß sie das überhaupt nichts angeht." Sie belügt für ihn seinen Chef, wenn er sich krank meldet. Sie hilft ihm aus der Klemme und manchmal sogar aus dem Gefängnis. Sie räumt das Chaos auf, das er ständig verursacht, sowohl im buchstäblichen als auch im übertragenen Sinne.

Auch die Kinder werden zu Unterstützern, unabhängig davon, welche Rollen sie sonst in der Familie spielen. Da sie in ihrer Naivität alles, was in der Familie geschieht, irgendwie mit ihrem Verhalten in Verbindung bringen, nehmen sie ebensoviel Schuld und Verantwortung auf sich wie die Mutter. Sie lernen, den Mund zu halten. Sie spielen intensiv die oben beschriebenen Rollen. All das ist Unterstützung. Indem sie dem Alkoholiker alles anpassen, machen sie es ihm nur leichter, ein Alkoholiker zu bleiben. Den Kindern bleibt keine Wahl; sie haben nur diese eine Familie.

Die meisten Lebensberater glauben, daß auch die Mutter kaum eine Wahl hat. Mit ziemlicher Sicherheit hat sie schon ihre eigene Kodependenz in die Ehe eingebracht. Sie wuchs schon in diese Rolle hinein, bevor sie den guten alten Dad überhaupt kennenlernte.

All diese Kodependenten, Mutter wie Kinder, werden von den Problemen eines anderen Menschen so vereinnahmt, daß sie ihren Sinn für Selbstbestimmung verlieren. Sie fallen der Familienkrankheit ebenso zum Opfer wie das gestörte Familienmitglied. Sie unterstützen seine Sucht, weil sie keinen Ausweg sehen, doch könnten sie die Situation sehr stark positiv beeinflussen, wenn sie mit diesem Unterstützerverhalten aufhörten.

Zusätzliche Rollen des Unterstützers

Vielleicht haben Sie schon einmal Regenbogen-Pudding zubereitet oder gegessen. Man füllt dazu etwa zwei Zentimeter Blaubeer-Wackelpudding in jede Dessertschale und läßt ihn steif werden. Als nächstes fügt man zwei Zentimeter Kirschpudding dazu. Wenn auch der steif ist, kommen noch Orange und schließlich Limone hinzu. Das Endprodukt ist eine bunt gestreifte, augenfällige Leckerei.

Die von Kodependenten gespielten Rollen sind auf ähnliche Weise geschichtet. Die Grundschicht sind die universellen Rollen wie Mutter/Tochter oder Schwester/Schwester. Die Rollen des Helden usw. bilden eine zweite Schicht über der ersten und sind gesund, solange sie nicht zur Methode werden, um mit Problemen fertig zu werden. Die orangefarbene Schicht, die Rolle des Unterstützers, ist durch die Kodependenz selbst bedingt, und die Limonenschicht basiert auf der Unterstützung. In einer gesunden Familie gäbe es nur die violette und die rote Schicht.

Die Rollen dieser letzten Schicht bestehen in den instinktiven Anpassungen des Unterstützers an die belastende Situation, und sie verändern sich mit den Umständen. Es sind die Rollen des Beschwichtigers, des Märtyrers, des Retters, des Anklägers und des Opfers.

Der Beschwichtiger

Schon ein ganz kleines Kind kann die Rolle des Beschwichtigers einnehmen, der ständig betont, daß alles schon irgendwie besser werden wird. Vielleicht bietet er Ablenkung und Linderung, indem er den Clown mimt. Oft spielt er den Helden. Der Beschwichtiger weiß, was er sagen muß, um den Geschwistern Mut zuzusprechen, die Mutter zu beruhigen und den Vater herumzukriegen. Als geborener Diplomat erkennt der Beschwichtiger im voraus die Wellen, die das Familienboot ins Schlingern bringen könnten, versucht sie zu stillen und benutzt vielleicht sogar gelegentlich eine Notlüge, um die Reibungen in der Familie auf einem Minimum zu halten.

Der Märtyrer

Der Märtyrer bringt jedes erdenkliche Opfer, um die Situation der Familie zu erleichtern. Der Märtyrer opfert Zeit, Kraft und Glück, um die Familie zusammenzuhalten und den Abhängigen dazu zu bringen, daß er das Trinken oder Fixen aufgibt. Er bietet unendliche Geduld auf und scheut keine Mühe, um zu bewirken, daß alles wieder gut wird. Mit „gut" meint er „so, wie er selbst es sich wünscht". Am Ende ist er völlig ausgebrannt oder wird verrückt – oder beides. Das einzige, was ein Märtyrer *nicht* bewerkstelligen kann, ist, irgendeinen positiven Einfluß auf die Gewohnheiten des Abhängigen auszuüben.

Der Retter

Der Retter befreit die Familie aus jeder scheinbar ausweglosen Situation. Er sucht sich einen zweiten Job, um die Rechnungen zu bezahlen. Er zahlt die Kaution für den Abhängigen, beauftragt den Anwalt, zahlt dem entfremdeten Jugendlichen die Miete, erledigt die Arbeiten, die sonst liegenbleiben würden.

Auf den ersten Blick scheint es, als wären der Märtyrer und der Retter identisch. Sie überschneiden sich auch in mancher Hinsicht, aber die Handlungen des Märtyrers gehen weit über das Retten der Situation hinaus. Die Einstellung des Märtyrers sagt: „Opfere dich auf! Gib noch mehr! Verleugne dich selbst, was es dich auch kosten mag." Der Retter rettet nur. Seine Einstellung sagt: „Beeil dich! Bring diese augenblickliche chaotische Situation in Ordnung. Vertusche sie. Minimiere den Schaden. Bringen wir das so schnell wie möglich hinter uns."

Der Ankläger

Der Ankläger sagt: „Es ist alles deine Schuld!" Er schiebt die Schuld buchstäblich auf jeden, nur nicht auf sich selbst. Er sagt allen Familienmitgliedern genau, was sie falsch machen und inwiefern sie unvollkommen sind. Es macht nicht gerade Spaß, den Ankläger um sich zu haben.

Das Opfer

Oh, das arme Opfer – es hat das alles nicht verdient. Das Opfer könnte glücklich sein, wenn nur all diese schlimmen Dinge nicht passierten. Es ist die bemitleidenswerteste Seele, denn tief im Inneren ist das Opfer so nett, daß es das alles nicht verdient hat. Diese Rolle ist nicht zu verwechseln mit Situationen, in denen Menschen tatsächlich zu Opfern werden. Echte Opfer zeigen meist nicht dieses ausgeprägte Selbstmitleid.

Da diese vier Rollen, die Limonenschicht des Puddings, alle zur Rolle des Unterstützers gehören, kann es sein, daß ein und dieselbe Person sie alle spielt – mal diese, mal jene, wie es die Situation gerade erfordert. Ja, diese Rollen gehen oft so nahtlos ineinander über, daß wir es äußerst schwierig finden, Unterstützer gut zu beraten.

Irene, die Frau eines Alkoholikers namens Walt, kam nicht wegen ihrer eigenen Probleme zu uns, sondern wegen *Walts* Problemen. Die folgenden Aussagen von ihren Lippen sammelten wir während unserer ersten Gesprächsreihe. Wie alle Unterstützer spielte Irene jede dieser Rollen, wenn die Situation es erforderte.

„Wenn Betty mich nicht angerufen und mir erzählt hätte, wo Walt war, säße er jetzt in der Ausnüchterungszelle. Ich mußte ihn letzte Nacht vor der Kneipe buchstäblich von der Straße auflesen." *(Retter.)*

„Was glauben Sie, wo die Kinder wären, wenn ich diese Familie nicht zusammenhielte? Im Heim. Meine Schwester würde sie bestimmt nicht zu sich nehmen. Mutter hat kein

Verständnis. Sie will sie nicht einmal in ihrer Nähe haben, besonders nicht Billy. Es hängt alles an mir." *(Märtyrer.)*

„Es ist alles Walts Schuld, alles. Er macht Versprechungen ohne Ende, und dann trinkt er wieder das erste Glas, und alles ist vorbei. Und ich Närrin glaube ihm immer wieder. Dabei behauptet er, mich zu lieben. Wie kann er mir das antun?" *(Ankläger und Opfer.)*

„Ich habe das nicht verdient. Sie machen sich ja keine Vorstellung, was für eine lausige Kindheit ich hatte. Wenn irgend jemand es verdient hätte, endlich einmal aus dem Schlamassel herauszukommen, dann ich. Ich habe genug gelitten, glauben Sie mir! Warum trifft es immer mich?" *(Opfer.)*

"... Also mußte ich persönlich in die Schule und mit seinem Lehrer reden, damit er nicht von der Schule verwiesen wurde. Er ist genau wie sein Vater – er zieht Probleme geradezu an. Wenn ich ihn nicht bei der Stange hielte, säße er wahrscheinlich schon in der Jugendstrafanstalt." *(Retter)*

„Ich halte das nicht mehr lange aus. Sie können sich einfach nicht vorstellen, unter was für einem Druck ich ständig stehe." *(Opfer)*

Die Biochemiker sind heute dabei, nicht nur die chemischen Komponenten komplexer Proteine zu rekonstruieren, sondern auch ihre äußere Form. Ein einzelnes Molekül eines komplexen Proteins ist eine lange Kette, die in ein unglaubliches Knäuel von Verdrehungen und Schleifen verschlungen ist, die in unregelmäßigen Abständen miteinander verbunden sind. Genauso verschlungen und unregelmäßig verbunden funktionieren auch die Rollen in einer gestörten Beziehung.

Märtyrer, Retter, Ankläger, Opfer, Unterstützer, Beschwichtiger, Held, verlorenes Kind, Sündenbock, Spaßvogel – diese Rollen helfen Kodependenten, in ihrer Familie zu überleben, und die Mitglieder lernen sie gut zu spielen. Doch die Rollen sind verdreht. Anomal. Wenn sie außerhalb der gestörten Situation angewandt werden, zum Beispiel am Arbeitsplatz, in der Gemeinde und in Freundschaften, funktionieren sie nicht. Die Regeln sind dort anders; die Beziehungen sind unterschiedlich; man hat es jetzt mit gesunden Menschen zu tun. Doch die Familienmitglieder, die gelernt haben, sich auf die alten Regeln zu verlassen, wissen nicht, wie sie das Spiel anders spielen sollen. Die Kodependenten stecken fest in einem System verzerrter zwischenmenschlicher Beziehungen, das ihnen keine Hilfe dabei ist, mit der wirklichen Welt zurechtzukommen.

Professionelle Retter

Gary Ellis hatte den tollsten Job der Welt – Notfallsanitäter – und er liebte ihn! Gerade waren sie zu einem Unfall gerufen worden, in den zwei Fahrzeuge verwickelt waren. Gary schaltete Blinklicht und Sirene ein, während er über Funk den Unfallort bestätigte. Seine bescheidene Assistentin, die Notfallmedizin-Technikerin Melinda Bennet, saß am Steuer; Gary durfte mit dem Spielzeug spielen. Als Verantwortlicher für diesen Notarztwagen fühlte er sich als König der Straße. Bei vollem Blinklicht und Sirenen spritzte der Verkehr nur so vor ihm auseinander!

Am Unfallort halfen sie einer jungen Frau, die möglicherweise Hals- und Wirbelsäulenverletzungen hatte, indem sie ihr die übliche Halskrause und eine Rückenschiene anlegten, wobei sie hochmoderne, mit selbsthaftendem Material beschichtete Geräte verwendeten, die die altmodischen Sandsäcke zur Fixierung von Verletzten überflüssig machten. Gary war immer über die neuesten technischen Entwicklungen auf dem laufenden und sorgte dafür, daß sein Chef, der Leiter dieses Krankenwagendienstes, von nützlichen neuen Erfindungen erfuhr.

Gary war nicht gerade ein Riese mit seinen 1,75 Metern und 68 Kilo, aber er wußte, wie man sich die Hebelkraft zunutze macht. Als die Feuerwehr eintraf, hatten er und die 1,62 Meter kleine Melinda das zweite Auto schon aufgebrochen und waren dabei, den Fahrer, einen Mann mittleren Alters, daraus zu befreien.

In seinen drei Jahren als Notfallsanitäter und in einem Jahr als Notfallmedizin-Techniker hatte Gary mit einigen wirklich schlimmen Unfällen zu tun gehabt. Er konnte Geschichten erzählen, die einem die Haare zu Berge stehen ließen. Er wußte genau, wann er sich ans Lehrbuch halten und wann er sich etwas Neues einfallen lassen mußte – alles innerhalb der Richtlinien seiner Kunst. Gegen Blut und Tod hatte sich Gary gestählt; am meisten schwelgte er jedoch im höchsten aller Wohltäter-Gefühle: wenn er gelegentlich einem Baby auf die Welt helfen durfte. Unter den hundertsechzig Notfallsanitätern in diesem Bezirk des mittleren Westens gehörte er zu den besten.

Erstaunlicherweise kam es innerhalb der nächsten zwei Jahre dennoch soweit, daß er diesem Beruf ganz und gar den Rücken kehren wollte. Das gleiche taten achtundzwanzig weitere Notfallsanitäter in seinem Bezirk.

Im Bestreben, etwas gegen die außerordentlich hohe Burnout-Rate unter Notfallmedizin-Technikern und Notfallsanitätern zu unternehmen, brachten die Gesundheitsbehörden einen Fragebogen in Umlauf, in dem (wenn auch etwas taktvoller formuliert) die Frage gestellt wurde: Was wollen Sie? Kürzere Arbeitszeiten? Mehr Geld? Mehr Anerkennung? Was ist nötig, um die Leute lange genug bei der Stange zu halten, damit sich die teure Ausbildung lohnt?

Die Antwort liegt jedoch leider selten in den oberflächlichen Vergünstigungen, von denen in dem Fragebogen die Rede war. Die Ursachen des Burnout-Phänomens gehen viel tiefer.

Es gibt zwei Arten von Leuten, die einen sozialen Beruf im medizinischen Bereich, bei der Polizei, in der Kirche, Lebensberatung und Sozialarbeit wählen: solche, die von Gott und ihrem Gewissen dazu gerufen sind, und solche, die von ihrer verborgenen Kodependenz dazu getrieben werden. Wenn Leute aus der ersten Gruppe ausbrennen, liegt das an Problemen, wie sie in dem Fragebogen zur Sprache kamen: zu lange Arbeitszeiten, unangemessene Bezahlung, zu viele Enttäuschungen im Verhältnis zu den positiven Erfahrungen. Bei verbesserten Arbeitsbedingungen wird diese erste Gruppe viele Jahre hindurch produktiv bleiben.

Die anderen jedoch, die von ihrer Kodependenz getrieben wurden, brennen unweigerlich aus und reißen dabei meist noch andere mit sich. Die Gründe dafür hängen unserer Ansicht nach mit einer der stärksten Kräfte in der Kodependenz zusammen, der Dynamik des Rettens. Gary ist ein solcher Retter.

Retten und Unterstützen als Fehlfunktion kommen in nahezu jeder gestörten Beziehung vor, nicht nur im klassischen Modell. Und die Kinder, die in einem solchen Milieu aufwachsen, fühlen sich von rettenden, helfenden Berufen unwiderstehlich angezogen. Dafür gibt es sicher mehrere Gründe.

Zum einen verschafft das Retten Ablenkung. Der Retter, der sich immer und überall zu edler Opferbereitschaft veranlaßt sieht, kann kämpfen und arbeiten, immer für andere sorgen, nie egoistisch sein. Der Retter empfängt Lob dafür, daß er rettet. Das ist das Gute daran. Das Schlechte ist, daß der edle und selbstlose Retter niemals über sich selbst nachzudenken braucht. „Wenn ich mich ganz auf andere konzentriere, brauche ich mich nicht mit mir selbst und meinen Bedürfnissen zu befassen." Unbefriedigte Bedürfnisse, Verleugnung, Schmerz – kurz, all die persönlichen Dinge, mit denen man sich ungern beschäftigen möchte – werden vergraben. Leider verschwinden sie dadurch nicht. Sie faulen.

Zum zweiten kommt das Retten jenem übermächtigen Wiederholungszwang entgegen. Das funktioniert genauso wie bei Sean, dem Verkäufer, der unter dem Zwang stand, seine Vater-Sohn-Beziehung mit seinen Vorgesetzten zu rekapitulieren. Der Retter will sich immer wieder neu die Chance verschaffen, die Vergangenheit seiner Ursprungsfamilie irgendwie in Ordnung zu bringen. Doch selbst wenn seine Rettungsversuche im Beruf erfolgreich verliefen, wären jene versteckten Rettungsversuche zum Scheitern verurteilt, weil sie die Vergangenheit nicht verändern können.

Schließlich zielt ein Retter mit seiner Hilfsaktion gewissermaßen auf sich selbst. Er flickt nicht nur das Unfallopfer wieder zusammen, sondern auch jenes kleine verlorene Kind in seinem Innern. Die Psychologin bringt nicht nur das Leben dieses netten Klienten in Ordnung, sie bringt durch Übertragung auch ihr eigenes Leben in Ordnung. „Selbstzuwendung" wäre ein anderes Wort dafür. Das klingt nicht vernünftig? Stimmt. Es *ist* nicht vernünftig, aber so zirkulieren nun einmal die Gedanken in den verborgenen Windungen unseres Verstandes.

Wenn man es unter dem Aspekt der Liebestanks betrachtet, glaubt der Retter insgeheim: „Wenn ich deinen Tank fülle, wird meiner irgendwie auch gefüllt." Doch so geht das nicht, und der Tank des Retters wird nur noch leerer. Ausgetrocknet, ausgebrannt.

Jenseits der bewußten Ebene hofft der Retter nicht nur, selbst Zuwendung zu erhalten, die Fehler der Vergangenheit zu berichtigen und Heilung seiner Verletzungen zu erfahren, ohne daß er sie zuerst genau untersuchen muß. Er zählt sogar darauf. Natürlich wird nichts daraus. Das einzige, was der Retter in Ordnung bringt, sind die Dinge, die an der Oberfläche liegen. Das Selbst, das verlorene Kind, bleibt davon unberührt. Die verborgenen Wunden entzünden sich; Schmerz und Zorn wachsen an.

Ausgebrannt.

„Dieser Job erfüllt nicht meine Erwartungen."

„Aber Sie machen Ihre Sache gut, Sie retten Menschenleben – oder was auch immer Ihr berufliches Ziel sein mag. Gibt Ihnen das keine Befriedigung?"

„Nein. Und jetzt fühle ich mich auch noch schuldig, weil es mich befriedigen sollte, es aber nicht tut." Gerade das, was dem Retter noch gefehlt hat – der selbstauferlegte Schmerz des Versagens und der Schuld zusätzlich zu dem verborgenen Schmerz, der ihn zu diesem Ablenkungsmanöver getrieben hat.

Doch – und dies ist äußerst wichtig – solange die Person nicht mit den tieferen Problemen der Kodependenz fertig wird, solange ihre Wunden nicht freigelegt, gereinigt und geheilt werden, ist sie dazu verurteilt, sich immer wieder als gescheitert zu empfinden. Sie ist und bleibt ausgebrannt, und das wird auch alle folgenden Jobs beeinträchtigen. Oberflächliche Lösungen wie „Ich werde das und das tun, um mich nicht zu überarbeiten" verschaffen nur kurzfristige Erleichterung. Bevor der Kodependente es merkt, fällt er wieder in die alten Verhaltensmuster zurück und steckt tiefer darin fest als je zuvor: Retten, um sich selbst innerlich zu helfen, er bekommt aber innerlich keine Hilfe, also arbeitet der Retter noch härter, noch mehr, noch länger. Nein! Die einzige Antwort besteht darin, die Grundprobleme aufzudekken und zu bewältigen.

Es ist kein Zufall, daß bei Menschen, die in sozialen Diensten tätig sind, sei es z.b. im Bereich der Medizin oder Psychologie oder bei der Polizei, die Scheidungsrate äußerst hoch ist. Die Zufriedenheit in Ehe und Familie hängen genauso stark von der Heilung ab wie die Zufriedenheit im Beruf.

Eine weitere Komplikation kommt hinzu. Wenn der Kodependente zusätzlich arbeitssüchtig ist (und bei vielen trifft das zu), dann wird seine Gesundheit darunter leiden, daß er seine körperlichen Bedürfnisse ebenso vernachlässigt wie die tieferen Bedürfnisse. Abgearbeitete Helfer nützen in keinem Bereich mehr viel.

In unserer Klinik erleben wir viele Christen, die direkt aus ihrem Dienst zu uns kommen, sei es ein Dienst im eigenen Land oder in der Außenmission. Man kann den Schmerz und die Erschöpfung geradezu von ihren Gesichtern ablesen. Doch sobald wir ihnen sagen: „Sehen Sie, wenn Sie anderen dienen wollen, müssen Sie zuerst für sich selbst sorgen", blinken bei ihnen grelle Neonlichter auf. *Selbstsucht! Selbstsucht! Selbstsucht! Ein guter Christ im vollzeitlichen Dienst verleugnet sein Selbst. Selbstsucht ist eine Sünde.*

Die vollkommen richtige christliche Ethik des Dienstes für andere wird verzerrt, wenn der Druck der Kodependenz dahintersteht. „Hilf anderen" wird zu „Hilf nicht dir selbst; hilf nur anderen". „Verleugne dich selbst" wird zu „Verleugne auch deine vernünftigen, normalen Bedürfnisse." Jesus riß sich von Mengen bedürftiger Menschen los, um allein im Gebet mit seinem Vater zu sprechen. Während er unter uns Menschen war, wußte er, daß er seinen eigenen Tank erneuern mußte, um die Tanks anderer Menschen füllen zu können. Dasselbe gilt für uns alle.

Häufig entwickeln Menschen, die durch Kodependenz zu Retterdiensten getrieben werden, eine extreme Unnachgiebigkeit in ihrer Weigerung, für sich selbst zu sorgen. „Verleugne dich selbst; diene anderen" wird bis zum zwanghaften Extrem getrieben. Und genau das ist es auch: ein Zwang. Das durch unsere Kultur verstärkte Bedürfnis, sich im Dienst am anderen aufzuopfern, kann sich, mit all seinen guten und schlechten Seiten, zu einer echten Zwangshandlung auswachsen.

Gary Ellis ist ein Arbeitstier anderer Art. Seine Arbeitszeit wird von seinen Vorgesetzten geregelt, und sein Krankenwagendienst erlaubt keine Überstunden. Er arbeitet seine vierzig Stunden in der Woche und geht dann nach Hause. Aber er hat sich in seine rettende Rolle als Notfallsanitäter so verstrickt, daß seine Arbeit ihn total vereinnahmt. Er liest alle technischen Zeitschriften und blättert die Kataloge durch. Außerhalb der Notfallmedizin hat er keine Interessen.

Gary Ellis ist süchtig nach Notfallmedizin. Wenn er ausgebrannt sein wird – und dazu wird es bald kommen – wird er nach etwas anderem süchtig werden. Was dieses andere auch sein mag, es wird ihm auch nicht länger Befriedigung verschaffen als seine jetzige Tätigkeit. Sein Leben wird sich spiralförmig abwärts bewegen; dieselbe alte Geschichte wird sich vor verändertem Hintergrund neu abspielen, und mit jeder Episode werden Bitterkeit und Desillusionierung sich tiefer einnisten, denn Bitterkeit ist die verborgene Wurzel dieses Phänomens. Wenn er ein Christ ist, dann belastet diese Bitterkeit unweigerlich sein Verhältnis zu Gott und zu anderen Christen. Sein geistliches Leben wird negativ beeinflußt. Dieses Ausbrennen greift um sich wie ein Steppenbrand.

Welche Rollen spielen Sie?

Nun, da Sie die vielfältigen Rollen kennen, die Sie und die Ihnen nahestehenden Menschen spielen, nehmen Sie sich ein paar Minuten Zeit, um die Spieler zu identifizieren. Wer war der Held, als Sie aufwuchsen? Nahm eines der Geschwister zwei Rollen ein? Wann wechselte es die Rollen? Analysieren Sie Ihre eigene Familie und die ihrer engen Freunde.

Wenn Sie in Ihren persönlichen Beziehungen unabsichtlich übersteigerte, kodependente Rollen spielen, dann belasten Sie diese Beziehungen. Das gilt teilweise auch für die Beziehung zwischen Ihnen und Gott. Betrachten wir diese als nächstes.

Gott durch die Sonnenbrille

Wie unterscheidet sich eine kodependente von einer gesunden Beziehung zu Gott? Hier gelten die gleichen Kriterien, die Sie schon kennengelernt haben.

John und Gladys Jordan sowie Sean McCurdy litten unter gestörten Beziehungen zu ihren Vätern. Deshalb laufen sie Gefahr, diese Gefühle gegen ihre Väter auf Gott zu übertragen. Gott ist der vollkommene Vater. Von ihm geht keine gestörte Beziehung aus; er hat völlige Genüge in sich selbst. Doch möglicherweise sehen John, Gladys und Sean Gott, ohne es zu wollen, in allzu menschlichem Licht.

Gladys wuchs, wie Sie sich erinnern, bei einem Vater auf, der ihr nicht zuhören konnte oder wollte. Unbewußt schrieb sie diese Eigenschaft auch ihrem Mann John zu, obwohl er sehr gut zuhören konnte. Wenn sie nun diese menschliche Unvollkommenheit auf Gott überträgt, wird das ihr Gebetsleben stark beeinträchtigen. Sie wird unfähig, sich am liebevollen Wesen Gottes zu erfreuen und es zu schätzen. Vielleicht stimmt sie sogar mit denen überein, die sagen, daß man keine enge Beziehung zu Gott haben könne, und in ihrem eigenen Fall würde sie damit recht haben. Die Nähe zu

Gott bliebe für sie unerreichbar, nicht weil Gott selbst unerreichbar wäre, sondern weil ihre Kodependenz ihr den Blick verstellt.

Wenn John Gott als autoritär und gesetzlich ansieht, dann kann er leicht vergessen, daß kein Mensch seine eigene Erlösung verdienen kann, indem er irgendwie Gottes Anerkennung gewinnt. John steht in der Gefahr, den Dreh- und Angelpunkt des ganzen Evangeliums zu übersehen: die Erlösung aus Gnade. *Barmherzigkeit* und *Gnade* werden für ihn immer Fremdworte bleiben. Außerdem wird er zwar vielleicht mit seiner Frau darin übereinstimmen, daß eine enge Beziehung zu Gott nicht erreichbar sei, aber ihre Gründe für diese Annahme werden vollkommen verschieden sein. Seine Sicht Gottes wird nicht die geringste Ähnlichkeit mit der ihren haben. Gladys hat einen gleichgültigen, weit entfernten Gott vor Augen, während John in Gott einen himmlischen Polizisten sieht, der jeden seiner Fehler verzeichnet.

Sean ist auf der Suche nach dem vollkommenen Vater. In Gott hat er ihn gefunden. Aber erkennt Sean diese Tatsache? Wenn ihm Böses geschieht – wenn Sean einen schweren Verlust erleidet oder glaubt, daß seine Gebete unbeantwortet bleiben –, könnte er Gott als jemanden sehen, der seines vollen Vertrauens nicht würdig ist, ebenso wie seine irdischen Vorgesetzten, wenn sie irgendeinen Fehler machen. Kurz, Sean könnte (wie so viele von uns) Gott mit einem falschen Maßstab messen und für nicht gut genug befinden. Erkennen Sie, wie die Schräglage in der unteren Hälfte des vierschichtigen Kuchens die obere Hälfte ins Rutschen bringt, in diesem Fall besonders die zweite Schicht der persönlichen Beziehungen, wozu auch die Beziehung zu Gott gehört?

Betrachten Sie einmal genau einen großen, zum Brillanten geschliffenen Diamanten. Achten Sie darauf, daß jede Facette in einem anderen Winkel geschliffen ist. Die Facetten entlang der einen Kante liegen scheinbar in einem scharfen Gegensatz zu denen entlang der anderen Kante. Drehen Sie den Stein, und zuerst wird eine Facette feurig aufblitzen, dann eine andere. Es sind achtundfünfzig Facetten. Weniger würden den Stein trüb und lichtlos erscheinen lassen, unfähig, seine Brillanz zur Geltung zu bringen. Ebenso entscheidend für die Brillanz des Juwels ist der Winkel am unteren Ende – die Schärfe der Spitze.

So ist der Gott der Bibel, *ein* Gott mit vielen Facetten. Manche sind beinahe identisch und liegen fast auf derselben Ebene. Andere scheinen in krassem Gegensatz zueinander zu stehen, wenn man sie herausgelöst betrachtet. „Gott ist Liebe" erscheint wie das Gegenteil von „Die Rache ist mein, spricht der Herr". Vielleicht blitzt das eine auf und lenkt für einen Moment unsere Aufmerksamkeit auf sich. Dann verändern wir leicht unsere Haltung, und eine andere Facette springt uns ins Auge. Weil Gott noch unendlich viel komplexer ist als der Diamant, kann kein Mensch ihn ganz und gar wahrnehmen – niemand kann all die Facetten betrachten und bewundern.

Ein Mensch mit vollen Liebestank und einem niedrigen Wert auf der Kodependenz-Skala wird den Diamanten so strahlend wahrnehmen, wie es einem sterblichen Auge nur möglich ist. Ein Kodependenter dagegen wird für viele der Facetten blind sein, vielleicht für die meisten. Weil der Kodependente nur wenige Facetten sehen kann, ist für ihn der herrliche Anblick Gottes zu einem trüben und öden Teilausschnitt zusammengeschrumpft, dem jedes Feuer fehlt.

Als Therapeuten und Psychologen maßen wir uns nicht an, irgend jemandem sagen zu wollen, wie die Bibel interpretiert werden sollte. Die Bibel ist Gottes Liebesbrief an jeden einzelnen von uns. Wie sie zu uns spricht und was sie uns sagt, ist eine persönliche Angelegenheit zwischen jedem einzelnen und Gott. Was wir betonen – worauf wir hinarbeiten – ist, daß jeder Mensch die Chance bekommt, Gottes Worte fair und objektiv zu hören, ungefiltert durch kodependente Bindungen und Voreingenommenheiten.

Aus psychologischer Sicht ist es immer hochinteressant zu sehen, wie zwei Menschen denselben Abschnitt der Bibel lesen und je nach ihrer emotionalen Prägung zwei völlig verschiedene Vorstellungen davon gewinnen, was er bedeutet.

Ein derartiges unbewußtes Aussieben ist normal. In den tiefen Winkeln unseres Verstandes wird jede hereinkommende Information gefiltert. Doch bei einem Menschen aus einer gestörten Familie, einem Menschen mit leerem Liebestank und heftigem Zorn tief im Innern, ist dieser Filterprozeß verzerrt und verkürzt. Die Kodependenz *muß* bereinigt werden, bevor ein solcher Mensch mit unbefriedigten emotionalen Bedürfnissen die Realität Gottes und des Evangeliums wirklich erfassen kann. Solange die tiefliegenden Probleme nicht gelöst sind, kann alles, was Gott diesem Menschen sagt, völlig mißverstanden werden.

Kurz, nicht nur um Ihre Lebensqualität zu verbessern, sich echtes Glück zu ermöglichen und Ihre Probleme zu lösen, sollten Sie versuchen, Kodependenz auszumerzen. Das erste Vorrecht und die größte Verantwortung eines Christen ist es, Gott zu hören und ihm zu antworten. Ein Kodependenter kann weder deutlich hören noch angemessen antworten.

Wie funktioniert der Filter der Kodependenz? Stellen Sie ihn sich als eine Polaroidlinse vor. Die Polarisierung des Lichtes findet vielerlei Anwendung sowohl in der Industrie als auch im täglichen Leben, zum Beispiel bei vielen Sonnenbrillengläsern. Die alten getönten Sonnenbrillen verhindern die Blendung, indem sie einen Teil des Lichtes, das durch die Gläser einfällt, abblocken. Alles Licht wird im gleichen Maße abgeblockt und gefiltert, unabhängig vom jeweiligen Einfallswinkel. Eine Brille mit Polaroidgläsern dagegen blockt Lichtwellen, die in einem bestimmten Winkel auftreffen, fast vollständig ab, während sie andere ungehindert hindurchläßt. Polaroidlinsen blocken das Licht also selektiv ab.

Kodependente Züge funktionieren ähnlich. Kodependente betrachten Gott wie durch eine Polaroidbrille. Bis auf einen engen Bereich wird das Licht völlig abgeblockt. Mit ihren unbefriedigten Bedürfnissen und dem tiefen, unverarbeiteten Zorn über ihre Erfahrungen mit lieblosen irdischen Müttern und Vätern blicken Kodependente wie durch eine Polaroidbrille direkt in die Sonne, auf den Sohn, und sehen nur einen kleinen Ausschnitt aus der Wirklichkeit.

Alle Probleme, die in zwischenmenschlichen Beziehungen durch Kodependenz entstehen, tauchen auch in der Beziehung zwischen dem Gläubigen und Gott auf. Denken Sie zum Beispiel an die „Geister" der Vergangenheit – die Wiederholungszwänge – die John und Gladys Jordan plagen. Gladys fühlt sich gedrängt, die Situation in der Ursprungsfamilie neu zu inszenieren, teilweise, weil sie sie korrigieren möchte, teilweise, um mit dem Schmerz zu leben, der ihr so vertraut ist. Gott ist zwar die einzige Person im Universum, dessen Kodependenz-Thermometer Null anzeigt, doch ist der Wiederholungszwang bei Gladys so stark, daß sie die Unvollkommenheit ihres Vaters auf Gott überträgt. Natürlich nennt sie es nicht „Unvollkommenheit"; schließlich weiß jeder, daß Gott vollkommen ist. Doch bei genauerem Hinsehen zeigt sich, daß es genau darum geht. Die Prägung durch die Vergangenheit ist so stark, daß die Stimme Gottes in der Bibel übertönt wird. Daß Gladys Gott als begrenzt und menschlich unvollkommen betrachtet, deutet darauf hin, daß ihre kodependenten Tendenzen auf ihre Beziehung zu Gott übergreifen.

Und dann sind da diese tiefen, unbewältigten Zorngefühle. Was empfindet ein Kodependenter gegenüber einem Elternteil, der ihn mißhandelte? Auf der einen Seite Angst und Haß, weil der Vater oder die Mutter ihm nicht die Zuwendung gaben, die sie ihm schuldig waren. Auf der anderen Seite die intensive, drängende, natürliche Liebe eines Kindes zu seinen Eltern. Das Kind (und später der Erwachsene) bemüht sich verzweifelt darum, die gestörte Situation in Ordnung zu bringen, den Ausgang zu verändern, die so dringend benötigte Anerkennung und Zuneigung dieses Elternteils zu gewinnen. Dieser dramatische Zwiespalt zwischen Liebe und Haß hat sich tief eingegraben; in der geistlichen Dimension kann er zum Ausbruch kommen.

Ein gutes Beispiel dafür ist Rebecca, die kürzlich in der festen Überzeugung zu uns kam, von einem Dämon besessen zu sein. Eine solche Möglichkeit ist zwar nicht von vornherein auszuschließen, doch nach allem, was wir sehen und spüren konnten, gab es bei ihr keinerlei Anzeichen für eine dämonische Belastung. Worauf wir schließlich stießen, war diese Ambivalenz aus Liebe und Haß. Rebeccas Vater war ein strenger, perfektionistischer Militärzahnarzt. Alle zwei Jahre zog die Familie um, von Standort zu Standort, von Staat zu Staat, von Land zu Land. Rebecca verbrachte nie zwei volle Jahre in derselben Schule. Ihre Rolle bestand darin, zu lächeln und damit einverstanden zu sein, daß die Familie alles tat, was ihr Vater wollte. Weder sie noch ihre Mutter hatten die Erlaubnis, ihren Zorn, ihre Frustration oder ihren Schmerz darüber auszudrücken, daß sie sich immer wieder losreißen mußten, so bald sie irgendwo Wurzeln geschlagen hatten.

Nun, Jahre später, liebte ein Teil von ihr – nämlich der nach außen erkennbare – Gott, den Vater. Rebecca ist in der Tat eine feine, hingebungsvolle Christin, doch bekam sie es auch mit dem verborgenen Teil zu tun, ihrem unbewältigten Zorn und Ärger. Diese Seite ihrer Beziehung zu ihrem Vater hatte sie auf ihre Beziehung zu Gott übertragen, ebenso, wie sie auch ihre Elternliebe übertragen hatte. Da es ihr völlig unbegreiflich war, wie sie zornig auf Gott sein konnte, nahm sie an, daß irgendeine äußere Macht in ihr wirksam war.

Durch die Schritte der Genesung, von denen im nächsten Teil dieses Buches die Rede sein soll, halfen wir ihr, sich mit ihrem verborgenen Ärger auseinanderzusetzen. Sie deckte ihren Zorn auf und ließ ihn los. Schon waren die „Dämonen" verschwunden.

Zusammenfassend können wir sagen, daß in der Beziehung eines Kodependenten zu Gott zweierlei geschehen kann. Erstens nimmt der Betreffende auf Grund seines „Polaroidfilters" nur einen engen Ausschnitt von Gott wahr, nicht genug, um die Bandbreite sowohl seines Gerichts als auch seiner Gnade zu erfassen. Zudem kann die Person nicht richtig erkennen, was der biblische Begriff *agape* (bedingungslose Liebe) eigentlich bedeutete. Zweitens versucht der Betreffende unbewußt, seine Beziehung zu Gott auf dieser eingeschränkten, verfälschten Grundlage aufzubauen.

Besonders häufig erleben wir, daß Menschen versuchen, durch bestimmte Verhaltensweisen oder strenge, selbst aufgestellte Denkmuster bei Gott Anerkennung zu finden. Magersucht ist eine solche Verhaltensweise; eine starre, überspannte Auffassung von „korrekter" Lebensweise wäre ein weiteres Beispiel. Doch da diese Menschen leider nie die völlige Zuwendung und Anerkennung ihrer Eltern bekamen, fühlen sie sich auch vom himmlischen Vater nie völlig angenommen. Das Beste ist nie wirklich gut genug. Liebe und Zufriedenheit in der Gemeinschaft mit Gott werden durch Frustration verdrängt.

In unserer Klinik haben wir oft mit Christen zu tun, die über erstaunliche Kenntnisse der Heiligen Schrift verfügen. Die Beratungsgespräche werden dann zu theologischen Marathon-Debatten mit maschinengewehrartigem Schlagabtausch von Schriftbeweisen und Bibelversen. Ein solcher Fall ist Edith, eine Frau, die von unseren Mitarbeitern in der Klinik behandelt wurde. Edith, die heute in einer kirchlichen Schule unterrichtet, wurde von einem mißhandelnden Vater erzogen und heiratete dann einen Mann, der sie in geistlicher Hinsicht mißhandelte. Die ersten Wochen ihrer Behandlung waren ein regelrechter Debattierwettbewerb. Wir redeten ihr zu: „Sie sollten sich stärker mit der Gnade Gottes vertraut machen." Sie konterte sofort mit Bibeltexten, in denen Gottes Gericht betont wird. So ging es ständig hin und her.

Für bibelfeste Christen mit fast leeren Liebestanks ist es oft weniger eine Suche als ein Kampf, Gott zu finden. Tief in ihrem Inneren, jenseits der Reichweite ihres Bewußtseins, fühlen sich solche Menschen emotional einfach schlecht. Wenn Gefühle der Unzulänglichkeit und Unwürdigkeit so tief gehen, wenn diese Menschen Gott, den Vater, emotional als lieblos, rachsüchtig oder unerreichbar ansehen, dann können sie die Botschaft der Hoffnung im Neuen Testament lesen, so oft sie wollen: sie werden sich auch weiterhin verurteilt fühlen. Immer wieder erleben wir, daß sie sich so in ihre Gefühle hineinsteigern, daß sie glauben, Gottes Anerkennung durch Gesetzlichkeit, Perfektionismus, Selbstaufopferung, Selbstmißhandlung oder irgendeinen anderen Mechanismus gewinnen zu müssen. Sie möchten Gott ihren Wert beweisen, den sie selbst in ihrem Herzen bezweifeln.

Jesus nahm Bezug auf das Konzept einer starken Familie mit einem liebevollen, fürsorglichen Vater, als er sagte: „Wer ist unter euch Menschen, der seinem Sohn, wenn er ihn um Brot bittet, einen Stein biete? Oder, wenn er ihn um einen Fisch bittet, eine Schlange biete? Wenn nun ihr, die ihr doch böse seid, dennoch euren Kindern gute Gaben geben könnt, wieviel mehr wird euer Vater im Himmel Gutes geben denen, die ihn bitten!" (Matthäus 7,9-11). Die irdische Familie wird zu einem Abbild der himmlischen Familie – mit Gott als unendlich weisem und fürsorglichem Oberhaupt.

Die Ursache der Kodependenz – unbefriedigter Liebeshunger – ist also keineswegs neu. Schon vor viertausend Jahren wurden Eltern im Wort Gottes zur Verantwortung für ihre Kinder ermahnt, und diese Ermahnung findet sich überall in der ganzen Schrift. Eine solide, fürsorgliche, stabile Familie ist der von Gott eingerichtete Kanal für Erfüllung, langes Leben und ein klares Verständnis der Liebe und des himmlischen Vaters.

Hier haben wir also einen weiteren triftigen Grund, warum Sie gegen die Kodependenz in Ihrem Leben angehen sollten. Ihre Kinder und die Kinder Ihrer Kinder (damit meinen wir alle Kinder, die unter Ihrem Einfluß stehen, nicht nur Ihre eigenen) brauchen volle Liebestanks, wenn sie glücklich werden, echte Liebe genießen und Gott wirklich kennenlernen sollen. Sie können die emotionalen Bedürfnisse dieser Kinder nicht befriedigen, solange bei Ihnen selbst Mangel herrscht. Die Bibel betont, daß bei Ihnen der Schlüssel zur Zukunft Ihrer Kinder liegt.

Kein Mensch kann Gott ganz und gar erkennen. Doch wenn wir die ganze Heilige Schrift in uns aufnehmen und betrachten, ergibt sich das vielschichtige Bild eines wunderbaren, liebevollen Herrn, der alles menschliche Verstehen übersteigt. Selbst wenn er etwas von uns fordert, er versteht uns durch und durch. Er liebt ohne Falsch, leitet auf vollkommene Weise, regiert unumschränkt. Jeder Mensch sieht die Wahrheit nicht vollkommen, selbst der Apostel Paulus nicht. Doch die Tragik des Kodependenten ist, daß er durch einen verzerrenden Spiegel ein sehr dunkles, verkümmertes Bild sieht, das nichts mit der Wahrheit zu tun hat.

„Seht her!" sagt Jesus sinngemäß in Johannes 15,15. „Ihr seid mehr als Diener für mich, ihr seid meine Freunde!" Wenn Ihr bester Freund Gott ist, dann wollen Sie ihn doch sicher so gut kennen wie nur möglich.

Fünfter Teil:

Die zehn Schritte der Genesung

Erforschen Sie Ihre Beziehungen

Hier ist sie also – die Minirth-Meier-Klinik: ein dreistöckiges Gebäude aus Glas und Ziegelsteinen. Aus dem Schatten der Tiefgarage betreten Sie einen Fahrstuhl und surren zielstrebig nach oben in den Empfangsbereich. Inmitten reger Geschäftigkeit, geschmackvoller Möbel und ein paar Grünpflanzen werden Sie mit einem freundlichen Lächeln begrüßt. Dennoch, so ganz wohl in Ihrer Haut fühlen Sie sich nicht. Zur „Lebensberatung" zu gehen, Empfänger guter Ratschläge zu sein – irgendwie liegt Ihnen das nicht. Ihr Kopf sagt Ihnen, daß Sie Hilfe brauchen, aber Ihr Herz schreit, daß Sie eigentlich in der Lage sein sollten, Ihre Probleme in den Griff zu bekommen, ohne Ihre ganze schmutzige Wäsche vor Fremden auszubreiten. Allein die Tatsache, daß irgend jemand Sie wahrscheinlich beim Betreten dieses Gebäudes beobachtet hat, brandmarkt Sie (in Ihrer Vorstellung) als emotionalen Schwächling, der sein Leben nicht in den Griff bekommen kann.

Aber Sie lassen nicht locker. Sie blättern in einer Zeitschrift und tun so, als säßen Sie im Wartezimmer eines Zahnarztes, nicht in einer psychiatrischen Klinik. Sie lassen nicht locker, weil Ihr Leben ein einziges Durcheinander ist. Es geht so manches schief – und das hinterläßt zu tiefe Spuren in Ihren Emotionen. Das wird unweigerlich auf die Menschen abfärben, die Ihnen nahestehen.

Wenn Sie zu uns in die Beratung kämen, was würden Sie zur Behandlung Ihrer Kodependenz von uns erwarten? Hier in der Minirth-Meier-Klinik verwenden wir ein zehnstufiges Modell für den Weg aus der Kodependenz. Es dient unseren Patienten als Leitfaden, sich mit ihrer verlorenen Kindheit und ihren Problemen als Erwachsene auseinanderzusetzen und auf diese Weise von der Kodependenz zu genesen. Diese zehn Schritte oder Stadien sind keineswegs so zu verstehen, als sollten sie mit den Zwölf-Schritte-Programmen von Gruppen wie den Anonymen Alkoholikern, Al-Anon usw. konkurrieren oder sie ersetzen. Sie haben jedoch Berührungspunkte mit den Zwölf Schritten und stellen eine neue Ausformung der ihnen zugrundeliegenden Prinzipien dar.

In diesem Teil des Buches werden wir die zehn Schritte nacheinander als Schritte der Erleichterung und Heilung beleuchten. Einige davon haben Sie bereits kennengelernt. Sie haben vieles über Kodependenz erfahren, das wesentlich für das Verständnis Ihrer eigenen Persönlichkeit ist. Nun soll dies alles in einer praktisch anwendbaren Form zusammengestellt werden.

Und noch einmal möchten wir Sie darauf hinweisen: Kodependenz ist kein konstanter Zustand, sondern ein Kontinuum. Die meisten Menschen sind nur leicht betroffen, und die hier beschriebenen Maßnahmen können ihnen zu einem glücklicheren, produktiveren Leben verhelfen. Andere sind vielleicht so stark beeinträchtigt, daß ihren Problemen mit einem Selbsthilfe-Buch allein nicht beizukommen ist. Wenn Ihr Leben stark von kodependenten Verhaltensmustern beherrscht wird, werden Ihre Gedanken und Gefühle vielleicht an irgendeinem Punkt zu übermächtig, um sie zu ertragen. Wenn das der Fall ist, zögern Sie bitte nicht, sich in kompetente, professionelle Behandlung zu begeben.

Wiederholen möchten wir auch die Warnung, daß Kodependenz, ebenso wie die Abhängigkeiten, die uns zuerst auf ihre Spur führten, chronisch und fortschreitend ist. Wenn es erst soweit ist, daß sie sich in Form von Mißhandlung, Depressionen, Eßstörungen und dergleichen äußert, kann sie sogar lebensgefährlich werden.

Nach diesen wichtigen Anmerkungen ist es nun an der Zeit, Sie auf dem gleichen Weg weiterzuführen, den wir auch mit unseren Patienten gehen.

Die Achterbahnfahrt der Heilung

Wenn irgendwo ein Jahrmarkt ist, sieht man sie schon von weitem. Sie ist der Klassiker, der unvergleichliche Nervenkitzel, die Attraktion, vor deren Kasse sich die längsten Schlangen bilden: die Achterbahn. Und Sie sind soeben in den Schlußwagen eingestiegen. Mit einem Ruck wird der Wagen durch den Kettenantrieb nach vorn gerissen, und Sie beginnen die lange, schleppende Steigung auf den Berg aus Trägern und Verstrebungen. Während die Spannung steigt, fragen Sie sich, ob diese lächerliche kleine Sicherheitsstange auf Ihrem Schoß überhaupt einen Schuß Pulver wert sein wird, falls Sie sie *wirklich* brauchen sollten.

Eine halbe Ewigkeit schweben Sie auf dem Gipfel, doch nicht lange genug, um sich auf den ersten kreischenden Sturz in die Tiefe vorzubereiten. Ihr Kopf schaltet die Richtung um, bevor Ihr Magen die Kniekehle erreicht, und schon geht es die nächste Steigung hinauf – und wieder hinab – und hinauf ... Allmählich werden die Buckel und Berge niedriger und die rechtwinkligen Kurven erträglich. Der erste wilde Sturz liegt schon lange zurück, als Sie lässig in die Zielgerade einbiegen und nach einem letzten Ruck ihre Berg-und-Tal-Fahrt beenden.

Ungefähr so wird auch Ihre Genesung ablaufen. Zur Veranschaulichung wollen wir den Ausdruck „tiefer in den Schmerz eindringen" heranziehen. Stellen Sie sich den Prozeß der Heilung wie jene erste unbeschreibliche Berg-und-Tal-Fahrt auf der Achterbahn vor. Die Aufwärtsrichtung bedeutet geringeren emotionalen Schmerz, die Abwärtsrichtung verstärkt den Schmerz. Am Boden der Kurve befinden Sie sich am tiefsten Punkt Ihrer Gefühle, im tiefsten Schmerz.

Es gibt jedoch Unterschiede zwischen unserem Modell der Genesung und einer echten Achterbahn. In unserem Fall steigt ein Mensch nicht oben, also frei von Schmerzen, in die Achterbahn ein, sondern an irgendeinem Punkt auf dem Weg nach unten. Der Schmerz ist schon deutlich spürbar. Die

DIE ZEHN-SCHRITTE-KURVE

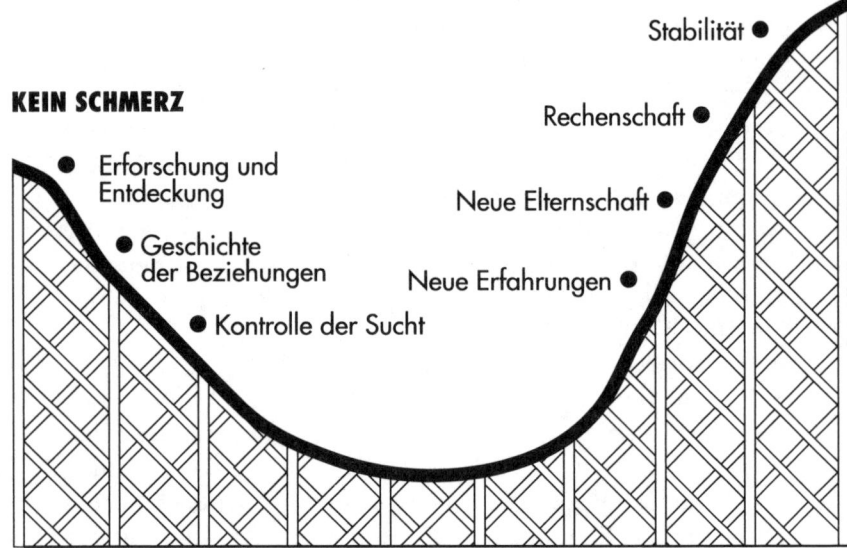

KEIN SCHMERZ

Stabilität ●

Rechenschaft ●

● Erforschung und Entdeckung

Neue Elternschaft ●

● Geschichte der Beziehungen

Neue Erfahrungen ●

● Kontrolle der Sucht

TIEFER SCHMERZ

ersten fünf Schritte der Genesung scheinen auf den ersten Blick in die falsche Richtung zu führen, nämlich immer tiefer in den Schmerz hinein.

Bei einer klassischen Achterbahn ist die einzige äußere Kraft, die auf die Fahrt einwirkt, jener Kettenantrieb ganz am Anfang. Hat die Kette den Wagen erst einmal bis auf die Spitze des ersten Berges gezogen, den höchsten Punkt, wird der Wagen für den Rest der Fahrt von der Schwerkraft und der Trägheit seiner Masse angetrieben. Je höher und steiler dieser erste Berg ist, desto mehr kinetische Energie steht für den Rest der Fahrt zur Verfügung. Die späteren Berge werden dann immer niedriger; der Wagen verliert durch die Reibung auf den Schienen und durch die späteren Steigungen schnell an Energie: die Fahrt wird weniger heftig. In unserem Genesungsmodell bauen sich durch das erste steile Gefälle Schwung und Energie für die heilende Steigung auf. In Ihrer Zukunft wird es weitere Steigungen geben, aber keine wird mehr so hoch sein, und Sie werden mit allem Nötigen ausgestattet sein, um sie zu erklimmen.

Erster Schritt: Erforschung und Entdeckung

Archäologische Ausgrabungsstätten sind faszinierende Orte. Schon lange sind die Zeiten vorbei, in denen die Archäologen sich durch den Sand wühlten, bis sie einen Kunstgegenstand fanden, der es wert war, in einem Museum ausgestellt zu werden. Heute werden Ausgrabungsstellen in ein horizontales und vertikales Raster numerierter Abschnitte unterteilt. Die Werkzeuge der Grabungstechniker sind eher Spachtel, feine Pinsel und Zahnstocher als Spaten. In feinen Sieben werden winzige Scherben und Überbleibsel aussortiert. Jeder Fund, wie groß oder klein seine Bedeutung auch sein mag, wird genau mit Fundabschnitt und -schicht verzeichnet. So können die Analytiker noch Jahre später genau feststellen, wo und wie jedes einzelne Stück gefunden wurde. Zerbrochene Töpfe, ausgetretene Sandalen und kleine Metallstücke – der Abfall von Jahrtausenden liegt säuberlich aneinandergereiht auf endlosen Tischen in stickigen Wellblechhütten.

In unserem ersten Schritt sollen auch Sie eine solche „Ausgrabung" in Ihrem Leben vornehmen. Beim bisherigen Lesen haben Sie gewiß schon einige Entdeckungen gemacht, die Sie jetzt aneinanderreihen und durch weitere „Fundstücke" ergänzen können. Sie sollen nicht nur die großen, spektakulären Ereignisse zum Vorzeigen aus der Erde kratzen. Achten Sie auch auf die kleinen Dinge, die im Moment bedeutungslos erscheinen mögen, aber vielleicht eine

Schlüsselrolle zum Verständnis Ihrer Vergangenheit spielen werden. Wir werden sozusagen eine Wellblechhütte mit Einzelheiten aus Ihrer Vergangenheit füllen, und ebenso aus Ihrer Gegenwart, den Zwängen und Süchten Ihres heutigen Lebens.

In der Beratung helfen wir unseren Patienten, zwei Dinge einzugestehen: erstens die Elemente der Sucht und Zwanghaftigkeit in ihrer gegenwärtigen Lebensweise, zweitens die Probleme der verlorenen Kindheit.

Nun gibt es niemanden, der eine Sucht oder ein zwanghaftes Verhalten gern eingesteht. *Mit solchen Störungen haben andere Leute zu kämpfen, nicht ich.* Suchen Sie also statt dessen nach Elementen, die einen unangemessen großen Teil Ihrer Zeit und Kraft in Anspruch nehmen. Gibt es Dinge, ohne die Sie nicht leben können, sei es im übertragenen oder im buchstäblichen Sinne? Fernsehen? Ihre Arbeit? Ihre Bezugsperson? Was bedeutet Ihnen so viel, daß Sie auf Kosten anderer Dinge Zeit und Geld darauf verwenden? Und das Wichtigste: Was in Ihrem Leben versuchen Sie zu verbergen oder heimlich zu tun, damit niemand herausfindet, in welchem Maße Sie es tun? Sexuelle Ausschweifungen? Wie sind Ihre geheimsten Handlungen juristisch und moralisch zu beurteilen?

Fällen Sie an dieser Stelle noch kein Urteil darüber, ob Ihre Beobachtungen „richtig" oder „falsch" sind. Sieben Sie nur alle heraus. Machen Sie sich diese Dinge bewußt.

Das andere Ziel unserer Erforschung und Entdeckung sind die Probleme der verlorenen Kindheit. Nötigenfalls lesen Sie im zweiten Teil noch einmal nach, wonach Sie Ausschau halten sollten. Der Verlust eines Elternteils durch Tod oder Scheidung, die emotionale Unverfügbarkeit eines Elternteils – was immer es sein mag.

Wir bearbeiten also zwei Bereiche gleichzeitig. Wir untersuchen das, was sich in Ihrem gegenwärtigen Leben abspielt, und das, was früher in Ihrem Leben vorgefallen ist. Wenn Sie tatsächlich bei uns in der Beratung wären, würden wir Sie in der zweiten oder dritten Beratungssitzung bitten, uns Ihre

Kindheit zu schildern. Wir würden nach Ihren Beziehungen zu Gleichaltrigen und Nachbarn, Eltern und Geschwistern, ja auch Ihren Haustieren fragen. Wovor hatten Sie als Kind Angst, und worauf haben Sie sich gefreut? Erinnern Sie sich an konkrete Fälle von Bestrafungen, Zuneigungsbeweisen, Verlusten ...? Wie ist es Ihnen ergangen? Gehen Sie noch einmal die Fragen und das Material zum Thema verlorene Kindheit im zweiten Teil durch. Legen Sie die Stücke so, wie Sie sie finden, vor sich auf den Tisch.

Als letzten Teil des ersten Schrittes möchten wir Ihnen empfehlen, Ihre Geschichte zu erzählen. Wem? Einem Freund, der Ihnen sehr nahesteht und dem Sie vertrauen; vielleicht auch Ihrem Ehepartner (normalerweise allerdings nicht; denn wenn Sie in eine kodependente Beziehung verstrickt sind, dann ist es fast mit Sicherheit die Beziehung zu Ihrem Ehepartner). Eine Selbsthilfegruppe wäre eine hervorragende Möglichkeit.

Wem Sie auch sonst Ihre Geschichte anvertrauen wollen, der beste Zuhörer von allen ist Gott. Je mehr Sie ihn in diesen Prozeß mit einbeziehen, besonders von diesem Punkt an, desto leichter und schneller wird Ihre Genesung voranschreiten. Selbsthilfebücher und -programme aus säkularem wie religiösem Hintergrund sind sich darin einig, daß der Glaube an Gott eine starke heilende Macht birgt.

Bitten Sie ihn aber zuerst, Ihnen die Blenden der Kodependenz von den Augen zu nehmen. Jeder verleugnet seine Probleme bis zu einem gewissen Grade oder spielt sie herunter, aber bei einem Kodependenten hängt das ganze emotionale Leben davon ab. Diese Verzerrungen behindern Ihre Fähigkeit, sich selbst zu erkennen, und nur Gott kann Ihnen wirklich die Augen öffnen. Dann erzählen Sie, wie gesagt, einem guten Freund oder Lebensberater Ihre Geschichte, aber erzählen Sie sie auch Gott (vor ihm können Sie auch unbefangen das Erzählen üben, wenn Sie meinen, daß Sie Übung brauchen). Schon dieser scheinbar schlichte Akt, Ihre Geschichte zu erzählen, kann einen sehr heilsamen Einfluß ausüben. Das hat folgenden Grund:

Wieder einmal bietet das klassische Bild von der Kodependenz einer Familie mit einem alkoholabhängigen Vater das beste Modell zum Verständnis. Der gemeinsame Faden, der sich durch alle Fundstücke auf den Tischen dieser Familienmitglieder zieht, ist Scham. Die Familie hat ein Geheimnis, ein schamvolles, peinliches Geheimnis. Etwas Schreckliches unterscheidet sie von allen anderen Leuten. Sie steht allein gegen das mächtige Urteil der ganzen Welt. Wie auch immer die Familie nach außen hin erscheinen mag (und alle Mitglieder bemühen sich ja, so gut wie möglich zu erscheinen), von innen gesehen hat sie nichts gemein mit jenen glücklichen Fernsehenfamilien oder mit der gelassenen Harmonie, die in allen Familien der Nachbarschaft zu herrschen scheint. Diese Familie ist völlig aus dem Gleichgewicht geraten. Und jedes einzelne Mitglied fühlt sich, zu Recht oder zu Unrecht, für die Störung verantwortlich. Scham.

Zum Teil liegt es an dieser Scham, daß ein Kind aus einer gestörten Familie fast mit Sicherheit noch nie jemandem davon erzählt hat. Und wenn der Erwachsene überhaupt darüber spricht, läßt er dabei gewisse Teile aus. Schließlich war es nie erlaubt, offen über diese Dinge zu reden. Sogar jetzt noch wären die Eltern vielleicht schockiert und entsetzt, ihn offen über diese Geschichte reden zu hören.

Doch wenn dieser Erwachsene den Mut faßt, die ganze Geschichte seiner Kindheit vor einem freundlichen und verständnisvollen Ohr in Worte zu fassen, hat das sehr positive Auswirkungen. Allein durch das Erzählen bekommt die Mauer der Verleugnung Risse. Die Person tritt, wenn auch vielleicht nur ein kleines Stück weit, aus der Isolation und Einsamkeit heraus, die seine Kindheitserfahrungen kennzeichneten. Auf diese Weise wird das Erzählen der eigenen Geschichte zu einem mächtigen Werkzeug der Heilung, obwohl es nur einen kleinen Teil des Genesungsprozesses ausmacht.

Denken Sie an die Begegnung zwischen Jesus und der Frau am Brunnen im vierten Kapitel des Johannesevangeliums. Um die Mittagszeit näherte sich eine samaritische

Frau dem Brunnen von Sychar, um Wasser zu holen. Jesus bat sie, ihm zu trinken zu geben. Sie wunderte sich, warum er sie ansprach, denn Samariter und Juden hielten sich gewöhnlich voneinander fern. Er bot ihr lebendiges Wasser an. Wieder reagierte sie mißtrauisch. Als Jesus sie bat, ihren Mann herzubringen, behauptete sie, sie hätte keinen. Darauf antwortete Jesus sinngemäß: „Das ist wahr. Du hattest fünf Männer, und mit dem, den du jetzt hast, bist du nicht verheiratet." Erstaunt verlagerte sie ihre Fragen auf die geistliche Ebene, von der Jesus die ganze Zeit gesprochen hatte. Schließlich gewann sie Vertrauen in ihn als den Messias und bezeugte in ihrem ganzen Dorf, daß er der Messias sei. Durch ihr Zeugnis wurden viele gläubig und kamen zu Jesus.

Im Blick auf diese Begebenheit fragen wir manchmal unsere Patienten: „Was ging da vor sich, als Jesus ihr ihre Lebensgeschichte offenbarte? Wie konnte das zu ihrer Heilung beitragen?"

Zusammenfassend laufen die verschiedenen Antworten unserer Patienten darauf hinaus, daß Jesus nicht sagte: „Ich ignoriere, was du in der Vergangenheit getan hast, und das solltest du auch tun" oder: „Ich weiß nichts von deiner Vergangenheit". Sondern er sagte sinngemäß: „Ich weiß alles über deine Vergangenheit. Ich kenne deine Geschichte, und ich nehme dich trotzdem an." Diese Einsicht ist für Kodependente ungemein ermutigend.

Einige Bücher und Lebensberater schlagen Gebete vor, die Sie benutzen können, um sich an Gott zu wenden oder sich vor ihm auszusprechen. Wir empfehlen Ihnen auf jeden Fall, das zu tun, und zwar in jedem der Schritte, die vor Ihnen liegen. Manchen Leuten, die um ihre Wiederherstellung kämpfen, ist es eine Hilfe, sich schriftlich an Gott zu wenden. In der Art von Briefen schreiben sie in einem Tagebuch einfach alles auf, was sie Gott sagen wollen. Eine solche Reihe von Einträgen dient mehreren Zwecken. Sie können buchstäblich sehen, was Sie denken, indem Sie es zu Papier bringen. Es ist gewiß eine Form des Gebetes. Und es macht Ihnen Gott unmittelbarer zugänglich, besonders, wenn Sie ihm in letzter Zeit nicht allzu nahe gestanden haben. Und irgendwann in der Zukunft können Sie zurückblicken und sehen, wie weit Sie schon gekommen sind.

Zweiter Schritt:
Geschichte und Inventur der Beziehungen

All die kostbaren Stücke, die Sie aus dem Schutt der Vergangenheit ausgegraben haben, können nicht für immer in der Wellblechhütte liegenbleiben. Sie müssen sortiert und verzeichnet werden. Das ist eine geistlose, mechanische Aufgabe, aber sie ist ungeheuer wichtig. Jedes Stück bekommt eine Signatur. Jedes wird einer Kategorie zugeordnet, eingewickelt und in Kartons verpackt. Einige wenige werden vielleicht, um ganz ehrlich zu sein, einfach wieder herausgenommen und von neuem vergraben. Die meisten jedoch werden vorsichtig und ehrfürchtig von Experten untersucht werden. Und ganz wenige werden sich als wichtige Schlüssel zum Verständnis lange vergessener Kulturen erweisen.

In diesem zweiten Stadium bitten wir unsere Patienten und Sie, eine sorgfältige, detaillierte Bestandsaufnahme Ihrer Beziehungen vorzunehmen. Insbesondere sollten Sie alle Personen aus Vergangenheit und Gegenwart identifizieren, die aus irgendeinem Grund einen unvergeßlichen Eindruck bei Ihnen hinterließen oder einen offensichtlichen Einfluß auf Ihr Leben ausübten.

Denken Sie an weitläufige Verwandte

Obwohl wir bisher unter „Familie" die Kernfamilie aus Eltern und Kindern verstanden haben (vielleicht mit einer Tante oder einem Großelternteil, die mit der Familie zusammenleben), ist eine Familie in Wirklichkeit ein viel komplexeres Gebilde. Auf die eine oder andere Weise unterhält jeder von uns stärkende oder nicht stärkende Beziehungen zu all den weitläufigen Mitgliedern unserer größeren Familie.

236

Mit Ausnahme der sehr wenigen ausgesetzten oder verwaisten Babys, die von Anfang an im Waisenhaus aufwuchsen, sind wir fast alle in eine Kernfamilie hineingeboren worden. Diese primäre Familienbeziehung setzt sich fort; auf die eine oder andere Weise tragen wir unsere Familie unser ganzes Leben lang mit uns herum, weil wir immer irgendeine Form von Beziehung zu unseren Eltern und Geschwistern unterhalten, ob sie noch leben oder schon tot sind. Dies ist die Ursprungsfamilie.

Durch die Heirat der meisten Erwachsenen entstehen neue Familien mit einem Ehepartner und vielleicht einem Kind oder mehreren Kindern. Dazu kommt die Arbeitsplatzfamilie mit Arbeitgeber und Kollegen sowie die Gemeindefamilie, die normalerweise Freunde, Verwandte und andere Mitglieder der Gemeinde einschließt. Und dann ist da noch die erweiterte Familie, die manchmal nur aus ein paar Schwägern, Tanten, Onkel und Großeltern besteht, manchmal dagegen eine Sippe von kleinstadtartigen Ausmaßen umfaßt. Um die Dinge noch weiter zu komplizieren, ist es denkbar, daß andere Personen zu mehr als einer Ihrer Familien gehören. Zum Beispiel könnte Ihre Schwägerin gleichzeitig Ihre Cousine sein.

Wenn Sie tief in kodependenten Verhaltensmustern stekken, werden diese Verhaltensweisen auf die eine oder andere Weise alle Familien, zu denen Sie gehören, in Mitleidenschaft ziehen. Häufig kommen Leute zu uns in die Beratung und sagen: „Ich möchte nur an dieser einen Beziehung arbeiten. Wenn ich mit meiner Frau (meinem Mann/meinem Kind) besser zurechtkäme, wenn sie (er/es) sich ändern würde, dann wäre alles gut." Leider geht diese Rechnung nicht auf. Eine Veränderung bei einem Mitglied einer Familiengruppe strahlt zu allen anderen Mitgliedern aus, ob die Veränderung nun in Ihnen oder in irgend jemand anderem stattfindet. Die Familie muß immer als Ganzes behandelt werden. Wo Kodependenz in einem Menschen auftaucht, da zieht sie Kreise in jedem Lebensbereich dieser Person.

Eine Analogie findet sich unter den alten Flußdampferlotsen aus Mark Twains Zeiten. Der Lotsendienst war eine ebenso hochangesehene wie schwierige Aufgabe, denn der Lotse mußte nicht nur den Flußlauf genauestens kennen, sondern auch wissen, was sich unter der Wasseroberfläche tat. Wo waren die Untiefen, die Felsen, die Sandbänke, die Strömungen, die den Erfolg der Reise gefährden oder sogar zu einer Katastrophe führen konnten? Tief eingeprägte kodependente Verhaltensmuster gleichen den verborgenen Gefahren, mit denen es ein Lotse zu tun hatte. Die Formationen unter der Wasseroberfläche bestimmen die Richtung und den Erfolg unserer Reise durchs Leben.

Überlegen Sie, mit wie vielen Menschen Sie emotional verbunden waren oder sind. Kodependente Verhaltensmuster haben jede dieser Beziehungen beeinflußt. Zu Ihrem Heilungsprozeß wird es gehören, daß Sie diese Beziehungen entwirren, sich an die Personen, seien sie am Leben oder tot, erinnern und mit jedem einzelnen auf angemessene Weise Ihren Frieden machen.

In unserer Klinik haben wir oft mit Erwachsenen zu tun, die adoptiert wurden oder bei Pflegeeltern aufwuchsen. Ihnen raten wir, sowohl mit ihren Adoptiveltern als auch mit ihren biologischen Eltern ins Reine zu kommen, ob sie sie kennen oder nicht. Jede Pflegefamilie, zu der sie gehörten, die Betreuer, Trainer oder Lehrer, die einen starken Einfluß auf ihr Leben ausübten – die Liste läßt sich fortsetzen. Es ist faszinierend, zu wie vielen Familien diese Patienten im Laufe ihres Lebens gehörten.

Wer mehrmals verheiratet war, und sei es auch nur kurz, ist jedesmal eine bedeutsame Familienbindung eingegangen, in der mächtige Gefühle mit im Spiel waren.

„Das war eine schreckliche Ehe", beschwert sich vielleicht ein Patient. „Ich mag gar nicht daran denken. Außerdem dauerte sie nur sechs Wochen. Das habe ich jetzt hinter mir. Das können Sie nicht als bedeutend bezeichnen."

Doch, das können wir. Genau an dieser Stelle halten wir an. „Nicht so schnell. Darüber sollten wir uns einmal unterhalten."

Eine wichtige Aufgabe für uns ist, Leuten zu der Erkenntnis zu verhelfen, wie viele Familien sie hatten oder noch haben und in welchem Maße die Kodependenz in jede einzelne dieser Gruppierungen ausstrahlen kann.

Nehmen wir Marian Walsh, eine intelligente und attraktive Frau, die von ihrem Vater sexuell mißbraucht worden war. Sie kam zu uns, weil sie wieder einmal kurz davor stand, ihren Arbeitsplatz zu verlieren. Sie ist in ihrem Beruf sehr kompetent, ein Aushängeschild für jede Firma. Und doch wurde sie immer wieder entlassen. Einerseits bemühte sie sich immer, ihren Job zu behalten und gute Leistungen zu erbringen. Doch andererseits schien sie gleichzeitig immer irgend etwas zu tun, um dieses Ziel zu sabotieren. Oft waren es Dinge, die sie weder erkannte noch voraussah. Als sie zu uns kam, hatte sie bereits den leisen Verdacht, daß das Problem erheblich tiefer reichte als nur bis zu ihrer beruflichen Kompetenz, denn sie war auch in ihren Gemeinden auf Probleme gestoßen. Innerhalb von vier Jahren hatte sie sich drei großen Gemeinden angeschlossen und sie dann aus verschiedenen Gründen wieder verlassen. Sie führte das auf Benachteiligungen wegen ihrer Scheidung zurück, aber in Wirklichkeit ist gerade ihre Denomination sehr tolerant in bezug auf Scheidungen.

Eine Erkenntnis, die sie mit unserer Hilfe gewann, war, daß sie immer noch einen enormen Groll und unbewältigten Zorn gegen ihren Vater hegte. Diese mächtigen negativen Gefühle beeinträchtigten ihre Ursprungsfamilie, ihre Arbeitsplatzfamilie, ihre Gemeindefamilie und ihre eigene Familie. Ihre Gemeinden wurden von Männern geleitet. An jedem ihrer Arbeitsplätze hatte sie irgendwo in der Führungshierarchie Männer über sich, meist sogar als unmittelbare Vorgesetzte. Und jedesmal, wenn sie in eine neue Arbeitsplatzfamilie eintrat, überfielen sie die gleichen gemischten Gefühle, die sie in ihrer Ursprungsfamilie ebenfalls empfunden hatte. Einerseits versuchte sie, Papa zu gefallen und seinen Erwartungen zu entsprechen, andererseits war sie wütend auf ihn und versuchte verzweifelt, es ihm irgendwie heimzuzahlen. Ihre Chefs wurden zu Vaterfiguren, und in jeden neuen Job brachte sie all das schwere Gepäck mit.

Marians Geschichte hat leider nicht den Vorzug, daß wir sie bis zu einem erfreulichen Ende erzählen könnten. Wir arbeiteten eine Weile mit ihr und überwiesen sie dann an ein Zentrum in der Nähe ihrer Heimatstadt, das sich auf die Behandlung der Kodependenz spezialisiert hat, denn Marian wurde einfach nicht mit der Verheerung fertig, die in ihrer Vergangenheit angerichtet worden war. Als sie sich allmählich für ihren Schmerz und ihre Wut öffnete, brachen die Gefühle aus ihr heraus wie Lava aus einem Vulkan. Noch immer ist sie nicht in der Lage, der Wahrheit gelassen ins Gesicht zu sehen. Es wird dauern, bis sie anfangen kann, solide Bindungen zu Arbeitsplatz- und Gemeindefamilien aufzubauen.

Ihre Beziehungs-Inventur

Nehmen Sie Ihre Beziehungen bewußt unter die Lupe, und spielen Sie nichts herunter, als sei es zu unbedeutend, um es zu erwähnen. Auch hier sollten Sie kein Urteil fällen, über richtig oder falsch entscheiden oder willkürlich eine Erinnerung als irrelevant oder peinlich beiseite schieben. Sie müssen gewissenhaft und gründlich vorgehen wie ein Ausgrabungshelfer, der alle Fundstücke verzeichnet, denn diese Inventur wird ein Kernstück in Ihrem persönlichen Genesungs-Puzzle werden.

Manche Patienten können ihre Inventur in groben Strichen malen. Kaum hat man sie aufgefordert, über alle bedeutenden Menschen in ihrem Leben zu sprechen, haken sie schon einen nach dem anderen ab. Die relative Wichtigkeit der verschiedenen Beziehungen wird schnell deutlich.

Andere dagegen müssen etwas mehr Aufmerksamkeit auf die Einzelheiten verwenden. Wenn wir in der Beratung schon in den Anfängen des therapeutischen Prozesses auf ein spezielles Problem stoßen, fragen wir nach und bitten um mehr Einzelheiten in diesem oder jenem Teil der Inventur.

Jerri Aynes zum Beispiel wuchs unter einem Vater auf, der

sie körperlich mißhandelte. Als sie neunundzwanzig Jahre alt war, wog sie fast neunzig Kilogramm und hatte sich hintereinander mit sieben Männern emotional eingelassen, die sie mißhandelten. Bei ihrer ersten Sitzung hatte sie ein blaues Auge. Schon bevor sie zu uns kam, hatte sie offenbar einige Fortschritte gemacht. Statt hartnäckig zu behaupten, sie sei gegen eine Tür gelaufen, wie sie es noch ein Jahr zuvor getan hätte, gab sie nun zu, daß ihr Freund sie geschlagen hatte. Zwei Sitzungen lang hörten wir uns ihre Geschichte an. Bei der dritten gaben wir ihr eine schriftliche Aufgabe: „Schreiben Sie die Vornamen aller wichtigen Männer in Ihrem Leben auf und ordnen Sie die Liste chronologisch. Notieren Sie zu jedem Namen, wie Sie von diesem Mann verletzt wurden, wie Sie ihn unterstützten und was Sie zu ihm hinzog."

„Für *alle*?"

„Jeden einzelnen."

Jerri brauchte zwei Wochen angestrengten Nachdenkens, bevor sie sicher war, eine vollständige Liste zu haben. Dann setzten wir uns zusammen und sprachen in einer Marathon-Sitzung über jeden einzelnen Namen.

„Also der Larry, in meinem zweiten Jahr auf der High School, der tat mir gut. Er war auch übergewichtig, und bei ihm konnte ich mich entspannt fühlen. Wir machten unsere Hausaufgaben zusammen und gingen Eis essen. Er war der einzige, der nicht versuchte, mich zu verletzen. Aber er mußte wegziehen. Sein Vater ist bei der Armee. Wir haben uns aus den Augen verloren, wissen Sie."

„Er hat Sie nie mißhandelt."

„Er hat nie auch nur die Hand gegen mich erhoben. Wir haben uns nicht einmal viel gestritten."

„Wenn Sie zusammen Eis essen gingen, wer bezahlte dann?"

„Er. Und es mußte immer die größte Portion sein, die sie hatten."

„Wer profitierte mehr von den Hausaufgaben-Treffen, Sie oder er?"

„Er. Darum habe ich das in der Spalte ‚Wie haben Sie ihn unterstützt?‘ notiert. Er war nicht gerade eine Leuchte in der Schule, und ich hatte lauter Einser."

„Haben Sie sich außer zu den Hausaufgaben auch sonst getroffen?"

Darüber mußte Jerri einige Sekunden nachdenken und in den hinteren Bereichen ihres Gedächtnisses wühlen. „Nein, eigentlich nicht."

„Was hatte er Ihnen emotional zu bieten? Was gab es, das er einfach nur für Sie tat?"

Sie versteifte sich und runzelte etwas unwillig die Stirn.

„Na, hören Sie mal! Ich war schließlich *die Dicke*. Ich hatte keine Verabredungen und hörte keine Anerkennung, ich bekam die Witze ab. Larry war bereit, sich mit mir sehen zu lassen, und ich war bereit, mich darauf einzulassen. Sie haben ja keine Ahnung, wie es ist, die Dicke zu sein."

„Letzte Woche haben wir uns über Formen aktiver und passiver Mißhandlung unterhalten. Erinnern Sie sich an die Probleme der verlorenen Kindheit? Wir haben sie im Licht der Eltern-Kind-Beziehung betrachtet. Denken Sie jetzt einmal in bezug auf die Freund-Freundin-Beziehung darüber nach."

„Ich verstehe nicht."

„Larry hat Sie zu seinem Vorteil ausgenutzt, sich genommen, was er wollte, und Ihnen dafür nichts zurückgegeben. Selbst wenn er Sie einlud, trug er damit nicht gerade zu Ihrer Gesundheit oder Ihrem Wohlbefinden bei. Er verabreichte Ihnen fette Süßspeisen in großen Portionen – fast absichtlich, scheint es, als wollte er sichergehen, daß Sie dick blieben. Er gab Ihnen keine Unterstützung und war emotional nicht für Sie da. Erinnert Sie das an etwas?"

„Passive Mißhandlung, richtig?"

Richtig.

Wie es so oft geschieht, stieß Jerri auf manche aufrüttelnden Erkenntnisse, während sie ihre Inventur durchging. Wiederkehrende Verhaltensmuster sprangen buchstäblich ins Auge, nicht nur uns als Therapeuten, sondern auch ihr selbst.

Dave Johnsons Vater war ein Alkoholiker. Seine Mutter wußte sich nicht anders zu helfen als mit Beruhigungsmitteln. Schon mit sieben Jahren wurde Dave zum kleinen Herrn im Haus, der in die Bresche sprang, wenn Mutter und Vater nicht mehr zurechtkamen. Nun, sechs Jahre, nachdem er sein Elternhaus verlassen hatte, war aus ihm ein zuverlässiger College-Absolvent und guter Arbeiter geworden, ein gutaussehender junger Mann mit dunkelblondem Haar. Jetzt war er mit seiner vierten festen Freundin zusammen. Die anderen drei hatten sich am Ende doch nicht entschließen können, ihn zu heiraten. Nun hatte Sue, seine derzeitige Freundin, gerade seinen Heiratsantrag abgelehnt. Was stimmte nicht mit ihm? Warum konnte er ein Mädchen nicht so anziehen, daß es bereit war, ihn zu heiraten und mit ihm die nette kleine Familie aufzubauen, von der er träumte?

Zuerst sah Dave überhaupt keine Ähnlichkeit zwischen den letzten beiden Frauen in seinem Leben, Sue und Annie. Er setzte sich mit seinem Berater zusammen und studierte seine Liste.

„Sue ist sehr gebildet. Kultiviert. Sie hatte sieben Jahre Ballettunterricht." Er lächelte. „Oh, Sie sollten mal sehen, wie sie sich bewegt! Annie dagegen ist nicht so kultiviert. Sie ist eine Sportlerin, aber sie hat nicht diese Anmut. Sie ist eigentlich die Art Sportlerin, die man in der Werbung Gewichte heben sieht. Über Ballett würde sie sich nur kaputtlachen."

„Wie steht es mit der äußeren Erscheinung?"

„Keine Ähnlichkeit, weder in der Haarfarbe noch in der Statur, auch nicht in der Art, sich zu bewegen."

„Und die Persönlichkeit?"

„Sue ist zurückhaltend, still. Sie geht kaum aus sich heraus. Annie ist sehr kontaktfreudig, aber nur bis zu einem gewissen Punkt. Sie läßt einen bis ein paar Zentimeter unter der Oberfläche an sich heran, aber dann stößt man an eine Mauer. Sie behält ihre privaten Gedanken sehr für sich."

„Würden Sie also sagen, daß beide Frauen große Schwierigkeiten mit menschlicher Nähe haben?"

Dave nickte. „Gute Beobachtung, ja. Ich würde sogar sagen, daß das ihr einziger gemeinsamer Nenner ist."

„Wie steht es mit den anderen? Gingen sie emotional sehr aus sich heraus?"

Ihm ging ein Licht auf. Alle Frauen, zu denen sich Dave hingezogen fühlte, und mochten sie in vieler Hinsicht noch so verschieden sein, hatten den gemeinsamen Zug, daß sie unfähig zu emotionaler Nähe waren. Wieder einmal stießen wir auf den Zwang zur Wiederholung. Da Daves Vater und Mutter meist unter dem Einfluß von Alkohol beziehungsweise Medikamenten standen, konnten sie emotional nicht für ihn dasein. Er wuchs in einem emotionalen Vakuum auf, das er nun in jeder seiner Beziehungen unbewußt von neuem erstehen ließ. Beachten Sie auch, daß die Frauen, die er attraktiv fand, alle auf Grund ihrer eigenen Kodependenz Probleme mit emotionaler Nähe hatten. Der „Radar" der Kodependenz war bei beiden Seiten voll in Betrieb.

Sie als Leser haben vermutlich keinen Therapeuten, der Ihnen sachkundige Kommentare zu Ihrer Liste geben kann. Dennoch kann eine solche Inventur Ihrer Beziehungen Ihnen viele Erkenntnisse über sich selbst verschaffen. Stellen Sie Ihre Liste auf und untersuchen Sie sie sorgfältig, indem Sie bewußt auf wiederkehrende Muster achten. Wenn Sie in diesen Prozeß einen Freund, Seelsorger oder anderen Gesprächspartner einbeziehen, zu dem Sie Vertrauen haben, bringt die Liste vielleicht noch reichere Ergebnisse. Vor allem aber sprechen Sie in der Stille mit Gott darüber. Er erinnert sich an diese Leute besser als Sie und kann Ihnen Einsichten schenken. Das Ziel ist, wiederkehrende Abläufe in ihren Beziehungen aufzudecken.

Es ist von unschätzbarem Wert, solche Muster aufzuspüren. Der Zwang zur Wiederholung, der durch wichtige, unbefriedigt gebliebene emotionale Bedürfnisse entsteht, wird sich durch alle engen Beziehungen Ihres Lebens fortsetzen. Das Echo dieser wiederkehrenden Muster kann uns zurück zu den Stimmen der „Geister" unserer Vergangenheit führen, damit wir sie endlich zum Schweigen bringen können.

Durchbrechen Sie den Kreislauf der Sucht

Dritter Schritt: Kontrolle der Sucht

Unser Besucher wußte, daß er Alkoholiker war. Er gab offen zu, daß er Alkohol mißbrauchte. Aber war die Behandlung das Opfer wert? „Also schön", sagte er uns, „ich mache Ihnen einen Vorschlag. Ich komme für sechs Monate in die Klinik. Wenn Sie mir helfen können herauszufinden, warum ich trinke, werde ich aufhören."

Wir lehnten ab. „Tut uns leid. Auf dieser Basis können wir nicht mit Ihnen arbeiten. Wenn Sie weiterhin trinken, werden Sie damit jeden Fortschritt, den wir vielleicht machen, hinwegspülen."

Jede starke Sucht oder Zwanghaftigkeit bedeutet eine massive Ablenkung. Vierundzwanzig Stunden am Tag wird man von einer hypnotischen Botschaft bestrahlt, denn Süchte sind eine Art Selbsthypnose, ein Bann, wenn man so will, der von der Erfahrung der verlorenen Kindheit erzeugt wird. Der Magersüchtigen sagt sie: „Du bist immer noch nicht dünn genug." Dem Drogensüchtigen: „Du bist ein Nichts. Du brauchst noch einen Drink oder eine Spritze." Dem Arbeitstier: „Bewähre dich! Bring diese nächste Aufgabe zu Ende." Aus diesem hypnotischen Bann müssen wir die Person erst befreien und so diese kreisende, fesselnde Ablenkung durchbrechen.

Eine Sucht hat tatsächlich viele Gemeinsamkeiten mit einer Hypnose. Die alte Methode der Marx Brothers, eine hypnotische Trance zu erzeugen, besteht darin, eine Taschenuhr vor den Augen der Versuchsperson hin und her pendeln zu lassen. Offenbar funktioniert diese Technik auch hervorragend bei Daffy Duck, dem Kater Sylvester und Bugs

Bunny; viele Zeichentrickfiguren werden auf diese Weise in Hypnose versetzt. Wiederholung, das schwingende Pendel, wirkt hypnotisch, und der Kreislauf der Sucht, den wir jetzt so gut kennengelernt haben, hat genau aus diesem Grund eine äußerst starke hypnotische Wirkung.

Darum muß ein Patient, der noch in seiner Sucht steckt, als Teil des Wiederherstellungsprozesses zumindest eine Zeitlang Abstinenz von seinem Suchtmittel oder Suchtverhalten üben. Wenn Patienten mit Alkoholismus als Teil ihres kodependenten Verhaltenskomplexes zu uns in die Klinik kommen, arbeiten wir gerne mit ihnen, aber wir müssen darauf bestehen, daß sie trocken werden. Wenn dazu eine stationäre Behandlung und ein Entzug notwendig sind – nun, dann muß es eben sein. Nur solange ein Süchtiger abstinent ist, können wir mit ihm zusammenarbeiten und gute Fortschritte erzielen. Wenn die Person ihr Suchtverhalten fortsetzt, verschwenden wir nur beide unsere Zeit.

Noch einmal müssen wir eine Warnung aussprechen. Wenn Sie nach Alkohol, Drogen oder Medikamenten süchtig sind, muß der Entzug zu Ihrer Sicherheit unter ärztlicher Aufsicht geschehen.

Die Notwendigkeit, „trocken" zu werden, besteht bei der ganzen Bandbreite der Süchte. Eßstörungen müssen zum Stillstand gebracht werden. Von einer sexuellen Sucht oder einer außerehelichen Affäre muß man lassen. Und dennoch bekommen wir immer wieder „Kompromißvorschläge" wie diesen: „Wenn Sie meine Ehe heilen und meine schreckliche Ehefrau verändern können, dann werde ich meine Freundin aufgeben."

Wenn eine offensichtliche Zwanghaftigkeit wie etwa ein Drogenmißbrauch das Problem ist, dann sind die Grenzen fest umrissen. Sie verschwimmen, wenn das Problem in einer stark kodependenten Beziehung besteht. Und doch ist eine stark kodependente Beziehung ebenso belastend wie Drogenmißbrauch.

Sie erinnern sich an Brad und Joan, das Paar mit dem arg mitgenommenen Trainingsfahrrad. Dem guten Brad gelang es letztes Jahr, Joan drei Monate lang nicht zu sehen. Während dieser drei Monate machte er großartige Fortschritte, sowohl in der Einzel- als auch in der Gruppentherapie. Allmählich bekam er ein klares Bild davon, was hinter seinen Problemen steckte, und war auf dem besten Wege zur Wiederherstellung. Dann rief Joan an, und es war wie bei einem Betrunkenen, der vom Wagen fällt und schnurstracks in die nächste Schänke torkelt. Plötzlich waren die beiden wieder zusammen, stritten sich und mißhandelten einander. Während der folgenden sechs Wochen kam die Therapie zum Stillstand, und mit Brads Wohlbefinden und seiner emotionalen Einstellung ging es steil bergab. Selbst seine äußere Erscheinung verschlechterte sich zusehends.

Die Möglichkeit einer Heilung der Kodependenz beschränkt sich nicht nur auf bereits bestehende Ehen. Alleinstehende, die einmal heiraten wollen, können ihre Ehe heilen, bevor sie überhaupt geschlossen wird. Fast nie kommt ein Paar vor der Heirat in die Therapie. Man wartet, bis die Ehe unerträglich bitter geworden ist, und greift als letzte Maßnahme zur Lebensberatung. Doch in vielen Fällen wären die Ehen unschätzbar besser verlaufen, wenn die Probleme schon im Anfangsstadium behoben worden wären.

Wenn Sie noch nicht geheiratet haben, aber davon ausgehen, daß Sie es eines Tages tun werden, dann nehmen Sie das Material über die Ehe, das Sie hier finden, sorgfältig und ernsthaft auf. Um eine gesunde Ehe aufzubauen, müssen Sie nämlich damit beginnen, selbst gesund zu werden. Und das kann vor oder nach der Hochzeit geschehen. Wenn wir also hier über eheliche Beziehungen sprechen, sollten Sie diese Informationen ebenso auf sich selbst anwenden wie alle anderen hilfreichen Hinweise.

Da Brad und Joan noch unverheiratet waren, konnten wir ihnen ohne weiteres zu einer Trennung in beiderseitigem Interesse raten. Wenn ein Mann und eine Frau verheiratet sind, und besonders wenn es sich um Christen handelt, die eine Scheidung aus Glaubensgründen ablehnen, dann ist die Lösung nicht so unkompliziert.

Verständlicherweise müssen wir unsere Ratschläge sorgfältig auf jede individuelle Situation abstimmen; Routinemaßnahmen oder Standardrezepte helfen nicht. Wir gehen bei der Beratung von Paaren eine Reihe verschiedener Wege.

„Wir werden sehr gern mit Ihnen arbeiten, aber wir sehen, daß Sie beide in eine sehr ungesunde kodependente Beziehung verstrickt sind. Sie lieben sich nicht aus freier Entscheidung, sondern aus einem Bedürfnis heraus. Wenn es Ihnen nicht gelingt, auf irgendeine Art Abstand von dieser Situation zu gewinnen, langsamer zu treten und gesunde Grenzen zu ziehen, wird Ihre gegenseitige Abhängigkeit jeglichen psychotherapeutischen Fortschritt zunichte machen. Und wenn Sie keine Fortschritte in der Heilung machen, wird Ihre Verbindung unbefriedigend, frustrierend und geistlich unproduktiv bleiben."

Einen gewissen Abstand brauchen die Partner, um den Kreislauf der Sucht zu durchbrechen. In der Praxis kann das auf verschiedene Weise geschehen. Das Ziel ist, konkrete Grenzen vorzuschlagen, mit deren Hilfe die Partner liebevoll einen gewissen Freiraum schaffen können. Ohne diesen Freiraum kann bei keinem der beiden die individuelle Wiederherstellung beginnen.

Grenzen ziehen

In einem extremen Fall (zum Beispiel wenn die Gefahr körperlicher Mißhandlung besteht) schlagen wir eine zeitweilige Trennung als ersten Schritt vor. Wir legen dies jedoch niemals als versuchsweise Trennung zur Vorbereitung einer Scheidung nahe. Es ist lediglich ein Mittel, um diese beiden gepunkteten Kreislinien lange genug voneinander fernzuhalten, damit jedem der beiden geholfen werden kann, ein vollständiger Kreis zu werden oder diesem Ziel zumindest näher zu kommen.

Die Kodependenz kann auch einen sehr hohen Grad erreichen, ohne daß es zu körperlichen Mißhandlungen kommt. Die gegenseitigen Schuldzuweisungen und Anklagen sind jedoch so intensiv, daß wir uns eine klar umrissene Möglichkeit überlegen müssen, wie die beiden Leute einander in Ruhe lassen können. Gleichzeitig wirken wir auf beide Partner ein, unabhängig voneinander sehr aktiv an dem zehnstufigen Prozeß zu arbeiten und die unterste Schicht des Kuchens aufzuspüren und geradezurücken. Um das zu erreichen, setzen wir manchmal Richtlinien, die während der Therapie strikt zu befolgen sind und die oft auch eine Bedingung für die Fortsetzung der Therapie darstellen. Auch müssen alle Entscheidungen und Maßnahmen für jedes Paar maßgeschneidert werden. Von dieser Basis aus suchen wir nach den kodependenten Verstrickungen, die gelöst werden müssen.

Im folgenden nennen wir einige Formen von Grenzziehungen, die wir zerstrittenen Paaren je nach den Umständen empfehlen. Entsprechend der Heilungsfortschritte kann das Paar später von einer Form der Grenzziehung zur nächstschwächeren übergehen.

Vorübergehende räumliche Trennung. Ein Paar, das sich zur Zeit bei uns in der Beratung befindet, klammert sich extrem stark aneinander und ergeht sich gleichzeitig in extremen gegenseitigen Beschimpfungen. Wir rieten den beiden zu einer Trennung innerhalb des Hauses, damit sie sich einander aus dem Weg gehen konnten, bis der Heilungsprozeß in Gang gekommen war. Doch es blieb dabei, daß ein Partner den anderen durch das Haus verfolgte und lautstark aufforderte, die Probleme zu diskutieren und aus dem Weg zu räumen. Erst als einer der beiden vorübergehend auszog, konnten wir erste Fortschritte erzielen. Inzwischen sind sie wieder in der Lage, ohne ständigen Streit zusammen unter einem Dach zu leben – aber dazu war intensive Arbeit notwendig.

Zeitweiliger Verzicht auf sexuellen Kontakt. Die sexuelle Vereinigung hat ungeheure Kraft und verbindet die Ehepartner in einzigartiger Weise. Doch wenn sie benutzt wird, um Zugeständnisse zu erreichen, kann sich ihre Kraft destruktiv auswirken. Manchmal gibt es keine andere Chance, den Weg zur Heilung freizumachen, als eine vorübergehende Abstinenz. Sexueller Kontakt kann eine starke Ablenkung sein.

Zeitliche Begrenzung der Kontakte. „Eine Stunde oder so kommen wir gut miteinander aus, aber dann gehen wir wieder aufeinander los."

„Ich kann drei Tage lang bei meinen Schwiegereltern bleiben, und wir kommen miteinander aus. Aber spätestens am vierten Tag gibt es wieder Krach."

„Mir war nie bewußt, wie schweigsam er ist, bis wir einmal drei Tage lang mit dem Auto unterwegs waren. Vorher hatten wir noch nie drei volle Tage ununterbrochen miteinander verbracht."

Häufig raten wir zerstrittenen Paaren, sich Interessen außer Haus zu suchen, um den Kontakt zueinander zeitlich zu begrenzen. Besonders hilfreich ist das in stark kodependenten Beziehungen. Oft bitten wir Paare, die zu eng aufeinanderhocken, ihre Terminkalender herauszuholen und ihre Zeit so einzuteilen, daß die gegenseitigen Kontakte begrenzt bleiben. Manchmal lassen sich auch ihre Arbeitszeiten so einteilen, daß Kontakte in erschöpftem oder abgearbeitetem Zustand vermieden werden können.

Klare Begrenzung körperlicher und verbaler Mißhandlungen. „Wenn das und das passiert, aus welchen Gründen auch immer, verläßt der angegriffene Ehepartner sofort den Raum." Eine solche Grenzziehung empfehlen wir gelegentlich, wenn ein Ehepartner oder ein anderes Familienmitglied gefährdet oder eingeschüchtert wird. Empfehlenswert ist es auch dann, wenn der angegriffene Partner dazu neigt, mit gleicher Münze zurückzuzahlen.

Wenn Brad und Joan verheiratet wären, würde eine solche Grenze ihnen vielleicht helfen, ihre Wortgefechte und handgreiflichen Auseinandersetzungen zu stoppen. Denken Sie daran, daß der Kreislauf der Sucht unterbrochen werden muß, bevor die Heilung beginnen kann.

Aufhebung der Opferrolle. Wenn ein Ehepartner den anderen beschimpft, ihm Vorwürfe macht und/oder ihn bestraft, macht er ihn dadurch zum Opfer. Es geht nicht darum, wer recht oder unrecht hat. Es kommt darauf an, die kodependenten Verhaltensmuster zu durchbrechen. Einer unserer

Klienten, der extrem selbstgerecht war, setzte seiner Frau ständig auseinander, inwiefern ihre Fehler die Ehe der beiden belasteten. Es fiel ihm sehr schwer, die nötige Zurückhaltung zu üben und einfach den Mund zu halten. *Sofortiger Abbruch jeder Liebesbeziehung außerhalb der Ehe.* Punkt. Ende. Ohne Wenn und Aber.

Einstellung zwanghafter Verhaltensweisen. Das ist ein äußerst wichtiger Schritt in der Einzeltherapie. Doch weil Ehepartner so eng miteinander verbunden sind, wirken sich solche Verhaltensweisen auf die Ehe aus, und deshalb behandeln wir diesen Schritt auch hier.

Wenn Sie und Ihr Ehepartner in unsere Beratung kämen, würden wir wahrscheinlich mehrere Sitzungen gemeinsam durchführen. Sollten sich Anzeichen starker Kodependenz zeigen, würden wir die gemeinsame Beratung abbrechen, um einzeln mit Ihnen zu arbeiten. Nach einigen Wochen oder Monaten kämen wir wieder zur gemeinsamen Beratung zusammen, wenn Sie zusätzliche Einsichten gewonnen hätten, die gute Ergebnisse versprechen.

Im Fall von Brad und Joan war eine Trennung unumgänglich. Bei John und Gladys Jordan wäre eine Trennung das Schlechteste gewesen, was man hätte tun können, denn ihr Problem lag in einer ausgeprägten Unfähigkeit zur Kommunikation. Die Identifizierung und Überwindung ihrer Probleme aus der Kindheit bereitete den Weg für die Heilung. Doch dann mußten sie lernen, aufeinander zu hören. Das erfordert Übung, und Übung erfordert Nähe – also die Möglichkeit zu kommunizieren.

Wenn Sie in Zeitschriften die Spalten der Briefkasten-Psychologen lesen, stoßen Sie auf die ganze Palette der Kodependenzprobleme. Ein typischer Brief, meist von einer jungen Frau verfaßt, könnte etwa so aussehen:

Liebe Frau Barbara,
vor zwei Monaten hat mich mein Freund während eines Streits geschlagen. Es tat ihm sofort leid, und er entschuldigte sich. Er versprach, es würde nie wieder geschehen,

aber letzte Woche tat er es wieder. Er ist ein wunderbarer Mann, und ich liebe ihn, aber alle sagen, ich sollte mich nicht mehr mit ihm treffen. Was soll ich tun?
Gez. eine Geschlagene

Oder so:

Lieber Dr. Koch,
Mein Mann hat ein Verhältnis mit seiner Sekretärin. Er sagt, er geht zum Eheberater, wenn ich mitkomme, aber es tut mir zu weh. Schließlich bin nicht ich untreu, sondern er, und ich weiß, daß er sich immer noch mit ihr trifft. Erzählen Sie mir also nicht, ich soll zum Psychotherapeuten gehen, wie Sie es allen anderen raten. Was kann ich tun?
Gez. eine Betrogene

Was würden Sie diesen beiden Damen raten? Schreiben Sie es in Briefform nieder – so kurz wie möglich und so detailliert wie nötig.

Vermeiden Sie das Neujahrsvorsätze-Syndrom

31. Dezember, 23.55 Uhr. Ich bin fest entschlossen, meine Kalorienaufnahme auf höchstens 1800 pro Tag zu begrenzen und Schokokekse aufzugeben. Außerdem beschließe ich, täglich Sport zu treiben und mindestens zweimal in der Woche zur Gymnastik zu gehen.
2. Januar, 9.05 Uhr. Ich erwerbe eine lebenslange Mitgliedschaft im nahegelegenen Fitness-Center.
11. Januar, 13.45 Uhr. Ich habe auf einer Büroparty vier Schokoladenkekse gegessen.
April. Ich esse wieder genauso viel wie früher oder sogar mehr; fast jeden Tag esse ich Schokoladenkekse, und das Fitness-Center habe ich seit Wochen nicht von innen gesehen.
Das ist das Neujahrsvorsätze-Syndrom. Es sind gute Vorsätze, aber sie führen zu nichts. Grenzen ziehen, Süchte zum Stillstand bringen und zwanghafte Verhaltensweisen zügeln –

all das sieht auf dem Papier so herrlich einfach aus. Im wirklichen Leben ist es schwer umzusetzen. An dieser Stelle ist Gottes Kraft von entscheidender Bedeutung. Süchte und Grenzziehungen lassen sich nicht mit reiner Willenskraft beeinflussen, nicht einmal mit einer so starken Willenskraft wie der Ihren. Sie brauchen dazu die Hilfe Gottes.

Bei einem Alkoholiker, einem Mann, der seine Frau schlägt, oder einem Arbeitstier, liegt es auf der Hand, welche Sucht da zum Stillstand gebracht werden muß. Wo jedes Gespräch eines Paares in Schreien und Wutausbrüchen endet, ist die Notwendigkeit neuer Grenzen offensichtlich. Aber was ist mit jemandem wie Sean McCurdy, dem Verkäufer, der jede Arbeitsstelle immer nur für kurze Zeit halten konnte? Seine Sucht war nicht so klar zu erkennen.

Seine Geschichte und seine Beziehungs-Inventur offenbarten, daß er seine Chefs unbewußt als Ersatzväter sah. Das Problem zu erkennen heißt jedoch noch lange nicht, es auch lösen zu können. Abstinenz ist eine Aufgabe, die Tag für Tag, Minute für Minute gelöst werden muß. Der generelle Entschluß „Ich werde das und das nie wieder tun" muß in die viel engeren Grenzen des Augenblicks umgemünzt werden.

Sean tat drei konkrete Dinge. Erstens betete er täglich um Einsicht und um die Kraft, nach dieser Einsicht zu handeln. Zweitens rief er sich jedesmal, wenn er seinem Chef auch nur flüchtig begegnete, in Erinnerung: „Dieser Mann ist nicht vollkommen, und ich habe nicht das Recht, das von ihm zu erwarten. Ich muß mehr Geduld mit menschlichen Irrtümern haben." Beachten Sie, daß er nicht vorhatte, seinen Chef zu verändern. Er arbeitete daran, sich selbst zu verändern. Und schließlich machte Sean in kurzen Abständen Inventuren seiner Beziehungen zu seinem Chef und seinen Arbeitskollegen, um die Probleme, die vorher immer wieder aufgetaucht waren, im Auge zu behalten. Nachdem er sein Problem erst einmal unter Kontrolle hatte, konnte er zu den nächsten Schritte der Heilung übergehen.

Welchen Problemen sollten Sie Einhalt gebieten? Gehen Sie zurück zu den Schritte eins und zwei, zur „Erforschung und Entdeckung" und zur „Geschichte und Inventur der Beziehungen", und denken Sie sorgfältig über das nach, was Sie dort herausgefunden haben. Welche zwanghaften Verhaltensweisen sind bei Ihnen vorhanden? Und was tun Sie *jetzt* dagegen als notwendige Maßnahme des dritten Schritts (Kontrolle der Sucht)?

Wenn Sie diese Grundlagen gelegt haben, sind Sie bereit für den vierten Schritt, das Abschiednehmen von Ihrem Elternhaus. Das klingt vielleicht wie eine Kleinigkeit, die Sie schon vor Jahren hinter sich gebracht haben. In Wirklichkeit ist es ein komplizierter Prozeß, den Sie gründlich und vollständig durchlaufen müssen.

Abschied nehmen

Sie war ein prächtiges Mädchen von zierlicher und anmutiger Gestalt; mit ihren 1,57 Metern wog sie kaum mehr als 39 Kilogramm. Ihr blondes Haar leuchtete, selbst an einem so trüben und verhangenen Nachmittag. Der Taxifahrer, der sie zu diesem Friedhof gebracht hatte, lehnte sich gegen seinen Wagen und beobachtete sie, wie sie mit einem kleinen Päckchen in der Hand zielbewußt zwischen den Grabsteinen hindurchging. Was hatte sie vor?

An einem Grab blieb sie stehen.

MARIAN HOLT
GELIEBTE FRAU VON JAMES
MUTTER VON PATRICE
ZUR RUHE GEBETTET AM ...

Ein Blumengesteck verdeckte den Rest der Inschrift.

„Hallo, Mama." Sie holte tief Luft. „Ich bin mir nicht ganz sicher, was ich hier eigentlich mache, aber ich bin entschlossen, es zu tun. Es gibt ein paar Dinge, die ich dir nie gesagt habe, bevor du gestorben bist, obwohl ich das hätte tun sollen. Deshalb sage ich sie dir jetzt." Die schmalen Schultern hoben sich, und sie lächelte schwach. „Lieber spät als nie, stimmt's, Mama?"

Eine naßkalte Brise fuhr durch die zarten Blütenblätter der Seidenblumen.

„Zum einen habe ich dir nie gesagt, wie wichtig mir deine Liebe ist. Das war das Größte in deinem Dasein – dafür zu sorgen, daß es Papa und mir gut ging. Du hast uns dein ganzes Leben gegeben. Ich bin sehr dankbar für all die Opfer, die du gebracht hast.

Aber ... es war nicht alles eitel Sonnenschein, Mama. Die Sauberkeit zum Beispiel. Ich habe fast geschrien, wenn du mich zwei- oder dreimal am Tag gebadet hast, als ich klein war. Dann habe ich mich daran gewöhnt. Als ich dann auf der High School war und du dafür sorgtest, daß ich morgens *und* abends duschte, war ich schon dagegen abgestumpft. Heute wünschte ich mir, du hättest nicht mein Haar gebleicht, seit ich acht war. ‚Schmutzig braun‘ hast du es genannt. Ich denke daran, es in der Farbe der Haarwurzeln zu färben und in der natürlichen Farbe nachwachsen zu lassen, Mama. Sicherlich würdest du empört sein, wenn du könntest, und weißt du was? Hier stehe ich, sechsundzwanzig Jahre alt, und denke zum ersten Mal daran, etwas zu tun, das dir vielleicht nicht recht wäre.

Ich habe die Nagelbürste weggeworfen. Du hast nie gewußt, wie sehr ich es gehaßt habe, mir vor jeder Mahlzeit die Fingernägel zu schrubben, denn ich habe es dir nie gesagt. Ich haßte diesen ganzen Sauberkeits- und Ordnungsfimmel, besonders wenn ich bei Regen all meine Freunde im Dreck oder im Sandkasten spielen sah, und ich durfte nicht.

Und dann die Einläufe, die du mir gabst, wenn ich nicht pünktlich aufs Klo ging. Mit vierzehn mußte ich dir immer noch jeden Morgen meinen Stuhlgang zeigen. Mir ist klar, daß du es liebevoll gemeint hast, aber ich war so unglücklich.“ Ihre Stimme hob sich. „Ich war so fertig, so unglücklich! Und du hattest mein ganzes Denken so gut im Griff, daß ich nicht einmal wußte, wie unglücklich ich war. Ich wußte nur von den Bauchschmerzen und den Kopfschmerzen und von deinen ständigen Ermahnungen, ich solle mich nicht schmutzig machen. Mama, ich …“

Für eine Weile war nur das Geräusch des Windes in den Blumen zu hören, bis sie sich wieder zusammenreißen konnte.

„Ich liebe dich, Mama, aber ich hasse das, was du mir angetan hast. Wie auch immer, ich bin hier, um all das einmal auszusprechen, und auch, um dir zu sagen, daß ich endlich nach all den Jahren anfange, mein Leben in den Griff zu bekommen. Ich habe meine Magersucht jetzt ziemlich gut unter Kontrolle. Zumindest kann ich mich jetzt dazu bringen zu essen. Ich bin clean; kein Koks mehr. Und weil ich jetzt an der Gruppentherapie teilnehme, hat der Chef gesagt, daß er mich doch nicht feuern will, zumindest vorerst nicht. Also, allmählich kommen die Dinge ins Lot.

Und ich bin hier, um mich von dir zu verabschieden. Damals, als du von deinem Krebs erfuhrst, wolltest du das nicht zulassen. Du wolltest nicht, daß irgendeiner von uns darüber sprach. Hast du wirklich geglaubt, du könntest so über den Krebs siegen? Oder war es so wie damals, wenn ich mich auf der High School unsterblich verliebte, es mir das Herz brach und ich doch alles für mich behalten mußte, weil du es nur als Unsinn bezeichnet hättest? Offenbar hieltest du Gefühle grundsätzlich für Unsinn. Ich habe Mitleid mit dir, Mama, mit der Leere in deinem Leben. Der Sterilität. Denn das war es. Heute kann ich es endlich – Gefühle haben, meine ich.

Also ... leb wohl, Mama. Ich liebe dich. Wirklich. Und noch etwas. Es ist, na ja, ein Symbol, weißt du? Die Magersucht – auch die war deiner Meinung nach Unsinn, aber ein paar Wochen, nachdem du uns verlassen hattest, wäre ich beinahe daran gestorben. Und dieses Päckchen symbolisiert, daß ich mich auch davon verabschiedet habe."

Sie schluchzte einige Augenblicke vor sich hin, flüsterte ein letztes Lebewohl und legte ihr kleines Päckchen auf den Grabstein. Dann ging sie zurück zu dem wartenden Taxi, setzte sich auf den Rücksitz und begann hemmungslos zu weinen, während der Wagen sich in den Verkehr einreihte.

Das Päckchen enthielt einen Schokoladenriegel.

Vierter Schritt: Abschied nehmen

Ein entscheidender Schritt in der Genesung von der Kodependenz klingt so einfach – Abschied nehmen vom Elternhaus. Ja, und? Da ist doch nichts dabei, oder? Jeder tut das. Nur daß es keine einmalige Aktion ist; es geht in verschiedenen Stufen vor sich, und nicht jeder schafft es ganz. Außerdem müssen wir von unserem Elternhaus in zwei Hinsichten

Abschied nehmen: Wir müssen sichergehen, daß wir unsere Ursprungsfamilie wirklich verlassen und uns von Mutter und Vater verabschiedet haben. Und wir müssen uns buchstäblich von falschen Sicherheitssymbolen verabschieden. Keiner dieser Schritte ist einfach.

In unserer Kultur endet die Abhängigkeit der Kinder normalerweise kurz vor oder nach dem zwanzigsten Lebensjahr. Bis dahin haben sie die Schule hinter sich, stehen auf eigenen Füßen und haben vielleicht schon eine Familie gegründet. Doch ganz so einfach ist es nicht. Es gibt viele Ebenen der Unabhängigkeit, und sie werden nicht alle gleichzeitig verwirklicht. Kinder erreichen die wohnungsmäßige Unabhängigkeit, indem sie das Haus der Eltern verlassen. Trotzdem können sie in finanzieller Hinsicht noch völlig abhängig sein, zum Beispiel dann, wenn ein Zwanzigjähriger auf die Universität geht.

Die soziale Unabhängigkeit wird erreicht, wenn Kinder einen eigenen Freundeskreis aufbauen. Diese Freunde mögen zwar die Eltern kennen oder selbst Kinder von Freunden der Eltern sein, aber die Kinder zählen sie um ihrer selbst willen zu ihren Freunden. Beruflich unabhängige Kinder gehen ihrem eigenen Beruf nach. Geistlich unabhängige Kinder haben sich buchstäblich geistlich abgenabelt. Dazu gehört auch, daß sie ihre eigenen geistlichen und moralischen Überzeugungen entwickelt haben, die mit denen der Eltern nicht unbedingt identisch sind. All diese Schritte zur vollen Unabhängigkeit müssen keineswegs gleichzeitig getan werden.

Irgendwann Mitte Zwanzig bis Anfang Dreißig tun die Kinder schließlich den letzten Schritt, durch den die Abnabelung vollständig und klar wird, indem sie ihr Elternhaus auch emotional verlassen. Offenbar brauchen Kinder ein paar Jahre dort draußen, um sich eine eigene, solide Basis des Selbstvertrauens aufzubauen, bevor sie dieser letzten Trennung gewachsen sind. Das Erreichen der emotionalen Unabhängigkeit ist ein schwieriger Prozeß. Um diesen Sprung zu tun, braucht man Kraft und Mut.

Wer auch diesen letzten Schritt beharrlich vollzieht, wird

reich belohnt. Es ist eine großartige Sache, aus dem Schatten der Ursprungsfamilie hinauszutreten und den vollen Status eines unabhängigen Erwachsenen einzunehmen. Dadurch wird man fähig, ein gesundes, von Süchten freies, produktives eigenes Leben zu führen. Dieser Schritt bringt auch einen langfristigen Nutzen mit sich – einen Vorteil von ewiger Bedeutung. Der Psychologie-Pionier C. G. Jung sagte in einer Erörterung über die zweite Lebenshälfte, die meisten Leute könnten Gott nicht wirklich tiefgehend kennenlernen, bevor sie Mitte Dreißig sind. Obwohl wir mit vielen Prämissen Jungs nicht übereinstimmen, ist auch uns der geistliche und emotionale Nutzen einer vollständigen Abnabelung vom Elternhaus bewußt. Nach Jungs Auffassung müssen Kinder erst das Elternhaus verlassen und sich emotional und geistlich von ihrer Mutter und ihrem Vater trennen. Erst dann sind sie frei, in eine tiefere, reichere geistliche Beziehung zu Gott treten.

Gesund oder kodependent?

Wir werden in Familien hineingeboren, die wir irgendwann wieder verlassen. In gewissem Sinne beginnt schon das Baby bei der Geburt, die Eltern zu verlassen. Tag für Tag nimmt die Unabhängigkeit zu. Es lernt, ohne Hilfe zu laufen, erforscht seine Welt, durchläuft Trotzphasen, kommt in die Schule, macht den Führerschein, zieht von zu Hause aus und so weiter und so fort.

Das Problem ist, daß Kodependente den letzten Schnitt offenbar nie vollziehen, sondern irgendwo auf dem Weg des Abnabelungsprozesses steckenbleiben. Dies ist ein weiterer Grund dafür, daß so viele Kodependente in einer Midlife-Krise zu uns in die Klinik kommen. Man sollte meinen, daß sie ihr Elternhaus verlassen haben; sie haben ihren eigenen Wohnsitz, einen Universitätsabschluß, vielleicht eine eigene Familie, einen Beruf ... doch irgendwann um die Lebensmitte beginnt sich alles aufzulösen. Der letzte Schnitt wurde nie vollzogen, der letzte Schritt nicht getan. Oft läßt sich das darauf zurückführen, daß man von bestimmten Dingen noch nicht Abschied genommen hat.

Es gibt zwei Arten von Abschieden, und für dieses Stadium sind sie beide erforderlich. Zum einen ist da der liebevolle Abschied: „Lebewohl, ich mache mich jetzt auf meine Reise. Sicher laufen wir uns hin und wieder über den Weg." Zum anderen ist da der bittere Abschied: „Auf Nimmerwiedersehen, du Lump. Verschwinde aus meinem Leben!" Wenn Sie sich von falschen Sicherheitssymbolen verabschieden, wird das in diesem letzteren Sinne geschehen: „Ich wende mich für immer von euch ab." Der Abschied von den Eltern dagegen hat nichts von dieser Endgültigkeit. Es geht hier nicht um einen Abbruch aller Verbindungen, sondern um eine Unabhängigkeitserklärung. Es ist das Lebewohl, das man beim Antritt einer Reise sagt. „Ich bin immer noch euer Kind, aber ich mache mich jetzt auf meinen eigenen Weg. Und wenn ich von nun an zu euch komme, werde ich emotional kein Mitbewohner mehr sein, sondern ein Besucher." Ein solcher Abschied ist wichtig, ob die Eltern noch leben oder schon verstorben sind.

Woher können Sie wissen, ob Sie Ihr Elternhaus emotional verlassen haben? Das ist nicht immer leicht festzustellen. Was bei dem einen ein angemessenes oder notwendiges Verhalten ist, kann bei dem anderen schon Klammern und Abhängigkeit sein. Zum Beispiel ruft Lisa jeden Morgen um neun Uhr ihre gebrechliche alte Mutter an: eine vernünftige Sicherheitsvorkehrung. Sollte die Mutter einmal nicht ans Telefon gehen, würde Lisa sofort hinfahren, um sich zu vergewissern, daß sie nicht krank oder gestürzt ist. Im Gegensatz dazu ruft auch Brad – ja, unser Brad mit dem Trainingsfahrrad – seine Mutter jeden Tag an, aber die ist ebenso putzmunter wie er. Er verspürt ein mächtiges Bedürfnis, sich bei ihr auszusprechen, all seine Erlebnisse und Gedanken bei ihr abzuladen. Lisas Beziehung zu ihrer Mutter ist nicht kodependent, Brads wohl. Er hat sein Elternhaus noch nicht verlassen.

Kriterien für die Bindung ans Elternhaus

Mit Erwachsenen, die unter Kodependenz leiden, machen wir oft eine kurze Inventur der Verbindungen, die sie zu ihrer Ursprungsfamilie unterhalten. Ein fast sicheres Zeichen ist finanzielle Unterstützung; sehr oft stecken Erwachsene, die ihr Elternhaus emotional noch nicht verlassen haben, immer noch in einer gewissen finanziellen Abhängigkeit. Als wir in einer Gruppentherapiesitzung an einem Samstagmorgen Erwachsene zwischen Mitte Zwanzig und Mitte Dreißig befragten, die alle an Kodependenz litten, gab jeder einzelne von ihnen zu, finanzielle Hilfe von seinen Eltern zu erhalten. Was den Wohnsitz anging, hatten sie das „Nest" verlassen, doch das „Futter" stammte immer noch von den Eltern.

Viele erwachsene Kodependente haben Probleme, ihr Elternhaus überhaupt zu verlassen. Sie erklären tapfer ihre Unabhängigkeit und ziehen aus, oft, um zu heiraten. Doch dann geht etwas schief. Es kommt zu einer Krise, und sie ziehen wieder ein. In einer der ersten Folgen der Serie „Bill Cosbys Familienbande" spielte Ehefrau Claire mit dem Gedanken, noch ein Baby zu bekommen. Ihre Mutter riet ihr davon ab. „Du wirst zu alt sein." „Du meinst, wenn sie das Haus verlassen?" „Nein, wenn sie mit ihren Kindern wieder einziehen." Die Situation wurde als komisch dargestellt, aber der Gedanke war da. Manchmal flüchten sich Jungvögel zurück in die Geborgenheit ihres alten Nestes.

Ein weiterer Hinweis darauf, ob Sie Ihr Elternhaus emotional verlassen haben, ist das kodependente Verhalten selbst. Abhängige Verhaltensweisen hören normalerweise auf, wenn man emotional Abschied genommen hat, und das ist ja gerade der Grund, warum die Abnabelung vollendet werden *muß*. Denken Sie an den Gegensatz zwischen Lisa und Brad. Wenn sich die Lebensumstände der Mutter ändern, wird Lisa sie nicht mehr jeden Tag anrufen müssen. Lisa braucht keine „Dosis". Brad dagegen klebt derartig an seiner Mutter, daß er nicht davon loskommt. Wenn sie ihn nicht spätestens um fünf angerufen hat, ruft er sie an.

Auch hier bereitet die Veränderung der zwanghaften Verhaltensweisen den Weg für die Heilung. Wir raten Brad, seine Anrufe und Briefe an seine Mutter zu begrenzen, nicht so sehr, um das bezeichnende Verhalten zu beenden, als vielmehr, um den Suchtkreislauf zu durchbrechen.

Ein hervorragendes Beispiel dafür, wie dieser Sucht begegnet werden kann, ist Sophia, eine Frau Ende Vierzig. Sie kam zu uns, als sie bereits mitten in einer besonders schwierigen Scheidung steckte. Trotz ihres Alters war sie immer noch stark von ihren Eltern abhängig, die beide über achtzig waren. Sie telefonierte täglich mit ihnen und schrieb ihnen häufig, weil sie tief in ihrem Inneren das Gefühl hatte: „Ich halte keinen Tag durch, ohne Mutter und Vater zu berichten, wie es mir geht. Ich muß meine Streicheleinheiten von ihnen bekommen." Sie war süchtig nach Bestätigung von ihren Eltern. Also kamen wir mit ihr und ihren Eltern zusammen und trafen eine Vereinbarung. Beide Parteien versprachen, den telefonischen Kontakt zu begrenzen, und für die Portokosten legten wir eine Obergrenze fest. Sophia arbeitet immer noch daran, diesen letzten emotionalen Schnitt zu vollziehen, aber jetzt wird sie nicht mehr durch den Suchtkreislauf daran gehindert.

„Ah", sagte Kim Park, als sie in unserem Sprechzimmer saß, „damit habe ich keine Probleme. Mein Vater hat den Kontakt zu mir vor über sechs Jahren abgebrochen, und ich habe bewußt nicht versucht, mit ihm Kontakt aufzunehmen. Wir haben schon vor langer Zeit Abschied genommen."

Nein, das stimmt nicht ganz. In einem wichtigen Sinn ist Kim in der gleichen Situation wie jemand, der sein Elternhaus körperlich noch nicht verlassen hat. Der abrupte Abbruch aller elterlichen Bindungen ist ein guter Hinweis darauf, daß der gesunde emotionale Abschied nicht erfolgt ist. Kim ist immer noch emotional an ihre Ursprungsfamilie gefesselt. Das Ziel der Gesundheit besteht immer in einer Ausgewogenheit der Beziehungen, die sowohl Entfremdung als auch Verstrickung meidet.

Der Akt des Abschiednehmens

Wie können Sie diesen letzten emotionalen Schnitt vollziehen, wenn es nicht bereits geschehen ist? Die leichteste Methode besteht darin, sich mit Ihren Eltern zusammenzusetzen und mit ihnen zu reden. Sprechen Sie über Ihr Leben, und nehmen Sie dabei Abschied. In vielen Fällen ist das jedoch nicht möglich. Vielleicht sind ein oder beide Elternteile bereits verstorben, oder Ihre Eltern sind geschieden und aus Ihrem Leben verschwunden, bevor dieser wichtige Schnitt vollzogen werden konnte. Doch das ändert nichts daran, daß er nachgeholt werden muß. Wie in Kims Fall weigern sich die Eltern vielleicht, mit ihrem Kind zu sprechen, oder sie wollen einer Erfahrung aus dem Weg gehen, die für sie ebenso schmerzlich ist wie für das Kind. Vielleicht sind sie durch große räumliche Entfernung getrennt. Wenn der Vater in Ostasien ist, die Mutter in Argentinien arbeitet und das Kind in der Schweiz wohnt, dann ist es schwierig, wenn nicht gar unmöglich, solch einen Kontakt aufzunehmen.

Vielleicht ist Ihnen eine Technik von Nutzen, die oft von Therapeuten verwendet wird, um eine Art Kontakt zu unerreichbaren Leuten herzustellen. Setzen Sie sich auf einen Stuhl und stellen Sie einen leeren Stuhl vor sich. Auf diesem Stuhl sitzt Ihre Mutter, so denken Sie sich. Reden Sie mit ihr. Sagen Sie ihr, wie es war, in ihrem Haus aufzuwachsen. Reden Sie über den Schmerz, die Freude, den Stolz und die Frustrationen. Das ist ein erfolgreicher erster Schritt im Prozeß des Abschiednehmens. Als nächstes stellen Sie sich Ihren Vater auf diesem Stuhl vor. Reden Sie auch mit ihm über diese Dinge.

Patrice Holt, die zierliche Blonde auf dem Friedhof zu Beginn dieses Kapitels, hat Ihnen eine andere Methode gezeigt. Sie besuchte das Grab und nahm buchstäblich Abschied. Häufig kommen bei dieser Methode starke Emotionen zum Ausbruch.

Eine weitere Methode ist der altbewährte Brief. Menschen, die nicht aussprechen können, was sie empfinden, sind häufig in der Lage, es in einem Brief auszudrücken. Wenn der Elternteil oder beide Eltern verstorben sind, wird der Verfasser den Brief natürlich nie abschicken. Leben die Eltern aber noch, dann schlagen wir vor, die Prozedur des Briefschreibens ein wenig abzuändern.

Wenn ein Patient sich in unserer Beratung zu diesem Schritt entschließt, bitten wir ihn, gleich zwei Briefe zu schreiben. Der erste, der alle formalen Merkmale enthält (Datum, Anrede, Text, Gruß, Unterschrift), soll *unter keinen Umständen* abgeschickt werden. Wir fordern den Patienten auf, in diesem Entwurf so offen und rückhaltlos wie möglich zu sein. Lassen Sie alles heraus, wie man so sagt – Liebe, Zärtlichkeit, Zorn, Bitterkeit, Bewunderung, Frustration, alles. Fast immer wird schon allein der Akt dieser Niederschrift Erinnerungen und Emotionen auslösen, die für die Wiederherstellung des Patienten wichtig sind.

Der zweite Entwurf, der nach Belieben des Patienten abgeschickt wird oder auch nicht, ist normalerweise sehr viel behutsamer, taktvoller und weniger ausdrucksstark. Falls jedoch auch in dieser Phase noch unbewältigte Bitterkeit hochkommt, kann dieser Brief ebenfalls voller verletzender Worte stecken. Im Gegesatz dazu besteht sein Zweck jedoch darin, ein Dokument zu sein, das man bedenkenlos abschikken könnte, ob man es nun tatsächlich tut oder nicht. Wenn Sie ein Adoptivkind sind, können Sie diese Ausdrucksform benutzen, um sich sowohl von Ihren biologischen als auch von Ihren Adoptiveltern zu verabschieden, ob sie noch leben oder bereits verstorben sind.

Aber was, fragen Sie vielleicht, wird dabei aus dem biblischen Grundsatz, daß man seine Eltern ehren soll? Da schreibt man einen Brief, der, wenn man kodependent ist, voller schockierender Aussagen sein kann. Kommt das nicht einer Entehrung gleich?

Nein. Wir fordern nie einen Patienten auf, seine Eltern zu entehren. Nicht nur, daß Gott das verbietet, es ist auch für Eltern und Kind gleichermaßen erniedrigend. Keine Entehrung, keine Beleidigung, keine Herabsetzung. Schilderung von Verletzungen? Ja. Lob, wo Lob angebracht ist? Ja. Ausdruck Ihrer Gefühle? Ja. Doch in einer übersteigerten Opfer- oder Märtyrerrolle in den Wunden bohren? Nein! Die größte Ehre erweisen Sie Ihren Eltern, wenn Sie ganz die Person werden, die Gott von jeher aus Ihnen machen wollte. Wenn eine unerledigte Angelegenheit oder emotionaler Ballast Ihr Wachstum als Christ behindert, dann ist es wichtig, diesen Ballast loszuwerden. Das bedeutet, daß Sie diese Angelegenheit liebevoll, aber entschlossen hinter sich bringen müssen. Wir können uns kaum einen besseren Weg vorstellen, Ihre Eltern zu ehren, als daß Sie Ihre natürlichen Gaben zur Entfaltung bringen.

Der Gedanke des emotionalen Abschieds vom Elternhaus ist nichts Neues. Das Prinzip „Darum wird ein Mann seinen Vater und seine Mutter verlassen und seinem Weibe anhangen" stammt aus dem 1. Buch Mose, Kapitel 2, Vers 24. Wenn Sie diesen gesunden Abschied von Ihrer Mutter und Ihrem Vater nehmen, kommen Sie, abgesehen von der bereits erwähnten tieferen Beziehung zu Gott, in den Genuß besserer Beziehungen zu anderen Menschen in Ihrem Leben – zu Ehepartner, Kindern und Kollegen.

In diesem Konzept des Abschieds vom Elternhaus ist ein trauriges Paradox enthalten. Gerade Kodependente, für die es am wichtigsten ist, ihre Ursprungsfamilie hinter sich zu lassen, haben die größten Schwierigkeiten, diesen Schnitt zu vollziehen.

Abschied zu nehmen fällt auch gesunden Kindern nie leicht. Der erste Schultag, der Schulabschluß, die Hochzeit, all das kann auch ein paar Tränen mit sich bringen. Solche Ereignisse sind bewegend, aber sie sind zu bewältigen. Gesunde Familien sind in der Lage, einander loszulassen. Doch für Menschen, die aus einer schmerzlichen, gestörten, von Mißhandlungen begleiteten Kindheit hervorgegangen sind, ist es schwierig, ja fast unmöglich, auf angemessene Weise Abschied zu nehmen.

„Das ist doch verrückt!" sagen diese Leute. „Es ergibt keinen Sinn. Damals war doch alles so furchtbar für mich.

Warum bin ich immer noch so stark darin gefangen, wo es doch oberflächlich so einfach aussieht, sich davon zu lösen? Und doch sehe ich, daß es stimmt.«

Einen Teil der Antwort darauf kennen Sie bereits – den Zwang zur Wiederholung, jenes übermächtige Gefühl, daß irgend etwas in der Vergangenheit noch nicht abgeschlossen ist. Wenn der Kodependente das Elternhaus verläßt, kann er es nicht mehr reparieren. Eine weitere Antwort ist, daß Kodependente dazu neigen, auf irgendeiner Stufe des komplexen Abnabelungsprozesses steckenzubleiben und einfach nicht darüber hinauskommen.

Hinzu kommt, daß Kodependente viel stärker unter der Last von Schuld- und Schamgefühlen leiden als gesunde Erwachsene. Weil sie so viel Zorn und Ärger hegen, fühlen sie sich gezwungen, bei ihrer Ursprungsfamilie zu bleiben, der Quelle dieses Zorns, den sie immer wieder neu inszenieren. Selbst wenn der Zorn vergraben bleibt – im Grunde sogar besonders dann, wenn er unter der Oberfläche bleibt –, stellt er immer noch eine mächtige Bindung aus hochgeladenen Gefühlen dar.

Harold Walker, ein Börsenmakler Ende Vierzig, ist ein Beispiel für solchen vergrabenen Zorn. In seinen Beratungssitzungen bei uns schwört er Stein und Bein, diese Geschichte mit dem Zorn sei Unfug; er verspüre keinerlei Bitterkeit gegen seine alkoholabhängige Mutter. Er verleugnet auch jeglichen Zorn seiner Frau oder seiner Familie gegenüber. Doch während der letzten zwanzig Jahre hat er seiner Familie mehrere Male einen Bankrott zugemutet. Häuser und Autos wurden von der Bank zurückgeholt. Als er begann, sich aus den Geldanlagen für die Kinder zu bedienen, beschloß seine Frau schließlich widerwillig, sich scheiden zu lassen. Obwohl er jeglichen Zorn verleugnet, ist für jedermann erkennbar, daß er auf seine Frau und seine Kindern ungeheuer zornig ist. Wenn er darüber nicht hinwegkommt, werden er, seine Frau und seine Kinder auch weiterhin zu leiden haben.

Zum vierten Stadium gehört noch ein weiterer Schritt – der Abschied von falschen Sicherheitssymbolen. Andere

Worte dafür wären ‚Götzen' oder ‚Idole'. Und diesmal geht es wirklich um einen Abschied für immer; er muß endgültig sein. Ein falsches Sicherheitssymbol ist alles in Ihrem Leben, was Sie über Gebühr verehren, dem Sie eine unangemessene Hingabe entgegenbringen. Abschied nehmen bedeutet nicht unbedingt, daß Sie diese Sache völlig aus Ihrem Leben ausmerzen. Aber es muß Schluß sein mit dem götzendienerischen Aspekt dabei.

Patrice Holt tat das symbolisch, als sie den Schokoladenriegel auf das Grab ihrer Mutter legte. Als Magersüchtige war sie besessen von dem Gedanken ans Essen. Sie zügelte ihr Eßverhalten zwanghaft. Aber sie konnte das Essen nicht einfach aus ihrem Leben ausschalten. Es ist physisch unmöglich; sie war bei dem Versuch, eben dies zu tun, beinahe gestorben. Ihr Problem war der Würgegriff, in dem ihr Leben und ihre Gesundheit durch das Essen gehalten wurden.

In Dallas sind Reichtum und Einfluß vorrangige Themen. Manche unserer Patienten mußten von der übersteigerten Rolle Abschied nehmen, die Reichtum und Macht in ihrem Leben einnahmen. Sie mußten Schluß machen mit dem Vorrang des Geldes vor allem anderen. Zu ihrer Wiederherstellung gehörte es, ehrlich sagen zu können: „Ich kann es haben oder nicht haben." Irgendwann kam das Ende des Ölbooms. Plötzlich war diese Aussage nicht mehr reine Theorie; einige von ihnen mußten von einer Menge Dollars Abschied nehmen.

Falsche Sicherheitssymbole. Götzen.

Der Gedanke ist mindestens zwei Jahrtausende alt. Jesus forderte den jungen Mann in Matthäus 19,16-22 heraus, das Geld nicht an die erste Stelle in seinem Leben zu setzen. Der reiche Jüngling schaffte es nicht.

Wir sehen, daß es nur eine Seite ist, Leuten zu sagen, was sie tun sollen. Eine ganz andere Sache ist es, ihnen auf praktische Weise dabei zu helfen.

Das folgende mag nicht besonders aufregend klingen, aber in unserer Beratung machen wir es einfach so, daß wir darüber reden. Wichtiger noch, wir bringen unsere Patienten dazu, darüber zu reden. Wir ermutigen sie, zwei Dinge zu erörtern: das Eingeständnis, daß diese falschen Götzen sie in einem ungesunden Griff halten, und die Verpflichtung, etwas dagegen zu tun. Es kann durchaus sein, daß es Ihnen schon hilft, mit sich selbst über die Sache ins Gericht zu gehen, sei es in Gedanken oder laut. Der beste Weg ist natürlich, einen vertrauenswürdigen Freund oder Lebensberater zu finden, mit dem Sie über alles sprechen können. Und wem auch immer Sie Ihren Entschluß mitteilen, Abschied zu nehmen, erzählen Sie auf jeden Fall Gott davon.

Jeder hat Eltern; man schüttelt sie nicht einfach ab. Wenn Sie von Ihren Eltern (bzw. Stief-, Pflege- oder Ersatzeltern) in gesunder Weise Abschied nehmen, müssen Sie die elterliche Lücke, die sie hinterlassen, irgendwie füllen. Gott, der vollkommene Vater, ist es, der diesen Platz einnehmen will.

Sehen Sie, beim Abschied von den Eltern geht es um mehr als nur eine Abnabelung, denn Eltern sind ein Schatten Gottes. Als Sie noch sehr klein waren, haben Sie Ihre Eltern betrachtet, als wären *sie* Gott. Jetzt sagen Sie, daß kein menschliches Wesen die Macht hat, auf Ihre Verletzungen zu „pusten", damit sie nicht mehr weh tun. Sie verabschieden sich von dem Mythos, daß menschliche Möglichkeiten ausreichen. Das ist schmerzlich und quälend. Sie sind an einen Punkt gekommen, an dem kein anderer Mensch mehr den Platz Gottes in Ihrem Leben einnehmen kann.

Der Abschied von diesen falschen Sicherheitssymbolen ist auch deshalb quälend, weil sie uns so vertraut sind. Brad und Joan zum Beispiel stritten sich ständig. Das war nicht angenehm, aber auf eine sehr negative Weise bot es den Vorzug von Vertrautheit und Berechenbarkeit. Vertrautes gibt man nur schwer auf.

Die Verbindlichkeit, die wir als Teil des therapeutischen Prozesses verlangen, kann in Form eines formellen Vertrages oder einer mündlichen Absprache vereinbart werden. Wichtig dabei ist die Bereitschaft, Rechenschaft abzulegen. Sind Sie bereit, zurückzuschalten, eine Grenze zu ziehen, Abstand zwischen sich und der Sache zu schaffen, die Sie gefangennimmt? Finden Sie jemanden, vor dem Sie Rechenschaft ablegen können, treffen Sie eine geeignete Vereinbarung, und halten Sie sich daran.

Wenn in den Schritten eins bis vier – Erforschung und Entdeckung, Inventur der Beziehungen, Kontrolle der Sucht und Abschied vom Elternhaus – alles gut verlaufen ist, dann sind Sie dabei tiefer und tiefer in schmerzhafte Erinnerungen hinabgestiegen.

„Das soll eineTherapie sein?" fragen Sie sich. Sie befinden sich jetzt beinahe buchstäblich auf der Achterbahn und jagen den schmerzhaftenTeil der Kurve hinab. Niemand kann auf dem höchsten Punkt beginnen und den Schmerzen entgehen. Jeder hat mit einem gewissen Maß an Schmerz zu kämpfen; das ist ja wahrscheinlich auch der Grund, warum Sie überhaupt bis zu diesem Punkt gefunden haben. Sie beißen die Zähne zusammen und decken Ihr Leben und Ihre Beziehungen auf, während Sie gleichzeitig auf die Betäubung durch die Süchte, die Sie aufgeben sollen, verzichten.

Der vierte Schritt, die Abnabelung und das Aufgeben falscher Sicherheitssymbole, kann ebenso beängstigend wie schmerzhaft sein. Im fünften Schritt jedoch erreichen Sie den Tiefpunkt der Kurve. Alle Maßnahmen in den Schritten eins bis vier sind dazu da, Ihnen den Schmerz bewußter zu machen. Im nächsten Schritt kommen Sie unten am Boden auf. In den Schritten sechs bis zehn werden wir uns wieder an den Aufstieg machen und unterwegs Heilung finden.

Es ist wichtig für Sie zu wissen, daß Sie sich zunächst schlechter fühlen werden, bevor es Ihnen wieder besser geht. Geben Sie amTiefpunkt auf keinen Fall auf; den größtenTeil der Schmerzen haben Sie bereits hinter sich. Jetzt ist nicht die Zeit, zu kneifen!

Trauern Sie
über Ihren Verlust

Mit Johannes 11,35 hat das Kind, das jede Woche für den Kindergottesdienst einen Bibelvers auswendig lernen muß, keine Schwierigkeiten: „Und Jesus gingen die Augen über." Das war's; das ist der ganze Vers. Kleinigkeit. Aber was für ein erstaunlicher Vers ist das! Als Jesu guter Freund Lazarus krank wurde, ließen dessen Schwestern, Maria und Martha, Jesus bitten, er möge nach Bethanien kommen, um Lazarus wieder gesund zu machen. Statt dessen zögerte er, bis Lazarus gestorben war. Er wußte, was er tun würde. Er wußte, was sein Vater tun würde. Schon bevor er das Dorf erreichte, wußte er, daß er noch am selben Tag mit dem auferstandenen Lazarus zu Abend essen würde. Und doch weinte er, als er dieses Haus voller Trauer betrat. Ja, die Tiefe seiner Trauer beeindruckte die Leute, die an die Krokodilstränen bezahlter Klageweiber gewöhnt waren.

Trauer. Sie ist der Teil des Todes, der den Lebenden zukommt, die Klage über den Tod. Doch auch andere Verluste machen Trauerarbeit notwendig, selbst wenn sie so tief und so lange vergraben sind, daß man sie nicht mehr als Verluste erkennt.

Fünfter Schritt: Trauer über Ihren Verlust

Der Trauerprozeß, von Elisabeth Kübler-Ross bekanntgemacht und heute Allgemeingut in der psychologischen Praxis, ist eine weitgehend spontan ablaufende Kette von Ereignissen und Gefühlen. Die Stufen, die jeder Trauernde durchläuft, sind (1) *Schock und Verleugnung,* (2) *Zorn,* (3) *Depression,* (4) *Feilschen und magisches Denken* und schließlich

(5) *Auflösung und Annahme.* In unserem Modell haben wir auf der fünften Stufe die *Traurigkeit* eingefügt, so daß *Auflösung und Annahme* zur sechsten Stufe werden.

Normalerweise brauchen Sie keinen Therapeuten, um diese Stufen der Trauer zu durchleben. Der Kodependente hingegen neigt dazu, auf irgendeiner der Stufen hängenzubleiben, und braucht dann Anleitung aus einem Buch wie diesem oder von einem Lebensberater. Der Betreffende muß die Stufen rekapitulieren und wiederholen, bis die Blockierung gelöst ist und der Trauerprozeß weitergeht.

Das Gute an der Trauer

Trauer ist für den Kodependenten von entscheidender Bedeutung, um all die Dinge, die ihm in den Schritten eins bis vier bewußt geworden sind, gefühlsmäßig aufzuarbeiten. Es ist sehr wichtig, daß der Betreffende über jeden einzelnen Verlust der Kindheit trauert. Trauern muß er auch über Verluste, die ihm aufgrund von Süchten und Zwanghaftigkeiten in Vergangenheit und Gegenwart entstanden sind.

So seltsam es klingt, es ist nötig, auch über gewisse Aspekte der Heilung zu trauern. Ihre suchtbezogenen Verhaltensweisen und Gefühle haben einst einen bedeutenden Teil Ihres Lebens eingenommen. Jetzt sind sie daraus verbannt. Trauer ist angebracht, wenn Sie etwas verlieren, das Ihnen einmal so viel bedeutet hat. Insbesondere müssen Sie, nachdem Sie den Schmerz über Ihre Ursprungsfamilie hinter sich gelassen haben, als nächstes über den Verlust des Schmerzes trauern, mit dem Sie so lange gelebt haben. Es mag unnötiger Ballast gewesen sein – aber was für eine gähnende Lücke hinterläßt er doch!

Betrachten wir als konkretes Beispiel noch einmal John und Gladys Jordan. Sie lernten, die „Geister" ihrer Vergangenheit zum Schweigen zu bringen. Ihre Ehe profitierte unendlich davon. Dennoch mußten sie trauern, denn das Aufgeben des kodependenten Verhaltens fühlte sich zunächst wie ein Verlust an. Schließlich waren der schwelende

Zorn und der Mangel an Kommunikation lange Zeit ein großer Teil ihres Lebens gewesen. So häßlich das alles war, es war bequem. Vertraut. Außerdem mußten sie über ein halbes Leben verlorener Liebe und Zuneigung trauern. Das war ein lange währender, schwerer Verlust, eine Konsequenz des kodependenten Verhaltens, die nicht notwendig gewesen wäre.

Es ist ebenfalls notwendig, über die sekundären Verluste zu trauern. Wer sich als Alkoholiker in ein Behandlungszentrum begibt, wird aufgefordert, eine Liste aller Verluste aufzustellen, die er infolge seines Trinkens erlitten hat. Vielleicht verlor diese Person einen Job oder eine Beförderung, Ehe und Familie, den Führerschein. Die gleiche Praxis läßt sich auf jedes zwanghafte Verhalten anwenden. Der Arbeitssüchtige muß über die Zeit mit seiner Familie trauern, die ihm entging, denn sie läßt sich nie ersetzen. Der Eßsüchtige muß sich mit den traurigen Folgen der Fettleibigkeit auseinandersetzen. Sean McCurdy trauerte um all die Möglichkeiten seiner Karriere, die er sich durch seine fehlgeleitete Einstellung verscherzt hatte. Das sind nur einige Beispiele.

Analyse der Verluste

Wenn Sie Verluste auf Grund Ihrer Lebensweise entdeckt haben, müssen diese Verluste betrauert werden. Aber woher wissen Sie, was Sie verloren haben? Werden Sie Widrigkeiten und Verluste überschätzen und vielleicht Fehler sehen, wo keine sind? Wahrscheinlich nicht. Kodependente fallen fast immer auf der anderen Seite vom Pferd. Da sie ja Experten im Verleugnen und Herunterspielen von Problemen sind, werden sie eher ihren Schmerz und ihre Verluste unterschätzen, als ein übermäßig idealistisches Bild davon zu entwickeln, wie ihr Familienleben hätte aussehen sollen. Selbst diejenigen, die sexuell oder körperlich mißhandelt wurden, neigen dazu, den Schmerz herunterzuspielen. Wenn Sie also Ihre Verluste analysieren, denken Sie daran, daß Sie sie von Natur aus höchstwahrscheinlich zu gering einschätzen.

Diese Analyse der Verluste ist keine objektive Feststellung. Sie ist höchst subjektiv, und das ist auch richtig so, denn es geht ja um das, was der Betreffende persönlich als Verlust erlebt. Als Mamie Dykes fünfzig Dollar beim Bingo verlor, machte ihr das nichts aus. Als sie dagegen eine Brosche mit einer falschen Gemme im Wert von sieben Dollar verlor, trauerte sie tief darum, denn sie hatte sie von ihrer inzwischen verstorbenen Tochter geschenkt bekommen. Die Regel lautet: Wenn Sie etwas als Verlust empfinden (egal, welchen Wert alle anderen darin sehen würden), dann ist es auch ein Verlust.

Zusammengefaßt läßt sich sagen, daß es vier Bereiche gibt, in denen Sie die nötige Trauerarbeit leisten sollte. Der erste ist die *Trauer über den Schmerz in der Ursprungsfamilie,* wenn es in Ihrer Ursprungsfamilie ein hohes Maß an Mißhandlungen oder Störungen gab. Der zweite ist die *Trauer über den Abschied von Mutter und Vater,* der bei den meisten Kodependenten verzögert oder verlagert wurde. Wenn man jetzt, in so fortgeschrittenem Alter, Abschied nehmen muß, ist das besonders schmerzlich.

Der dritte Bereich ist die *Trauer über die Süchte,* die Kodependenz und andere Ersatzhandlungen, von denen Sie sich trennen. Jahrelang waren sie wichtig für Sie, wie häßliche Freunde, die Ihnen schmutzige Streiche spielten. Dennoch waren es Freunde; deshalb ist es richtig, über ihren Verlust zu trauern. Der vierte Bereich besteht aus der *Trauer über die Verluste,* die sich im Lauf der Jahre als Nebenprodukt Ihrer Kodependenz angesammelt haben. Denken Sie an das Elend, die Verschwendung, die Irrtümer, die Tränen, den Schmerz und die Reibereien. Vieles davon hätte nicht sein müssen: Ihre Kodependenz ist dafür verantwortlich. Und das ist sehr traurig.

All diese traurigen Erkenntnisse stürmen nun gleichzeitig auf Sie ein. Der Zorn und Ärger, die Reue und das Bedauern, all das muß aufgearbeitet werden. In der Klinik erleben wir dramatische Szenen, wenn diese Dinge aufbrechen und die Patienten mit Tränen den Eiter alter Wunden endlich fortspülen.

Da war zum Beispiel ein ehemaliger Pastor, ein großer, knochiger Mann mit dünnem, grauem Haar, der ständig ein finsteres Gesicht machte. Sein Name war Walter Morgan. Er war unter einem strengen, emotional unzugänglichen, höchst perfektionistischen Vater aufgewachsen, den er maßlos bewunderte. Auch Walter selbst wurde sehr perfektionistisch. Getrieben von seiner Kodependenz, *mußte* er der vollkommene Pastor werden und jedermann gerecht werden. Vor allem *mußte* er vor Gott vollkommen sein, um Vaters oder Gottes Zuneigung zu gewinnen.

Natürlich brach das alles schließlich zusammen – die Anforderungen, die Walter an sich gestellt hatte, waren unerfüllbar. Als er während der Behandlung schließlich erkannte, was in seinem Leben tatsächlich vor sich ging und wie bisher alles verlaufen war, setzte sich dieser stille, sanfte Mann hin und weinte hemmungslos. Man konnte ihn noch drei Zimmer weiter hören. Zum ersten Mal in seinem Leben sprudelte es aus ihm hervor, drängte aus der Tiefe seines Herzens hinaus ans Licht. Die Wunden eines ganzen Lebens reinigte er in einem Strom von Tränen.

Der Trauerprozeß

Wie hat Walter Morgan diesen Punkt erreicht? Sein Ausbruch gehörte zu einem Entwicklungsprozeß, dem auch Sie folgen werden. Obwohl wir die Entwicklungsschritte hier nacheinander behandeln, werden Sie vielleicht feststellen, daß Sie manche ohne weiteres im Eiltempo durchlaufen können, während Sie mit anderen eine Weile zu kämpfen haben. Das ist normal.

1. Schock und Verleugnung. Die Psychologen glauben, daß viele Kodependente ihr ganzes Leben in einem chronischen Zustand des emotionalen Schocks zubringen, der Ähnlichkeit mit dem ersten Schritt des Trauerprozesses hat. Sie sind gleich am Anfang steckengeblieben, bevor sie überhaupt eine nennenswerte Strecke zurückgelegt haben. Sie zeigen Symptome einer chronischen posthypnotischen Trance.

Sie haben in der Schule von Einzellern gehört: Eine halbdurchlässige Membran umgibt einen Kern und eine Vielzahl winziger Organellen, die möglicherweise auch eine Verschmutzung darstellen. Diverse Chemikalien wie Sauerstoff, Kohlendioxid, Nährstoffe und Ausscheidungen dringen durch die Membran ein und aus, um die Zelle am Leben zu erhalten.

Stellen wir uns nun eine normale Familie als eine solche Zelle vor. Sie wird zusammengehalten von einer gesunden, wenn auch unsichtbaren Membran. Nährstoffe und Ausscheidungen – Freunde und Ärgernisse – gehen durch die Membran ein und aus, doch was hineingehört, bleibt sicher und intakt. Im Inneren gibt es Bewegungsspielraum für den Kern und all die kleinen Organellen. Nach einer gewissen Zeit reißt die Membran, und die bisherigen Organellen verlassen die Zelle, um selbst zu Zellen zu werden.

In einer gestörten Familie ist das anders. Wenn zum Beispiel die Mutter nach einem Stoff süchtig ist, sendet sie jedesmal, wenn ihr Drogenmißbrauch die Normalität unterbricht, Schockwellen aus. Wenn sie unfähig zu emotionalen Bindungen ist, wenn sie ihre normalen Pflichten vernachlässigt, wenn sie in unberechtigte Wut ausbricht oder sich aus geringfügigem Anlaß in Tränen auflöst, wenn sie unberechenbaren Stimmungsschwankungen unterliegt, dann ergießt sich über die anderen Elemente der Zelle eine Schockwelle nach der anderen.

Mehrere Dinge passieren, während diese Schockwellen sich über die Familienzelle ausbreiten. Beziehungen werden verzerrt, indem Leute in Ecken gedrängt werden oder aktiv versuchen, die Quelle der Schockwellen zu meiden. Und um jedes Mitglied bilden sich harte Schalen (in der Psychologie nennt man sie Abwehrmechanismen). Innerhalb der Zelle sind diese Schutzschichten von entscheidender Bedeutung, denn sie bieten eine Pufferzone gegen die einströmenden Schockwellen. In normalen Familien sind die Mitglieder nicht so stark geschützt. Ihre Schutzwälle sind nicht so dick, daß sie keine gesunden Beziehungen mehr aufbauen könnten.

Walter Morgans Eltern hatten mit Alkohol oder Drogen keine Probleme. Aber wenn sein perfektionistischer Vater brüllte (was an sich schon eine Form der Mißhandlung ist), sorgte der Widerhall in der Familienzelle dafür, daß Walters Schutzwälle sich verhärteten. Als er im zweiten Stadium seine Beziehungen Revue passieren ließ, erkannte er, daß seine Mutter ihn von Kindesbeinen an als Stütze gebraucht hatte. Dieser emotionale Inzest löste weitere Schockwellen aus. Walter verließ seine Familienzelle schließlich mit einem solchen Schutzpanzer, daß alle, die ihn kennenlernten, ihn als verschlossen bezeichneten. Viele Menschen sind von Natur aus still. Walters Zurückhaltung ging weit über eine natürliche Veranlagung hinaus.

In einer Familie mit solchen Schutzpanzern ist es nicht nur schwierig, das Elternhaus zu verlassen; alle Familienmitglieder werden auch mit viel zusätzlichem emotionalem Ballast beladen. Vorher war die Schutzhülle notwendig; außerhalb der Familie behindert und schädigt sie den Träger nur. Zum Teil besteht sie aus Süchten und Zwanghaftigkeiten, aber hauptsächlich aus emotionaler Unterkühlung. Da ist keine Lebendigkeit. Der Verstand funktioniert, aber die Emotionen scheinen entweder abgeschaltet oder versiegt zu sein.

Wenn man sich mit Walter unterhielt, klang er beinahe wie Mr. Spock aus der alten Fernsehserie *Raumschiff Enterprise*. Er war höflich bis aufs letzte, präzise und logisch. Würde man ihn fragen, er wiese jede Spur von Zorn oder emotionaler Schädigung weit von sich.

Obwohl sie nicht mehr so populär sind wie einst, treten auch heute noch manchmal Hypnotiseure auf, die Zuschauer aus dem Publikum als Versuchspersonen gebrauchen. Neben der unvermeidlichen, vor den Augen der Versuchsperson pendelnden Taschenuhr lautet einer der stereotypen Sätze solcher Auftritte: „Wenn ich mit den Fingern schnipse, werden Sie aufwachen, aber Sie werden sich an nichts erinnern, was inzwischen passiert ist."

Auch die erwachsenen Kinder von Süchtigen und Kodependente stehen unter einer Art posthypnotischer Trance. Der Kodependente erinnert sich nicht an das volle Ausmaß des Schmerzes; und dieses selektive Gedächtnis ist ein wichtiges Werkzeug der Verleugnung. Dieser Trancezustand wird besonders in Fällen von sexuellem Mißbrauch deutlich. Nehmen wir an, ein Vater mißbraucht seine Tochter. Er wird sagen: „So lieben Väter ihre Töchter. Das ist normal. Erzähl niemandem etwas davon, sonst bekommt Papa Schwierigkeiten." Da sie von Papa kommen, haben diese Botschaften eine stark hypnotische Wirkung, zumal sie in einem veränderten Bewußtseinszustand aufgenommen werden – denn wenn ein Kind auf diese Weise traumatisiert wird, ist es sehr verletzbar. Viele Frauen können sich daran erinnern, wie ihr Vater nach dem Mißbrauch oder Geschlechtsverkehr mit viel Nachdruck sagte: „Erzähl niemandem davon. Das ist in Ordnung." Daß diese Aussage einen krassen Widerspruch in sich barg, wurde ihnen nicht bewußt. Die Botschaft selbst wirkte jedoch.

Um den Trauerprozeß voranzutreiben, muß man diesen betäubenden Schock überwinden. Man muß sich durch diese erste Stufe der Trauer hindurcharbeiten. Zum einen ist es sehr schwer, auf der emotionalen Ebene etwas zu empfinden, solange man unter Schock steht. Zum anderen gehen Schock und Verleugnung Hand in Hand und behindern die weitere Trauerarbeit. Und auf das Trauern kommt es an. Fast jede Reaktion in den Schritten eins bis vier ist teilweise dazu da, die Verleugnung zu durchbrechen.

Eine Veranschaulichung dazu kommt aus dem Bereich der Medizin. Ein plötzliches, gewaltsames Ereignis löst im Körper einen Schockzustand aus. Bestimmte Blutgefäße verengen sich, andere werden weiter. Herz und Lungen passen sich schnell an. Adrenalin wird reichlich ausgeschüttet. Durch diese und weitere Reaktionen versucht der Körper, die gewaltsame Bedrohung seines Wohlergehens zu kompensieren. Selbst die Haut geht in Verteidigungsstellung. Diese

Notfallmaßnahmen minimieren den Blutverlust und sorgen dafür, daß das Gehirn weiterhin den Sauerstoff bekommt, den es braucht, um funktionsfähig zu bleiben. Doch wenn der Körper in diesem Zustand bleibt, den Mediziner als „traumatischen Schockzustand" bezeichnen, dann wird der Schock selbst zu einer Lebensbedrohung. Der Patient stirbt nicht an den eigentlichen Verletzungen, sondern an der Notreaktion seines Körpers dagegen.

Auf ähnliche Weise fällt ein Kind aus einer gestörten Familie in einen paratraumatischen Schock, um zu überleben. Zuerst war das eine lebensrettende Maßnahme. Doch nach einiger Zeit wirken sich diese Abwehrmechanismen höchst schädlich aus. Wenn das Kind auch als Erwachsener in diesem Zustand verbleibt, ist der Verlust wahrer menschlicher Nähe, oft auch der Ehe und immer des inneren Gleichgewichts die Folge. Auf der emotionalen Ebene wird das Kind durch den Schock unter Umständen an einer bedeutungsvollen Beziehung zu Gott gehindert.

Schock und Verleugnung gehen Hand in Hand, selbst in alltäglichen Redewendungen: „Ich bin schockiert! Ich kann es nicht glauben!" Nicht nur der Schock ist zerstörerisch, sondern auch die Verleugnung, wie wir bereits erwähnten.

Bei der Behandlung von Jill und Jerry Braley und ihrem Sohn Bill, der millionenschweren Familie, die Sie im zweiten Kapitel kennenlernten, mußten wir Schalen durchbrechen, die nicht weniger hart waren als die von Walter Morgan. Walter hatte immerhin den vagen Verdacht, daß er ein Problem hatte; nicht zuletzt, weil er in der Bibel Gottes Art von Liebe studiert und gemerkt hatte, daß ihm da etwas fehlte. Doch die Braleys konnten sich nicht vorstellen, daß sie in einer emotionalen Schale eingeschlossen sein sollten. Jill hatte Probleme mit Zorn, aber sie ließ ihn heraus. Und der gute Jerry war doch so freundlich und offen. Der arme Bill hatte zwar seine Probleme, aber meistens gab er sich alle Mühe, ein guter Geschäftsmann, Ehepartner und Vater zu sein. Da konnte man doch nicht behaupten, sie seien in einem Schockzustand!

Bei den Braleys mußten wir im Gespräch bei den Rissen in ihrer Abwehr ansetzen.

„Jerry, wie kompensierten Sie Ihre Scham über das Haus, in dem Sie als Kind wohnten?"

„Das habe ich Ihnen schon erzählt. Ich bat denjenigen, der mich mitnahm, mich zwei Straßen vorher abzusetzen. Eine Menge Leute, mit denen ich aufgewachsen bin, glauben heute noch, ich hätte in der Mulholland Street gewohnt."

„Gut, das ist das Äußerliche. Aber wie gingen Sie innerlich damit um?"

„Ich wüßte nicht, daß ich innerlich reagiert hätte."

„Wenn Sie Ihrer Mutter Ihre Ersparnisse übergaben, was dachten Sie sich dabei?"

Jerry ließ sich Zeit, den Staub vieler Jahre beiseite zu fegen. „Ich glaube, ich war ein bißchen stolz darauf. Ich war Superman, wissen Sie? Ich kam mal wieder genau im richtigen Augenblick als Retter in der Not. Ein wenig traurig war ich schon. Aber man erwartet schließlich von Familienmitgliedern, daß sie sich gegenseitig helfen, und das habe ich nie in Frage gestellt. Sie brauchten das, was ich verdiente."

„Jill, wenn Ihr Vater Sie anschrie, und Sie wußten nicht genau, warum, was empfanden Sie dabei?"

„Ich gewöhnte mich daran."

„Das ist klar! Aber stellen Sie sich vor, wie Sie als kleines Kind waren. Sie wissen noch nicht, was richtig und falsch ist, und sie bekommen widersprüchliche Botschaften. Einmal ist etwas richtig, ein anderes Mal bringt es Ihren Vater in Wut. Es macht Ihnen Angst, wenn er wütend wird, denn Sie können es durch Ihr Verhalten nicht steuern, zumindest nicht durchgängig. Welche Emotionen löst das aus?"

„Furcht und Verwirrung bei manchen Kindern, nehme ich an."

„Und warum nicht bei Ihnen?"

„Ich habe mich daran gewöhnt. Ich habe mich angepaßt."

„Und wie haben Sie sich angepaßt?"

„Nun, ich vermute, ich …" Man konnte fast sehen, wie

sich die Wand vor ihren Augen auftürmte. Endlich begann sie, klarer zu sehen.

Jill baute diese typische, schützende Schale um sich herum auf, während Jerry sich als Schutzmechanismus im Grunde einredete, schwarz sei weiß, und es auch glaubte.

Viele Leute in der Beratung sagen: „Die meisten Kinder würden so reagieren, wie Sie es beschreiben, aber ich war anders." Und das stimmt auch. Sie waren anders. Aber sie waren nicht von Anfang an anders. Sie mußten kompensieren, ihre Reaktionen verändern, die natürliche Reaktion unterdrücken und sie durch eine andere ersetzen. Genau das bedeutet es, eine Schale aufzubauen.

Auch Sie waren vielleicht als Kind anders, haben nicht so reagiert, wie man es von den meisten Kindern erwarten würde. Allein diese Tatsache ist schon ein Hinweise darauf, daß Sie sich eine schützende Schale zulegten. Stellen Sie sich vor, Sie wären wieder ein kleines Kind. Tun Sie so, als wüßten Sie noch nichts von der Welt und davon, wie Sie auf die Dinge reagieren sollten. Ihre Reaktionen sind unverfälscht und sehr elementar. Nun denken Sie an einige der Vorfälle, die Sie schilderten, als Sie Ihre Geschichte erzählten. Wie hätte dieses noch völlig unverbildete kleine Kind darauf reagiert? Fangen Sie an, Ihre Schale zu sehen? Jeder baut sich bis zu einem gewissen Grade eine solche Schale auf; das ist eine gesunde Reaktion auf die unvermeidlichen Schläge des Lebens. Der Kodependente baut sich jedoch eine zu dicke Mauer auf, weil er regelrechte Mißhandlungen erlebt hat.

2. Zorn. Nach Schock und Verleugnung kommt fast automatisch der Zorn. Diese Aussage ließe sich leicht überprüfen, wenn Sie auf jemanden zugingen und ihm auf den Fuß träten. Seine erste Reaktion wäre Schock: „Was …?" Die nächste: „Das ist doch nicht wirklich passiert, oder?" Dann käme der Zorn. „Was fällt Ihnen ein, mir einfach auf den Fuß zu treten?!" Im Bruchteil einer Sekunde mag ihm all das durch den Kopf gehen, bevor er mit der Faust ausholt und auf Sie losgeht. Ob sie nun längere Zeit einnehmen oder nur einen Moment, alle Schritte laufen in dem Prozeß ab.

Manche Leute haben eine ebenso starke Neigung zum Zorn wie ein zweijähriges Kind zum Spielen im Schlamm. Andere dagegen können sich fast überhaupt nicht mit Zorn identifizieren oder ihn ausdrücken. Perfektionistische Kodependente, die es allen recht machen wollen, geborene Diener wie Walter Morgan, verbringen ihr ganzes Leben damit, ihre eigenen Gefühle zu kaschieren, damit andere sich wohlfühlen. Wenn diese Haltung zum Lebensstil geworden ist, fällt es solchen Leuten außerordentlich schwer, sich selbst die Erlaubnis zu geben, Zorn auszudrücken. Tief im Innern prägt sie die posthypnotische Botschaft: „Wie es in deiner Ursprungsfamilie auch immer ausgesehen hat, du hast kein Recht, zornig zu werden."

Mußten Sie je eine Wasserpumpe vorspülen? Wir meinen die altmodischen eisernen Schwengelpumpen, die früher auf jedem Bauernhof zu finden waren. Normalerweise mußte man damit zunächst ein paarmal schnell „trocken" auf- und niederpumpen. Dann kam das Wasser kalt und sprudelnd aus dem Rohr hervor, zunächst in Tropfen und dann in einem dikken Strahl. Doch manche Pumpen gaben nicht so ohne weiteres Wasser. Für diese hielt man eine große Blechbüchse voll Wasser bereit. Dieses Wasser mußte man zuerst oben hineingießen, um die Pumpe vorzuspülen. Tat man das nicht, konnte man den Schwengel auf und nieder bewegen, so lange man wollte, ohne daß je Wasser herauskam. Natürlich vergaß man nie, die Büchse für das nächste Mal nachzufüllen.

Unser Pumpen-Vorspüler auf der Behandlungsetage der Klinik ist ein Raum mit Turnmatten, Sandsäcken zum Boxen, Boxhandschuhen, Kissen und anderen höchst seltsamen Instrumenten. Die Therapeuten können ihre Patienten dorthin bringen und sie auffordern, sich auszutoben, um einen Geschmack davon zu bekommen, wie es ist, seinen Zorn herauszulassen. Vergrabenen Zorn oder andere unterdrückte Emotionen zum Fließen zu bringen, ist wie das Vorspülen einer Pumpe. Manchmal muß der Therapeut erklären, was Zorn überhaupt ist. Für die meisten Leute ist Zorn etwas ganz Natürliches; für diese Menschen ist er ein völlig fremdes Gefühl. Manchmal helfen heftige Bewegungen wie das Boxen gegen einen Sandsack, Auf- und Abspringen oder Kissenschlachten, damit sie wieder Zugang zu dieser so fundamentalen Emotion finden.

Jerrys Frau Jill brauchte überhaupt keine Hilfe, um ihren Zorn herauszulassen; sie war Spezialistin darin. Walter Morgan benutzte unseren Raum, um seinen Zorn an die Oberfläche zu bringen. Jerry Braley fand selbst ein einzigartiges Ventil für seinen Zorn. Es war in der Abschlußwoche des Semesters, als Jerry zufällig an der Universität von Los Angeles vorbeifuhr. Mehrere Studentengruppen hatten alte Autos am Straßenrand abgestellt. Für einen oder zwei Dollar konnte man dort das Recht erwerben, die Autos mit einem Vorschlaghammer zu bearbeiten. Das bot all den Prüflingen im Abschlußexamen eine herrliche Ablenkung, und den Studentengruppen brachte es eine hübsche Summe Geld ein. Für den leichtherzigen, menschenfreundlichen, guten alten Jerry war es genau das Sicherheitsventil, das er brauchte. Er zog seinen Mantel aus, steckte einen Hundert-Dollar-Schein in die Kasse und machte sich über einen 72er Toyota her.

Wir empfehlen nicht unbedingt das Demolieren von Autos. Aber wir möchten deutlich machen: Wenn Sie jemand sind, der absolut nie zornig wird, dann sind Sie wahrscheinlich jemand, der Zorn unterdrückt. Der Zorn ist irgendwo vorhanden, und Sie müssen ihn irgendwie an die Oberfläche holen, damit Sie ihn bewältigen können. Unsere Patienten haben sich alle möglichen Mittel dazu einfallen lassen, die Sie ausprobieren könnten. Die einen haben versucht, ihren Zorn physisch auszudrücken; andere haben sich einfach hingesetzt und sich so lange Sorgen gemacht, bis der Zorn zum Ausbruch kam und verarbeitet werden konnte.

Einer Dame in unserer Behandlung fiel es unendlich schwer, Zugang zu ihrem Zorn zu finden. Als sie eines Tages gerade unsere Klinik verließ, sah sie zufällig einen Jungen, der mit Absicht auf einen Käfer trat. Diese abscheuliche Tat brachte sie in Wut. Als sie anfing, auf den Jungen zu schimpfen (größtenteils hinter ihm her, denn er ergriff sofort die Flucht), brach der Damm. Schluchzend und schreiend kam sie wieder hereingewankt und verbrachte die nächsten zwei Stunden damit, ihrem lange eingeschlossenen Zorn endlich Luft zu machen.

Welche angemessenen Mittel auch notwendig sind, damit Sie den Korken ziehen und Ihren vergrabenen Zorn an die Oberfläche lassen und bewältigen können, machen Sie Gebrauch davon.

„Vergessen Sie es!" sagen Sie jezt. „*Mich* werden Sie nicht zu einem zornigen Hitzkopf machen."

Nein, werden wir nicht. Ganz im Gegenteil. Wir versuchen, Sie von dem verborgenen, schwelenden Zorn zu befreien, der bereits vorhanden ist. Sie müssen ihn anerkennen, herauslassen, bewältigen und ausmerzen. Zorn ist ein natürlicher, gesunder, gottgegebener emotionaler Mechanismus, um mit Schmerz und Verlust fertig zu werden. Paulus schrieb an die Epheser: „Zürnet, und sündigt dabei nicht! Die Sonne gehe nicht unter über eurem Zorn" (Epheser 4,26; Revidierte Elberfelder Bibel). Was er meinte, war: „Werdet euch eures Zorns bewußt, bevor er sich in Sünde verwandeln kann." Nur indem Sie Zugang zu Ihrem Zorn finden, können Sie ihn hinter sich lassen. Wir erzeugen keinen Zorn, wir spülen den in Ihnen vorhandenen Zorn aus. Wir stechen eine emotionale Eiterblase an, um das emotionale Gift herauszulassen.

Es gibt starke Hinweise darauf, daß tief vergrabener und unterdrückter Zorn das Immunsystem des Körpers behindern kann. Auf der geistlichen Ebene ist er ganz sicher ein Giftstoff. In Untersuchungen hat sich gezeigt, daß sehr viele Krebspatienten außer ihren gesundheitlichen Problemen auch Bereiche tiefer Verletzung und Bitterkeit in ihrem Leben hatten. Damit soll nicht gesagt werden, daß diese vergrabene Emotion den Krebs verursachte, aber es könnte bedeuten, daß sie teilweise den Weg dafür ebnete.

3. Depression. Ein weiterer Grund, warum Sie mit dem Zorn fertig werden und ihn hinter sich lassen müssen, ist die

Depression, die in vieler Hinsicht einem zweiten Schocksyndrom ähnelt. Sie ist nach innen gerichteter Zorn. Wenn der Zorn in den Untergrund geht, kann die daraus folgende Depression oder Stumpfheit ein Leben lang anhalten. Unter solchen Umständen ist eine Heilung beinahe unmöglich.

Schauen Sie sich die Art und Weise an, wie Schmerz sich ausdrücken kann. Er kann sofort und sauber verarbeitet werden, indem er durchtrauert wird. Er kann nach außen projiziert oder nach innen gerichtet werden. Wird er im Innern vergraben, so wird er auf die eine oder andere Weise wieder zum Vorschein kommen, sei es als Depression, als Sucht oder in Form eines anderen selbstzerstörerischen Verhaltens.

Depression ist nicht nur die Folge nach innen gerichteten Zorns. Innerhalb des Trauerprozesses ist sie die auf den Zorn folgende Stufe. Auch falsche Schuldgefühle, die normalerweise ebenfalls auf nach innen gerichtetem Zorn beruhen, spielen hier eine wichtige Rolle.

„Na prächtig", murmeln Sie. „Das Letzte, was ich gebrauchen kann, ist eine tiefere Depression. Es ist so schon schlimm genug."

Einen Augenblick bitte! Wir freuen uns, Ihnen sagen zu können, daß da ein wichtiger Unterschied besteht. Die Depression, die zum Trauerprozeß gehört, ist nur vorübergehend. Sie löst sich von selbst auf. Während Sie trauern, kann die Depression vielleicht schlimmer sein als vor dem Trauerprozeß, aber sie ist nur eine Zwischenetappe – nicht die Endstation.

Nach jenem anfänglichen Ausbruch kam Walter Morgans Zorn mehrere Tage lang immer wieder zum Vorschein, und eine Woche lang versank er in einer tiefen Depression. Doch davon wurde er spontan wieder frei, wie es bei den allermeisten Menschen, die sich dem Trauerprozeß unterziehen, der Fall ist.

John Jordan schilderte die Stimmung bei sich zu Hause als „düster und trübe", während er und Gladys ihre eigene Trauerarbeit leisteten. Übrigens hielten die beiden während des Prozesses recht gut miteinander Schritt. Das ist nicht immer so. Wenn Sie und Ihr Partner gemeinsam an Problemen der Kodependenz arbeiten, kann es sein, daß Sie dabei ein völlig unterschiedliches Tempo vorlegen. Verschwenden Sie nicht Ihre Zeit damit, sich darüber Sorgen zu machen. Am Ende kommen Sie ans Ziel, mit welchem Tempo auch immer.

Wenn Sie auf der Stufe der Depression steckenbleiben, können Sie sich losreißen, indem Sie die vorhergehenden Schritte des Trauerprozesses wiederholen. Vielleicht müssen Sie die Schritte des Genesungsprozesses sogar von Anfang an noch einmal wiederholen. Eine oder zwei solcher Extrarunden sollten Sie über den schwierigen Punkt hinwegbringen.

4. Feilschen und magisches Denken. Und nun kommt die vierte Stufe. Das Feilschen und das magische Denken. Feilschen und magisches Denken kann vielerlei Formen annehmen. Manche sind kaum erkennbar, andere sind völlig offensichtlich. Elisabeth Kübler-Ross stellte fest, daß Krebspatienten manchmal versuchen, mit den Radiologen zu feilschen oder sie regelrecht zu bestechen, um mehr Therapiezeit oder größere Strahlendosen zu bekommen. Aus logischer Sicht ergibt das keinen Sinn. Wenn Sie eine bestimmte Strahlendosis bekommen, heißt das nicht, daß die doppelte Menge doppelt soviel nützt; sie könnte sogar sehr schädlich sein. Doch wenn magisches Denken im Spiel ist, geht die Logik über Bord. Irgendwie einen Extravorsprung zu erzielen heißt die Devise, und das geschieht sowohl bewußt als auch unbewußt.

Am beliebtesten ist das Feilschen mit Gott. „Wenn du mich nur aus dieser Situation herausbringst, Gott, dann werde ich das und das für dich tun." In gewissem Sinne ist das kindlich. In dieser Hinsicht sind wir aber alle Kinder, denn wir geben diesen kindlichen Zug des magischen Denkens niemals ganz auf.

Wir haben bemerkt, daß viele Kodependente, die in ihrer Kindheit und Jugend durch Trauer gegangen sind, dabei einen eigenartigen Handel mit sich selbst abgeschlossen haben. Ein Beispiel ist Marlene, deren Vater einmal wegen

Exhibitionismus verurteilt und ein anderes Mal bei einer Razzia in einem Bordell festgenommen wurde. Die Kinder in der Schule wußten alles darüber: „He! Marlenes Vater ist verhaftet worden." „Ja, weißt du auch warum?" „Klar. Ich frage mich, wie es bei denen zu Hause wohl zugeht." Es ging nicht gerade dramatisch zu. Marlene wurde von ihrem Vater nie aktiv mißhandelt. Sie war sein kleines Mädchen, und die Prostituierten und Geliebten waren seine großen Mädchen. Er bewahrte Pornomagazine in einem verschlossenen Schrank auf; das wußte sie. Manchmal lief er auf dem Weg ins Bad oder aus dem Bad nackt im Haus herum. Doch obwohl es keine schockierenden Handlungen oder handgreiflichen Zusammenstöße gab, war sie durch die passive Mißhandlung und die Nebenwirkungen auf ihren Ruf in der Schule stark beeinträchtigt.

Als erwachsenes Kind faßte Marlene zwei Vorsätze, den einen bewußt, den anderen unbewußt. Ihr bewußter Vorsatz war, niemals einen sexsüchtigen Mann wie ihren Vater zu heiraten und ihre eigenen Kinder diesem Schmerz und dieser Lächerlichkeit preiszugeben. Der unbewußte Vorsatz, ein Handel, den sie mit sich selbst eingegangen war, ohne es zu wissen, lautete: „Ich werde niemals sexuelle Lust empfinden."

Nach fünf Jahren Ehe erschienen sie und ihr Mann zur Eheberatung in unserem Sprechzimmer. Seit viereinhalb Jahren war ihre sexuelle Gemeinschaft gestört, und er war am Ende seiner Geduld. Entweder sie kamen mit diesem Problem klar, oder er ging.

Im Jugendalter fühlen sich Kinder häufig so beschämt und schuldig wegen des Aufruhrs, den Mutter und Vater machen (erinnern Sie sich daran, daß Kinder leicht die Schuld für Umstände auf sich nehmen, die völlig außerhalb ihres Einflusses liegen), daß sie ausgeklügelte Geschäfte mit Gott und mit sich selbst zu machen versuchen. Auf irgendeine magische Weise – denn nichtmagische Macht steht ihnen nicht zur Verfügung – versuchen sie den Schmerz der Familie zu lindern. Es ist fast wie ein klösterliches Gelöbnis. Marlene legte unbewußt ein solches Gelöbnis ab.

All das mußte sie aufarbeiten. In der Beratung führten wir sie von der Erforschung des ersten Schrittes bis in den Trauerprozeß des fünften Schrittes. Dort blieb sie stecken, gerade weil sie so ein alter Hase im Feilschen mit Gott war. Ihr neuer Handel lautete: „Befreie mich von alledem, Gott, und ich werde eine gute Ehefrau sein." Sie wollte eine Abkürzung; wollte gegen den Schmerz gewappnet sein. Sie fing an, täglich Brot zu backen und das Haus zu putzen, und stürzte sich in alle erdenklichen Hausfrauentätigkeiten. Die sexuelle Störung blieb. Es waren viele Gespräche notwendig, um diesen verborgenen Handel mit Gott mit der Wurzel auszureißen.

Immer dann, wenn wir ein ritualistisches Verhalten bemerken, ist uns klar, daß ein Kodependenter sich zumindest teilweise im Stadium des Feilschens und magischen Denkens eingeschlossen hat. Ein hervorragendes Beispiel ist Sam, ein früherer Patient unserer Klinik. Die Seife, die wir in der Klinik und in den meisten Sprechzimmern verwenden, hinterläßt einen feinen Film. Bei normalem täglichem Händewaschen wird dieser Film niemals so dick, daß man ihn sehen könnte. Doch Sam sah aus, als trüge er weiße Handschuhe. Er wusch seine Hände sechzig bis siebzig Mal am Tag. Sein magischer Gedankengang: „Wenn ich mich oft genug wasche, kann ich auf magische Weise das Problem wegwaschen. Alles wird in Ordnung kommen, wenn ich nur ..."

Wenn ich nur ...

(Nebenbei bemerkt: Uns ist aufgefallen, daß zwanghafte Händewäscher normalerweise Männer sind. Eßstörungen befallen vorwiegend Frauen. Wir wissen nicht, warum. Doch wir wissen, daß gerade bei Störungen wie Bulimie und Magersucht magisches Denken eine gewaltige Rolle spielt. „Wenn es mir nur gelingt ..." Eine Magersüchtige glaubt allen Ernstes, wenn sie sich nur bis auf ein gewisses Gewicht herunterhungern könnte, dann würden alle oder bestimmte Menschen sie lieben. Natürlich tritt das nicht ein, wenn sie dieses Gewicht erreicht; also setzt sie sich ein neues, noch niedrigeres Ziel: „Diesmal wird es klappen.")

Wie wir gesehen haben, ist magisches Denken ein normales Merkmal der Kindheit. Kinder sind so egozentrisch, daß der kleine Rob, wenn er sich die Schuhe verkehrt herum anzieht und es gleichzeitig draußen donnert, die Dinge ohne weiteres auf den Kopf stellt und meint, es hätte gedonnert, weil er sich die Schuhe verkehrt herum angezogen habe. Erwachsene behalten das magische Denken bei; sie verändern nur die Form. Die Wetter auf Pferderennbahnen und in Bingohallen beweisen das immer wieder. „Dieser Hut bringt mir Glück. Das ist meine Glückszahl. Wenn ich dreimal klatsche, bevor ich das mittlere Feld bedecke, hat meine Bingokarte eine höhere Gewinnchance. Ehrlich! Es hat schon einmal funktioniert."

Wie alles treibt der Kodependente auch dies auf die Spitze.

Ja, ein schwer Kodependenter hält ständig Inventur und versucht herauszufinden, was bei seiner Magie schiefgelaufen ist. Die Frau eines sexsüchtigen Frauenhelden fragt: „Was mache ich falsch, daß ich ihn dazu bringe? Wir kann ich ihn dazu veranlassen, damit aufzuhören? Wenn ich nur dieses oder jenes tue, hört er auf. Ich weiß, daß es klappen wird. Es *muß* klappen."

Achten Sie auf die Schlüsselwörter: „Ihn dazu bringen." „Wenn nur." Ein Mann, der seine Frau schlägt, gebraucht das gleiche magische Denken in einer anderen Richtung. „Du hast mich dazu gebracht, dich zu schlagen." „Ich müßte das nicht tun, wenn du nur ..."

Der Abschied vom Elternhaus ist letzten Endes ein entscheidender Schritt zur Reife. Menschen werden sich dabei klar, daß sie die Magie aufgeben – oder besser, sie erkennen, daß sie die Magie nie hatten. Es ist ein mächtiger und wichtiger symbolischer Schritt, dieser Abschied von Mutter und Vater, denn damit lassen Sie auch Ihre Kindheit hinter sich und damit das magische Denken, durch das Sie zuvor versuchten, die Welt zu verändern.

Was bleibt, wenn es mit der Magie vorbei ist? In dieser unvollkommenen Welt, in der Schmerz und Verlust so verbreitet sind, ist das Trauern eine normale, gottgegebene Möglichkeit, mit der Unvollkommenheit fertig zu werden. Wenn wir zu einem gesunden Trauerprozeß fähig sind oder wieder dazu fähig werden, dann wird sich dieser Rhythmus durch unser Leben ziehen. Man kann dann über die großen Verluste und auch über die kleinen Ärgernisse erfolgreich trauern. In einer gesunden Situation trauern wir und lassen dann die täglichen Schmerzen und Frustrationen los, die im Leben ständig auftauchen.

Bei Kodependenten bricht dieser Rhythmus häufig zusammen. Wenn ein Kodependenter auf irgendeiner Stufe des Prozesses hängenbleibt, dann kann die Trauer nicht zu ihrem angemessenen Abschluß kommen. Wo das der Fall ist, erreicht die Person niemals die Vergebung, Annahme und Lösung, zu der die Trauer führen soll. Schon allein die Erkenntnis, was da passiert ist, kann ausreichen, um die Blockade zu durchbrechen. Oft erkennt ein Kodependenter: „Jetzt, wo Sie es sagen, wird mir klar, daß ich seit fünfzehn Jahren in Schock und Verleugnung festhänge!"

Durch ihre Beziehungs-Inventur erkannte Marlene zwar ihre schmerzliche Beschämung über ihre Kindheit mit einem sexsüchtigen Vater, nicht aber den unbewußten Handel – „Ich werde nie sexuelle Lust empfinden" –, den sie mit sich selbst geschlossen hatte, um den Schmerz zu lindern und weiterer Beschämung vorzubeugen. Um diesen Handel zunächst überhaupt zu erkennen und dann für ungültig zu erklären, mußte sie wirksam Abschied von ihrem Elternhaus und damit auch von ihrem magischen Denken nehmen. Nun war der Weg frei, damit sie über ihre Verluste trauern konnte – über die Jahre des Elends in ihrer Kindheit wie auch als Erwachsene.

Schließlich wird auch oft versucht, mit dem Therapeuten zu feilschen. Patienten stöhnen: „Gibt es denn keine Abkürzung, die mir das hier erspart?" Sie suchen nicht unbedingt nur einen leichten Ausweg; manchmal sieht es für sie wirklich so aus, als ob sie die Aufgabe gar nicht bewältigen könnten. Eine unserer Patientinnen vergleicht ihre Therapie mit einem Besuch beim Zahnarzt: Es macht keinen Spaß, aber es ist besser als die Folgen, die entstehen, wenn man es versäumt.

5. Traurigkeit. Damit sind wir bei der fünften Stufe dieses sechsstufigen Trauerprozesses, der Traurigkeit. Traurigkeit war das, was Walter Morgan überwältigte, als er hemmungslos um seine traurige, verlorene Vergangenheit weinte. Normalerweise jedoch kommt die Traurigkeit in erträglichen Portionen über einen längeren Zeitraum hinweg über uns – auf Tage oder Wochen verteilt; bei schwer Kodependenten sind es sogar Monate oder Jahre. Traurigkeit ist normal, alltäglich; es ist die angemessene Reaktion auf traurige Ereignisse, und sie läßt sich auf entspannende Weise bewältigen, nämlich durch Tränen. Und das Beste ist, daß Traurigkeit nicht endlos währt. Anders als chronische Depressionen oder Wiederholungszwänge oder auch der Zorn selbst wird die Traurigkeit kommen, wahrgenommen werden und gehen.

6. Vergebung, Lösung und Annahme. Die letzte Stufe des Trauerprozesses ist das, was von Anfang an das Ziel war: Vergebung, Lösung und Annahme. In der vollkommenen Beschreibung der Bibel ist es „der Friede, der höher ist als alle Vernunft". Wenn Sie dieses Stadium erreichen, ist Ihr Achterbahnwagen wieder auf dem Weg nach oben.

Machen Sie sich klar, daß das, was bisher vor sich ging, weitgehend „alogisch" ist; weder steht es im Widerspruch zur Logik, noch folgt es ihr. Wir sind über Logik und Vernunft hinausgegangen und in die innersten Kammern der Seele eingedrungen. Um den Heilungsprozeß zu vollenden, müssen wir von den Kammern des logischen Denkens in die emotionale Intimsphäre treten. Dies ist der Ort, wo das Denken beginnt, für wie logisch wir uns selbst auch halten mögen. Unsere Patienten haben oft Schwierigkeiten, ihren logischen Wunsch nach Wiedergutmachung aufzugeben, bevor sie vergeben können.

„Vergebung?" Bessie Barnett schaute ihrem Berater direkt in die Augen und sagte: „Mir ist jetzt klar, was mit mir passiert ist. Ich habe den Trauerprozeß vollzogen, wie Sie es mir gezeigt haben. Sie haben mir gesagt, ich hätte meine Sache gut gemacht, und das glaube ich auch. Ich fühle mich viel wohler in meiner Haut und weiß jetzt, wie ich die Fehler vermeiden kann, die ich in der Vergangenheit immer wieder gemacht habe. Doch meine Logik sagt mir, daß diese Leute in meiner Vergangenheit es nicht verdienen, daß ich ihnen vergebe. Wenn sie mich aus fehlgeleiteter Liebe so behandelt hätten, dann könnte ich ihnen natürlich vergeben. Wenn sie etwas getan hätten, ohne sich darüber im klaren zu sein, gut. Aber sie *wußten*, wie sehr sie mich verletzten."

Bessie kam aus einer schwer gestörten Familie. Ihr Vater mochte keine Kinder, zeugte aber vier. Er verteilte ständig Ohrfeigen, beklagte sich bei seinen Freunden über sie und schleuderte ihnen Beleidigungen ins Gesicht. Seine bevorzugte Antwort auf die Frage „Wie viele Kinder haben Sie?" lautete: „O Mann, keine Ahnung. Drei oder vier ungefähr." Er ließ keine Gelegenheit aus, sie wissen zu lassen, daß sie unerwünscht waren.

Bessies Mutter hatte geheiratet, weil sie damals als Schwangere zu heiraten hatte, bevor das Kind kam. Punkt. Außerdem dachten in jenem ländlichen Gebiet die Mädchen über ein Leben außerhalb von Ehe und Familie überhaupt nicht nach. Bessies Mutter träumte davon, Sängerin zu werden – ob Country oder Blues war ihr egal – aber dann machten Bessie und ihre Schwestern diesen Traum zunichte. Die Mutter gab sich keine Mühe, ihre ständige Enttäuschung und Bitterkeit zu verbergen.

Typischerweise heiratete Bessie in eine kodependente Beziehung ein. Sie lebte dreiunddreißig Jahre mit einem Geizkragen von Ehemann, der ihr zehn Dollar Taschengeld in der Woche zugestand und sich dabei auch noch großzügig vorkam. Als er starb, blieb sie mit einem gewaltigen Bankkonto und mit dem übermächtigen Wunsch, sich umzubringen, zurück. Bei ihr hieß die Alternative: Therapie oder Tod.

Sie verschränkte die Arme, und ihre Augen glühten: „Vielleicht kann ich eines Tages vergessen. Vergebung ist nicht drin."

Erst wenn Bessie ihre Logik hinter sich läßt, kann sie sich von der Stelle losreißen, an der sie steckengeblieben ist, und diesen letzten, entscheidend wichtigen Schritt zur Heilung tun.

Bevor Sie einwenden: „Ich kann das genausowenig wie Bessie", erinnern Sie sich, daß das absolute Verlassen auf die Logik eine relativ neue Geistesverfassung ist. Ja, schon die Griechen haben die Logik entwickelt, einschließlich der logischen Mathematik, die die Grundlage unserer wissenschaftlichen Gesellschaft bildet. Aber sie blieb lange Zeit weitgehend den Intellektuellen vorbehalten. Die arabischen Wissenschaftler brachten sie in Mathematik und Astronomie auf neue Ebenen, wie es in der Neuen Welt auch die Mayas und Azteken taten. Doch die breite Bevölkerung in diesen Gesellschaften verließ sich nicht auf die reine Logik. Und in Europa war es nicht anders, selbst nicht in der Renaissance, als das echte wissenschaftliche Denken zur Blüte kam. Erst in den letzten Jahrhunderten, nämlich seit der französischen Revolution, haben Vernunft und Logik angefangen, das Denken breiter Bevölkerungsschichten in der westlichen Zivilisation zu beherrschen.

Wenn das so ist, was bestimmte dann vor der Logik unser Denken? Emotionale Reaktionen. Die „Gedanken" des Herzens. In unserer Gesellschaft wird ein Satz wie „Ich glaube von ganzem Herzen ..." als kindischer Unsinn verspottet. Man bringt uns sorgfältig bei, die Botschaften des Herzens zu meiden und nur die Botschaften des Kopfes anzunehmen.

Denken Sie an den Verlust eines Ehepartners. Wenn eine soeben verwitwete Frau den Kopf nicht sinken läßt und Fassung bewahrt, bekommt sie häufig Unterstützung von ihren Freunden. Wenn sie über ihren Verlust ständig in Tränen ausbricht – was eigentlich die angemessene, reinigende Reaktion auf ihre Tragödie wäre –, dann raten ihr die Freunde vielleicht: „Ruhig, ruhig – du bist zu emotional. Du mußt tapfer sein." Oder sie ziehen sich aus Verlegenheit ganz von ihr zurück.

Noch vor zweihundert Jahren erforderte der Verlust eines Ehepartners eine höchst emotionale Reaktion, und wenn die Witwe oder der Witwer eine tapfere oder stoische Fassade aufsetzte, wurde die Tiefe ihrer Liebe ernsthaft in Frage gestellt. Daß wir uns völlig auf Vernunft und kühle Logik verlassen, ist eine neuere kulturelle Erscheinung, und wenn auch Sie ausschließlich Ihrer Logik vertrauen, behindern Sie wahrscheinlich Ihre Wiederherstellung.

Der Grund, warum Bessie nicht vergeben wollte, war oberflächlich betrachtet logisch. Es erscheint tatsächlich unlogisch, absichtliche Verletzungen zu vergeben. Hätten die Personen, die Bessie verletzten, dies jedoch nicht absichtlich getan, wäre es nur logisch gewesen, ihnen ihre Unwissenheit nachzusehen und zu vergeben.

Bessie mußte zwei Hürden überspringen. Die erste bestand darin, ihren denkenden Geist zu umgehen und vom Herzen her zu arbeiten.

„Ich weiß aber nicht, wie", sagte sie. „Ich bin zweiundfünfzig Jahre alt. Die Frauenbewegung, bei der Emotionen verpönt sind, ist also weitgehend an mir vorbeigegangen; aber denken sie nur an all das Zeug, was man zu hören bekommt, während man aufwächst. ‚Sei doch vernünftig.‘ ‚Das ist unlogisch.‘ ‚Laß deinen Verstand nicht von deinen Gefühlen beherschen, sonst wirst du den falschen Mann heiraten.‘ Wie soll ich das jetzt noch abstellen?"

„Sie haben einmal erwähnt, daß Sie an Gott glauben. Glauben Sie auch an die Worte der Bibel?"

„Sicher."

„Nach der Heiligen Schrift ist kalte, berechnende Vernunft nicht Gottes Weg."

Tausend Jahre vor Christus gab Gott die Anweisung: „Verlaß dich auf den Herrn von ganzem Herzen, und verlaß dich nicht auf deinen Verstand" (Sprüche 3,5). Jesus selbst mahnte: „Wahrlich, ich sage euch: Wenn ihr nicht umkehrt und werdet wie die Kinder, so werdet ihr nicht ins Himmelreich kommen" (Matthäus 18,3). Welches Gewicht hat Logik in den Gedanken eines kleinen Kindes?

Der Kopf steht für die obere Ebene des Denkens; das Herz ist die Tiefe. In dieser Hinsicht sind Menschen wie Möbel aus Eichenholz, die mit kostbaren Hölzern furniert sind. Das Furnier ist edel, hebt den Wert und sieht wunderschön aus, aber es ist das Eichenholz, das den Möbeln ihre Stabilität und Stärke gibt.

In unserer klinischen Praxis hören wir jeden Tag Geschichten über Verletzungen und Ungeheuerlichkeiten, die buchstäblich unverzeihlich klingen. Väter tun ihren Töchtern unvorstellbare Dinge an. Ehefrauen und Mütter schlagen rücksichtslos um sich und verursachen tiefe emotionale Wunden. Eltern putzen begabte Kinder absichtlich herunter, nur weil sie nicht ihren unrealistischen Erwartungen entsprechen. Männer und Frauen fügen den Menschen, die sie am meisten lieben, in gewaltsamen Wutanfällen körperliche und emotionale Verletzungen zu.

Wir sind durch und durch menschlich, und das zeigt sich ganz deutlich auch hier. Menschlich gesprochen ist weder der Verstand noch das Herz stark genug, um diese unverzeihlichen Handlungen zu vergeben. Und doch ist wahre und aufrichte Vergebung notwendig, damit man seinen Frieden mit der Vergangenheit schließen kann. Auf den ersten Blick ist das frustrierend.

Kann Bessie ihre Logik zur Seite legen und sich auf ihre Gefühle besinnen? Kann sie auf der Ebene des Herzens vergeben, ohne daß ihr logischer Verstand es ihr strittig macht? Ja. Und Sie können es auch. Sie ist Ihnen regelrecht eingebaut, diese Fähigkeit, nicht auf den Kopf, sondern auf das Herz zu hören. Doch dazu brauchen Sie die kundige Hilfe Gottes und vielleicht auch eines Menschen. Gott ist der Meister im Vergeben; ein Mensch kann den Weg weisen.

Hüten Sie sich jedoch vor einer verbreiteten Gefahr auf dieser letzten Stufe des Trauerprozesses, für die Christen besonders anfällig sind. Die Gefahr besteht darin, ohne emotionale Integrität zu vergeben. Das passiert dann, wenn ein Christ durchaus ehrlich erklärt: „Ich erkenne jetzt die Vergangenheit und mache mir bewußt, was geschehen ist

(Schritt eins des Trauerprozesses). Ich gebe das an Gott ab und vergebe es (letzter Schritt). So. Das wäre erledigt. Das Buch ist geschlossen."

Dieser Sprung vom ersten zum letzten Schritt ist eine Umgehung der schmerzhaften Phase des Trauerprozesses. Obwohl er einen schriftgemäßen Anstrich hat und sicherlich geistlich gut gemeint ist, wird der Schmerz nicht richtig verarbeitet. Die entzündete Wunde im Innern ist nicht gereinigt – so kann man es mit einer sehr treffenden und passenden Metapher ausdrücken.

Der Trauerprozeß ist bei uns eingebaut, und so dürfen wir annehmen, daß es Gottes Plan entspricht, Verluste, emotionalen Aufruhr und Schmerz durch Trauer zu bewältigen. Wenn wir versuchen, diesen Prozeß abzukürzen, kommt es dazu, daß wir zwar in ehrlicher Absicht, aber in einer Atmosphäre emotionaler Unehrlichkeit vergeben. Obwohl wir Vergebung aussprechen, bleibt das tiefe Reservoir aus Zorn und Verbitterung in uns bestehen. Unserer Vergebung fehlt die Integrität, alle Facetten unseres Menschseins widerzuspiegeln.

Emotionale Integrität war die zweite Hürde für Bessie. Sie rauschte nur so durch die ersten vier Schritte unseres Genesungsprozesses. Auch mit dem Trauerprozeß kam sie bis zu diesem letzten Schritt gut zurecht. Indem sie sich geduldig nach und nach bewußt machte, was ihr widerfahren war und was sie selbst dabei empfand, und indem sie sich gewissenhaft von ihrer Ursprungsfamilie verabschiedete, legte Bessie sich eine Grundlage emotionaler Integrität. Wenn sie nun sagte „Ich verstehe das" oder „Ich vergebe dir", dann konnte sie das aus dem Herzen heraus sagen, denn da blieb keine Bitterkeit und kein Zorn zurück, der ihre Worte Lügen gestraft hätte.

Und wenn sie sagte: „Ich kann nicht vergeben", dann lag auch darin das Gewicht ihrer emotionalen Integrität.

Wenn Menschen, und besonders Christen, sich nur noch der geistlichen Dimension verpflichtet fühlen und nicht mehr der körperlichen, der emotionalen oder anderen

Dimensionen, dann sind sie unehrlich; sie verleugnen, wer und was sie sind. Nur ein Teil von ihnen übt Vergebung. Gott hat uns als ganze Menschen erschaffen und erwartet deshalb von uns, daß wir aus dieser Ganzheit heraus handeln. „Er aber, der Gott des Friedens, heilige euch durch und durch", schreibt Paulus, „und bewahre euren Geist samt Seele und Leib unversehrt, untadelig für die Ankunft unseres Herrn Jesus Christus" (1. Thessalonicher 5,23). Denken Sie daran, wie unsere Emotionen unsere körperliche Dimension beeinflussen. Streß jagt den Blutdruck in die Höhe; Angst und Sorge verursachen, was wir höflicherweise Störungen des unteren Magen-Darm-Traktes nennen wollen; unterdrückter Zorn und Bitterkeit können die Widerstandskraft gegen Infektionen und sogar gegen bestimmte Krebsarten schwächen. Emotionen beeinflussen auch unsere geistliche Dimension, bis zu dem Punkt, daß sie sogar unsere Vorstellung von Gott auf ein Maß begrenzen, das von Kodependenz bestimmt wird.

Diese Wechselbeziehung zwischen all unseren Dimensionen ist der Grund, warum eine solide Grundlage emotionaler Integrität so wichtig ist. Auf dieser Grundlage können wir so weitreichende Aussagen machen wie „Ich vergebe dir", die dann auch unser Innerstes erfassen. Von einem ganzen Menschen kann ganze Vergebung kommen.

John und Gladys Jordan mußten einer Menge Menschen vergeben, allen voran gegenseitig sich selbst. Wohlorganisiert wie immer machte sich der Bauunternehmer John tatsächlich eine Liste, die mit Gladys' Namen begann und mit seinem eigenen endete. An zweiter und dritter Stelle standen sein Vater und seine Mutter. Seine Beziehungs-Inventur lieferte ihm Dutzende von Namen, und viele hatten ihm unrecht getan. Doch er listete auch alle diejenigen auf, die ihm Gutes zugefügt hatten, und dankte Gott ausdrücklich für jeden Menschen auf dieser zweiten Liste.

Gladys ging nicht so methodisch vor wie John. Sie machte sich keine Liste, sondern beschäftigte sich mit jeder Person, wenn sie ihr gerade einfiel. Sie sprach mit Gott im Gebet über jede einzelne von ihnen, und dann schrieb sie ihnen. Manchmal waren das zweiseitige Briefe. Die meisten lauteten einfach: „Lieber X, ich vergebe Dir, daß Du ... Herzliche Grüße, Gladys Hayes Jordan." Diese Briefe blieben in ihrem Notizbuch, denn bei einigen von ihnen hätten sie mehr geschadet als genützt. Der einzige, den sie abschickte, war ihr dreiseitiger Brief an John, in dem sie ihm auch aufs neue ihre Liebe ausdrückte. Er weinte, als er ihn las.

Bessie war weder im Listenaufstellen noch im Briefeschreiben besonders geschickt. Sie behauptete sogar, sie sei nicht sehr gut im Beten. „Helfen Sie mir", sagte sie. „Wie kann ich etwas tun, das ich nicht kann?"

„Nehmen wir an, Sie sind stark genug, um ein Gewicht von fünfzig Kilogramm zu heben, aber ihr Enkel schafft nur zehn Kilo. Könnte Ihr Enkel fünfzig Kilo heben, wenn Sie ihm helfen?"

„Sicher. Aber worauf ...?" Ihre Augen blitzten, aber wir erklärten es ihr trotzdem.

„Gott wird mit jeder Last der Vergebung fertig. Wie wäre es, wenn Sie so viel heben, wie Sie können, und den Rest ihm überlassen?"

„Aber wie?"

„‚Die Rache ist mein', spricht der Herr. ‚Ich will vergelten.' Diese Worte haben Sie schon einmal gehört."

„Ich will ja gar keine Rache nehmen. Ich kann nur nicht vergeben."

„Die Unfähigkeit zu vergeben beruht auf der – wenn auch vagen – Hoffnung, es den Leuten, die Ihnen unrecht getan haben, doch irgendwann heimzahlen zu können, sie büßen zu lassen."

„Nun, ja. Wenn man darüber nachdenkt, stimmt das schon."

„Gott will nicht, daß Sie sich um diesen Aspekt kümmern. Er hat ihn sich selbst vorbehalten. Einverstanden?"

„Einverstanden."

„Lassen Sie uns jetzt Psalm 4, Verse 5 und 6 lesen."

Bessie schlug ihre Bibel in der Mitte auf und blätterte zur

genannten Stelle zurück. „Zürnet ihr, so sündiget nicht." Sie runzelte die Stirn.

„Mmmm. Opfert, was recht ist, und hoffet auf den Herrn." Sie schloß das Buch. „Opfer. Dinge aufgeben." Schweigend starrte sie auf den Umschlag ihrer Bibel. Ihr Gesicht entspannte sich zu dem humorvollen Lächeln, das für sie so typisch war. „Opfer. Er will aber nicht, daß ich hier jetzt irgendwelche Schafe schlachte, stimmt's?"

„Stimmt."

„Nur meinen Zorn?"

„Und Ihre Bitterkeit und Ihren Haß."

Bessies Haßgefühle wollten sich nicht so ohne weiteres opfern lassen; sie kämpften erbittert um ihren Platz in Bessies Leben. Bessie überwand sie jedoch, indem sie sich eine Person nach der anderen vor Augen führte und sich bildlich vorstellte, wie sie selbst und Gott diese Person aus ihrem Zorn heraushoben. Sie vergab mit der gleichen emotionalen Integrität, mit der sie vorher gesagt hatte: „Ich kann nicht."

Sie können das gleiche Hilfsmittel benutzen und sich bildlich vorstellen, was Sie tun müssen, damit Sie gemeinsam mit Gott die notwendige Vergebung aussprechen können. Vielleicht können Sie sich auch eine fiktive Begegnung mit dieser Person vorstellen, eine Geschichte schreiben oder die Sache mit Gott besprechen. Da, wo wir am tiefsten trauern, und auch da, wo uns die Vergebung am schwersten fällt, kann uns nur Gott helfen.

Annahme und Lösung gehen mit der Vergebung Hand in Hand; in gewissem Sinne lassen sich die drei nicht voneinander trennen. Die Probleme anzunehmen bedeutet zuzugeben, daß die Dinge waren, wie sie waren, und daß ihre Auswirkungen nicht unumkehrbar sind. Sie zu lösen bedeutet, ihre Auswirkungen umzukehren.

An diesem Punkt ist die Lösung noch keineswegs vollständig. Statt den Wagen zu wenden und den gleichen Weg, den wir gekommen sind, wieder zurückzufahren, sind wir an dieser Stelle nur dabei, den Wagen zu wenden. Die Schritte sechs bis zehn unseres Genesungsprozesses werden uns bis ans Ziel bringen, indem wir unsere hier erreichte Lösung praktisch umsetzen.

Bessie kam sowohl mit der Annahme als auch mit der Lösung zurecht. Sie hatte sich mit ihrer Vergangenheit ausgesöhnt und war nicht mehr an sie versklavt. Ihr Wagen war gewendet, und nun ging es auf den Weg zum sechsten Schritt.

Sehen Sie sich selbst in einem neuen Licht

James Portland war ein Uhrmacher, ein richtiger, altmodischer Uhrmacher, aber er war erst dreiunddreißig. Er hatte sich entschlossen, dieses präzise, mühsame Handwerk zu erlernen, weil niemand in seiner Generation die aussterbende Kunst beherrschte, klassische Standuhren und Taschenuhren zu reparieren. Es war für ihn die reinste Freude, einer verbeulten alten Taschenuhr mit Federmechanismus ihre einstige Vollkommenheit zurückzugeben. Die meisten Uhren konnte er so exakt einstellen, daß sie bis auf eine halbe Minute in der Woche genau gingen. Eine besondere Vorliebe hatte er für Standuhren und für Kuckucksuhren.

Seine Frau Claire meinte, die Kuckucksuhren sagten schon alles, denn James sei verrückt. Er war ein anspruchsvoller, perfektionistischer, jähzorniger Pedant, der schon explodierte, wenn sie die Oberfläche der Türrahmen nicht abgestaubt hatte. Das heißt, so war er früher. Selbst Claire gab zu, daß James sich nach sieben Monaten Therapie wegen Kodependenz beträchtlich gebessert hatte, und sich allmählich unter Kontrolle bekam. Die Veränderung war so einschneidend, daß auch Claire bereit war, sich wegen ihrer Kodependenz behandeln zu lassen.

Sechster Schritt: Neue Selbstwahrnehmungen

„Wenn der unreine Geist von einem Menschen ausgefahren ist, so durchstreift er dürre Stätten, sucht Ruhe und findet sie nicht. Dann spricht er: Ich will wieder zurückkehren in mein Haus, aus dem ich fortgegangen bin. Und wenn er kommt, so findet er's leer, gekehrt und geschmückt. Dann geht er hin und nimmt mit sich sieben andre Geister, die böser sind als er selbst; und wenn sie hineinkommen, wohnen sie darin; und es wird mit diesem Menschen hernach ärger, als es vorher war" (Matthäus 12,43-45).

„Das Vakuum ist der Natur ein Greuel" wäre eine kühle, unpersönliche Form, um auszudrücken, daß die Leere in uns auf die eine oder andere Art gefüllt wird.

Die ersten fünf Schritte des Genesungsprozesses eröffneten Ihnen, vielleicht zum ersten Mal, den Zugang zu Ihren Gefühlen. Sie boten Ihnen Wege, Ihre Gefühle herauszulassen und zu erneuern. Jetzt, in den Schritten sechs bis zehn, werden wir noch mehr ungesunden Unrat hinauskehren und dann die Leere füllen, die nach den geschädigten und schädlichen Gedanken und Vorstellungen zurückbleibt. Wenn diese Leere bestehen bleibt, wird sie sich fast unweigerlich mit schädlichen, negativen Einstellungen und Gedanken füllen. Sie haben entdeckt, was Sie nicht sind. Erforschen wir nun, was Sie sind.

Wer bin ich?

James stand vor dem eingebauten Bücherschrank in unserem Sprechzimmer und studierte die Uhr auf dem Regal. „Das ist etwas Echtes, wissen Sie, und antik. Ich kann sie nicht datieren, ohne sie auseinanderzunehmen, aber sie ist mit Sicherheit vor 1863 hergestellt worden. Auf dem Etikett auf der Rückseite können Sie das Firmenzeichen Plymouth Hollow erkennen. 1863 wurde Plymouth Hollow in Thomason umbenannt."

„Was bringt die Uhr zum Ticken?"

James lächelte. „Ihre Feder. Man spannt die Feder stark an. Natürlich strebt sie danach, sich sofort wieder zu entspannen, aber die Hemmung hindert sie daran und läßt sie immer nur einen Zahn auf einmal ablaufen. Die Entspannung läuft genau nach dem Maß des Zahnrädchens ab, und so bleibt die Uhr im Takt. Man kann das Tempo der Entspannung justieren, um die Uhr zu verlangsamen oder zu beschleunigen."

„Und was bringt Sie zum Ticken?"

„So ungefähr das gleiche." James setzte sich. Er lächelte immer noch, und das war bei ihm schon etwas Neues. „Finster" war gar kein Ausdruck für das Gesicht, das er machte, als er zum ersten Mal zu uns kam. „Bei mir waren die Dinge so durcheinandergeraten, daß das Hemmrad keine Verbindung mehr zur Energiequelle hatte. Die Feder sprang zurück, wie sie wollte. Energie ohne Disziplin. Jetzt sind in mir alle Teile miteinander verbunden, zum ersten Mal in meinem Leben. Ich habe die Sache im Griff. Das ist schon ein tolles Gefühl."

„Schön, daß Sie sich wohl fühlen. Was, glauben Sie, kommt als nächstes?"

„Die Feinabstimmung des Uhrwerks, bis ich richtig gehe."

„Und wie geschieht das?"

„Keine Ahnung. Deshalb bin ich ja hier."

„Sie sagen, daß Sie sich gut fühlen. Was für ein Gefühl haben Sie über sich selbst?"

„Auch das weiß ich nicht."

In diesem Stadium werden Sie daran arbeiten, sich eine neue Vorstellung davon zu machen, wer und was Sie sind, und Ihre inneren Botschaften entsprechend zu verändern. Wir sprechen dabei manchmal von „existentiellen Botschaften", nicht weil sie etwas mit der existentialistischen Philosophie zu tun hätten (das ist nicht der Fall), sondern weil diese Botschaften, die Sie an sich selbst senden, Ihre innerste Existenz betreffen.

Wenn Sie in einer gestörten Familie aufgewachsen sind, haben Sie unweigerlich eine Sammlung negativer, verzerrter Botschaften in sich aufgenommen:

▷ „Ich bin ungeliebt."
▷ „Ich bin nicht liebenswert ... auch nicht in den Augen Gottes."
▷ „Ich bin unwürdig; deshalb muß ich es mir verdienen, Gnade zu finden, sowohl bei meiner Familie als auch vor Gott."

▷ „Ich muß mich zu Tode schuften, wenn ich es verdienen soll, zur Familie der Menschen oder zur Familie Gottes dazuzugehören."

▷ „Ich verdiene den Erfolg nicht, den ich habe."

Diese und noch viele andere negative Botschaften sind Folgen einer gestörten Kindheit.

In den Schritten eins bis fünf haben wir diese Botschaften bereits gesichtet, ohne näher darauf einzugehen. Jetzt ist es an der Zeit, sie bewußt einer Inventur zu unterziehen. Wenn Sie bei uns in Behandlung wären, würden wir sie im Licht der neuen Informationen, die Sie über sich selbst gesammelt haben, überprüfen. Und wir würden Sie bitten, sie alle aufzuschreiben.

Eine Inventur der alten Wahrnehmungen. Der Zweck dieser Übung besteht einfach darin, sich ihre bisherigen Wahrnehmungen bewußtzumachen. Doch sich einfach hinzusetzen und mit dem Schreiben anzufangen ist fast unmöglich. Nehmen Sie sich also ein Notizbuch oder einen Block, und schreiben Sie ein paar Aussagen nieder, um in Gang zu kommen. Oben auf eine Seite schreiben Sie „Alle Männer sind ...". Lassen Sie eine oder zwei Seiten frei und schreiben Sie dann auf eine neue Seite: „Alle Frauen sind ...". So machen Sie weiter, und lassen Sie reichlich Platz: „Gott ist ...", „Alle Menschen sind ...", „Eine Familie sollte sein ...", und so weiter.

Nun setzen Sie sich in Ruhe hin, entspannen Sie sich, und schreiben Sie so spontan wie möglich alles nieder, was Ihnen in den Sinn kommt. Diese Prozedur wird manchmal „freies Assoziieren" oder „Brainstorming" genannt. Keine Idee ist zu phantastisch; kein Einfall wird zurückgewiesen.

Alle Frauen sind ...

unfair
verletzend
hübsch
herrschsüchtig

Alle Männer sind ...

Spinner
schlechte Zuhörer
nur an sich selbst interessiert
es wert, eine Beziehung zu ihnen zu pflegen
beschützend

Während Sie Ihre Listen ausfüllen, werden Sie allmählich etwas entdecken – nicht was Männer und Frauen zu dem macht, was sie sind, sondern was *Sie* sind. Jene alten, negativen Botschaften der Selbstwahrnehmung kommen allmählich an die Oberfläche. Wenn Ihnen zu Gott als erstes die Worte „Richter", „streng" und „nicht vertrauenswürdig" einfallen, dann sagt das eine Menge über die „Ich-Botschaften" in Ihrem Innern aus. Durch diese Listen kommen vielleicht sogar verborgene Eiterbeulen der Bitterkeit zum Vorschein, die Sie erst einmal bereinigen müssen.
James Portland zum Beispiel machte folgende Liste:

Alle Väter sollten sein ...

anspruchsvoll
präzise
streng
im Recht, ob sie recht haben oder nicht

James war sich nie bewußt gewesen, wie schrecklich rücksichtslos er in seinem ganzen Streben gewesen war, bis er seine eigene Liste durchlas.
Hier ist Jerry Braleys Liste.

Das Leben ist ...

voller Spielzeug
zum Genießen da
belohnend, wenn du arbeitest
leer
bitter
manchmal schwer zu ertragen

Jerry wurde anschaulich bewußt, daß materieller Besitz die Leere einfach nicht ausfüllen konnte. Sein ganzes Glück hing an Äußerlichkeiten.

Wer will ich sein?

Nun zum Vergnügen. Machen Sie sich eine Liste der positiven, gesunden, ausgewogenen Botschaften, die Sie an sich selbst senden könnten. Auch diese Listen betreffen Sie selbst, Gott, die Welt, das andere Geschlecht, andere Menschen und weitere Aspekte, die für Sie wichtig sind. Die meisten Kodependenten brauchen an dieser Stelle Hilfe. Am Anfang werden Sie vielleicht nur Nieten ziehen, denn als ehemaliger Kodependenter sind Sie es einfach nicht gewohnt, positiv über sich selbst zu denken. Deshalb kann es nützlich sein, sich bei anderen Leute Ideen zu holen.

In unserem stationären Therapieprogramm fordern wir die Patienten auf, zu den anderen Patienten auf ihrem Flur zu gehen und sie zu befragen. Wir sagen ihnen: „Gehen Sie dieses Wochenende von Zimmer zu Zimmer und holen Sie sich neue Botschaften von den Patienten, die Sie kennen. Fragen Sie sie, welche positiven Eigenschaften sie an Ihnen sehen. Machen Sie sich eine Liste von diesen ermutigenden Rückmeldungen."

Am Montagmorgen dann sagt der Patient oft: „Junge, das ist aufregend! Ich bin zu zehn Leuten auf dem Flur gegangen und habe mehr als zehn gute, positive, bestätigende Dinge über mich gehört!" Der freudige Schrecken liegt in der Erfahrung, daß ein Mensch, dessen Selbstachtung soeben noch am unteren Ende der Skala angesiedelt war, so viele positive Dinge an sich hat.

Eine hervorragende Quelle positiver Botschaften findet sich in den Psalmen der Bibel. Wenn der Psalmist oder das ganze Volk Israel versagt hatte, war Gott trotzdem da und hörte ihnen zu. Der Psalmist genießt – ebenso wie Sie – die unendliche Würde, von Gott geliebt zu sein. Lesen Sie zum Beispiel einmal Psalm 57, der geschrieben wurde, als David vor seinem Schwiegervater Saul floh und sich in einer Höhle verbergen mußte. Die Welt war gegen ihn; Gott aber nicht. Lesen Sie Psalm 18 und Psalm 139 so, als wären sie an Sie persönlich gerichtet, und Sie werden zu begreifen beginnen, welchen Wert Gott Ihnen zumißt.

Neue Botschaften. Ein Erwachsener, der aus einer schwer gestörten Familie hervorgegangen ist, braucht dringend das Gefühl, etwas wert zu sein. Vielleicht braucht ein solcher Mensch eine so grundlegende Botschaft wie „Ich habe die Erlaubnis zu leben". Die vorherigen negativen Botschaften waren so bösartig und durchdringend, daß schon dieser schlichte Gedanke, der für die meisten Menschen ganz selbstverständlich ist, zu einer willkommenen Offenbarung wird.

Manchmal gehen diese neuen Wahrnehmungen in eine sehr interessante Richtung. Jill Braley, die einst so bitter kritisierend und anspruchsvoll gewesen war, identifizierte die Aussage „Wenn ich nicht eingreife, wird der Mensch, den ich liebe, ein heilloses Durcheinander anrichten" als eine ihrer bisherigen schädlichen Botschaften. Wir dachten, ihre neue Botschaft müßte in etwa lauten: „Wenn ich nicht eingreife, wird der Mensch, den ich liebe, vermutlich auch so ganz gut zurechtkommen." Doch sie änderte das zu „Es macht nichts, wenn dieser Mensch ein heilloses Durcheinander anrichtet. Ich liebe ihn dennoch." Was für eine wunderbare neue Einstellung!

John Jordan ließ einfach alle Eigenschaften seines Vaters Revue passieren. Drei positive behielt er für seine eigene Identität; alle anderen ersetzte er durch ein einziges Wort: tolerant. Statt anspruchsvoll zu sein, entschloß er sich, tolerant zu sein. Statt perfektionistisch wollte er tolerant sein. Und so weiter.

Wir haben festgestellt, daß manche Kodependente, besonders Süchtige, keinen Lebensstil führen, sondern einen Todesstil. Viele Süchte sind schlicht und einfach eine langsame Form des Selbstmordes, und am Ende erkennen die Süchtigen das auch selbst. Bei solchen Menschen könnte eine neue

Botschaft ihr Recht auf Leben bekräftigen. „Ich habe ein Recht zu leben. Das Leben ist etwas Heiliges, auch meines." Louise, unsere magersüchtige Schwesternschülerin, hat große Schwierigkeiten zu glauben, daß sie mit sechzig Kilogramm ebenso liebenswert sein würde wie mit vierzig und daß ihre Angehörigen und Freunde sich dann nicht so viele Sorgen um sie machen müßten. Verstandesmäßig hatte sie das längst begriffen, aber ihr Herz klammerte sich verzweifelt an die alten Botschaften.

Louise war zwar in der Lage, sich die neuen Botschaften in Gedanken vorzusagen und sie auf der bewußten Ebene zu akzeptieren. Doch wie Sie wissen, treffen wir Entscheidungen nicht auf der bewußten Ebene. Sie brauchen Hilfe, um diese kühnen neuen Botschaften über sich selbst wirklich in sich aufzunehmen. Solche Hilfe gibt es. Der Eine, der Sie in Ihrem tiefsten Innern besser kennt als Sie sich selbst, wartet nur darauf, daß Sie ihn um seine Hilfe bitten. Zögern Sie nicht, Gott im Gebet zu bitten, diese neuen Botschaften tief in Ihr Inneres einzupflanzen.

Viele Kodependente haben sich ihr ganzes Leben lang so viel Mühe gegeben, es allen recht zu machen, daß ihnen nie klargeworden ist, daß auch sie selbst Anspruch auf ein gewisses Maß an Glück haben. Natürlich wird das Leben niemals ein einziges Honigschlecken sein. Doch das Streben nach Glück, das in den USA sogar als Verfassungsrecht garantiert wird, ist ein lohnendes Ziel, das auch viel häufiger erreicht oder beinahe erreicht wird, als sich Kodependente träumen lassen. In unserem Buch *Endlich wieder Freude am Leben!* (Verlag Schulte & Gerth, Asslar) gehen wir ausführlich auf diesen Aspekt ein.

Vielleicht entdecken Sie Ihr Recht auf echte menschliche Vertrautheit – nicht die Pseudovertrautheit der Kodependenz, bei der sich zwei Menschen derartig aneinander klammern, daß ihre Kreise sich überschneiden, sondern die echte Vertrautheit zweier Seelen im Einklang. „Ich verdiene es, diese Vertrautheit zu erleben, wenn ich sie finde."

„Ich kann mich zu meiner Sexualität bekennen." Viele

Kodependente sagen sich von ihrer Sexualität los, besonders wenn sie im magischen Denken feststecken, und müssen sie erst von neuem als richtig und gut akzeptieren lernen.

„Ich kann mich zu meinem Zorn und meiner Trauer bekennen." Es wird immer wieder neue Verluste im Leben geben, vom Verkehrschaos auf der Autobahn bis hin zum Tod des Ehepartners. Vielleicht müssen Sie sich die neue Botschaft sagen: „Meine Gefühle sind berechtigt, und es ist in Ordnung, sie zu empfinden." Für viele Kodependente ist das ein brandneuer Gedanke. Wenn diese Botschaft verinnerlicht ist, können schmerzhafte Ereignisse spontan den Trauerprozeß in Gang setzen.

Manche ernsthaften Christen müssen sich vielleicht die Erlaubnis geben, ohne schlechtes Gewissen erfolgreich zu sein. Wir haben eine große Zahl von Patienten kennengelernt, die sich ihr Leben lang selbst sabotierten, weil sie in der Annahme lebten, daß kein „Reicher durch das Nadelöhr" gelangen könne.

Und schließlich: Arbeiten Sie mit Gottes Hilfe neue Botschaften für sich aus, und zwar auch über Gott selbst. Bisher kannten Sie ihn vielleicht nur aus der kodependenten Perspektive und sahen ihn als „gestrengen Richter" oder „fordernden Herrn, der nicht leicht vergibt".

Wenn Sie den Verdacht haben, daß Ihr Verhältnis zu Gott von Kodependenz geprägt ist, schlagen wir Ihnen vor, eine Übung im freien Assoziieren zu machen. Bessie Barnett konnten wir damit helfen. Ihr Brainstorming, auf dessen Grundlage sie sich einige neue Selbstwahrnehmungs-Botschaften aufbauen konnte, verriet viel über ihre Einstellung zu Gott. Hier sind einige ihrer Notizen:

Gott ist …

lieblos im menschlichen Sinn des Wortes „Liebe"
ständig auf der Lauer, ob wir moralische Fehler begehen
zweitausend Jahre weit weg von mir
eine Ausgeburt der Phantasie
jemand, der über uns lacht

Wir stellten ihr die Frage: „Dieses Bild von Gott entspricht nicht dem, was andere Leute, die Sie kennen und respektieren, über ihn denken. Wer, glauben Sie, hat recht?"

„Wenn Sie eine ehrliche Antwort wollen, ich glaube, ich habe recht."

„Wie viele der Eigenschaften, die Sie Gott zugeschrieben haben, würden auch für Ihren Vater zutreffen?"

Bessie ist eine resolute Farmersfrau der alten Schule. Sie steht mit beiden Beinen auf der Erde und gibt sich nicht leicht emotionalen Ausbrüchen hin. Doch jetzt schimmerten in ihren Augen Tränen, als sie die Wahrheit erkannte. „Alle Eigenschaften", verrieten ihre weinenden Augen, obwohl sie kein Wort sagte. Sie hielt eine Weile inne, um ihre Fassung wiederzufinden. „Er ist überhaupt nicht wie mein Vater, stimmt's?"

„Nicht im mindesten. Wir könnten sogar genau das Gegenteil von ihm sagen."

Gott ist …

liebevoll über alles Verstehen
jemand, der vergibt
bei uns
immer bereit, uns zu helfen
jemand, der mit uns fühlt

Aus eigener Kraft hätte Bessie es in tausend Jahren nicht geschafft, ihren Eltern zu vergeben. Und mit ihrer verzerrten Auffassung von Gott hätte sie auch ihn nicht um Hilfe gebeten. Doch als ihr die Wahrheit über Gott dämmerte, als sie ohne die alten, negativen Botschaften in ihrem Verstand und Herzen wieder auf die Bibel zurückkam, erkannte sie seine Stärke, Majestät und Liebe.

Das passierte nicht über Nacht. Zuerst mußte Bessie Gott kennenlernen, wie er wirklich ist. Seit ihrer Kindheit hatte sie sich als Christin bezeichnet; doch erst zwei Wochen nach dieser schriftlichen Übung wurde sie wirklich eine. Als sie seine Gnade und Barmherzigkeit erkannte (beides Begriffe, die ihr bis dahin fremd gewesen waren), konnte sie sich endlich für eine persönliche Beziehung zu ihm öffnen.

Ebenso, wie James Portland nicht in der Lage gewesen wäre, eine Uhr zu reparieren und einzustellen, ohne ihre Funktionsweise gründlich zu verstehen, konnte er auch die Feineinstellungen in seinem Leben nicht vornehmen, bevor er nicht das verzahnte Räderwerk in seinem Innern verstanden hatte. Und einige dieser Funktionen sind in der Tat recht kompliziert.

„Diese neuen Botschaften über mich selbst ..." sagte er. „Mir ist klar, daß die alten Botschaften nichts taugen. Aber wie kann ich mich innerlich davon überzeugen, daß die neuen besser sind?"

„Sie haben die Eigenschaften von Vätern aufgelistet – erinnern Sie sich an diese Liste?"

„Ich habe sie bei mir." James zog eine Handvoll Zettel hervor und blätterte sie durch. „Anspruchsvoll, präzise, streng, immer im Recht, ob sie recht haben oder nicht."

„Beschreibt das den glücklichen Vater eines glücklichen Kindes?"

„Glücklich? Nein. So was ist vielleicht effektiv."

„Wenn der Vater und das Kind unglücklich sind, ist das effektiv?"

„Nein, wahrscheinlich nicht. Das Kind kann zwar auswendig lernen, was es tun und lassen soll, aber das könnte man auch einem Roboter beibringen."

„Roboter sind weder glücklich noch unglücklich."

„Ich war unglücklich, zornig und traurig. Sie sagen, wir können aus unserem menschlichen Zustand nicht heraus. Wird deshalb ein effektiver Vater auch effektiv damit umgehen?"

„Das hätte ich nicht besser sagen können. Oder präziser."

„Wenn ich einfach die gegenteiligen Eigenschaften von dieser Liste übernehmen würde, dann hätte ich ein neues Bild von mir selbst, aber ich bin nicht sicher, ob ich mich so mögen würde. Nachsichtig statt anspruchsvoll? Was ist, wenn die Kinder abschlaffen und schlicht und einfach faul werden? Lässig statt präzise? Nein."

„Übernehmen Sie doch Teile von beiden Listen. Präzise zu sein ist durchaus etwas Gutes, solange andere um der Präzision willen nicht emotional verletzt werden. Es gibt Momente, in denen es nützlich und angemessen ist, anspruchsvoll zu sein, aber nicht ständig. Anspruchsvoll zu sein heißt, Vollkommenes zu erwarten. Doch weder Kinder noch Erwachsene sind vollkommen."

„Also muß ich meine alten Selbstwahrnehmungen nicht auslöschen, sondern nur begrenzen."

„Erheblich begrenzen und durch die neuen mäßigen. Unser Gott ist ein bewährter Helfer, so steht es in Psalm 46, und ein verzehrendes Feuer, so sagt es Hebräer 12. Dieselbe Person, aber komplexe Eigenschaften. Auch Sie sind eine komplexe Persönlichkeit."

„Jede Menge Zahnräder da oben." James tippte sich an die Stirn und grinste. „Also soll ich den ganzen Tag herumlaufen und daran denken, daß ich Claire und die Kinder nicht anschreie."

„Besser noch: Denken Sie daran, daß Sie sich keine Mühe zu geben brauchen, um sich an Ihre alte Selbstwahrnehmung zu erinnern. Das kommt von ganz alleine. Aber Ihre neuen Wahrnehmungen sind noch ziemlich zerbrechlich; die müssen Sie sich häufig ins Gedächtnis rufen."

James schaute nachdenklich drein. „Bei antiken Uhren ist das so: Je besser Sie die Integrität eines alten Uhrwerks bewahren können, indem Sie die alten Teile verwenden, statt sie durch neue zu ersetzen, desto wertvoller bleibt die Uhr."

„Nach dem Motto: ‚Dies ist die Axt, die George Washington benutzte; allerdings wurde der Stiel sechsmal und die Klinge zweimal ersetzt.'"

„Genau. Also versucht man, die alten Teile zu reparieren. Doch irgendwann kommt der Zeitpunkt, wo die alten Teile einfach nicht mehr funktionieren. Sie müssen ersetzt werden, oder die Uhr geht nicht mehr. Mir wird klar, daß es am besten ist, wenn ich gewisse Teile ganz austausche. Und die anderen reinige. Ganz schön schwierig, diese Sache mit der Selbstwahrnehmung."

„Aber der Mühe wert."

„Der Mühe wert. Ja. Mein ganzer Beruf besteht darin, alten Uhren neues Leben einzuhauchen. Es wird Zeit, daß ich so etwas auch für mich tue."

Bessie Barnett ist ein Beispiel für eine weitere wichtige Facette dieses Genesungsprozesses. Oft springen Patienten von Schritt zu Schritt hin und her, wenn neue Elemente in ihr Leben kommen. Der Prozeß verläuft nicht immer gleichmäßig und kontinuierlich, aber es geht unaufhaltsam voran, und auf die eine oder andere Weise müssen die Schritte vollständig verarbeitet werden.

Am Ende des sechsten Schrittes – eigentlich schon während des siebenten – ging Bessie noch einmal zurück und arbeitete den fünften Schritt erneut durch. Durch die neue Kraft, die sie aus ihrer Beziehung zu Gott bezog, konnte sie ihren Eltern vollständiger, offener vergeben als zuvor.

Patienten, die mehr als eine Form von Mißhandlung erlitten haben, müssen vielleicht für jede einzelne einen eigenen Trauerprozeß durchlaufen. Körperliche Mißhandlungen, sexueller Mißbrauch und Verlassenwerden, all diese Formen schlagen ihre eigenen Wunden. Solche Personen – und vielleicht wird es Ihnen ebenso ergehen – durchlaufen den Trauerprozeß mehrmals und bilden danach jeweils neue Selbstwahrnehmungs-Botschaften, die sich aus der Reinigung ergeben. Wenn Sie das bei sich feststellen, freuen Sie sich. Es ist natürlich und heilsam.

Neue Erfahrungen und neue Elternschaft

Stellen Sie sich vor, sie sind sieben Jahre alt und rufen einen älteren Freund an. Sie sind aufgeregt, denn Sie haben gerade Ihr erstes Fahrrad zum Geburtstag bekommen, und möchten, daß Ihr Freund Ihnen erklärt, wie man darauf fährt. Nun, Ihr Freund kann Ihnen erklären, wie Sie die Füße auf die Pedale setzen müssen und wie hoch der Sattel eingestellt sein sollte. Er kann Ihnen sagen, welcher Bremsgriff auf welches Rad wirkt. Er kann sogar auf die Theorie der Schwerkraft eingehen; aber all das wird nichts nützen. Sie müssen selbst auf das Rad steigen, bevor Sie anfangen können, Radfahren zu lernen.

Machen wir es noch etwas schwieriger. Stellen Sie sich vor, Sie wollten Seiltanzen lernen; doch auch Ihr Freund hat keine Ahnung vom Seiltanzen. Wer kann Ihnen nun helfen?

Auch die neuen Selbstwahrnehmungs-Botschaften werden in Ihrem Leben nichts verändern, solange sie auf dem Papier bleiben. Sie müssen angewendet werden. Doch viele davon – vielleicht sogar alle – liegen völlig außerhalb Ihres Erfahrungsbereichs. Wie können Sie das Fahrrad erfolgreich besteigen? Wie können Sie auf dem Seil tanzen, wenn Sie es noch nie zuvor versucht haben?

Siebter Schritt: Neue Erfahrungen

In Computer- und Schreibmaschinenkursen gibt es praktische Übungen. Wer Chemie, Biologie oder Physik studiert, verbringt viel Zeit mit praktischer Arbeit im Labor. Die angehenden Wissenschaftler lesen alles, was sie über chemische Reaktionen oder Experimente in die Finger bekommen,

315

aber solange sie nicht ins Labor gehen und alles selbst ausprobieren, bleibt es graue Theorie. Fakten über die Reaktion von Wasserstoff und Schwefel können aus dem Gedächtnis entschwinden, wenn der Kurs vorüber ist. Doch wer einmal Wasserstoffsulfid gerochen hat, vergißt es nie wieder! Im siebenten Schritt werden wir die neuen Entscheidungen aus dem sechsten Schritt praktisch umsetzen. Wir werden auf das Fahrrad steigen und versuchen, auf dem Hochseil zu tanzen. Durchaus möglich, daß wir uns dabei abgeschürfte Knie holen, aber das ist die Sache wert. Endlich haben wir die Freiheit, Vertrauen zu schenken, wenn wir es wollen. Wir haben die Freiheit, zu lieben oder nicht, und wir können lernen, daß es sicher und lohnend ist, sich auf Gott zu verlassen.

Wir verlangen von unseren Patienten nicht, daß sie mit beiden Beinen ins Dunkel springen; auch die längste Reise beginnt mit dem ersten Schritt. Ein Beispiel ist die Art, wie man mit einer Phobie fertig werden kann. Sagen wir, Sie leiden unter einem tief eingegrabenen Entsetzen vor Felltieren. Da die Welt voller Felltiere ist, wollen Sie diese Panikzustände loswerden. Der Therapeut fängt zunächst einmal damit an, sich mit Ihnen zu unterhalten. Das ist alles – Sie unterhalten sich einfach über Felltiere, erörtern, wie es wohl wäre, eines anzufassen, studieren vielleicht auch Bücher mit Abbildungen und eignen sich Wissen über Felltiere an. Allmählich kommen Sie der Sache näher, und eines Tages berühren Sie dann ein Felltier. Wenn Sie schließlich in der Lage sind, ein Kätzchen im Arm zu halten, und entdecken, daß die Welt sich weiter dreht und nichts Schreckliches passiert, sind Sie prüfungsreif. Genauso sollten wir auch hier vorgehen. Schleichen Sie sich an das Unbehagen heran, das Ihnen die neuen Selbstwahrnehmungs-Botschaften verursachen, und bauen Sie es schrittweise ab.

Ein Künstler behauptete einmal, daß jeder Mensch in seinem Leben für fünfzehn Minuten zu Ruhm gelange. Die fünfzehn Minuten von Lena Wallace waren die Schlagzeilen auf den Titelseiten, nachdem ihr mißhandelnder Ehemann ihr einziges Kind, seinen Stiefsohn, zu Tode geprügelt hatte. Als er ins Gefängnis eingeliefert wurde, ging Lena aufs College. Außerdem unterzog sie sich einer Therapie wegen schwerer Kodependenz.

Lena war eine hochgewachsene, stattliche Frau mit glänzendem, blauschwarzem Haar und milchkaffeefarbener Haut. Mit ihrer gewohnten Effizienz hatte sie alle Bereiche ihres Lebens unter Kontrolle gebracht, nur einen nicht: Lena brachte es nicht fertig, irgend jemandem zu vertrauen.

Das war nicht überraschend. Ihr Vater hatte ihre Mutter verlassen. Ihr erster Mann hatte sie verlassen und war später irgendwo in Washington mitten auf der Straße gestorben. Und dann hatte ihr zweiter Mann ihren Sohn getötet ... Sie durchlief den Prozeß der Trauer, der Annahme und der Vergebung. Ihre neue Botschaft lautete: „Manche Menschen sind vertrauenswürdig." Sie wußte, daß sie Vertrauensbereitschaft aufbauen mußte, doch sie brachte es nicht fertig.

In der Sprechstunde rieten wir Lena, damit anzufangen, sich in begrenzter Weise verwundbar zu machen. Neue innere Botschaften müssen durch neue Erfahrungen bestätigt werden, bevor sie mit dem Herzen akzeptiert werden können. Wir wußten: Wenn sie erst einmal anfing, zu vertrauen und die positive Botschaft auszuleben, die sie sich selbst gesagt hatte, würde sie entdecken, daß am Ende doch nicht alles über ihr zusammenbrach. Wahrscheinlich würde sie nicht einmal verletzt werden, zumindest nicht ernsthaft. Doch das Schwierige war der Anfang.

Sie machte ihn in ihrer Therapiegruppe. Joe, ein schwerfälliger Macho-Typ, hatte das gleiche Problem wie Lena. Er stieß die Tür auf, indem er laut sagte: „Ich muß lernen, den Leuten mehr zu vertrauen."

„Gut", antworteten die anderen. „Schenk uns Vertrauen, indem du uns von tiefen Unsicherheiten und Ängsten erzählst, über die du bisher noch nie gesprochen hast."

Joe bewegte diese Herausforderung eine Weile in seinem Herzen und stimmte dann zu: „Ja, ich gehe das Risiko ein." Dann offenbarte er den anderen seine jahrelangen Selbst-

317

zweifel über sein Image und seine Fähigkeit, Frauen über die oberflächliche Ebene des Aussehens hinaus zu beeindrukken.

Als Lena sah, daß die Gruppe Joes Ängste erst nahm und akzeptierte, ohne darüber zu witzeln, beschloß sie, den Sprung zu wagen. Sie schilderte ihre eigenen, tiefsitzenden Zweifel, und vertraute zum ersten Mal in ihrem Leben einem anderen als ihrem Lebensberater ihre Gefühle an. Das war ihr erster kleiner Schritt hin zum Vertrauen gegenüber ihrer Umwelt.

Lena brauchte die Gruppe, um ein konkretes Problem zu lösen. Bei uns in der Klinik kommen die Therapiegruppen an allen sieben Tagen der Woche zusammen, um der Anweisung aus Hebräer 3,13 zu folgen, einander täglich zu ermahnen (oder zu ermutigen). Eine verbindliche, eng vertraute Gruppe kann manchmal Dinge sehen, die einem oder zwei Leuten allein verborgen bleiben.

Allgemein brauchen Kodependente den Kontakt zu Menschen, die ihnen bereitwillig und mit offenem Herzen zuhören, damit sie ihre neuen „Ich-Botschaften" in die Praxis umsetzen können. Diese Unterstützer erfüllen zwei Funktionen. Die eine ist einfach das Zuhören oder vielleicht die Hilfe bei einem speziellen Problem, wie es in Lenas Gruppe der Fall war. Die andere Funktion besteht darin, jemand zu sein, vor dem man Rechenschaft ablegen kann. Jedes Labor braucht einen Assistenten, der alle Vorgänge überwacht. Ohne ihn könnten die Studenten nicht wissen, ob ihre Experimente korrekt ablaufen oder ob sie vielleicht sogar dabei sind, etwas Gefährliches zu tun. Wo ist solche Hilfe zu finden?

Unterstützung in der Gruppe

Bücher und Kassetten können Ihnen Schritte zur Selbsterkenntnis und Heilung zeigen, aber nur bis zu einem gewissen Grad. Einen großen therapeutischen Wert hat es, wenn Sie eine unterstützende Gruppe von Menschen finden, mit denen Sie sich austauschen können. Anders als eine Familie, in die man hineingeboren wird, bestehen solche Gruppen aus Personen mit ähnlichen Bedürfnissen. Wenn Sie die anderen und die anderen Sie allmählich besser kennenlernen, können Sie anfangen, gesunde Risiken einzugehen. Sie reden über Schmerz, und irgendeiner in der Gruppe wird Sie verstehen. Sie reden über Veränderungen, die Sie in Ihrem Leben durchführen wollen, und wahrscheinlich gibt es da jemanden, der gerade das gleiche versucht.

Teilnehmer an festen Selbsthilfegruppen berichten oft, was für eine Freude es ist, die Rüstung ablegen zu können, ohne verletzt zu werden. Durch die Schockwellen ihres Lebens in einer gestörten Familie haben sie sich mit einem Schutzwall umgeben. Nun brechen sie diese Schale auf und stellen fest, daß die Welt sie dafür nicht so bestraft wie ihre Familie. Auch verletzliche Leute können es schaffen.

Wenn Sie zu einer christlichen Gemeinschaft gehören, finden Sie vielleicht Unterstützung bei Ihren Mitchristen. Auch die verschiedenen „anonymen" Gruppen – die Anonymen Alkoholiker, die Anonymen Schuldner, Al-Anon, Alateen und andere – bieten vertrauenswürdige Selbsthilfegruppen an. Die Hilfe von „Emotions Anonymous" können Sie auch dann in Anspruch nehmen, wenn es in Ihrer Nähe keine Gruppe gibt. Über diese Organisation können Sie per Post mit anderen in Kontakt treten und sich über Ihre Probleme und Erfahrungen austauschen – eine Selbsthilfegruppe per Korrespondenz (die Anschriften solcher Gruppen finden Sie im Anhang).

Seien Sie jedoch bitte äußerst wachsam, wenn Sie nach der richtigen Unterstützung suchen, denn es gibt zwei starke Kräfte, die gegen Sie arbeiten. Die eine ist die Tatsache, daß Ihr kodependentes Radarsystem möglicherweise noch immer in voller Funktion ist. In diesem Fall ist es sehr wahrscheinlich, daß Sie sich mit Personen einlassen, die genauso schwerwiegende Probleme haben wie Sie und deshalb ein verzerrtes Bild von Ihnen und Ihren Problemen gewinnen werden, statt einen gesunden Austausch zu ermöglichen. Das zweite Problem ist, daß die helfenden Berufe kodependente Menschen magnetisch anziehen; nicht jeder, der heute im sozialen, psychologischen oder geistlichen Bereich arbeitet, hat seine eigenen Probleme wirklich verarbeitet. In unsere Klinik kommen Patienten, die durch Pastoren oder Lebensberater mit eigener Kodependenz in tiefe Scham gestürzt wurden. Von diesen Leuten, die die Rollen ihrer mißhandelnden Eltern auslebten, ging keine Stärkung aus, sondern nur weitere Verurteilung oder gar Mißhandlung.

Gesunde neue Grenzen ziehen

Die letzte Arbeit aber müssen Sie selbst tun, egal wieviel oder wie wenig Unterstützung Sie haben. Und die mühseligste Aufgabe hat vielleicht derjenige, der in einer bisher kodependenten Beziehung neue Grenzen ziehen muß, besonders wenn der andere Partner seine Kodependenz noch nicht bewältigt hat.

Sollten Sie vor genau dieser Aufgabe stehen, werden Sie froh sein zu hören, daß das Setzen neuer Grenzen nicht Ihr ganzes Leben auseinanderreißt. Wenn auch die ersten Momente vielleicht recht hart sind, so läßt die Besserung nicht lange auf sich warten.

Kodependente tun sich schwer, um die Dinge zu bitten, die sie brauchen. Je tiefer sie in ihre Kodependenz und Depression absinken, desto leichter überlassen sie sich ihrem Ärger. Anfangs bitten sie um etwas, bekommen es aber nicht und ärgern sich über die Absage. Dann hören sie auf zu bitten, setzen die Absage stillschweigend voraus (dahinter steckt die destruktive innere Botschaft: „Ich bekomme sowieso nie, was ich will; warum also die Mühe?") und ärgern sich von vornherein. Am Ende kommen sie gar nicht mehr auf den Gedanken, um etwas zu bitten, sondern ärgern sich nur noch, daß sie nie bekommen, was sie wollen.

Um die neue Erfahrung zu vermitteln, daß ihnen manchmal gewährt wird, worum sie bitten, setzen wir zwei Partner einander gegenüber. Jeder fragt den anderen: „Was brauchst du?" und: „Was bist du bereit zu geben?"

Im Fall von Gladys Jordan, der es so schwer fiel zu glauben, daß John ihr zuhörte, wäre der normale Ablauf so:

▷ Gladys spricht im Blick auf ein Bedürfnis, das sie befriedigt haben möchte, eine Bitte aus.
▷ John antwortet, wie er dieser Bitte entsprechen (oder vielleicht auch nicht entsprechen) wird.
▷ Dann spricht John eine Bitte aus.
▷ Gladys antwortet.

Wir mischten uns an einigen Stellen in das Gespräch ein, um den beiden zu zeigen, wie sie besser aufeinander hören könnten:

Gladys schilderte John ein Bedürfnis, das sie erfüllt haben wollte.

„John, ich möchte, daß du an zwei Abenden in der Woche und den ganzen Sonntag über zu Hause bist."

Wir fragten John: „Was für eine Kritik hören Sie aus dieser Bitte heraus?"

„Sie denkt, ich sei lieber irgendwo anders als zu Hause. Das heißt, daß ich kein Zuhause biete, in dem man sich aufhalten möchte", sagte John.

Daraufhin baten wir Gladys, klar auszudrücken, daß sie keine kritische Absicht hatte.

„Nein! Das habe ich überhaupt nicht gemeint. Er bietet ein wunderbares Zuhause, aber er ist nie da, um es zu genießen."

Nun baten wir John, das, was Gladys gerade gesagt hatte, in seinen eigenen Worten wiederzugeben.

„Mit der Bitte und allem?"
„Die Bitte und den Widerspruch. Alles", sagten wir.
„Tja, äh – also, das ist gar nicht so einfach, wie Sie denken. Mal schauen. Sie hat mich gebeten, zwei Abende in der

Woche und den ganzen Sonntag zu Hause zu bleiben, mit Ausnahme des Gottesdienstes, nehme ich an. Und sie sagt, es ist ein wunderbares Zuhause, nur will sie mich darin haben."

Wir fragten Gladys: „Ist es das, worum Sie gebeten haben?"

„Ja. Daß er manchmal zu Hause bleibt und nicht ununterbrochen arbeitet."

Nun fragten wir John, auf welche Weise er versuchen würde, ihr Bedürfnis zu erfüllen.

„Zwei Abende. Aber ich kann sie mir aussuchen, und es müssen nicht jede Woche die gleichen sein. Vielleicht in einer Woche am Mittwoch und am Donnerstag und in der nächsten am Dienstag und am Mittwoch. Ungefähr so?"

Gladys: „Wenn das funktioniert, wäre es kein geringeres Wunder als die Sache mit den Broten und den Fischen."

John: „Wenn das funktioniert, spendiere ich das Essen."

Als sie erst einmal erkannt hatten, wie sie die alten Muster zum Beispiel dadurch durchbrechen konnten, daß jeder die Gedanken des anderen wiederholte, konnten sie ihre alten Verhaltensweisen durch echtes Zuhören ersetzen. Die erbarmungslosen Fesseln ihrer Vergangenheit begannen sich aufzulösen.

Das letzte Ziel für einen Kodependenten besteht darin, sein Vertrauen über einige wenige Menschen hinaus auszudehnen. Um Hilfe von einer Gemeinde, einer öffentlichen Einrichtung oder von entfernten Verwandten zu erbitten und zu akzeptieren, braucht man ein hohes Maß an Vertrauen und Zuversicht. Erhört Gott Gebete? Theoretisch lautet die Antwort: „Natürlich!" Doch in der Praxis trauen sich viele nicht, ihn zu bitten, aus Angst, er könnte sie ignorieren. So sehr ist das Leben eines Kodependenten auf den Kopf gestellt, daß die vertrauenswürdigste Person von allen, Gott, oft der letzte ist, dem man sein Vertrauen schenkt.

John und Gladys waren in ihrer gemeinsamen Entwicklung zu Vertrauen und Hingabebereitschaft besonders kooperativ. Das ist nicht immer der Fall. Nehmen wir Sie selbst als Beispiel. Sagen wir, Sie sind eine Ehefrau, die versucht, in der bisher kodependenten Beziehung zu Ihrem Ehemann neue Grenzen zu ziehen. Nehmen wir weiter an, daß er noch nicht die gleiche Stufe der Genesung erreicht hat wie Sie. Sein Problem war, daß er immer unumschränkt und diktatorisch über das Budget der Familie bestimmen wollte. Diese konkrete Situation wollen nun Sie als Ehefrau verändern und an den finanziellen Entscheidungen aktiv beteiligt sein. Im Moment wissen Sie nicht, wie Ihre gegenwärtige finanzielle Situation ist oder was passieren würde, wenn Ihr Mann plötzlich stürbe. Sie könnten dadurch sehr leicht in Schwierigkeiten geraten. Ein weiterer, ebenso wichtiger Grund ist, daß Sie nicht in einem falschen Abhängigkeitsverhältnis von Ihrem Mann leben wollen, sondern in einer echten Partnerschaft.

Aus Erfahrung wissen Sie, was Sie erwartet, wenn in Ihrem geistlichen Umfeld eine übermäßig gesetzliche Auslegung des Wortes Gottes üblich ist. Wenn Sie sich auf Ihren Standpunkt stellen, wird Ihr Ehemann sofort Bibelstellen zitieren, die seine absolute Herrschaft zu unterstützen scheinen. Dann schickt er Sie auf einen „Schuldtrip". In der Vergangenheit haben diese Reaktionen Sie immer zum Schweigen gebracht.

Das Gespräch könnte etwa so verlaufen: Sie machen Ihren Standpunkt klar. „Ich möchte an der Organisation der Finanzen beteiligt sein. Aus den Gründen, über die ich mit dir gesprochen habe, möchte ich, daß wir als Team zusammenarbeiten. Ich will nicht, daß du jeden Aspekt der Finanzen, die mich betreffen, dirigierst, während ich unwissend dabeisitze."

„Gottes Wort sagt, daß ich das Haupt dieses Haushaltes sein soll. Du kennst die Stellen inzwischen genauso gut wie ich."

„Aber wir haben noch nie von Priscilla, Dorcas, Lydia und der Frau aus Sprüche 31 gesprochen", antworten Sie vielleicht. „Und wir könnten auch einmal über die Frauen reden, die Jesus und seine Jünger unterstützten. Davon war noch nie die Rede."

„Du weißt doch wohl noch, was passierte, als ich dir das letzte Mal eine Kreditkarte überlassen habe. Es war eine Katastrophe."

„Das ist schon lange her, und ich habe mich verändert. Ich habe mein Leben besser unter Kontrolle und bin verantwortungsbewußter geworden. Worum ich dich bitte, ist eine neue Chance."

Sehen Sie, wie das Gespräch verläuft? Es muß keine unnachgiebige Forderung und keine Konfrontation geben. Sie haben neue Grenzen gezogen. Sie bewahren Ihre Integrität als Person. Diese Grenzen wirken vielleicht zunächst bedrohlich auf einen Mann, der daran gewöhnt ist, alle Karten in der Hand zu halten. Vielleicht erreichen Sie Ihre Ziele nicht, obwohl das für Sie und Ihre Ehe besser wäre als das gegenwärtige System. Doch was zählt, sind die Grenzen – Ihre Sicht von sich selbst.

Häufig argumentieren Ehepartner oder andere Bezugspersonen: „Ich bin depressiv, weil du mich depressiv machst." Ein Kodependenter, dessen Kreis sich mit dem seines Ehepartners völlig überlappt, würde das sofort akzeptieren. Doch wenn er sich innerhalb neuer Grenzen gefestigt hat, kann er ehrlich antworten: „Ich verstehe deine Depression und leide mit dir; es tut mir leid. Aber ich nehme die Verantwortung dafür nicht mehr auf mich. Ich biete dir meine Liebe und Unterstützung an, aber nicht die Verantwortung für deine Gefühle. Sie sind dein Bereich."

So ist Liebe zu einer freien Entscheidung geworden, statt zu einer Forderung.

Achter Schritt: Neue Elternschaft

Die meisten erwachsenen Kinder aus gestörten Familien brauchen als Teil des Genesungsprozesses eine Art elterlicher Zuwendung. Diese kann von gesunden Angehörigen, einer Selbsthilfegruppe, einer Therapiegruppe, einem Therapeuten oder einer gesunden christlichen Gemeinschaft ausgehen. Solche Ersatzeltern haben dieselben Funktionen wie normale Eltern in aller Welt: stärken, bestätigen und führen. Von nun an werden drei Personen diese Funktionen für Sie ausfüllen – Sie selbst, eine selbstgewählte andere Person (oder Gruppe) und Gott.

Die andere Person

Die andere Person wird eine Art Überbrückungs-Elternschaft ausüben, bis Sie eine elterliche Funktion in sich selbst und eine festere Beziehung zu Gott entwickeln. Deshalb wollen wir zuerst auf diese Person eingehen. Denken Sie ein paar Minuten darüber nach, wer für Sie eine positive Quelle der Stärkung sein könnte. Die Anonymen Alkoholiker und ähnliche Gruppen verwenden ein System, das sie Sponsorenschaft nennen. Der Sponsor wird zu einem Elternersatz, einem erfahrenen Begleiter, der über Sie wacht und Sie anleitet. Er oder sie war schon einmal da, wo Sie jetzt entlangmüssen, und kennt den Weg, der vor Ihnen liegt.

Ein solcher Sponsor wird Ihnen auf folgende Weise helfen:

▷ Als Klagemauer und nicht-professioneller Berater; als Zuhörer.
▷ Als Freund. Wenn Sie schwer kodependent sind, können Sie einen Freund gut gebrauchen.
▷ Als täglicher Ansprechpartner. Der Kontakt braucht nur aus einer einminütigen Unterhaltung über das Wetter zu bestehen. Aber im Kontakt liegt der Schlüssel.
▷ Als Quelle bedingungsloser Unterstützung ohne Vorwürfe. Diesen Anspruch können Familienmitglieder sehr selten erfüllen. Sie brauchen einen Außenstehenden.
▷ Als jemand, der Ihnen freundlich, aber bestimmt entgegentritt. Wenn Sie dabei sind, sich in Schwierigkeiten zu bringen, wird er Sie warnen. Das erfordert echte Liebe.
▷ Als jemand, der Ihnen hilft und dem Sie sich anvertrauen

können, wenn Sie die zehn Schritte von neuem durchlaufen müssen, um Unerledigtes aus der Vergangenheit oder neuen Schmerz zu bewältigen.

▷ Als gesunder Dritter in Ihrer kodependenten Beziehung zu einem anderen Menschen. Ihr Elternersatz kann durch gesunde Ablenkungen einigen Druck wegnehmen.

Falls Ihr Elternersatz ebenfalls dabei ist, von Kodependenz zu gesunden, dann sollte er oder sie zumindest ein Stück weiter sein als Sie. Wir empfehlen Ihnen, eine Person des gleichen Geschlechts zu wählen.

Erst vor kurzem trennte sich Brad, unser Trainingsradfahrer, mal wieder von Joan. Brad hat große Schwierigkeiten, Männern zu vertrauen, denn sein Vater war nicht nur ein mißhandelnder Vater, sondern auch ein mißhandelnder Trainer. Er legte ihm ein unmenschliches Trainingspensum auf, um ihn darauf vorzubereiten, der Star unter den Ringern seines Colleges zu werden oder gar bei den Olympischen Spielen teilzunehmen. Der Vater übte gnadenlose Kritik, als Brad trainierte und sich nebenbei mit Frauen abgab.

Wann Brad völlig wiederhergestellt sein wird, ist noch offen; er trifft immer noch gute Entscheidungen – aber auch schlechte. Glücklicherweise ist er jetzt in einer guten Selbsthilfegruppe, doch leider übt er innerlich immer noch unbarmherzige Kritik an sich selbst. Glücklicherweise hat er nicht nur einen, sondern gleich zwei Sponsoren, doch leider sind beide junge Frauen. Brad schwört zwar, die Beziehungen seien rein platonisch, aber was ist das für ein explosives Gemisch! Jeder klar denkende Sponsor oder Elternersatz würde Brad sagen, daß es töricht ist, einen so engen emotionalen Kontakt zu suchen, solange seine eigenen Emotionen so instabil sind.

Wenn Sie sich nach Ersatzeltern umschauen, achten Sie sorgfältig auf jedes Anzeichen von passiver oder aktiver Mißhandlung in Ihrer Beziehung zu der jeweiligen Person. Sie haben ja die Mißhandlungen in Ihrer eigenen Lebensgeschichte genau unter die Lupe genommen und können nun

326

versuchen, die Warnsignale bei anderen zu erkennen. Wenn Sie irgendein Warnzeichen in der Beziehung entdecken, ziehen Sie Ihre Grenzen schnell und unverrückbar.

Wir alle kennen die Zeitungsberichte über Sexualtherapeuten, die ihre Patienten verführen, und Lebensberater, die ihre Klienten verbal zusammenstauchen. Achten Sie also auf Ihre Sicherheit, ebenso wie bei Ihrer Suche nach einer Selbsthilfegruppe. Geben Sie Ihrem kodependenten Radarsystem keine Chance, Sie von neuem in die Arme mißhandelnder „Eltern" zu treiben.

Ersatzeltern können helfen, Ihr inneres Vakuum auszugleichen, auch wenn sie Ihren Liebestank nicht vollständig füllen können. Und sie können Ihnen Bestätigung für Ihre neuen Entscheidungen geben.

Sie selbst

Der zweite Elternersatz werden Sie selbst sein. Da Sie in einer gestörten Familie aufgewachsen sind, haben Sie bereits gelernt, ein negativer Elternersatz für sich selbst zu sein: Sie kritisieren sich, setzen sich herab und kommandieren sich herum. Es würde Ihren schärfsten Protest herausfordern, wenn jemand Ihre Kinder so behandeln würde, wie Sie es mit jenem verlorenen Kind in Ihrem Innern tun.

Entwickeln Sie eine neue, positive innere Stimme, indem Sie die Technik aus dem sechsten Schritt benutzen, die alten inneren Botschaften durch neue zu ersetzen. Manche unserer Patienten reden buchstäblich mit sich selbst und lassen den inneren Elternersatz zu dem inneren Kind sprechen. Und manchmal, wenn der Elternersatz in seine alte, negative Art zurückfällt, gibt das „Kind" ihm eine Warnung, sich vor den alten Botschaften zu hüten.

Gerade als Sie dachten, Sie könnten die Person endlich hinter sich lassen, die immer nörgelt, daß Sie Ihr Gemüse essen sollen und mehr Ruhe brauchen, erzählen wir Ihnen, daß Sie einen inneren Elternersatz entwickeln sollen. Machen Sie sich eine Liste aller Botschaften Ihrer Eltern, soweit Sie sich daran erinnern können. Wie lauteten die unausgesprochenen Botschaften, etwa wie „du taugst nichts" oder „du kannst Erfolg haben, wenn du daran arbeitest"? Schreiben Sie auf, soviel Sie können. Dann suchen Sie sich die positiven Botschaften heraus und weisen die negativen bewußt zurück.

Gott, der Vater

Die eigentliche, unübertreffliche Elternschaft liegt in dem, der von sich selbst als Vater spricht: Gott. Wir erwähnten schon einmal, daß einer der wichtigsten Zwecke einer funktionierenden Familie darin besteht, ihre Mitglieder auf die noch wichtigere Zugehörigkeit zur Familie Gottes vorzubereiten. Sie können einen Riesenschritt über Ihre Ursprungsfamilie hinaus tun und Gott als Ihren wahren Vater annehmen. Darin liegt die Zukunft. Schauen Sie sich noch einmal die oben beschriebenen Kriterien für einen Elternersatz an. Denken Sie darüber nach, wie unübertrefflich Gott jedes einzelne davon erfüllen kann. Seine bedingungslose Liebe macht ihn zum besten Freund und Berater, den Sie nur haben können. Ersatzeltern können Ihrem Liebestank ein wenig hinzufügen; Gott kann ihn bis zum Überlaufen füllen.

Eine Möglichkeit, ihn als Ihren Vater zu sehen, besteht darin, in der Bibel nach Ratschlägen zu suchen, die ein Vater seinem Kind geben würde. Sie werden überrascht sein, wieviel es davon gibt, zum Beispiel in 5. Mose 5 und Epheser 5 und 6. Wo es paßt, setzen Sie Ihren Namen ein, als ob Gott direkt zu ihnen redete. Eine andere Möglichkeit ist, über ein Problem oder Bedürfnis mit Gott im freien Gebet zu sprechen.

Je stärker Ihr innerer Elternteil wird, desto weniger laufen Sie Gefahr, von negativen Botschaften anderer "Eltern" geprägt zu werden. Für Sean McCurdy war das der größte Schritt in seiner Genesung. Auch für Sie wird es eine gewaltige Hilfe sein.

Verantwortlichkeit und Stabilität

John Jordan räkelte sich lässig in seinem Sessel und kratzte sich am Kinn. „Mir scheint, es kann sehr leicht passieren, daß wir rückfällig werden und alles wieder beim alten ist. Ich meine, Gladys und ich, wir haben dreißig Jahre lang Krieg geführt. Das ist eine lange, lange Zeit, um schlechte Gewohnheiten aufzubauen."

„Da haben Sie recht! Dieses Hören aufeinander ist ja etwas völlig Neues für Sie. Es wird noch eine Weile dauern, bis Ihnen das so leicht fällt wie Ihre alten Verhaltensweisen."

Er nickte mit seinem schalkhaften Grinsen. „Und ich könnte wetten, Ihnen liegt da ein guter Ratschlag für uns auf der Zunge."

„Gewonnen. Erzählen Sie mir, wie Sie ein Einfamilienhaus mittlerer Preisklasse bauen würden, sagen wir in einem Vorort."

„Nun, es macht sich bezahlt, zuerst ein paar rechtlichen Gegebenheiten nachzugehen – sich zu vergewissern, daß das Grundstück dem Bauherrn wirklich gehört und daß er das Haus auch bezahlen kann. Ich muß fast nie ein Projekt abbrechen, weil ich diese Fragen vorher kläre. Was das Haus selbst angeht, wird zuerst die Platte gegossen ..."

„Das Fundament."

„Das Fundament. Und dann, na, Sie wissen ja." Er zuckte die Achseln. „Der Keller, die Decken, Außen- und Innenwände, das Dach, und schließlich die Verlegung der Rohre und Kabel."

„Und wenn Sie das Haus gebaut haben, haben Sie nichts mehr damit zu tun. Sie nehmen Ihr Geld und gehen nach Hause."

„Na ja, so ungefähr." John blickte fast ein wenig verlegen drein. „Manchmal, wenn ich in der Nähe eines meiner großen Projekte bin – es gibt ein paar Häuser, auf die ich besonders stolz bin –, dann mache ich einen kleinen Umweg und fahre daran vorbei, nur so, um zu sehen, wie es sich macht. Ich schaue nach, wie die Umgebung gestaltet wird und ob die Leute das Haus gut instand halten. Bei einem besonders schönen Haus sagt man nicht einfach: ‚So. Es ist gebaut. Jetzt kann ich mich entspannen und es ignorieren.‘ Sobald sich ein kleines Problem zeigt, kümmert man sich sofort darum. Dann bleibt das Haus in gutem Zustand."

„Und genauso werden auch Gladys und Sie Ihre Ehe auf der richtigen Bahn halten. Prüfen Sie von Zeit zu Zeit nach, ob alles gut instandgehalten wird."

Neunter Schritt:
Rechenschaft über Ihre Beziehungen

Auch in diesem Stadium brauchen Sie Hilfe von Ihrer Gruppe, Ihrem Elternersatz oder auch einem vertrauten Freund, der sonst nichts mit Ihrem Genesungsprozeß zu tun hat. Das Ziel dieses Schrittes besteht darin, Probleme frühzeitig aufzuspüren und eine Kurskorrektur vorzunehmen, bevor sie sich auswachsen können. Zu diesem Zweck sollten Sie Ihre bestehenden Beziehungen einer ständigen Inventur unterziehen.

Die Inventur

Inzwischen haben Sie ja reichlich Übung mit Inventuren, und diese hier unterscheidet sich nicht sehr von der Beziehungs-Inventur, die Sie im zweiten Schritt vorgenommen haben. Allerdings geht es jetzt nur noch um die Gegenwart. Die neue Inventur umfaßt all Ihre gegenwärtigen Freunde und Bekannten sowie Ihre Beziehungen zu diesen Menschen.

Diese Inventur leistet zwei Dinge: Sie macht kodependente Verhaltensweisen sichtbar, sobald sie auftauchen, und sie hilft Ihnen, die Fallstricke schmerzhafter Beziehungen in einer Zeit, in der Sie sehr verletzlich sind, zu vermeiden. Wenn Sie einem vertrauenswürdigen Menschen regelmäßig Rechenschaft geben, verringert sich die Gefahr, daß Sie erneut eine kodependente Beziehung entwickeln. Denn diese Vertrauensperson wird – anders als Sie – nicht blind für Ihre Motive sein.

Das ist von nun an eines Ihrer größten Probleme: diese Blindheit sich selbst gegenüber. Selbsttäuschung, Verleugnung und all die alten Abwehrmechanismen lauern im Hintergrund und sind bereit, sich wieder ins Spiel einzumischen. Schließlich haben Sie jahrelang damit operiert und sind an sie gewöhnt. Selbst David, der Augapfel Gottes, täuschte sich über seine Sünde gegen Batseba und ihren Mann. Sein Ratgeber Nathan erzählte ihm ein Gleichnis über ein gestohlenes Schaf und endete mit dem niederschmetternden Urteil: „Du bist der Mann!" Erst in diesem Augenblick erkannte David: „Ich habe gesündigt gegen den Herrn" (2. Samuel 11 und 12).

Der Ratgeber

Rechenschaft zu geben funktioniert so: Unser alter Freund Brad zeigte einem vertrauten Ratgeber, Jake, die Inventur seiner gegenwärtigen Beziehungen zu Freunden und Bekannten. Darin wurde eine Frau namens Susie erwähnt.

„Wer ist Susie?" fragte Jake.

„Sie arbeitet in einem Delikatessenladen in der Stadt. Sie hat gerade eine schrecklich schmerzhafte Beziehung zu einem richtigen Mistkerl hinter sich."

„Klingt nicht gut" warnte Jake. „Sie könnte leicht eine zweite Joan werden. Du könntest dich in eine Opfer-Retter-Situation hineinmanövrieren, und das ist das Letzte, was du gebrauchen kannst. Sie braucht Trost und Unterstützung, aber nicht von dir. Denk über diese Beziehung noch einmal nach, bevor du dich darauf einläßt. Warte lieber noch sechs Monate, bevor du dich mit Susie wieder triffst, und dann achte darauf, welche Veränderungen in euch beiden vorgegangen sind."

Richtlinien

Bei den Anonymen Alkoholikern ermahnen die Sponsoren ihre Schützlinge, während des ersten Jahres ihrer Genesung keine neue ernsthafte Beziehung einzugehen: „Konzentriere dich darauf, trocken zu bleiben und emotional und geistlich zu wachsen. Du hast eine sehr schwere Zeit hinter dir, und es ist immer noch nicht leicht. Lade dem armen alten Maultier nicht noch einen schweren Sack auf."

Den gleichen Rat gibt man Menschen, die durch Tod oder Scheidung einen Ehepartner verloren haben.

Wenn er klug ist, wird ein ehemaliger Kodependenter auf die Worte eines Außenstehenden achten, der das ganze Bild besser überblicken kann als Sie selbst und der Ihnen Einzelheiten darüber sagen kann, wie Sie zurechtkommen, besonders in Hinsicht auf Beziehungen.

Doch auch Sie können Ihre Beziehungs-Inventur im Auge behalten und auf mögliche Probleme achten. Dazu bieten wir Ihnen die folgenden Richtlinien an, nach denen Sie neue Beziehungen beurteilen und alte verändern können. Sie wollen ja nicht in alte Gewohnheiten und kodependente Einstellungen zurückfallen, und das kann, wie John Jordan feststellte, sehr leicht geschehen.

Wenn Sie eine Beziehung eingehen. Gehen Sie niemals eine Beziehung mit jemandem ein, der emotional oder moralisch nicht frei, also auf irgendeine Weise an eine andere Person gebunden ist. Überhaupt nicht in Frage kommen natürlich verheiratete Personen. Das gleiche gilt für Leute, die eine Scheidung hinter sich haben, Leute, die Schwierigkeiten haben, sich von der Vergangenheit und vergangenen Beziehungen zu lösen, und Leute, die sich offensichtlich sehr stark für einen anderen interessieren.

Beim ersten Anzeichen einer Mißhandlung sollten Sie erwägen, die Beziehung sofort zu beenden. Inzwischen kennen Sie die hauptsächlichen Formen der Mißhandlung. Sie haben zuviel Selbstwertgefühl entwickelt, als daß Sie so etwas noch über sich ergehen lassen könnten. Vergessen Sie auch nicht, daß Leute sich im Anfangsstadium einer Beziehung normalerweise von ihrer besten Seite zeigen. Wenn Sie schon bei den ersten Treffen Rauch sehen, wird das Feuer nicht lange auf sich warten lassen.

Unsere alleinstehenden Patienten in der Klinik versuchen oft, sich mit Leuten aus ihrer Therapiegruppe zu verabreden. Wir warnen sie dann sofort: „Passen Sie auf! Natürlich kann es sein, daß Sie jemanden finden, der schon lange an seiner Genesung arbeitet und weit fortgeschritten ist. Aber denken Sie daran, wie sehr die Chancen gegen Sie stehen!"

„Die unverheirateten Leute in meiner Gemeinde sind alle langweilig", protestieren manche Patienten. „Unreif."

Dennoch: „Schauen Sie sich zuerst dort um, wenn Sie neue Beziehungen suchen, zumindest so lange, bis Sie fester auf Ihren eigenen Füßen stehen!"

Wenn Sie verwitwet oder geschieden sind. In diesem Fall kommen zu den Richtlinien, die auch für Alleinstehende gelten, folgende hinzu:

Während der ersten drei bis zwölf Monate nach einem Todesfall oder einer Trennung sind Sie extrem verletzlich. Durch Kodependenz vervielfacht sich diese Verletzlichkeit. Kodependente hungern so sehr nach Zuneigung und Bestätigung, daß neunzig Prozent von ihnen sich beinahe sofort in eine neue Beziehung stürzen. Das führt fast unweigerlich zu einer schmerzhaften Katastrophe. Wir empfehlen eine lange Wartezeit – bis Sie wieder emotional gefestigt sind –, bevor Sie auch nur daran denken, neue Beziehungen zum anderen Geschlecht einzugehen.

Wenn Sie verheiratet sind. Der größte Teil Ihrer ständigen Beziehungsinventur wird sich mit Ihrem Ehepartner befassen, und das ist auch richtig so. Wir raten Ihnen, die folgenden Bereiche genau im Auge zu behalten:

▷ *Autorität und Kontrolle,* besonders im finanziellen Bereich. Arbeiten Sie in Ihrer Ehe partnerschaftlich zusammen? Teilen Sie sich die Kontrolle zwischen einem Haupt der Familie und einem voll verantwortlichen Stellvertreter auf? Sind Sie beide zufrieden mit der Art, wie Sie die Autorität teilen?

▷ *Bedürfnisse und Wünsche.* Gehen Sie auf Ihre gegenseitigen Bedürfnisse ausreichend ein?

▷ *Die sexuelle Beziehung.* Erstens gibt es für Sie beide keinerlei sexuelle Interessen außerhalb der Ehe, richtig? Gut. Ist der sexuelle Aspekt Ihrer Beziehung Machtkämpfen oder Anzeichen von Sucht unterworfen? Ist es passiert, daß Ihre Schlafzimmertür in letzter Zeit mit einem lauten Knall zugeschlagen ist, und wenn ja, warum? Sind Sie beide zufrieden mit der Intensität und Häufigkeit Ihrer sexuellen Kontakte? Falls Unzufriedenheit besteht, haben Sie sich zusammengesetzt und darüber geredet?

▷ *Das Börsensyndrom.* Dies ist, wie Sie sich erinnern werden, die Einstellung: „Wenn du glücklich bist, bin ich glücklich, und wenn du nicht glücklich bist, bin ich es auch nicht." Ist einer von Ihnen zu sehr von der momentanen emotionalen Stimmung des anderen abhängig?

Für alle auf dem Weg der Genesung von Kodependenz. Die folgenden Punkte gelten mehr oder weniger für alle Betroffenen und lassen sich auf die meisten Situationen anwenden. Benutzen Sie sie als grobe Meßlatte, um die Qualität Ihrer bestehenden Beziehungen zu überprüfen.

▷ Keine körperliche oder verbale Mißhandlung durch irgend jemanden.

▷ Kein unmoralisches oder ethisch unvertretbares Verhalten. Das bedeutet, daß Sie nicht lügen, um den anderen zu decken, und auch von dem anderen nicht erwarten, daß er seine ethischen Maßstäbe verletzt, um Sie zu schützen. Kodependente können unglaubliche Dinge tun (und sie dann auf unglaubliche Weise rationalisieren), um Personen zu schützen, mit denen sie in einer engen kodependenten Beziehung verbunden sind.

▷ Kein Mißbrauch von Alkohol oder Drogen durch Familienangehörige, insbesondere nicht heimlich.

▷ Nichts Illegales. Von Drogenhandel über Trunkenheit am Steuer bis zum Ignorieren von Strafzetteln – schwer Kodependenten machen ein paar illegale Aktivitäten nichts aus, oder sie sehen sie einfach nicht. Das darf nicht sein.

▷ Keine Rettungsaktionen mehr. Da Sie das Retterverhalten als eines Ihrer Probleme identifiziert haben, dürfen Sie es sich auf keinen Fall mehr erlauben. Nein, auch nicht dieses eine Mal!

▷ Sich nicht ausnutzen lassen, es sei denn, ich komme zu dem Schluß, Gott möchte, daß ich mich in besonderem Maße einsetze. Ist das verwirrend? Wir glauben nicht. Wie oft läßt sich ein Kodependenter, der ohnehin eine niedrige Selbstachtung hat, dazu breitschlagen, einem anderen zu helfen oder ihn aus einer Klemme herauszuholen? An dieser Stelle müssen Sie sorgfältig unterscheiden, ob Sie als Christ jemandem einen Dienst leisten oder ob Sie sich als Fußabtreter mißbrauchen lassen.

Ihr bester Ratgeber in solchen Situationen ist Jesus Christus. Er zitierte das Wort seines Vaters, als er sagte: „Du sollst deinen Nächsten lieben wie dich selbst" (Matthäus 19,19). Das bedeutet nicht „Liebe deinen Nächsten statt deiner selbst", und auch nicht „Tu alles für deinen Nächsten, ob es ihm nützt oder notwendig ist oder nicht". Bedingungslose Liebe zu anderen Menschen hat immer mit einer Entscheidung zu tun.

Ein Beispiel dafür ist Gladys Jordan. Sie ertappte sich dabei, wie sie mehrmals in der Woche die Kinder einer Nachbarin hütete, die ständig in einer Klemme steckte: „Ich muß unbedingt zum Supermarkt." „Wenn ich nicht für eine Weile hier herauskomme, fange ich an zu schreien." „Ich muß die Küche bohnern, bevor Dan nach Hause kommt, und die Kinder rennen mir dauernd dazwischen." „Ich bringe einen Suppentopf zu Gertie hinüber, der alten Frau, die nicht mehr aus dem Haus kann, und die Kinder machen sie nervös." Anfangs störte sich Gladys nicht daran; schließlich handelte es sich um ein Gemeindeglied und eine Schwester in Christus. Doch mit der Zeit fing sie an, sich über dieses Verhalten zu ärgern, und da sie nichts sagte, rumorte der Groll in ihrem Innern. Sie grübelte hin und her: „Du sollst deinem Nächsten helfen, auf die Bedürfnisse deiner Schwester eingehen ... Sie hält mich für naiv, sie nutzt mich aus ... Ihre Bedürfnisse sind berechtigt ..." Das Hin und Her zerrte an Gladys' Gewissen.

Schließlich erwähnte sie die Sache bei uns in der Sprechstunde. Wir stellten ihr die folgenden Fragen:

„Hüten Sie die Kinder, um Jesus Christus zu dienen, oder weil Sie Angst haben, Ihre Nachbarin könnte sonst verärgert über Sie sein? Kommen Sie durch Ihre Hilfe einem dringenden Bedürfnis entgegen, oder ist sie für Ihre Nachbarin einfach nur bequem? Hätte Ihre Nachbarin auch andere Möglichkeiten, oder sind Sie die einzige, die ihr helfen kann?"

Gladys kam zu dem Schluß, daß ihr Motiv nicht in einem uneigennützigen Dienst für Gott bestand, sondern in der Angst davor, was andere denken könnten. Sie kam auch eher der Bequemlichkeit ihrer Nachbarin entgegen als einem echten Bedürfnis, und es gab tatsächlich andere, wenn auch weniger bequeme – und zum Teil mit Kosten verbundene – Möglichkeiten. Aufgrund dieser Faktoren traf Gladys die Entscheidung, ihre Hilfsbereitschaft auf dringende Notfälle zu beschränken und dann ihre Hilfe bewußt als Dienst für den Herrn zu sehen. Aber wie sollte sie ein dringendes Bedürfnis von Bequemlichkeit unterscheiden? Sie setzte sich mit der Nachbarin zusammen und äußerte zum ersten Mal in dieser Sache ihre eigenen Wünsche. Soundsoviel Stunden pro Woche würde sie für das Babysitten zur Verfügung stehen, mehr nicht. Die Nachbarin konnte sich aussuchen, zu welchen Zeiten und in welchen Situationen sie diese Hilfe in Anspruch nehmen wollte. Sie brauchte dann mehrere Monate, bis sie begriffen hatte, daß Gladys fest zu ihrer Entscheidung stand. Gladys fühlt sich bei ihrem Dienst nun viel wohler, und auch die Nachbarin kommt prächtig zurecht.

Wägen Sie all Ihre Beziehungen vor Gott ab, wie es schließlich auch Gladys machte! Was tun Sie tatsächlich *für ihn*? Was tun Sie nur äußerlich, aber nicht wirklich um seinetwillen? Helfen Ihnen Ihre bestehenden Beziehungen, geistlich zu wachsen? Jetzt treten Sie selbst in die Pedale Ihres Fahrrads! Sie stehen oben auf dem Hochseil und kommen gut zurecht. Wenn Sie ins Wanken geraten, steht Ihnen ein Helfer zur Seite.

Nun bleibt noch ein letzter Schritt, die Stabilität – aber dies ist weniger eine Station als ein fortdauernder Prozeß, bei dem Sie Gottes Unterstützung und Stärkung am meisten brauchen. Denn menschliche Helfer, so vertrauenswürdig und reif sie auch sein mögen, können Sie nicht den ganzen Weg bis zum Ende begleiten.

Zehnter Schritt: Stabilität

John Jordan saß auf dem Hof unter dem Litchi-Baum und nippte an seiner Limonade. Als er und Gladys uns das erste Mal besuchten, setzten sie sich fast zwei Meter auseinander. Jetzt standen ihre Sessel nah zusammen, und die Arme der beiden berührten sich leicht. Gladys sah zehn Jahre jünger aus.

John hob den Zeigefinger. „Wissen Sie – diese Geschichte mit der Inventur ... Wenn jemand etwas von Inventuren versteht, dann ein kleiner Bauunternehmer. Ich habe das auch in anderen Bereichen meiner Beziehungen ausprobiert. Zum Beispiel bei den Jungs, die ich für Hilfsarbeiten einstelle, und bei den Klempnern und Dachdeckern, an die ich Aufträge vergebe. Wissen Sie, wie viele von denen ich früher als Miesmacher und Jammerlappen abgeschrieben habe?"

„Alle?"

„Nah dran. Sehr nah dran. Und die zwei, drei Leute, die ich nicht für Nörgler hielt, hatten meiner Meinung nach nichts im Kopf. Jetzt lerne ich, ihnen zuzuhören. Es ist nicht

Die zehn Schritte der Genesung

1. *Erforschung und Entdeckung.* Sie erforschen Ihre Vergangenheit und Gegenwart, um die Wahrheit über sich selbst zu entdecken.
2. *Geschichte und Inventur der Beziehungen.* Sie untersuchen Ihre persönlichen Grenzziehungen und verändern sie gegebenenfalls.
3. *Kontrolle der Sucht.* Sie gehen Ihre Süchte und Zwanghaftigkeiten an und unternehmen die ersten Schritte, um sie in den Griff zu bekommen.
4. *Abschied nehmen.* Sie nehmen Abschied von Dingen, die Ihre Heilung behindern. Vielleicht dachten Sie, das schon vor Jahren getan zu haben. Wahrscheinlich haben Sie es nicht getan.
5. *Trauer über Ihren Verlust.* Trauer ist der Tiefpunkt der Kurve, der Abgrund Ihrer Emotionen und Gefühle, und gleichzeitig der Beginn des Weges nach oben. Hier ist es für Sie fast wie in dem Moment, in dem der Zahnarzt den Bohrer zurücklegt. Sie wissen, er ist noch nicht fertig, aber das Schlimmste ist vorüber.
6. *Neue Selbstwahrnehmungen.* Sie gewinnen neue Einsichten über sich selbst und treffen entsprechende Entscheidungen. Dieses Stadium ist ein Augenöffner!
7. *Neue Erfahrungen.* Sie bauen ein Fundament neuer Erfahrungen, um die Entscheidungen zu bestärken, die Sie gerade getroffen haben.
8. *Neue Elternschaft.* In einem gewissen Sinn bauen Sie sich eine neue Vergangenheit und ändern dadurch gleichzeitig Ihre Gegenwart und Zukunft, wenn Sie in das eintreten, was wir „neue Elternschaft" nennen.
9. *Rechenschaft über Ihre Beziehungen.* Sie verpflichten sich, über Ihre neuen und Ihre erneuerten persönlichen Beziehungen Rechenschaft zu geben.
10. *Stabilität.* Sie beginnen ein Stabilisierungsprogramm, durch das Sie für den Rest Ihres Lebens in der richtigen Spur bleiben.

leicht, aber es bringt mir bares Geld ein. Nicht schlecht unterm Strich."

„Wie steht es mit Ihnen, Gladys? Sie sehen gut aus."

„Ich fühle mich in letzter Zeit in mancher Hinsicht viel wohler."

„Glauben Sie, Sie werden es schaffen, sich von Ihren alten kodependenten Verhaltensweisen fernzuhalten?" John grinste. „Wir halten unsere Augen und Ohren offen. Wir sind auf der Hut, könnte man sagen."

Auf der Hut sein! John hatte den Nagel auf den Kopf getroffen.

Maßnahmen zur Stabilisierung

Pico Martinez besitzt einen 57er T-Bird in Babyblau. Das ist sein Auto für den Samstagabend, wenn er mit seiner Frau ausgeht. Daneben hat er noch einen Jeep in Rot, Orange und Gelb – mit dem fährt er sonntags nachmittags mit den Kindern in die Berge. Für die Fahrt zur Arbeit steigt er in einen glänzend schwarzen Roadrunner.

Drei Autos für einen Mann? Er zuckt die Achseln und grinst. „Die Woche hat sieben Tage, oder? Bleiben mir also noch vier."

Pico bekam seine erste Stelle als Mechaniker, als er zwölf Jahre alt war. Mit fünfzehn verließ er die Schule, mit achtzehn schlug er den zweiten Bildungsweg ein. Er schaffte seinen High-School-Abschluß und begann ein Ingenieurstudium. Nachts lernte er und tagsüber arbeitete er als Mechaniker-As, um seine Familie zu ernähren. Heute repariert er Autos nicht nur – er entwirft sie.

Fragen Sie Pico nach der Instandhaltung eines Autos, und er wird zwanzig Minuten lang reden. „Wenn mit einem Auto etwas nicht stimmt, liegt es meistens daran, daß es vernachlässigt wurde. Autos sind empfindliche Maschinen, die tägliche Pflege verdienen."

„Täglich?"

„Aber sicher! Wann immer Sie es benutzen, halten Sie zuerst Ausschau nach Öllachen und feuchten Stellen an der Innenseite der Reifen – nach allem, was auf undichte Stellen oder irgendwelche Probleme hinweisen könnte. Ich habe meinen Garagenboden weiß angestrichen, damit ich nichts übersehe. Prüfen Sie das Kühlwasser, wenn Sie keinen versiegelten Kühler haben, und selbst die Scheibenwischer-Flüssigkeit. Beachten Sie all dieses Zeug. Gehen Sie einfach eine Checkliste durch, wie es die Flugzeugpiloten auch tun."

„Ist das wirklich der Mühe wert?"

„Auf jeden Fall, so erspart man sich Kosten und vermeidet Pannen. Alle drei Monate sollten Sie dann das Öl und den Ölfilter austauschen sowie den Vergaser und den Luftfilter prüfen ... halten Sie innen und außen alles sauber. Bewahren Sie im Handschuhfach ein kleines Notizbuch auf, in dem Sie aufschreiben, wann der nächste Ölwechsel fällig ist, wann die Reifen gewechselt werden und die Bremsleitungen geprüft werden sollten ... was immer nötig ist."

Pico hat fast nie eine Autopanne. Seine Nachbarn rümpfen die Nase und sagen, er habe einfach Glück. Doch Pico meint, daß es nichts mit Glück zu tun hat.

Als genesender Kodependenter tun Sie gut daran, Picos Philosophie der vorbeugenden Instandhaltung in Ihrem Leben anzuwenden. Doch verschiedene Schweregrade von Kodependenz erfordern verschieden starke Maßnahmen zur Stabilisierung. Wenn Ihr Wert auf der Kodependenz-Skala im unteren Bereich lag, ist es für Ihre Stabilität vielleicht nicht notwendig, die ganze Liste von Treffen und ständiger Aufmerksamkeit umzusetzen, die wir hier beschreiben werden. Gelegentliche Inspektionen werden dann ausreichen. Doch wenn Sie sich aus schwerer Kodependenz herausarbeiten, dann sollten Sie alle Maßnahmen nutzen, um Ihr Befinden zu verbessern und einen Rückfall zu verhindern.

Die Notwendigkeit solcher „Instandhaltungsmaßnahmen" zeigt, daß die Genesung von der Kodependenz keine Sache ist, die man ein für allemal in der Tasche hat. Auch Sie sind ein komplexer „Mechanismus", der regelmäßig neu eingestellt und abgestimmt werden muß. Indem Sie Ihr tägliches Leben wachsam im Auge behalten, können Sie die Früchte Ihrer Genesung genießen. Wir empfehlen drei Maßnahmen zur Instandhaltung. Die erste umfaßt die tägliche Routine. Die zweite liegt in der Teilnahme an Selbsthilfegruppen. Die dritte wird immer dann notwendig, wenn Sie aufgrund der Wechselfälle des Lebens und Ihrer Erinnerungen von neuem die zehn Schritte durchlaufen. Man könnte sie „Recycling" nennen.

Beständigkeit Tag für Tag

Die tägliche „Instandhaltung" sollte eine besondere Gebetszeit einschließen, und zwar zusätzlich zu den Pausen für das Gebet, die sich während des Tages als notwendig erweisen. Nehmen Sie sich eine Zeit der Stille, um über biblische Aussagen nachzudenken und sie zu studieren. Durch die Bibel erfahren Sie, wie Gott ist und was er für Sie möchte. Achten Sie beim Lesen besonders auf die Verheißungen seiner väterlichen Liebe.

Wenn Sie bisher unter einer starken Sucht oder Zwanghaftigkeit gelitten haben, machen Sie täglich eine kurze Inventur. Schleichen sich die alten Verhaltensweisen wieder ein?

Wenn Sie gegen schwere Kodependenz ankämpfen, ist es sicher angebracht, jeden Tag den Kontakt zu Ihrem Ratgeber oder einer Selbsthilfegruppe zu suchen.

Regelmäßige Überprüfungen

Ebenso wie Pico regelmäßig die Bremsleitungen überprüft, sollten Sie etwa alle drei Monate eine Inventur durchführen und sie mit Ihren früheren Beziehungs- und Selbst-Inventuren vergleichen. Sehen Sie eine Verbesserung? Eine Rückentwicklung? Oder ist alles unverändert?

Menschen, die mit speziellen Problemen zu kämpfen hatten, sollten auf ihre konkreten Bedürfnisse besonderes Augenmerk legen. Sean McCurdy zum Beispiel muß seine

Beziehungen ständig überprüfen, besonders im Hinblick auf seine Arbeitgeber. Da er verstanden hat, was ihm früher zu schaffen machte, hat er jetzt einen aufmerksamen Blick für entsprechende Probleme und kann sie schon im Keim ersticken. Übrigens arbeitet er schon ein Jahr lang in derselben Firma und ist zum Verkaufsleiter aufgestiegen. Jerry Braley versucht immer noch, seinen Sohn von einer Therapie zu überzeugen. Vielleicht schafft er es sogar, denn für ihn und für Jill hat sich die Lebensqualität so verbessert, daß dies ein starker Anreiz für Bill ist. Um ihre Fortschritte zu festigen, nehmen Jerry und Jill mehrmals im Monat an Treffen der Gruppe „Emotions Anonymous" teil. Jill hat ihre Wutanfälle und ihre Eßstörungen jetzt völlig unter Kontrolle.

Teilnahme an Selbsthilfegruppen

Für manche klingt der Ausdruck „Selbsthilfegruppe" nach etwas, das nur schwächliche oder verrückte Leute nötig haben. Vielleicht hat er sogar etwas Beängstigendes an sich. Schließlich hat man keine Ahnung, was einen dort erwartet. Was passiert, wenn man zu einem solchen Gruppentreffen geht?

Zunächst bleibt von Anfang an Ihre Anonymität gewahrt. Niemand benutzt Nachnamen. „Hallo, ich bin Sam" – mehr werden Sie nie über die Identität eines Teilnehmers erfahren. Die Stühle sind normalerweise im Kreis aufgestellt; wenn sehr viele Leute anwesend sind, vielleicht auch in konzentrischen Kreisen oder in Reihen. Nehmen Sie Platz, wo Sie wollen.

Die Wärme und Freundlichkeit der Teilnehmer wird Ihnen die erste Spannung nehmen. Diese Leute haben einiges hinter sich, und sie teilen so manchen Schmerz oder Sieg miteinander. Sie können eine gewisse Intensität spüren, eine starke Zielstrebigkeit. Wenn Sie wollen, können Sie sich vorstellen, aber notwendig ist es nicht. Niemand erwartet von Ihnen, daß Sie etwas sagen. Wie stark Sie sich beteiligen wollen, liegt ganz bei Ihnen.

Die Anwesenden werden sich über ihre schmerzlichen Erfahrungen und ihre Fortschritte unterhalten. Sie werden davon berichten, wie sie die zwölf Schritte ihrer jeweiligen Gruppe umsetzen. Diese Einzelheiten können für Sie hilfreich sein oder auch nicht. Manche Treffen werden Ihnen in dieser Hinsicht mehr bringen als andere, aber das allgemeine Gefühl, das Sie mitnehmen werden, ist: Ich bin nicht allein. Diese Leute hier finden Hilfe, und für mich gibt es auch Hilfe.

Im Anhang B finden Sie eine Anschriftenliste bundesweit arbeitender Selbsthilfeorganisationen, an die Sie sich mit Ihren persönlichen Bedürfnissen wenden können. Dort können Sie erfahren, welche Hilfsmöglichkeiten in der Nähe Ihres Wohnortes zur Verfügung stehen. In dieser Liste finden Sie auch einige spezifisch christliche Organisationen. Besonders zur Stabilisierung ist eine langfristige Selbsthilfegruppe von unschätzbarem Wert. Solche Gruppen und manche Gemeindekreise werden Ihnen auf lange Sicht eine große Hilfe sein.

„Recycling" durch die zehn Schritte

Diesen Aspekt könnten wir auch „Frühjahrsputz" nennen. Gehen Sie in regelmäßigen Abständen die zehn Schritte der Genesung wieder bewußt durch und lassen Sie sich je nach Bedarf noch einmal auf dieses oder jenes Stadium ein. Das Leben kann uns manchmal schwere Knüppel zwischen die Beine werfen. Wir hätten gern ein angenehmes, problemloses Dasein, aber allerlei Unfälle, Tragödien und kleine Ärgernisse machen uns einen Strich durch die Rechnung. Diese Schlaglöcher auf unserem Weg machen vielleicht einen neuen Trauerprozeß notwendig oder führen dazu, daß Sie Ihre Selbstwahrnehmungs-Botschaften neu überprüfen müssen. Alte Wunden voller Eiter, von denen wir nichts wußten, brechen plötzlich auf. Sie müssen verarbeitet werden. Alte Erinnerungen steigen auf; wir müssen uns mit ihnen auseinandersetzen, dürfen sie nicht wieder vergraben. Zu leicht gleitet man in die alten kodependenten Verhaltensweisen zurück, Schmerz zu verleugnen, zu vergraben, faulen zu lassen.

Bessie Barnett erinnert sich immer wieder an ihre Kindheit, und der damit verbundene Schmerz steigt trotz ihrer ehrlichen Vergebung, Lösung und Annahme hin und wieder in ihr hoch. Zu ihren „Instandhaltungsmaßnahmen" gehört es, sich daran zu erinnern, welchen Anteil sie selbst und welchen Anteil Gott an der Vergebung hat: ihre Aufgabe ist es, die Vergebung, wenn nötig, zu erneuern, und Gott wird sich – was ihm allein zusteht – um die Gerechtigkeit und Sühne kümmern.

Während Sie auf Ihre Heilung hinarbeiten, werden Sie je nach Bedarf zu diesem oder jenem Schritt zurückkehren, manchmal sogar mehrmals. Das ist normal. Sie haben den Heilungsprozeß verstanden; nun gebrauchen Sie ihn, um Ihr neues, gesundes Selbstverständnis zu stabilisieren.

Gottes Rolle bei Ihrer Genesung

Nun noch eine Warnung: Solange Sie aus eigener Kraft versuchen, standhaft zu bleiben, schaffen Sie es vielleicht bis zu einem gewissen Grad. Aber um wirkliche Stabilität zu erlangen, brauchen Sie eine größere Kraft als Ihre eigene. Denken Sie daran, daß Kodependenz sich über mehrere Generationen erstrecken kann. Sie müssen die Bindungen der Vergangenheit mit all ihrer angehäuften Zerstörungskraft durchbrechen. Wenn Sie unter einer schweren Sucht gelitten haben, kämpft sogar Ihr eigener Körper gegen Sie. Ihr innerer chemischer Haushalt ist verändert worden, und zwar nicht zum Besseren. Diese Zwanghaftigkeiten sind hartnäckig und können in neuen, sich wiederholenden Verhaltensweisen wieder auftauchen, manchmal sogar in schädlicherer Form als zuvor. Alte kodependente Denkmuster beeinträchtigen die Beziehungen zu anderen und zu Gott.

Die Gründer der Anonymen Alkoholiker bemerkten bei den Menschen, denen sie zu helfen versuchten, fast durchweg eine starke Verbitterung gegen Gott. Und doch war Gott die einzige Hoffnung für diese Leute. Wie konnte man diese Männer und Frauen dazu bringen, einen Gott um Hilfe anzurufen, mit dem sie nichts zu tun haben wollten?

Die Gründer benutzten die Formulierungen „eine Macht, die größer ist als wir" und „Gott, so wie wir ihn verstanden haben". Diese Formulierungen reichen nicht an zentrale geistliche Aussagen heran, denn Gott ist nicht so, "wie wir ihn verstanden haben", sondern wie er sich uns offenbart hat. Doch das Prinzip, daß Menschen sich an Gott wenden können, wo immer sie geistlich stehen, und Gehör finden werden, ist darin ausgedrückt.

Ohne geistliches Wachstum wird die Genesung gebremst. Leute aus den „anonymen" Gruppen sind sich fast durchweg einig, daß hinter den Symptomen der Süchte und Zwanghaftigkeiten ein geistlicher Mangel steht. Um das „Big Book" der Anonymen Alkoholiker zu zitieren: „Wir sind nicht vom Alkoholismus geheilt. Was wir wirklich haben, ist ein täglicher Aufschub, der von der Beständigkeit unseres geistlichen Zustandes abhängt."

Gottes Rolle in Ihrem Leben

Sean McCurdy brauchte einen liebenden Vater. Gott wurde für ihn zu einem Vater, dessen Liebe unübertroffen ist.

Louises Liebestank war leer. Gott allein kann den Tank füllen – so wie keine menschliche Quelle es vermag.

John und Gladys brauchten einen Vermittler, eine dritte Person in ihrer Ehe. Gott ist der Vermittler in allen gesunden Beziehungen.

Bessie Barnett brauchte die Gewißheit, daß die Leiden ihrer Kindheit anerkannt und gerecht behandelt werden. Gott gibt die Verheißung dazu.

Walter Morgan, der ehemalige Pastor, trug eine gewaltige Schmerzenslast. Schmerz ist der Prüfstein für geistlichen Fortschritt; Gott kann diese Last wegnehmen.

Mit einem Wort, Gott kann jedes Bedürfnis erfüllen. Das

haben Sie wahrscheinlich schon öfter gehört, vielleicht auch den Slogan: „Laß los, und laß es Gott tun." In Jesaja 40,31 aber heißt es: „Die auf den Herrn harren, kriegen neue Kraft." Diese Worte machen uns deutlich, daß es nicht um Passivität, sondern um eine aktive Abhängigkeit von Gott geht. Auf den Herrn harren schließt nicht aus, daß wir Verantwortung übernehmen oder geeignete Schritte tun. Worum es geht, ist, daß wir seiner Zeitplanung nicht vorauseilen.

Jetzt ist es an der Zeit, diese Erkenntnis auf Ihre konkrete Situation anzuwenden. Was ist Ihr Bedürfnis? Wie, glauben Sie, könnte Gott darauf eingehen? Das muß nicht unbedingt mit dem übereinstimmen, was er tatsächlich für Sie zu tun beschließt. Welche Möglichkeiten gibt es noch? Gott behält sich unbegrenzte Handlungsweisen vor. Seien Sie darauf gefaßt, vielleicht mehr als nur eine Antwort von ihm zu bekommen.

Geistlicher Fortschritt. Von dem Komiker W. C. Fields stammt das Zitat: „Jeder muß an irgend etwas glauben. Ich glaube, ich trinke noch einen." Ob man es nun witzig oder hintergründig versteht, es sagt auf traurige Weise etwas über die verlorene Welt süchtiger und zwanghafter Menschen aus. Jeder Mensch hat ein bestimmtes Glaubenssystem, und alles, was ein Süchtiger wahrhaft glaubt (zu welcher Religion oder Philosophie er sich auch mit dem Mund bekennen mag), drückt sich in seiner Sucht aus.

In diesem Buch haben wir Ihnen die Mechanismen und Gefahren der Kodependenz aufgedeckt und Sie durch die zehn Schritte auf dem Weg zur Genesung geführt. Jedes Buch hat ein Thema, eine alles durchdringende Botschaft, und das Thema dieses Buches lautet „Kontrolle". Wer gibt die Richtung an? Wer trifft die Entscheidungen? Wie Sie gesehen haben, ist Kontrolle oder Mangel an Kontrolle ein zentraler Aspekt im Leben eines Kodependenten.

Ihr geistlicher Fortschritt führt über vier Meilensteine. Zunächst geht es um die Süchte und Zwanghaftigkeiten. Wir haben Kodependenz als eine Sucht nach Orten, Verhaltensweisen und Dingen definiert. Es liegt im Wesen einer Sucht, daß sie über Sie herrscht, wie sehr Sie auch versuchen mögen, sich darüber hinwegzutäuschen.

Beim nächsten Meilenstein durchbrechen Sie die Herrschaft der Sucht und treten wieder in Kontakt mit Ihrem Selbst. Ihr Selbst sitzt nun auf dem Fahrersitz – zunächst ein sehr unbequemer Sitz.

Wenn Sie den dritten Meilenstein erreichen, öffnen Sie sich wieder für Beziehungen zu anderen Menschen. Sie machen sich selbst verletzlich, Sie schenken Vertrauen, und Sie genießen Vertrauen. Dies ist auch ein Schritt zu einer funktionierenden, persönlichen Beziehung zu Gott. Sie teilen die Kontrolle über Ihr Leben mit anderen.

In der persönlichen Beziehung zu einem persönlichen Gott schließlich lernen Sie, ihm zu vertrauen und ihm zunehmend die Kontrolle zu übertragen. Das ist es, was sich hinter dem Ausdruck *geistliche Hingabe* verbirgt.

Die verschiedenen säkularen Schulen der Psychologie machen am dritten Meilenstein halt. Doch Sie müssen auch noch die vierte Meile gehen, um Ihren Weg zu vollenden, denn der Schlüssel zur Überwindung der Kodependenz ist die Beziehung zu Gott. Diese Beziehung aber kann nach dem erklärten Willen Gottes nur auf eine Weise entstehen – durch Jesus Christus.

Geistliche Hingabe. „Ich habe keine Ahnung, wie ich mich Gott hingeben soll", sagte Lena nachdenklich.

„Hält Sie etwas davon ab?"

„Ich weiß nicht. Vielleicht die Unwissenheit. Ich weiß nicht, wie ich es anstellen soll. Und möglicherweise spielt da auch mangelndes Vertrauen mit hinein. Vielleicht, wenn ich Gott sehen könnte … wenn man irgendwie die Hand ausstrecken und ihn berühren könnte."

„Wie Mrs. Horner?"

„Wer?"

„Mrs. Horner, eine unserer früheren Patientinnen. Sie ist seit ihrem fünfzehnten Lebensjahr blind. Sie hat ihren Mann und ihre Kinder noch nie gesehen."

„Wie traurig!"

„In gewisser Hinsicht ja. Und doch hat Mrs. Horner eine sehr herzliche und gute Beziehung zu ihrer Familie. Sie weiß genau, was die Kinder tun werden, bevor die überhaupt auf den Gedanken gekommen sind."

Lena nickte. „Ich verstehe, worauf Sie hinauswollen. Man muß eine Person nicht sehen, um eine Beziehung zu ihr zu haben. Aber wie fange ich es an?"

„Haben Sie Jesus Christus einmal Ihr Leben anvertraut und ihn als Ihren Erlöser angenommen?"

„Vor Jahren. Aber ich glaube, es geht jetzt auch darum, ihm mein Leben wirklich zu überlassen."

„Das stimmt. Es war ein notwendiger Anfang, aber noch nicht das Ziel. Also schön, was brauchen Sie?"

Lena lächelte: „Geld, Macht, Ansehen." Das Lächeln verschwand. „Ich mache natürlich nur Spaß. Was ich am meisten brauche, ist ein Freund."

„In Johannes 15,14 sagt Jesus: ‚Ihr seid meine Freunde, wenn ihr tut, was ich euch gebiete.' Und dann fährt er fort: ‚Nicht ihr habt mich erwählt, sondern ich habe euch erwählt.'" Wir machten eine Pause, um Lena Zeit zu geben, darüber nachzudenken. Dann fragten wir sie: „Was brauchen Sie sonst noch?"

„Einen Vater. Die Sache mit der neuen Elternschaft geht davon aus, daß Gott letztlich mein Vater ist; mit dem Kopf habe ich das verstanden. Aber im Herzen bin ich immer noch eine Waise."

„Schlagen Sie einmal das Wort „Vater" in einer Konkordanz nach, und schauen Sie nach, wie oft es sich in der Bibel auf Gott bezieht. Allein im Johannes-Evangelium kommt es über hundertmal vor! Wenn Sie die Bibel lesen, wird Ihnen die Wahrheit geradezu entgegenspringen – hier ist der unübertreffliche Vater!"

„Er erfüllt also meine wirklichen Bedürfnisse. Hingabe ist aber noch etwas anderes."

„Hat er Ihnen geholfen, als Sie ihn baten, Ihnen bei der Überwindung Ihrer Süchte zu helfen?"

„Ich hatte vorher schon zigmal versucht, aus eigener Willenskraft mit den Süchten fertig zu werden, und habe es nie geschafft. Ohne Gott hätte ich das nicht fertiggebracht."

„Und als Sie ihn um Hilfe bei Ihrer Beziehungs-Inventur baten, was passierte da?"

„Mir kamen Dinge ins Gedächtnis, die ich überhaupt nicht vermutet hatte. Ich bin sicher, daß Gott mir dabei geholfen hat."

„Na also. Das ist der Schlüssel."

„Was ist der Schlüssel?"

„Wenn Sie seine Freundschaft annehmen, dann geben Sie diesen Teil von sich hin. Wenn Sie zugeben, daß Sie ohne ihn Ihre Süchte nicht beherrschen können, dann übergeben Sie diese Herrschaft an ihn. Hingabe in diesem Sinne bedeutet nicht, alles auf einmal abzulegen, sondern, daß Sie Gott jeden Aspekt Ihres Lebens übergeben, einen nach dem anderen. Auf diesem Weg sind Sie schon viel weiter, als Sie sich vorstellen."

Lena strahlte. „Ich bin schon viel weiter als *Sie* sich vorstellen! Vor sechs Monaten konnte ich keinem Menschen vertrauen. Ich vertraute nicht einmal meinem Chef, daß er mir meinen Gehaltsscheck schickte, sondern holte ihn mir an seinem Schreibtisch ab. Jetzt merke ich, daß ich Gott in vielen Bereichen vertraue, in denen ich früher nicht einmal mir selbst vertraute."

„Na also. Sie leben Philipper 2,13 aus: ‚Denn Gott ist's, der in euch wirkt beides, das Wollen und das Vollbringen, nach seinem Wohlgefallen.'"

„*Zwei*, Vers dreizehn? Moment mal ..." Lena blätterte in ihrer Bibel. „Hier ist ein Vers, den ich kenne, zwei Kapitel weiter hinten – 4,13. ‚Ich vermag alles durch den, der mich mächtig macht.' Das ist mein Vers."

„Das ist Hingabe."

Wenn Sie schwer kodependent sind, werden Sie, wie ein Alkoholiker, von Ihrer Krankheit niemals völlig frei sein. Aber Sie können sie ganz unter Kontrolle halten, nicht aus eigener Kraft, sondern aus der Kraft Gottes. Ihre Kraft und

Willensstärke reichen nicht aus, all die „Geister" der Vergangenheit, die über Sie herrschen wollen, in Ketten zu halten.

Sie können sich nicht auf Ihren Verstand verlassen, denn Ihre wichtigsten Entscheidungen – über die Liebe, über Ihren Lebensstil und über Gott – beruhen nicht allein auf der Vernunft. Und doch können Sie sich auch nicht allein auf Ihr Herz verlassen, denn dort lauern die „Geister".

Lena, der es so unendlich schwer fiel, überhaupt irgend jemandem zu vertrauen, fand schließlich jemanden, dem Vertrauen gebührt – Gott. Wir möchten Sie ebenso wie Lena ermutigen, in Ihrer Beziehung zu Gott konkret zwei Dinge zu tun: Verlassen Sie sich völlig auf ihn, und empfangen Sie von ihm – und aus den gesunden menschlichen Beziehungen, die er Ihnen eröffnet –, all die Liebe, die Sie für Ihren Liebestank brauchen. Und ergreifen Sie die Initiative, ihm zu dienen und ihr eigenes Leben zu verbessern. Lassen Sie sich bei Problemen helfen. Suchen Sie Wege, die Dinge zu tun, die Gott möchte – nicht zur Ehre von Menschen, sondern zu seiner Herrlichkeit. Diejenigen unter unseren Patienten, die dem Leben die meiste Freude abgewinnen können (und das gilt ebenso für uns selbst), sind jene, die sich an ihrer Beziehung zu unserem Herrn freuen und sie aktiv gestalten.

Wenn seine Liebe Sie umgibt, haben Sie es nicht mehr nötig, sich in ungesunde, kodependente Beziehungen zu verstricken – sich an andere zu klammern, andere zu ersticken und von ihnen erstickt zu werden. „Die Wahrheit wird euch frei machen", sagt Jesus in Johannes 8,32. Freiheit! Freiheit, sich am Leben zu freuen, Freiheit zu wählen. Freiheit zu lieben. Haben Sie den Mut dazu – den Mut zur Liebe.

Anhang

Eine persönliche Perspektive

Kodependenz ist kein einfaches Thema. Wir Menschen sind anfällig für Kodependenz, weil wir dazu neigen, Abwehrmechanismen zu benutzen, um uns selbst zu täuschen. In kodependenten Beziehungen werden trügerische Spiele gespielt. Dazu kommt, daß wichtige christliche Grundsätze oft aus ihrem Zusammenhang gerissen und mißbraucht werden.

„Ihr Frauen, ordnet euch euren Männern unter" ist zum Beispiel ein biblisches Prinzip; doch wenn es nicht im biblischen Zusammenhang betrachtet wird, kann sich der Mann aus seiner Verantwortung zur Liebe stehlen, während er gleichzeitig seine Führungsrolle als Waffe benutzt, um seine Frau in einer ungesunden, kodependenten Beziehung zu halten.

Gott möchte, daß wir gesunde Beziehungen haben, die zwischen Abhängigkeit und Unabhängigkeit ausgewogen sind. Er möchte, daß wir Süchte jeder Art meiden, auch die Sucht einer Kodependenz. Paulus beschreibt diese Ausgewogenheit in Galater 6,2-5, wenn er uns ermahnt, einander die Lasten zu tragen, gleichzeitig aber darauf hinweist, daß jeder im Sinne der persönlichen Verantwortung seine Last selbst tragen soll.

Das wirksamste Mittel zur Überwindung der Kodependenz besteht darin, eine Beziehung zu Jesus aufzunehmen. Dazu muß man dem zustimmen, daß alle Menschen Sünder sind und vor Gott nicht bestehen können (Römer 3,23), daß auf die Sünde eine Strafe steht (Römer 6,23), daß diese Strafe jedoch durch den stellvertretenden Tod Christi bereits bezahlt ist (Römer 5,8). Wenn wir nun glauben, daß Christus für uns gestorben ist und uns ihm ausliefern, empfangen wir Vergebung, einen Sinn für unser Leben, die Fähigkeit, Sünde und sogar Süchte zu überwinden, und eine ewige Heimat im Himmel (Johannes 1,12).

Falls Sie diese Beziehung zu Jesus Christus noch nicht haben, möchte ich gerne persönlich an Sie die Einladung Jesu weitergeben: „Wer da will, der nehme das Wasser des Lebens umsonst" (Offenbarung 22,17). Wenn wir diese Einladung annehmen, haben wir durch unsere Beziehung zu Jesus Christus auch die Freiheit, gesunde Beziehungen zu anderen Menschen zu entwickeln.

Dr. med. Frank Minirth
Präsident der Minirth-Meier-Klinik

Selbsthilfegruppen und andere Hilfsangebote

Die folgenden Hilfsangebote für Kodependente können Ihnen in zweifacher Weise von Nutzen sein. Jedes ist für sich genommen schon eine gute Quelle der Unterstützung. Außerdem können die freiwilligen Mitarbeiter oder die Angestellten Ihnen Auskunft über weitere Möglichkeiten in Ihrer Nähe geben. Machen Sie von diesen Möglichkeiten Gebrauch, um ein Hilfsprogramm speziell für Ihre konkreten Bedürfnisse zu finden. Die Selbsthilfegruppen heißen Sie ohne Vorurteil willkommen. Allerdings müssen Gruppen, die sich mit sexuellen Suchtverhalten befassen, notwendigerweise sehr genau darauf achten, wer in ihren Reihen sitzt und zuhört. Deshalb wird man Sie dort gründlich „durchleuchten". Wenn Ihr Bedürfnis echt ist, wird man Ihnen dort gerne helfen. Auch Sie werden die Sicherheit zu schätzen wissen, die durch diese Überprüfung gewährleistet ist.

Im folgenden finden Sie einige Anschriften und Telefonnummern von Kontaktstellen der bekanntesten bundesweiten Selbsthilfeorganisationen. Dort erhalten Sie Auskunft über entsprechende Kontaktmöglichkeiten in Ihrer Nähe.

AGAS
Evangelische Arbeitsgemeinschaft
zur Abwehr der Suchtgefahren
Radeberger Str. 11/32-08
01099 Dresden

AIDA
Gemeinnützige Beratungsgesellschaft
für Alkoholprobleme in der Arbeitswelt mbH
Adenauerallee 45
20097 Hamburg
Tel. 040 / 2 80 37 00

Aktion Glücksspiel
Venloer Str. 865
50827 Köln
Tel. 0221 / 5 80 18 78

AL-ANON-Selbsthilfegruppe für Angehörige von Alkoholikern
ALATEEN-Selbsthilfegruppe für Kinder und jugendliche Angehörige
von Alkoholikern
Emilienstr. 4
45128 Essen
Tel. 0201 / 77 30 07
e-mail: al-anon.zdb@t-online.de
Internet: www.al-anon-alateen.org

ANAD
Anorexia-Bulimia Nervosa e.V.

Ungererstr. 32	Heidemannstr. 27
80802 München	80939 München
Tel. 089 / 33 38 77	Tel. 089 / 3 11 77 86

Anonyme Alkoholiker (AA)
Interessengemeinschaft e.V.
Ingolstädter Str. 68a
80939 München
Tel. 089 / 3 16 43 43

Anonyme Eßsüchtige Deutschland
Deutsche Intergruppe der OA
Postfach 10626
28062 Bremen
Tel. 0421 / 32 72 24

Anonyme Spieler (AS)
Interessengemeinschaft e.V. (Kontaktstelle Deutschland)
Eilbeker Weg 20
22089 Hamburg
Tel. 040 / 2 09 90 09 oder 2 09 90 19

Arbeitsgemeinschaft Christlicher Lebenshilfen (ACL)
Geschäftsstelle
Schloßstr. 6
34590 Wabern
Tel. 05683 / 9 98 00, Internet: www.acl-deutschland.de

Blaues Kreuz in Deutschland e.V.
Freiligrathstr. 27
42289 Wuppertal
Tel. 0202 / 6 20 03-0
e-mail: bkd@blaues-kreuz.de
Internet: www.blaues-kreuz.de

Debtors Anonymous (DA)
(Anonyme Schuldner)
Die Gruppe hat sich erst vor kurzem gebildet und ist
vorläufig über die angegebene Anschrift von
„Emotions Anonymous" zu erreichen.

Fachklinik De'Ignis
Walddorfer Str. 23
72227 Egenhausen
Tel. 07453 / 9 39 10

Deutsche Hauptstelle gegen die Suchtgefahren e.V.
Westring 2
59065 Hamm
Tel. 02381 / 9 01 50
Internet: www.dhs.de

Emotions Anonymous (EA)
Hohenheimer Str. 75
70184 Stuttgart
Tel. 0711 / 24 35 33

Freundeskreise Suchtkrankenhilfe, Bundesverband e.V.
Kurt-Schumacher-Str. 2
34117 Kassel
Tel. 0561 / 78 04 13
e-mail: mail@freundeskreise-sucht.de
Internet: www.freundeskreise-sucht.de

Gesamtverband für Suchtkrankenhilfe
Diakonisches Werk der Evangelischen Kirche
in Deutschland
Kurt-Schumacher-Str. 2
34117 Kassel
Tel. 0561 / 10 95 70
Internet: www.sucht.org

Klinik Hohe Mark
Postfach 1145
61401 Oberursel
Tel. 06171 / 20 40

Kreuzbund e.V.
Selbsthilfe und Helfergemeinschaft
für Suchtkranke und deren Angehörige
Münsterstr. 25
59065 Hamm
Tel. 02381 / 6 72 72-0
e-mail: info@kreuzbund.de
Internet: www.kreuzbund.de

Narcotics Anonymous (NA)
Postfach 1272
63329 Egelsbach

Für Österreich:

Aktion „Leben mit Zukunft"
Schachadorf 36
A-4552 Wartberg/Krems
Tel. (0043)7588 / 74 52
Internet: www.crossnet.at/members/leben.mit.zukunft

Für die Schweiz:

Klinik SGM für Psychosomatik
Weisensteinerstr. 30
CH-4900 Langenthal

ACL-Sekretariat
Pappelweg 46
CH-3013 Bern
Tel. (0041) 31 / 3 33 73 35,
E-Mail: info@acl-ch.ch

⋯⋗ Ein Buch, das Mut macht.

Frank und Catherine Fabiano:

Mut zur Reife

Entwicklung und Fehlentwicklung des Menschen verstehen. Wege zur Heilung.

Paperback, 228 Seiten
Bestell-Nr. 816 085

Für die Entwicklung eines jeden Menschen hat Gott einen guten Plan. Aber leider verstehen wir die Absicht Gottes oftmals nicht. Wir begehen folgenschwere Fehler und fügen unseren Kindern tiefe Verletzungen zu. Doch auch wir selbst sind davon nicht ausgenommen. Ob wir es wollen oder nicht: Die Vergangenheit begleitet uns unser ganzes Leben lang und immer wieder werden unsere Entscheidungen von früheren Erlebnissen und Erfahrungen beeinflusst. Viele von uns fragen sich schließlich, warum sie so geworden sind, wie sie jetzt sind.

In „Mut zur Reife" teilen die Autoren dem Leser ihre Erfahrungen und Erkenntnisse mit, die Gott ihnen im Laufe ihrer jahrzehntelangen Praxis gegeben hat. Sie machen deutlich: Wir können lernen, uns mit den Augen unseres Vaters im Himmel zu sehen, der uns unendlich liebt. Er versteht uns im Innersten und kennt die Bedürfnisse jedes Einzelnen. Er kennt die Antwort auf jeden verzweifelten Schrei des Herzens. Und er sehnt sich danach, uns zu heilen.